BESONDERES VERWALTUNGSRECHT

Band 2

**Baurecht, Planungsrecht, Immissionsschutz,
Abfallrecht, Bodenschutz**

1998

Bearbeiter:
Horst Wüstenbecker
Rechtsanwalt in Münster

**ALPMANN UND SCHMIDT Juristische Lehrgänge Verlagsges. mbH & Co. KG
48149 Münster, Annette-Allee 35, 48001 Postfach 1169, Telefon (0251) 98109-33**

Wüstenbecker, Horst
Besonderes Verwaltungsrecht Band 2
1. Auflage 1998
ISBN 3-89476-332-9
©Verlag: Alpmann und Schmidt Juristische Lehrgänge
Verlagsgesellschaft mbH & Co. KG, Münster

INHALTSVERZEICHNIS

LITERATURVERZEICHNIS

Achterberg/Püttner	Besonderes Verwaltungsrecht Band I Wirtschafts-, Bau- und Kultusrecht, Dienstrecht Heidelberg 1990 (zitiert: Bearbeiter in)
Battis/Krautzberger/Löhr	Baugesetzbuch 5. Aufl., München 1996
Bender/Sparwasser/Engel	Umweltrecht 3. Aufl., Heidelberg 1995
Birk	Bauplanungsrecht in der Praxis 2. Aufl., Herne, Berlin 1992
Bosch/Schmidt	Praktische Einführung in das verwaltungs- gerichtliche Verfahren 6. Aufl., Stuttgart, Berlin, Köln 1996
Brohm	Öffentliches Baurecht 2. Aufl., München 1997
Brüggelmann/Dürr	Baugesetzbuch, Kommentar Loseblattsammlung Stuttgart, Berlin, Köln Stand: Januar 1998
Drews/Wacke/Vogel/Martens	Gefahrenabwehr 9. Aufl., München 1986 (zitiert: Drews/Wacke)
Engelhardt/Schlicht	Bundes-Immissionsschutzgesetz 4. Aufl., Köln, Berlin, Bonn, München 1997
Erichsen	Allgemeines Verwaltungsrecht 10. Aufl., Berlin, New York 1995 (zitiert: Bearbeiter in)
Ernst/Zinkahn/Bielenberg	Baugesetzbuch, Kommentar Loseblattsammlung München Stand: Juni 1997
Fickert/Fieseler	Baunutzungsverordnung 8. Aufl., Köln 1995

Finkelnburg/Jank	Vorläufiger Rechtsschutz im Verwaltungs-streitverfahren 3. Aufl., München 1986
Finkelnburg/Ortloff	Öffentliches Baurecht Band I: Bauplanungsrecht 4. Aufl., München 1996 Band II: Bauordnungsrecht, Nachbarschutz, Rechtsschutz 4. Aufl., München 1998
Fluck	Kreislaufwirtschafts- und Abfallrecht Loseblatt Heidelberg Stand: Dezember 1997
Frenz	Kreislaufwirtschafts- und Abfallgesetz Köln, Berlin, Bonn, München 1996
Gädtke/Böckenförde/Temme/Hintz	Landesbauordnung Nordrhein-Westfalen 9. Aufl., Düsseldorf 1998
Gelzer/Birk	Bauplanungsrecht 5. Aufl., Köln 1991
Götz	Allgemeines Polizei- und Ordnungsrecht 12. Aufl., Göttingen 1995
Gubelt	Fälle zum Bau- und Raumordnungsrecht 4. Aufl., München 1995
Himmelmann/Pohl/Tünnesen-Harms	Handbuch des Umweltrechts Loseblatt München Stand: Februar 1996 (zitiert: Bearbeiter in)
Hoppe/Beckmann	Umweltrecht München 1989
Hoppe/Grotefels	Öffentliches Baurecht 3. Aufl., München 1995

Hoppenberg	Handbuch des öffentlichen Baurechts Loseblattsammlung München Stand: Juli 1997
Hufen	Verwaltungsprozeßrecht 2. Aufl., München 1996 mit Nachtrag 1997
Jarass	Bundes-Immissionsschutzgesetz 3. Aufl., München 1995 mit Nachtrag 1996
Jarass	Wirtschaftsverwaltungsrecht 3. Aufl. Neuwied, Kriftel, Berlin 1997
Kloepfer	Umweltrecht München 1987
Kodal/Krämer	Straßenrecht 5. Aufl., München 1995
Kopp	Verwaltungsverfahrensgesetz 6. Aufl., München 1996
Kopp	Verwaltungsgerichtsordnung 11. Aufl., München 1996
Landmann/Rohmer	Umweltrecht Band I und II Stand: Oktober 1997 (zitiert: Bearbeiter in)
Maurer	Allgemeines Verwaltungsrecht 11. Aufl., München 1997
Nüßgens/Boujong	Eigentum, Sozialbindung, Enteignung München 1987
Ossenbühl	Staatshaftungsrecht 4. Aufl., München 1991
Pietzner/Ronellenfitsch	Das Assessorexamen im öffentlichen Recht, Widerspruchsverfahren und Verwaltungsprozeß 9. Aufl., Düsseldorf 1996

Redeker/vOertzen	Verwaltungsgerichtsordnung 12. Aufl., Stuttgart, Berlin, Köln 1997
Schlichter/Stich	Berliner Kommentar zum Baugesetzbuch 2. Aufl., Köln, Berlin, Bonn, München 1995
Schmidt/Aßmann	Besonderes Verwaltungsrecht 10. Aufl., Berlin, New York 1995 (zitiert: Bearbeiter in)
Schmidt/Müller	Einführung in das Umweltrecht 4. Aufl., München 1995
Schoch/Schmidt-Aßmann/Pietzner	Verwaltungsgerichtsordnung Loseblatt München Stand: August 1997 (zitiert: Bearbeiter in Schoch)
Schrödter	Baugesetzbuch 5. Aufl., München 1992, Nachtrag 1994
Simon	Bayerische Bauordnung Loseblattsammlung München Stand: Dezember 1997
Steiner	Besonderes Verwaltungsrecht 5. Aufl., Heidelberg 1995
Stelkens/Bonk/Sachs	Verwaltungsverfahrensgesetz 5. Aufl., München 1998
Stüer	Handbuch des Bau- und Fachplanungsrechts München 1997 mit Nachtrag
Ule/Laubinger	Bundesimmissionsschutzgesetz Loseblatt Neuwied, Kriftel, Berlin Stand: März 1998 (zitiert: Bearbeiter in)

5. Teil: Baurecht

1. Das öffentliche Baurecht – Systematik und Rechtsgrundlagen

1.1 Die Baufreiheit und ihre Beschränkungen

Art 14 Abs. 1 GG gewährleistet das Eigentum und umfaßt auch die sog. **Baufreiheit**. Jedem Grundstückseigentümer steht das Recht zu, sein Grundstück grds. nach Belieben zu bebauen oder anderweitig zu nutzen. Das öffentliche Baurecht befaßt sich daher vor allem mit den **Einschränkungen** der Baufreiheit iSd Art 14 Abs. 1 S. 2 GG. Es umfaßt das **Städtebaurecht** und das **Bauordnungsrecht**, wobei die Gesetzgebungskompetenz zwischen Bund und Ländern aufgeteilt ist. Dem Bund steht nach Art 74 Abs. 1 Nr. 18 GG die **konkurrierende Gesetzgebung** zu für das Bodenrecht (ohne das Recht der Erschließungsbeiträge), wozu auch das Städtebaurecht (Bauplanungsrecht) zählt.

Der Vorbehalt zugunsten der Länder für das Erschließungsbeitragsrecht ist erst 1994 in das GG aufgenommen worden. Bislang gelten hierfür noch die bundeseinheitlichen Regelungen in §§ 127 ff BauGB (vgl. die Übergangsregelung in Art 125 a Abs. 1 GG). Die Vorschriften können jedoch nunmehr durch Landesrecht ersetzt werden.

Auf dieser Grundlage hat der Bund das **Baugesetzbuch** (BauGB) erlassen, das vor allem eine einheitliche Bodennutzung im gesamten Bundesgebiet gewährleisten soll.

Bis zum 31.12.1997 bestanden daneben einige Spezialregelungen allgemein im Maßnahmengesetz zum Baugesetzbuch (BauGBMaßnG) und gem. § 246 a BauGB speziell für die neuen Länder. Aufgrund des Bau- und Raumordnungsgesetzes 1998 (BauROG) gilt seit dem 01.01.1998 wieder ein einheitliches Baurecht (BGBl I 1997, 2081), vor allem das BauGB in der Neufassung vom 27.08.1997 (BGBl I 1997, 2141, berichtigt durch BGBl I 1998, 137 und geändert durch Gesetz vom 15.12.1997, BGBl I 1997, 2902, 2903). Das BauROG 1998 enthält weit über 200 Änderungen des BauGB, ein vollständig neues Raumordnungsgesetz sowie Änderungen einer Reihe weiterer Gesetze (u.a. BNatSchG, VwGO). Vgl. im einzelnen Battis/Krautzberger/Löhr NVwZ 1997, 1145 ff; Finkelnburg NJW 1998, 1 ff; Peine JZ 1998, 23 ff. Die einzelnen Änderungen werden im folgenden jeweils im Sachzusammenhang dargestellt.

Daneben steht dem Bund für Fragen der Raumordnung gem. Art 75 Abs. 1 Nr. 4 GG eine **Rahmenkompetenz** zu. Auf dieser Grundlage hat der Bund das **Raumordnungsgesetz** (ROG) erlassen, das ebenfalls zum 01.01.1998 grundlegend novelliert worden ist. Es richtet sich als Rahmengesetz an die Landesgesetzgeber (§§ 6–17 ROG) und enthält grds. keine unmittelbar gegenüber dem Bürger oder der Verwaltung geltende Regelungen. Diese finden sich vielmehr in den Landesplanungsgesetzen.

Allerdings enthalten die §§ 18–21 ROG unmittelbar geltendes Recht für die Raumordnung im Bund.

Die bundesrechtlichen Regelungen betreffen die Bodennutzung und sind damit flächenbezogen. Das **Bauordnungsrecht** ist dagegen **objektbezogen** und regelt die Anforderungen an die Ausführung des einzelnen Bauwerks. Als (Sonder-)Ordnungsrecht fällt es in die **ausschließliche Gesetzgebungskompetenz** der **Länder**.

Das Bauordnungsrecht ist daher in den verschiedenen Landesbauordnungen geregelt. Um das Bauordnungsrecht zu vereinheitlichen, haben sich die zuständigen Minister auf eine Musterbauordnung (MBO) verständigt, an der sich die Länder überwiegend orientieren (abgedruckt bei Böckenförde/Temme/Krebs, Musterbauordnung für die Länder der Bundesrepublik Deutschland, 5. Aufl. 1996).

1.2 Städtebaurecht und Bauordnungsrecht

Öffentliches Baurecht

Städtebaurecht –> flächenbezogen Bundesrecht: insb. BauGB		**Bauordnungsrecht** –> objektbezogen Landesrecht: LBauO	
Allgemeines Städtebaurecht	**Besonderes Städtebaurecht**	**Formelles Bauordnungsrecht**	**Materielles Bauordnungsrecht**
• Bodennutzung (Zulässigkeit von Vorhaben), insb. §§ 30 ff BauGB • Aufstellung von Bauleitplänen, §§ 1 ff BauGB • Sicherung der Bauleitplanung, §§ 14 ff BauGB • Umsetzung der Bauleitplanung, §§ 45 ff, §§ 85 ff und §§ 123 ff BauGB	• städtebauliche Sanierungsmaßnahmen, §§ 136 ff BauGB • städtebauliche Entwicklungsmaßnahmen, §§ 165 ff BauGB • Erhaltungsmaßnahmen, §§ 172 ff BauGB • städtebauliche Gebote, §§ 175 ff BauGB	• Baugenehmigungsverfahren • Genehmigungsfreistellung • Bauordnungsverfügungen – Stillegung – Beseitigung – Nutzungsverbot – allgemeine Bauordnungsverfügung	• Sicherheit des Grundstücks • allg. Anforderungen an die Bauausführung • Bauprodukte, Bauarten • besondere Anforderungen an bestimmte Bauteile

1.2.1 Das **allgemeine Städtebaurecht** (§§ 1–135 c BauGB) befaßt sich in erster Linie mit dem Recht der Bodennutzung, also der Frage, ob und wie Grundstücke baulich genutzt werden dürfen. Dies bestimmt sich vor allem nach den von der Gemeinde erlassenen Bebauungsplänen, weswegen sich die §§ 1–13 BauGB auch mit der Bauleitplanung befassen. Ergänzend enthält das allgemeine Städtebaurecht Regelungen über die Sicherung der Bauleitplanung in den §§ 14 ff BauGB (Veränderungssperre, Zurückstellung, Teilungsgenehmigung und Vorkaufsrecht) sowie Maßnahmen zur Umsetzung und Verwirklichung der Bauleitplanung, zB durch Umlegung (§§ 45 ff BauGB), Enteignung (§§ 85 ff BauGB) und Erschließung (§§ 123 ff BauGB).

Das **besondere Städtebaurecht** (§§ 136–191 BauGB) dient der Bewältigung besonderer Problemlagen, insb. durch städtebauliche Sanierungsmaßnahmen (§§ 136 ff BauGB) und städtebauliche Entwicklungsmaßnahmen (§§ 165 ff BauGB). Außerdem regelt es Ermächtigungen für die Gemeinde, die städtebauliche Ordnung zu erhalten (§§ 172 ff BauGB) oder durch bestimmte Gebote zu verwirklichen (§§ 175 ff BauGB).

Dazu zählen das Bebauungsgebot, Modernisierungs- und Instandsetzungsgebote, Pflanzgebot sowie das Rückbau- und Entsiegelungsgebot.

1.2.2 Das **Bauordnungsrecht** dient demgegenüber der **Gefahrenabwehr**. Es regelt vor allem die ordnungsrechtlichen Anforderungen an das Grundstück und an die Bebauung sowie die Anforderungen an die Bauausführung und die dabei verwendeten Produkte (**materielles Bauordnungsrecht**). Ergänzt wird es durch das **formelle Bauordnungsrecht**, das die Organisation, das Verfahren und die Befugnisse der zuständigen Behörden regelt. Im Vordergrund stehen hierbei das Baugenehmigungsverfahren und die behördlichen Eingriffsbefugnisse (zB Stillegungsverfügung, Beseitigungsanordnung, Nutzungsverbot).

1.2.3 Bauplanungsrecht und Bauordnungsrecht bestimmen zusammen die Zulässigkeit eines Vorhabens.

Beispiel: Die Baugenehmigung ist zu erteilen, wenn öffentlich-rechtliche Vorschriften nicht entgegenstehen. Dies sind insb. die bauplanungs- und bauordnungsrechtlichen Regelungen. Ein Bauvorhaben kann daher zB aus städtebaulichen Gründen (insb. §§ 30 ff BauGB) aber auch aus ordnungsrechtlichen Gesichtspunkten (zB Standsicherheit, verunstaltende Wirkung) materiell unzulässig sein.

1.3 Bedeutung im Examen und in der Praxis

Das Baurecht gehört in fast allen Ländern zum Pflichtfachbereich, jedenfalls in den Grundzügen. Verstärkt werden in den Klausuren neben Fragen der Zulässigkeit von Bauvorhaben auch Fragen der Bauleitplanung behandelt. Hier kommt es zur prozessualen Verknüpfung durch die abstrakte Normenkontrolle gegen Bebauungspläne (§ 47 Abs. 1 Nr. 1 VwGO). In der Praxis hat das Baurecht grundlegende Bedeutung und bildet häufig den Schwerpunkt in der Beratungs- und Prozeßtätigkeit des Anwalts.

Klausurprobleme im Baurecht

- Rechtmäßigkeit und Überprüfung von Bebauungsplänen
  - Bebauungsplanverfahren
  - Abwägungsfehlerlehre
  - abstrakte Normenkontrolle (§ 47 Abs. 1 Nr. 1 VwGO)
- Sicherung der Bauleitplanung
- bauplanungsrechtliche Zulässigkeit von Bauvorhaben
  - im Bebauungsplangebiet
  - im Innenbereich (§ 34 BauGB)
  - im Außenbereich (§ 35 BauGB)
- Baugenehmigungsverfahren
- bauaufsichtsbehördliches Einschreiten
- öffentliches Baunachbarrecht

jeweils unter besonderer Berücksichtigung des Prozeßrechts

2. Örtliche und überörtliche Planung

2.1 Das Bauplanungsrecht wird auf der ersten Stufe geprägt durch das Recht der **Bauleitplanung**, das gem. § 1 Abs. 3 BauGB den **Gemeinden** zugewiesen ist. Bauleitpläne sind der Flächennutzungsplan und der Bebauungsplan (§ 1 Abs. 2 BauGB). Der **Flächennutzungsplan** (F-Plan) hat lediglich **vorbereitende Funktion**. Mangels Außenwirkung ist er keine Rechtsnorm. Gleichwohl hat er bestimmte Rechtswirkungen, so daß er mehr als eine bloße Verwaltungsvorschrift ist.

So ist der Bebauungsplan grds. aus dem Flächennutzungsplan zu entwickeln (§ 8 Abs. 2 BauGB), im Außenbereich können die Festsetzungen des F-Plans einem Vorhaben entgegenstehen (§ 35 Abs. 3 S. 1 Nr. 1 BauGB).

Der **Bebauungsplan** (BPlan) enthält dagegen die Detailplanung. Er enthält die rechtsverbindlichen Festsetzungen für die städtebauliche Ordnung und ist seiner Rechtsnatur nach eine **Satzung** (§ 10 Abs. 1 BauGB).

2.2 Nach § 1 Abs. 4 BauGB sind die Bauleitpläne den Zielen der Raumordnung anzupassen. Während das BauGB die örtlichen Erfordernisse der räumlichen Planung regelt, enthält das **Raumordnungsrecht** die übergeordneten Anforderungen. Grundlage auf Bundesebene ist das Raumordnungsgesetz (ROG) 1998 (Sartorius 340).

Das ROG legt die Aufgaben und Leitvorstellungen sowie die Grundsätze der Raumordnung (§§ 1, 2 ROG) fest. §§ 4, 5 ROG behandeln die Bindungswirkungen der Erfordernisse der Raumordnung, die sich nach den Begriffsdefinitionen in § 3 aus Zielen, Grundsätzen und sonstigen Erfordernissen der Raumordnung zusammensetzen. Schwerpunkt des ROG sind die im 2. Abschnitt enthaltenen Rahmenvorschriften für die Raumordnung in den Ländern. Zur Neuregelung Dolderer NVwZ 1998, 345 ff.

Konkretisiert werden die Leitvorstellungen und Grundsätze der Raumordnung durch das sog. **Bundesraumordnungsprogramm** von 1975. Dabei handelt es sich jedoch nur um eine Verwaltungsvereinbarung ohne rechtliche Bedeutung. Es dient lediglich verwaltungsintern als Auslegungshilfe. Weiterentwickelt wurde das Bundesraumordnungsprogramm durch den sog. **raumordnungspolitischen Orientierungsrahmen** 1992, der Zielaussagen des Bundes für eine großräumige Raumordnung enthält.

Planungsebenen	
Bund	
Raumordnungsgesetz räumliche Entwicklung des Bundesgebietes	• Rahmenrecht für die Länder • Bundesraumordnungsprogramm (Richtlinien)
Land	
Landesplanungsgesetz räumliche Entwicklung des Landes auf der Grundlage der Raumordnungsgrundsätze	• Landesentwicklungsprogramm • Landesentwicklungspläne • Regionalpläne (zB Gebietsentwicklungspläne)
Gemeinden	
Baugesetzbuch Regelung der Nutzung der Grundstücke in der Gemeinde	• Flächennutzungsplan • Bebauungspläne

2.2.1 Aufgabe der Raumordnung ist es, durch zusammenfassende, übergeordnete Raumordnungspläne und durch Abstimmung raumbedeutsamer Planungen und Maßnahmen den Gesamtraum der Bundesrepublik und seine Teilräume zu entwickeln, zu ordnen und zu sichern (§ 1 Abs. 1 ROG). Hierdurch soll sichergestellt werden, daß die Nutzung des Raumes harmonisiert und im Interesse der Bevölkerung effektiviert wird (**Entwicklungs- und Integrationsfunktion**). In § 1 Abs. 2 ROG wird die Erfüllung dieser Aufgabe unter die Maxime der **nachhaltigen Raumentwicklung** gestellt, die als zentrale Leitvorstellung der Raumordnung ihrerseits in acht Teilaspekten verdeutlicht wird.

Beispiele: Gewährleistung der freien Entfaltung der Persönlichkeit in der Gemeinschaft, Schutz und Entwicklung der natürlichen Lebensgrundlagen, Schaffung der Standortvoraussetzungen für wirtschaftliche Entwicklungen, Herstellung gleichwertiger Lebensverhältnisse etc., vgl. i.e. § 1 Abs. 2 ROG.

Die Verflechtung der übergeordneten und der örtlichen Planung wird geprägt durch das in § 1 Abs. 3 ROG normierte sog. **Gegenstromprinzip:** Einerseits soll sich die Entwicklung, Ordnung und Sicherung der Teilräume in die Gegebenheiten und Erfordernisse des Gesamtraumes einfügen; andererseits soll die Entwicklung, Ordnung und Sicherung des Gesamtraumes aber auch die Gegebenheiten und Erfordernisse der Teilräume berücksichtigen.

Das Gegenstromprinzip ist der tragende Grundsatz der Raumplanung und Ausprägung des planungsrechtlichen Gebotes der Rücksichtnahme. Die verschiedenen Planungen kennen keine Über-/Unterordnung, sondern sind miteinander verflochten.

2.2.2 Zentrale **materiellrechtliche** Norm ist § 2 Abs. 2 ROG, der **15 Grundsätze** der Raumordnung aufzählt.

Die Länder können nach § 2 Abs. 3 ROG weitere Grundsätze der Raumordnung aufstellen, soweit diese den Regelungen in § 1 u. § 2 Abs. 2 ROG nicht widersprechen.

§ 4 ROG behandelt die **Bindungswirkung** der Erfordernisse der Raumordnung für raumbedeutsame Planungen und Maßnahmen iSd § 3 Nr. 6 ROG und unterscheidet danach, ob es sich um Ziele, Grundsätze oder sonstige Erfordernisse der Raumordnung handelt.

Die Legaldefinition für Ziele, Grundsätze und sonstige Erfordernisse der Raumordnung findet sich in § 3 Nr. 2–4 ROG.

Öffentliche Stellen haben die **Ziele** der Raumordnung bei raumbedeutsamen Planungen und Maßnahmen sowie bei Planfeststellungen und Plangenehmigungen **zu beachten** (§ 4 Abs. 1 ROG) und die **Grundsätze** und sonstigen Erfordernisse der Raumordnung in der Abwägung oder bei der Ermessensausübung nach Maßgabe der dafür geltenden Vorschriften **zu berücksichtigen** (§ 4 Abs. 2 ROG).

Soweit **Ziele** der Raumordnung zu **beachten** sind, können sie im Rahmen von Abwägungen und Ermessensentscheidungen nicht überwunden werden, sie binden den Planungsträger als zwingendes Recht. Dem entspricht zB das Anpassungsgebot in § 1 Abs. 4 BauGB. Von einem Ziel der Raumordnung kann nur in einem besonderen Verfahren abgewichen werden (sog. Zielabweichungsverfahren nach § 11 ROG).

Grundsätze (§ 3 Nr. 3 ROG) und sonstige Erfordernisse (§ 3 Nr. 4 ROG) sind lediglich zu **berücksichtigen**. Sie stellen abwägungsrelevante Belange dar, können aber im Rahmen der Abwägung zurückgedrängt werden.

Dasselbe gilt, wenn **öffentliche Aufgaben** durch **juristische Personen des Privatrechts** wahrgenommen werden, an denen öffentliche Stellen mehrheitlich beteiligt sind, oder wenn die Maßnahme überwiegend mit öffentlichen Mitteln finanziert wird (§ 4 Abs. 3 ROG). In diesen Fällen hat die öffentliche Hand auf die Planung oder Maßnahme einen so bestimmenden Einfluß, daß sie ihr zugerechnet werden muß.

Dagegen haben die Erfordernisse der Raumordnung **unmittelbar keine Bindungswirkung** gegenüber **einzelnen Privatpersonen**. Diese entsteht erst dadurch, wenn die Gemeinde ihre Bauleitpläne an die Ziele der Raumordnung anpaßt (§ 1 Abs. 4 BauGB). Allerdings können die Erfordernisse der Raumordnung hier **mittelbar** nach Maßgabe der für die Entscheidung geltenden Vorschriften berücksichtigt werden (§ 4 Abs. 4 ROG).

So können zB einem Bauvorhaben im Außenbereich die Ziele der Raumordnung nach § 35 Abs. 3 S. 2 u. 3 BauGB entgegenstehen.

2.2.3 Die §§ 6 ff ROG betreffen die **Raumordnung in den Ländern**. Auch sie enthalten **keine unmittelbar** gegenüber dem Bürger geltenden Regelungen, sondern richten sich als **Rahmenvorschriften** an den Landesgesetzgeber (§ 6 S. 1 ROG). Nach § 8 ROG ist grds. für das Gebiet eines jeden Landes ein zusammenfassender und übergeordneter Plan aufzustellen (**Landesplan**).

In den Stadtstaaten Berlin, Bremen und Hamburg werden Landespläne durch den F-Plan ersetzt (§ 8 Abs. 1 S. 2 ROG).

Sind im Landesplan mehrere Oberzentren ausgewiesen, so kommt dadurch zum Ausdruck, daß das Land aus mehreren großräumigen Bereichen besteht, die sich räumlich eigenständig entwickeln werden und daher einer hierauf zugeschnittenen Planung bedürfen. Nach § 9 ROG sind in diesem Fall **Regionalpläne** aufzustellen, die aus dem Landesplan zu entwickeln sind (§ 9 Abs. 2 ROG).

Das **Verfahren** zur Aufstellung von Raumordnungsplänen ist bundesrechtlich nicht geregelt, sondern findet sich in den Landesplanungsgesetzen, die allerdings erhebliche Unterschiede aufweisen.

Das in § 15 ROG vorgesehene **Raumordnungsverfahren** betrifft nicht das Planungsverfahren, sondern sieht bei der Verwirklichung **einzelner Projekte** ein besonderes Abstimmungsverfahren vor.

§ 7 ROG enthält allgemeine Vorschriften für alle Raumordnungspläne und beschreibt in Abs. 2 S. 1 Nr. 1–3 ROG deren wichtigste Inhalte (**Kerninhalte**). Diese werden jeweils durch Beispiele erläutert. § 7 Abs. 7 ROG enthält die **Abwägungsklausel** für Raumordnungspläne.

In Konkretisierung des Gegenstromprinzips stellt § 9 Abs. 2 S. 2 ROG klar, daß bei Regionalplänen in der Abwägung nach § 7 Abs. 7 ROG die Flächennutzungspläne und sonstigen städtebaulichen Planungen der Gemeinde zu berücksichtigen sind.

Mit Wirkung zum 01.01.1998 neu eingeführt wurde auch für Raumordnungspläne der **Grundsatz der Planerhaltung** (§ 10 ROG). Bestimmte Verfahrens- und Formverstöße müssen innerhalb einer landesrechtlichen Frist von längstens einem Jahr geltend gemacht werden. Abwägungsmängel können durch Landesrecht für unbeachtlich erklärt werden (zu den Parallelregeln in §§ 214, 215 BauGB vgl. unten S. 24). Ebenso wie im Baurecht (§ 215 a BauGB n.F.) besteht auch hier die Möglichkeit, ein Planergänzungsverfahren vorzusehen (§ 10 Abs. 3 ROG).

2.2.4 Das Rahmenrecht in den §§ 6 ff ROG wird auf Landesebene durch die **Landesplanungsgesetze** ergänzt und präzisiert. Die überörtliche Planung erfolgt durch Landesentwicklungsprogramme, Landesentwicklungspläne und Regionalpläne (insb. Gebietsentwicklungspläne).

Die **Rechtsnatur** landesplanerischer Entscheidungen ist unterschiedlich. Die **Landesentwicklungsprogramme** ergehen teils als Gesetz (so zB § 12 S. 1 LPlG NW), teils als RechtsVO (so § 11 Abs. 2 Thür LPlG). **Landesentwicklungspläne** sind zum Teil RechtsVOen (so in BW), überwiegend hoheitliche Maßnahmen sui generis (zB § 3 Abs. 1 LPlG Hess, § 13 Abs. 2 S. 2 LPlG NW). Die **Regionalpläne** stellen idR keine Rechtsnormen dar (Ausnahme Satzungen gem. § 9 Abs. 6 LPlG BW, § 8 Abs. 4 S. 1 NROG, § 7 Abs. 7 Sächs PlG).

Im Landesrecht ist überdies zu regeln, daß **raumordnungswidrige Planungen** und Maßnahmen unbefristet bzw. befristet **untersagt** werden können (§ 12 Abs. 1 ROG). Widerspruch und Anfechtungsklage gegen eine Untersagung haben keine aufschiebende Wirkung (§ 12 Abs. 3 ROG).

2.3 Rechtsschutz im Raumordnungsrecht

2.3.1 Rechtsschutz öffentlicher Planungsträger

Öffentliche Träger von Planungen und Maßnahmen sind unmittelbar an die Ziele der Raumordnung gebunden und müssen die Grundsätze und sonstigen Erfordernisse zumindest berücksichtigen (§ 4 Abs. 1 u. 2 ROG). Raumordnungswidrige Planungen und Maßnahmen können nach Landesrecht untersagt werden (vgl. § 12 ROG). Kann der Planungsträger geltend machen, durch raumordnungsrechtliche Maßnahmen in einem subjektiven Recht verletzt zu sein, kann er Rechtsschutz in Anspruch nehmen. Dies gilt insb. für die Gemeinden, soweit sie in der Planungshoheit als Teil der Selbstverwaltungsgarantie (Art 28 Abs. 2 GG) betroffen sind. Die Art des Rechtsschutzes richtet sich nach der Rechtsnatur der angegriffenen Maßnahme:

- Bei Gesetzen kann die Gemeinde **Kommunalverfassungsbeschwerde** zum Landesverfassungsgericht (Staatsgerichtshof) erheben, subsidiär zum BVerfG (Art 93 Abs. 1 Nr. 4 b GG, § 91 BVerfGG).
- Bei untergesetzlichen Vorschriften (Rechtsverordnung, Satzung) besteht die Möglichkeit der **Normenkontrolle** beim OVG/VGH, soweit das Landesrecht dies bestimmt (§ 47 Abs. 1 Nr. 2 VwGO).
- Belastende Verwaltungsakte (zB Untersagung einer Planung) können mit der **Anfechtungsklage** angegriffen werden, begünstigende Verwaltungsakte (zB Genehmigungen) mit der **Verpflichtungsklage** erstrebt werden. Subsidiär besteht die Möglichkeit einer **Feststellungsklage** (zB auf Nichtbestehen eines Rechtsverhältnisses aufgrund einer raumordnungsrechtlichen Regelung).

Soweit das Landesrecht die Normenkontrolle für untergesetzliche Vorschriften nicht vorsieht (so in Berlin, Hamburg, NRW), sind hierbei ggf. raumordnungsrechtliche Maßnahmen **inzident** zu überprüfen. Entsprechendes gilt, soweit Raumordnungspläne als Hoheitsakte sui generis zu qualifizieren sind (aA Löhr DVBl 1980, 13, 19: § 47 VwGO gilt analog).

2.3.2 Rechtsschutz des Bürgers

Der Bürger kann gegen Raumordnungsprogramme und Pläne grds. **nicht klagen**, da sie ihm gegenüber keine unmittelbare Rechtswirkung haben (s.o.). Für die Normenkontrolle fehlt es daher an der Antragsbefugnis (§ 47 Abs. 2 VwGO), eine Feststellungsklage scheitert daran, daß gegenüber dem Bürger noch kein konkretes Rechtsverhältnis vorliegt. Allerdings ist eine **Inzidentkontrolle** möglich, soweit gegenüber dem Bürger die Ziele der Raumordnung mittelbar zu berücksichtigen sind.

Beispiel: B hat die Erteilung einer Baugenehmigung für ein Außenbereichsvorhaben beantragt. Die Behörde hat den Antrag unter Hinweis auf § 35 Abs. 3 S. 2 BauGB abgelehnt, da das Vorhaben den Zielen der Raumordnung widerspreche. Im Rahmen der Verpflichtungsklage des B ist inzident zu überprüfen, ob die Festlegung des Raumordnungszieles rechtmäßig ist (Brohm § 36 Rdn 47; Hoppe/Grotefels § 4 Rdn 7).

2.4 Umsetzung der überörtlichen Planung

Für den Bürger wird die Planung erst verbindlich, wenn sie auf örtlicher Ebene konkretisiert wird. Hierzu dient die **Bauleitplanung** der Gemeinde und die **Fachplanung**.

Die **Fachplanung** umfaßt besondere Zulassungsverfahren vor allem im Umweltrecht. Aufgrund besonderer Gesetze wird über die Zulässigkeit bedeutsamer Maßnahmen in einem förmlichen Verfahren, zumeist einem **Planfeststellungsverfahren**, entschieden. Die Entscheidung erfolgt idR durch einen Planfeststellungsbeschluß (= VA), in einfach gelagerten Fällen durch Plangenehmigung (dazu unten 6. Teil).

Planfeststellungsverfahren gibt es zB im Straßenrecht (§ 17 FStrG bzw. Landesrecht), bei Eisenbahnen (§ 18 AEG), Straßenbahnen (§ 28 PBefG), Magnetschwebebahnen (§ 2 MagnetschwebebahnG), Flughäfen (§ 8 LuftVG), Abfalldeponien (§ 31 Abs. 2 KrW-/AbfG), Ausbau und Neubau von Bundeswasserstraßen (§ 14 Abs. 1 WaStrG), Herstellung, Beseitigung oder wesentliche Umgestaltung eines Gewässers (§ 31 Abs. 1 WHG), atomare End- und Zwischenlager (§§ 9a, 9b AtG).

Die **Bauleitplanung** regelt dagegen die allgemeine Nutzung der Grundstücke in der Gemeinde. Im **Flächennutzungsplan** (F-Plan) ist für das ganze Gemeindegebiet die sich aus der beabsichtigten städtebaulichen Entwicklung ergebende Art der Bodennutzung nach den voraussehbaren Bedürfnissen der Gemeinde „in den Grundzügen" darzustellen (§ 5 Abs. 1 BauGB). Der F-Plan bedarf der Genehmigung der höheren Verwaltungsbehörde (§ 6 Abs. 1 BauGB), die jedoch nur eine Rechtskontrolle vornimmt (§ 6 Abs. 2 BauGB). Aus dem F-Plan werden die einzelnen **Bebauungspläne** (BPlan) entwickelt (§ 8 Abs. 2 BauGB). Der BPlan enthält die rechtsverbindlichen Festsetzungen für die städtebauliche Ordnung (§ 8 Abs. 1 BauGB). Er ist Grundlage für die weiteren baurechtlichen Maßnahmen.

Das **Verhältnis der Fachplanung zur Bauleitplanung** regelt § 38 BauGB. Die Neufassung verzichtet auf die Aufzählung einzelner privilegierter Fachplanungen (so § 38 BauGB a.F.). Vielmehr werden künftig alle Planfeststellungsverfahren und sonstige Verfahren mit den Rechtswirkungen der Planfeststellung (insb. Plangenehmigungen) für **Vorhaben von überörtlicher Bedeutung** privilegiert. Die §§ 29–37 BauGB sind nicht anzuwenden, wenn die Gemeinde im Planfeststellungsverfahren beteiligt wird. Vorhaben aufgrund privilegierter Fachplanungen können daher abweichend von den §§ 29 ff BauGB planungsrechtlich zulässig sein. Die städtebaulichen Belange sind lediglich im Fachplanungsverfahren zu berücksichtigen.

Dies gilt allerdings nur für Vorhaben von **überörtlicher Bedeutung**, was zumeist eine gemeindeübergreifende Wirkung voraussetzt (BVerwG NJW 1989, 242: idR nur, wenn das Gebiet von mindestens zwei Gemeinden berührt wird). Vorhaben mit lediglich örtlichen Auswirkungen (Ausn. öffentlich zugängliche Abfallbeseitigungsanlagen) nehmen an der Privilegierung des § 38 BauGB nicht teil, bei ihnen sind neben dem Fachplanungsrecht die §§ 29 ff BauGB uneingeschränkt zu berücksichtigen (vgl. Battis/Krautzberger/Löhr NVwZ 1997, 1145, 1162; Lasotta DVBl 1998, 255, 259 ff; Konrad JA 1998, 425, 425).

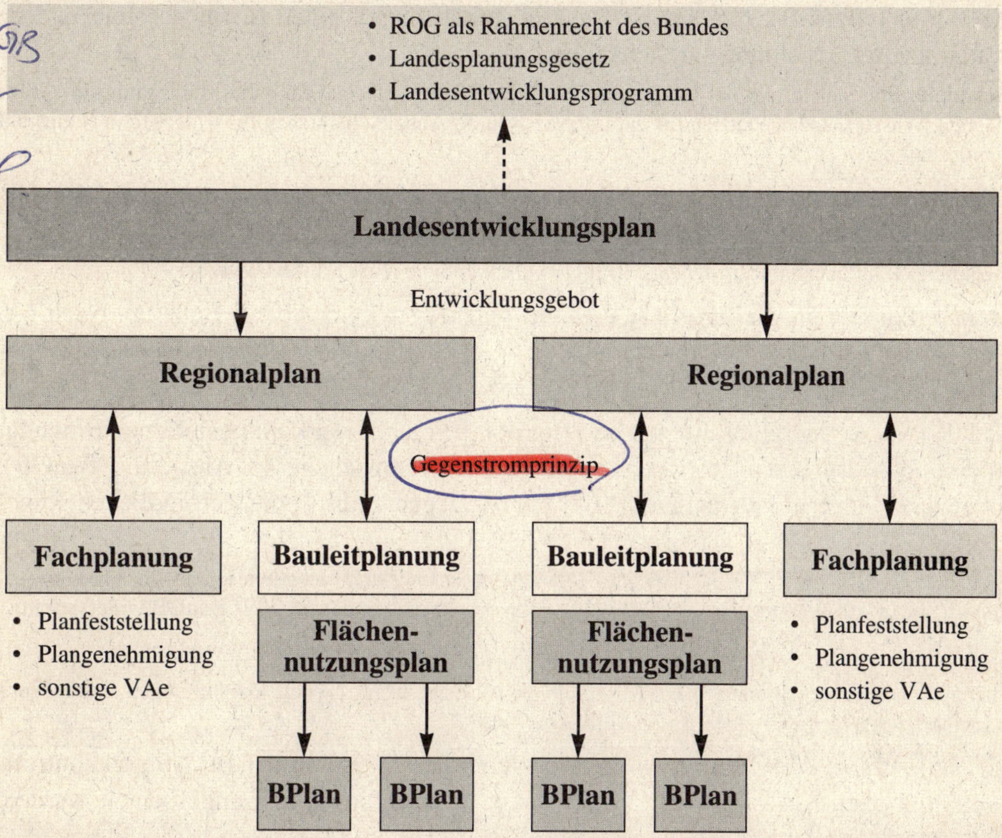

3. Die Bauleitplanung

3.1 Der Flächennutzungsplan

Im Flächennutzungsplan (F-Plan) ist für das **ganze Gemeindegebiet** die sich aus der beabsichtigten städtebaulichen Entwicklung ergebende Art der Bodennutzung nach den voraussehbaren Bedürfnissen der Gemeinde **in den Grundzügen** darzustellen (§ 5 Abs. 1 S. 1 BauGB). § 5 Abs. 2 BauGB enthält hierzu einen (nicht abschließenden) Katalog von Darstellungsmöglichkeiten.

Beispiele: Bauflächen, Art der Baugebiete, Verkehrsflächen, Flächen für Versorgungsanlagen, Grünflächen, Wasserflächen, Flächen für die Landwirtschaft, Ausgleichsflächen für Eingriffe in Natur und Landschaft etc.

Die Darstellung erfolgt in textlicher und zeichnerischer Form, nach § 2 Abs. 5 BauGB ergänzt durch die Regelungen der Baunutzungsverordnung (BauNVO).

Beispiele: Bauflächen nach § 1 Abs. 1 BauNVO, Baugebiete nach § 1 Abs. 2 BauNVO.

Dem F-Plan ist ein **Erläuterungsbericht** beizufügen (§ 5 Abs. 5 BauGB). Nach § 6 Abs. 1 BauGB bedarf der F-Plan stets der Genehmigung der höheren Verwaltungsbehörde (zum Genehmigungsverfahren vgl. § 6 Abs. 2–6 BauGB).

Der F-Plan ist lediglich ein **vorbereitender Plan** mit verwaltungsinterner Bindung, insb. sind Bebauungspläne grds. aus dem F-Plan zu entwickeln (§ 8 Abs. 2 S. 1 BauGB). Gegenüber dem Bürger enthält der F-Plan dagegen grds. keine verbindlichen Regelungen.

Beispiel: Auch wenn ein Grundstück im F-Plan als Wohnbaufläche ausgewiesen ist, besteht kein Anspruch auf Erteilung einer Baugenehmigung, wenn das Vorhaben den §§ 30 ff BauGB widerspricht.

Allerdings kann sich der F-Plan gegenüber dem Bürger **negativ** auswirken.

Beispiel: Ein Außenbereichsvorhaben ist idR unzulässig, wenn es den Darstellungen des F-Plans widerspricht (§ 35 Abs. 3 S. 1 Nr. 1 BauGB).

Als **hoheitliche Maßnahme sui generis** kann der F-Plan weder im Normenkontrollverfahren nach § 47 VwGO noch mit einer Anfechtungsklage angefochten werden. Denkbar ist allerdings eine Inzidentkontrolle.

Beispiel: Erhebt der Bauherr gegen die Ablehnung der Baugehmigung wegen (angeblichen) Verstoßes gegen § 35 Abs. 3 S. 1 Nr. 1 BauGB Verpflichtungsklage, so muß das Gericht inzident die Wirksamkeit des F-Plans überprüfen.

Auszug aus einem F-Plan

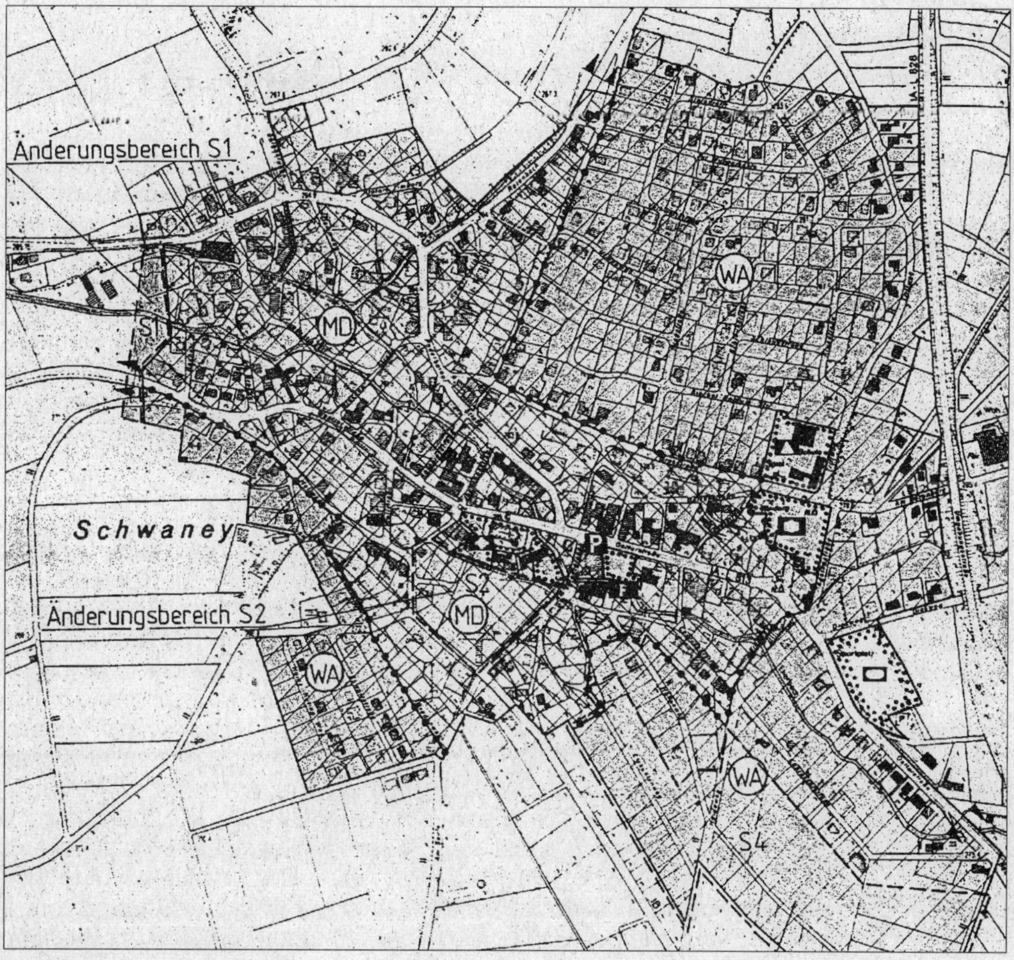

Zeichenerklärung

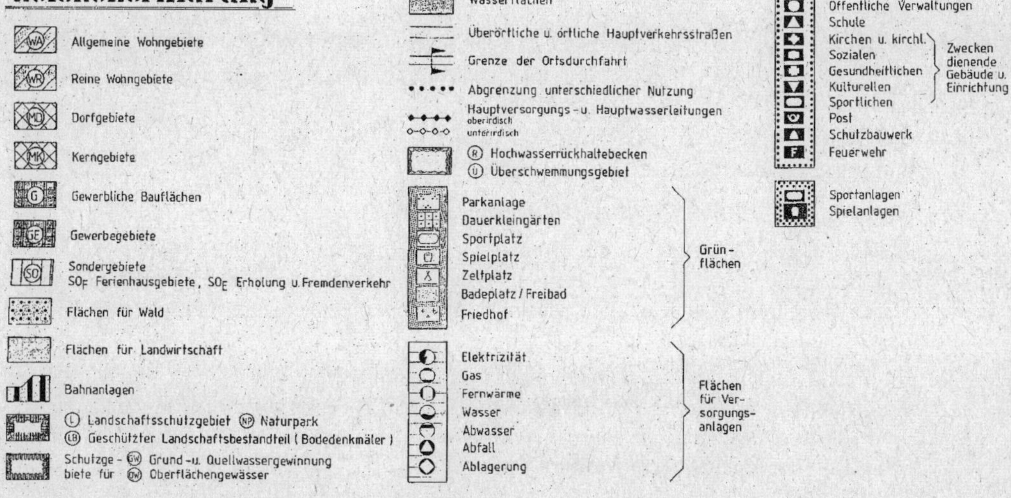

3.2 Rechtmäßigkeit und Überprüfung von Bebauungsplänen

Fall 1: Der Windenergiepark

Die Gemeinde G beabsichtigt, im Außenbereich die Grundlage für einen Windenergiepark zu schaffen. Als Standort kommen zwei Gebiete in den Ortsteilen X und Y in Betracht. Nach einer ersten Expertenanhörung beschließt der Rat die Aufstellung eines entsprechenden Bebauungsplanes. Der Planentwurf sieht für eine Fläche im Ortsteil X, die im Flächennutzungsplan als Fläche für Versorgungsanlagen ausgewiesen ist, ein Sondergebiet für einen ca. 10 ha großen Windpark vor. Ausschlaggebend hierfür war, daß die Entfernung für die Stromweiterleitung von X aus geringer ist als von Y.
Der Planentwurf wurde für die Dauer eines Monats öffentlich ausgelegt. Ort und Dauer der Auslegung wurden eine Woche zuvor ortsüblich bekanntgemacht. Gleichzeitig wurden die Träger öffentlicher Belange (Forstamt, Wasserwirtschaftsamt etc.) beteiligt. Während der Auslegung eingegangene Bedenken des A und anderer Anlieger wurden vom Gemeinderat behandelt und zurückgewiesen und die Betroffenen entsprechend benachrichtigt. Im April 1998 wird der Bebauungsplan mit deutlicher Mehrheit als Satzung beschlossen. Der Beschluß wird ortsüblich bekanntgemacht.
Kurz danach wendet sich der im Ortsteil X wohnende A schriftlich an die Gemeinde G und trägt vor, er halte den Bebauungsplan für unwirksam. Zum einen seien Verfahrensvorschriften nicht beachtet worden, außerdem sei der Plan fehlerhaft zustande gekommen. Es sei nicht berücksichtigt worden, daß bei der Alternativfläche im Ortsteil Y ein erheblich größerer Abstand zu den großflächig mit Villen bebauten Grundstücken möglich gewesen wäre. Demgegenüber reichten die Anlagen in X bis auf 200 m an die dort vorhandenen kleineren Reihenhausgrundstücke heran. Offensichtlich habe die Gemeinde zuviel Rücksicht auf die „Neureichen“ in Y genommen. Außerdem seien bei der Bewertung der Planalternativen naturschutzrechtliche Belange nicht ausreichend berücksichtigt worden. Durch den geringen Abstand werde es im übrigen zu einer erheblichen Beeinträchtigung der Wohnqualität durch Schattenbilder der Rotoren sowie Lichtreflexe und Geräusche kommen. Über diese möglichen Auswirkungen habe im Planverfahren ein Gutachten vorgelegen, das dem Rat von der Gemeindeverwaltung jedoch vorenthalten worden sei, um das Planungsverfahren nicht zu verzögern. Schließlich habe sich zwischenzeitlich herausgestellt, daß der zugrunde liegende Flächennutzungsplan aufgrund von Verfahrensfehlern nichtig sei. Die Gemeinde ist demgegenüber der Ansicht, daß die Bedenken des A die Rechtswirksamkeit des Bebauungsplanes nicht in Frage stellen. Zu Recht?

Rechtsgrundlage für den Erlaß eines BPlans sind die §§ 1 Abs. 3, 2 Abs. 1 BauGB.

(I) **Formelle Rechtmäßigkeit**

(1) Die **Gemeinde** ist gem. §§ 1 Abs. 3, 2 Abs. 1 BauGB für den Erlaß des Bebauungsplanes **zuständig**.

(2) **Ordnungsgemäßes Planaufstellungsverfahren**

Die §§ 2 ff BauGB gelten für alle Bauleitpläne, also sowohl für Flächennutzungspläne als auch Bebauungspläne. Fehler im Planaufstellungsverfahren sind jedoch in der Regel gemäß § 214 Abs. 1 BauGB unbeachtlich oder müssen innerhalb eines Jahres gerügt werden (§ 215 Abs. 1 Nr. 1 BauGB).

Die §§ 2 ff BauGB über die Aufstellung von Bauleitplänen gelten auch für ihre Änderung, Ergänzung und Aufhebung (§ 2 Abs. 4 BauGB). Bei Planänderungen und -ergänzungen besteht jedoch die Möglichkeit eines **vereinfachten Verfahrens** nach § 13 BauGB, wenn die Grundzüge der Planung nicht berührt werden.

Planaufstellungsverfahren		
Verfahrensstadium	**Beachtlichkeit**	**Rügefrist**
• Aufstellungsbeschluß	(–)	
• ortsübliche Bekanntmachung (§ 2 I 2)	(–)	
• vorgezogene Bürgerbeteiligung (§ 3 I 1) – Ausnahme: § 3 I 2, § 13 Nr. 1	(–)	
• Auslegungsbeschluß	(–)	
• Beteiligung der Träger öffentl. Belange (§§ 4, 4 a) – Ausnahme: § 13 Nr. 3	§ 214 I Nr. 1	§ 215 I Nr. 1
• Bekanntmachung von Ort und Dauer der Auslegung (§ 3 II 2)	§ 214 I Nr. 1	§ 215 I Nr. 1
• Auslegung (§ 3 II 1) – Ausnahme: § 13 Nr. 2	§ 214 I Nr. 1	§ 215 I Nr. 1
• Prüfung der Anregungen (§ 3 II 4)	§ 214 I Nr. 1	§ 215 I Nr. 1
• Mitteilung des Ergebnisses der Prüfung (§ 3 II 4 u. 5)	§ 214 I Nr. 1	§ 215 I Nr. 1
• Satzungsbeschluß (§ 10 I) iVm GO	§ 214 I Nr. 3	(–) ggf. GO
• Begründung (§ 9 VIII)	§ 214 I Nr. 2	§ 215 I Nr. 1
• ausnahmsweise Genehmigung (§ 10 II)	§ 214 I Nr. 3	(–)
• Bekanntmachung des Beschlusses bzw. der Genehmigung (§ 10 III)	§ 214 I Nr. 3	(–)

(a) Zunächst faßt der Gemeinderat (oder ein beschließender Ausschuß iSd GO) einen **Aufstellungsbeschluß**, der gem. § 2 Abs. 1 S. 2 BauGB ortsüblich bekanntzumachen ist. Aufgrund dessen wird ein Planentwurf mit Begründung ausgearbeitet.

Der Aufstellungsbeschluß ist keine Wirksamkeitsvoraussetzung für den späteren BPlan (Battis/Krautzberger/Löhr BauGB § 2 Rdn 6), ist jedoch Voraussetzung für eine Veränderungssperre (§ 14 Abs. 1 BauGB) bzw. für Zurückstellungen (§ 15 Abs. 1 BauGB).

(b) Nach § 3 Abs. 1 BauGB sind die Bürger möglichst frühzeitig über die allgemeinen Ziele und Zwecke der Planung und deren voraussichtliche Auswirkungen zu unterrichten. Ihnen ist Gelegenheit zur Äußerung und Erörterung zu geben (**vorgezogene Bürgerbeteiligung**).

Die vorgezogene Bürgerbeteiligung unterbleibt, wenn die Planung keine oder nur unwesentliche Auswirkungen auf das Plangebiet und die Nachbargebiete hat oder Unterrichtung und Erörterung bereits zuvor auf anderer planerischer Grundlage erfolgt sind (§ 3 Abs. 1 S. 2 BauGB); dazu OVG NW NWVBl 1994, 169.

Im vereinfachten Verfahren kann bei Planänderungen von der Unterrichtung und Erörterung nach § 3 Abs. 1 BauGB abgesehen werden (§ 13 Nr. 1 BauGB), wenn die Grundzüge der Planung nicht berührt werden.

Die bisher bestehende Möglichkeit, auf die vorgezogene Bürgerbeteiligung bei Bebauungsplänen zur Deckung eines dringenden Wohnbedarfs ganz zu verzichten (§ 2 Abs. 2 BauGBMaßnG), ist nicht in das neue Baurecht übernommen worden.

(aa) Da die Planung hier erhebliche Auswirkungen auf das angrenzende Wohngebiet hat, greift eine Ausnahme nach § 3 Abs. 1 S. 2 BauGB nicht ein. Die Gemeinde hat hier lediglich eine Expertenanhörung durchgeführt, die Bürger sind in diesem Verfahrensstadium noch nicht beteiligt worden. Der BPlan ist daher **formell fehlerhaft.**

(bb) Nach § 214 Abs. 1 Nr. 1 BauGB ist eine Verletzung von Verfahrens- und Formvorschriften aber nur beachtlich, wenn u.a. gegen die Vorschriften über die Bürgerbeteiligung nach § 3 Abs. 2 u. 3 BauGB verstoßen worden ist. Nicht erwähnt ist dagegen der hier vorliegende Verstoß gegen § 3 Abs. 1 BauGB. Daraus folgt, daß der Verstoß die Rechtswirksamkeit des BPlans nicht in Frage stellt.

(c) Nach § 4 BauGB hat außerdem eine möglichst frühzeitige **Beteiligung** der **Träger öffentlicher Belange** zu erfolgen. Dadurch soll die gemeindliche mit der sonstigen öffentlichen Planung koordiniert und gewährleistet werden, daß alle öffentlichen Belange in der Abwägung berücksichtigt werden.

Träger öffentlicher Belange sind zB andere Planungsbehörden (zB der Landesplanung), Gewerbeaufsichtsamt bzw. Umweltamt, Wasserwirtschaftsamt, Denkmalschutz- und Naturschutzbehörden, das Forstamt, die Träger der Straßenbaulast, Versorgungsunternehmen, Nachbargemeinden; nicht dagegen anerkannte Naturschutzverbände, für die die Bürgerbeteiligung nach § 3 BauGB gilt (vgl. BVerwG NVwZ 1998, 279, 280).

Beachte: Die verfahrensrechtliche Beteiligung von **Nachbargemeinden** nach § 4 BauGB ist zu unterscheiden von dem materiell-rechtlichen Gebot der Abstimmung von Bauleitplänen benachbarter Gemeinden nach § 2 Abs. 2 BauGB.

Die Träger öffentlicher Belange sind hier **ordnungsgemäß beteiligt** worden.

Für die Stellungnahme der Träger öffentlicher Belange besteht eine **Frist** von 1 Monat mit Verlängerungsmöglichkeit (§ 4 Abs. 2 BauGB n.F.). Die Gemeinde ist nicht an die Stellungnahmen gebunden, sondern sie sind lediglich in der Abwägung nach § 1 Abs. 6 BauGB zu berücksichtigen (§ 4 Abs. 3 S. 1 BauGB n.F.). Erfolgt die Stellungnahme nicht fristgerecht, so braucht sie grds. nicht berücksichtigt zu werden (**Präklusion**), es sei denn, die verspätet vorgebrachten Belange sind der Gemeinde bekannt oder hätten ihr bekannt sein müssen oder sie sind für die Rechtmäßigkeit der Abwägung von Bedeutung (§ 4 Abs. 3 S. 2 BauGB n.F.).

Werden die Träger öffentlicher Belange im Planungsverfahren **überhaupt nicht** beteiligt, so liegt ein nach § 214 Abs. 1 Nr. 1 BauGB beachtlicher Verfahrensfehler vor, der allerdings nur bei Rüge innerhalb der Jahresfrist des § 215 Abs. 1 Nr. 1 BauGB zur Nichtigkeit des BPlans führt (s.u. S. 16). Unbeachtlich ist es dagegen, wenn nur **einzelne Träger** öffentlicher Belange nicht beteiligt werden (§ 214 Abs. 1 Nr. 1 BauGB).

Das Bauplanungsverfahren umfaßt nach § 1 a Abs. 2 Nr. 3 BauGB auch die **Umweltverträglichkeitsprüfung**, soweit diese nach § 2 Abs. 3 Nr. 3 UVPG erforderlich ist. Ein besonderes UVP-Verfahren findet nicht statt (§ 17 UVPG).

(d) Sobald beschlußfähige Planentwürfe vorliegen, beginnt die **zweite Phase der Bürgerbeteiligung** (§ 3 Abs. 2 BauGB).

(aa) Im Gesetz nicht vorgesehen, aber in der Praxis üblich ist der Beschluß über die Auslegung der Planunterlagen (**Auslegungsbeschluß**).

(bb) **Ort und Dauer der Auslegung** sind mindestens eine Woche vorher **ortsüblich bekanntzumachen** mit dem Hinweis darauf, daß Anregungen während der Auslegungsfrist vorgebracht werden können (§ 3 Abs. 2 S. 2 BauGB).

(cc) Sodann ist der Planentwurf mit Begründung auf die Dauer **eines Monats** öffentlich **auszulegen** (§ 3 Abs. 2 S. 1 BauGB). Hierdurch erhalten die Bürger die Möglichkeit, sich über die Planung zu informieren und Anregungen vorzubringen. Die Anregungen können schriftlich, mündlich oder zur Niederschrift, einzeln oder als Sammeleingabe vorgebracht werden.

Die Auslegung muß die Einsichtnahme ohne Schwierigkeiten ermöglichen. Nicht ausreichend ist daher eine nur auf Anfrage erfolgende Herausgabe. Die Planunterlagen müssen vollständig, griffbereit und zusammengehörig erkennbar der Öffentlichkeit zugänglich sein. Bei beschränkten Raumverhältnissen können die Unterlagen allerdings in einem Aktenordner zusammengefaßt werden (Battis/Krautzberger/Löhr BauGB § 3 Rdn 14 mwN).

Die Monatsfrist berechnet sich nach §§ 187 Abs. 2, 188 Abs. 2 BGB, so daß der Tag der Auslegung mitzählt (GmS-OGB NJW 1972, 2035; aA Kopp VwVfG § 31 Rdn 10). Es reicht die Auslegung während der üblichen Dienststunden (äußerst str. vgl. Battis/Krautzberger/Löhr BauGB § 3 Rdn 13).

Werden durch Änderungen und Ergänzungen eines BPlans die Grundzüge der Planung nicht berührt, so kann im **vereinfachten Verfahren** nach § 13 Nr. 2 BauGB anstelle der Auslegung den betroffenen Bürgern Gelegenheit zur **Stellungnahme** innerhalb angemessener Frist gegeben werden.

(dd) Die fristgemäß vorgebrachten **Anregungen** sind zu **prüfen** (§ 3 Abs. 2 S. 4 BauGB; nach GO idR vom Rat, da es sich nicht um eine Angelegenheit der laufenden Verwaltung handelt). Nicht rechtzeitig vorgebrachte Anregungen können, müssen aber nicht geprüft werden. Das Ergebnis der Prüfung ist dem Einwender mitzuteilen, in Massenverfahren (mehr als 50 Personen) kann die **Mitteilung** durch den Hinweis auf die Auslegung des Ergebnisses ersetzt werden (§ 3 Abs. 2 S. 5 BauGB).

[1] Ändert oder ergänzt die Gemeinde den Planentwurf (zB aufgrund der Anregungen), so ist er nach § 3 Abs. 3 S. 1 BauGB grds. **erneut** nach § 3 Abs. 2 BauGB **auszulegen**. Allerdings kann bestimmt werden, daß Anregungen nur zu den geänderten oder ergänzten Teilen vorgebracht werden können.

Die Dauer der erneuten Auslegung kann bis auf zwei Wochen verkürzt werden (§ 3 Abs. 3 S. 2 BauGB). Werden durch die Änderung oder Ergänzung des Planentwurfs die Grundzüge der Planung nicht berührt, kann das vereinfachte Verfahren nach § 13 Nr. 2 BauGB entsprechend angewendet werden (§ 3 Abs. 3 S. 3 BauGB).

[2] Werden die Anregungen **nicht aufgegriffen**, so ist grds. keine besondere Begründung erforderlich. Etwas anderes gilt nur für genehmigungspflichtige Bauleitpläne (§ 6 Abs. 1 BauGB für den F-Plan und § 10 Abs. 2 BauGB für bestimmte BPläne, dazu unten S. 17). Hier müssen die nicht berücksichtigten Anregungen mit einer Stellungnahme der Gemeinde versehen werden (§ 3 Abs. 2 S. 6 BauGB).

Der Bürger hat keinen Rechtsbehelf gegen die Nichtberücksichtigung seiner Anregungen. Rechtliche Bedenken kann er erst nach Abschluß des Planverfahrens, notfalls im Wege der Normenkontrolle, geltend machen.

Das Auslegungsverfahren stellt die wichtigste Form der Bürgerbeteiligung im Rahmen des Planaufstellungsverfahrens dar. Der Gesetzgeber hat der Bedeutung dieses Verfahrensabschnittes dadurch Rechnung getragen, daß ein Verstoß gem. § 214 Abs. 1 Nr. 1 BauGB stets **beachtlich** ist. Zur Nichtigkeit führt er allerdings nur, sofern er innerhalb der Jahresfrist des § 215 Abs. 1 Nr. 1 BauGB schriftlich gerügt wird.

In der schriftlichen Rüge müssen die Mängel konkret und substantiiert dargelegt werden (BVerwG NVwZ 1996, 372, 373).

(3) **Satzungsbeschluß**

Nach Abschluß des Auslegungsverfahrens und nach Prüfung der Anregungen erfolgt der **Satzungsbeschluß** durch den Gemeinderat (§ 10 Abs. 1 BauGB).

(a) Das Verfahren der Beschlußfassung richtet sich nach dem jeweiligen Landesrecht, insb. nach der GO.

Beispiel: Am Planaufstellungsverfahren hat Ratsmitglied R mitgewirkt, der Eigentümer eines unmittelbar an das Plangebiet angrenzenden Grundstücks ist. Nach den Vorschriften der GO besteht in diesen Fällen ein Mitwirkungsverbot („unmittelbarer Vorteil oder Nachteil"), wodurch eine Interessenkollision vermieden und die Integrität der Verwaltung gewahrt werden soll. Dies gilt nicht nur für Eigentümer von im Plangebiet gelegenen Grundstücken, sondern auch für angrenzende Grundstücke, deren Ausnutzbarkeit möglicherweise durch den BPlan berührt werden kann (OVG NW DVBl 1980, 68, 70; OVG Koblenz NVwZ 1986, 1048).

Der Ausschluß bezieht sich nicht nur auf den Satzungsbeschluß, sondern erfaßt auch Beratungen und Beschlüsse im Planaufstellungsverfahren, auch in vorbereitenden Ausschüssen. Denn deren Empfehlungen kommt eine weitgehend vorentscheidende Funktion zu (OVG NW NVwZ 1984, 667, 668; VGH Kassel NVwZ-RR 1996, 72, 73).

Folge der Mitwirkung eines befangenen Ratsmitglieds beim Satzungsbeschluß ist grds. die **Nichtigkeit** der Satzung. In einigen Bundesländern gilt dies allerdings nur, wenn die Stimme des befangenen Ratsmitgliedes für das Abstimmungsergebnis entscheidend war (so Art 49 Abs. 3 BayGO, § 31 Abs. 6 GO NW).

Einschränkend auch BVerwG DVBl 1988, 958, 960: Nicht jeder Verstoß gegen die Befangenheitsvorschriften macht den Satzungsbeschluß kraft Bundesrechts nichtig. Eine unzulässige Mitwirkung in einem früheren Verfahrensabschnitt führt nur dann zur Nichtigkeit, wenn sich der Fehler konkret auf den Abwägungsvorgang auswirkt. An einer etwaigen Unwirksamkeit dieser Beschlüsse nach Landesrecht ändert dies jedoch nichts (Battis/Krautzberger/Löhr BauGB § 10 Rdn 5).

Für Verstöße gegen die GO gelten nicht die §§ 214, 215 BauGB, allerdings greifen hier teilweise besondere Rügefristen nach Landesrecht ein (zB § 7 Abs. 6 GO NW).

(b) Dem BPlan ist gem. § 9 Abs. 8 BauGB eine **Begründung** beizufügen, in der die Ziele, Zwecke und wesentlichen Auswirkungen des BPlans darzulegen sind.

Die Begründungspflicht dient dazu, die Abwägung durch die Gemeinde überprüfbar zu machen. Sie darf sich daher auf zentrale Fragen beschränken und muß nicht zu jeder einmal streitigen Frage Stellung nehmen (BVerwG NVwZ 1994, 864).

Ein Verstoß gegen die Begründungspflicht ist gem. § 214 Abs. 1 Nr. 2 BauGB grds. beachtlich, muß aber innerhalb eines Jahres gerügt werden (§ 215 Abs. 1 Nr. 1 BauGB).

(4) **Beteiligung der höheren Verwaltungsbehörde**

(a) Eine **Genehmigung** ist nach § 10 Abs. 2 BauGB für den BPlan nur **ausnahmsweise** erforderlich, nämlich dann, wenn er gemäß § 8 Abs. 2 S. 2, Abs. 3 S. 2 oder Abs. 4 BauGB ohne zugrundeliegenden Flächennutzungsplan ergeht (sog. selbständige, vorgezogene oder vorzeitige BPläne).

In diesen Fällen erfolgt eine reine **Rechtskontrolle** (§§ 10 Abs. 2, 6 Abs. 2 BauGB). Die Genehmigung ist gegenüber der Gemeinde ein VA (vgl. AS-Skriptum VerwaltungsR AT 1 [1996], S. 77 f). Wird die Genehmigung verweigert, kann die Gemeinde **Verpflichtungsklage** erheben (BVerwGE 75, 142, 146).

Hier ist der BPlan aus dem F-Plan entwickelt worden. Dessen Unwirksamkeit ist allein ein materielles Problem, da für die Genehmigung formal nur an das Vorhandensein eines F-Plans angeknüpft wird. Eine Genehmigung war daher nicht erforderlich.

Fehlt die erforderliche Genehmigung des BPlans, so ist der Fehler nach § 214 Abs. 1 Nr. 3 BauGB beachtlich und führt stets nur Nichtigkeit des BPlans, eine Rügefrist nach § 215 Abs. 1 Nr. 1 BauGB besteht nicht.

(b) Bis zum 31.12.1997 mußten nicht genehmigungspflichtige BPläne grds. der höheren Verwaltungsbehörde **angezeigt** werden. Im Anzeigeverfahren erfolgte eine Rechtskontrolle. Der BPlan durfte erst in Kraft gesetzt werden, wenn die Verletzung von Rechtsvorschriften nicht innerhalb einer bestimmten Frist geltend gemacht wurde (§ 11 Abs. 3 BauGB a.F.). Dieses Anzeigeverfahren ist durch das BauROG 1998 ersatzlos **gestrichen** worden. Dadurch ist die **Planungshoheit** der Gemeinde gestärkt worden.

Es besteht daher nur noch die Möglichkeit der Rechtskontrolle durch die allgemeine Kommunalaufsichtsbehörde. Allerdings kann landesrechtlich ein Anzeigeverfahren vorgesehen werden (§ 246 Abs. 1a BauGB n.F.).

(5) **Bekanntmachung**

Nach dem Satzungsbeschluß ist der BPlan auszufertigen und der Beschluß gem. § 10 Abs. 3 BauGB ortsüblich bekanntzumachen. Ist ausnahmsweise eine Genehmigung des BPlans erforderlich, so ist die Erteilung der Genehmigung bekanntzumachen. Mit der Bekanntmachung tritt der BPlan **in Kraft** (§ 10 Abs. 3 S. 4 BauGB).

Der BPlan ist mit der Begründung zu jedermanns Einsicht bereitzuhalten; über den Inhalt ist auf Verlangen Auskunft zu geben. In der Bekanntmachung ist darauf hinzuweisen, wo der Bebauungsplan eingesehen werden kann (§ 10 Abs. 3 S. 2 u. 3 BauGB).

Bekanntmachungsfehler sind gem. § 214 Abs. 1 Nr. 3 BauGB beachtlich, wenn der damit verfolgte Hinweiszweck nicht erreicht werden kann.

(II) Materielle Rechtmäßigkeit

Materiell-rechtliche Anforderungen an die Bauleitplanung

- ❑ **Erforderlichkeit** der Planung (§ 1 Abs. 3 BauGB)
- ❑ fehlerfreie Ausübung des **Planungsermessens**
  - • Einhaltung der **Ermessensgrenzen**
    - – Entwicklung aus dem Flächennutzungsplan (§ 8 Abs. 2 S. 1 BauGB)
      - • **Ausnahmen:**
        - – selbständiger BPlan (§ 8 Abs. 2 S. 2 BauGB)
        - – vorgezogener BPlan (§ 8 Abs. 3 S. 2 BauGB)
        - – vorzeitiger BPlan (§ 8 Abs. 4 BauGB)
      - • **Beachtlichkeit** (§ 214 Abs. 2 BauGB)
    - – zulässige Festsetzungen gem. § 9 BauGB iVm BauNVO
  - • **ordnungsgemäße Abwägung** (§ 1 Abs. 6 BauGB)
    - – Maßstab: Planungsleitsätze (§ 1 Abs. 4–6, § 1 a BauGB)
    - – Abstimmungsgebot (§ 2 Abs. 2 BauGB)
    - – planerische Konfliktbewältigung
    - – **Abwägungsfehler**
      - • Abwägungsausfall: Abwägung fehlt ganz
      - • Abwägungsdefizit: wesentliche Belange nicht berücksichtigt oder unzutreffende sachwidrige Belange berücksichtigt
      - • Abwägungsfehleinschätzung: Verkennung der Bedeutung einzelner Belange
      - • Abwägungsdisproportionalität: Interessenausgleich unverhältnismäßig
    - – **Beachtlichkeit:**
      - • Fehler im **Abwägungsergebnis** immer (arg e § 214 Abs. 3 S. 2 BauGB)
      - • Fehler im **Abwägungsvorgang** nur, wenn offensichtlich und Einfluß auf das Abwägungsergebnis (§ 214 Abs. 3 S. 2 BauGB)

(1) Bebauungspläne dürfen nur aufgestellt werden, soweit dies für die städtebauliche Entwicklung und Ordnung **erforderlich** ist (§ 1 Abs. 3 BauGB). Dabei handelt es sich jedoch nur um eine geringfügige Einschränkung. Nicht erforderlich ist ein BPlan nur dann, wenn er auf keiner wirklichen **planerischen Konzeption** der Gemeinde beruht.

Beispiel: Nicht erforderlich ist die Festsetzung von Flächen für landwirtschaftliche Nutzung, wenn damit nicht die Landwirtschaft gefördert, sondern lediglich eine Wohnbebauung verhindert werden soll (BVerwGE 40, 258, 262).

§ 1 Abs. 3 BauGB begründet ein Recht und eine Pflicht zur Planaufstellung. Dem entspricht jedoch **kein Planungsanspruch** des Bürgers (§ 2 Abs. 3 BauGB).

Die **städtebauliche Erforderlichkeit** ergibt sich hier aus dem Umfang der baulichen Entwicklung in dem betroffenen Gebiet und daraus, daß die durch die unterschiedliche Nutzung entstehende **Konfliktlage planerisch** bewältigt werden muß. Zwar gehören Windenergieanlagen seit dem 01.01.1997 im Außenbereich zu den **privilegierten Vorhaben** nach § 35 Abs. 1 Nr. 6 BauGB. Gleichwohl kann die Gemeinde ihre planerische Konzeption insb. bei sog. Windparks auch weiterhin durch Festsetzungen im Bebauungsplan umsetzen.

Vgl. Niedersberg, Stadt und Gemeinde, 1996, 392, 395; zur Neuregelung vgl. Krautzberger NVwZ 1996, 847 ff. Früher wurden Windenergieanlagen idR nur als sonstige Vorhaben iSd § 35 Abs. 2 BauGB qualifiziert (BVerwG DVBl 1994, 1144; NVwZ 1996, 597).

Die Gemeinde kann auch im F-Plan Flächen für Windenergieanlagen vorsehen, um eine Zersiedlung der Landschaft mit solchen Anlagen zu verhindern. Außerhalb der festgesetzten Flächen stehen dem Vorhaben dann idR öffentliche Belange entgegen (§ 35 Abs. 3 S. 3 BauGB); vgl. Krautzberger NVwZ 1996, 847, 848. Entsprechendes gilt nach § 35 Abs. 3 S. 2 BauGB, wenn im Regionalplan sog. Eignungsgebiete dargestellt werden; dazu Runkel DVBl 1997, 275 ff; Erbguth DVBl 1998, 209 ff.

(2) **Fehlerfreie Ausübung des Planungsermessens**

Bei dem Erlaß von Bauleitplänen kommt dem Planungsträger ein sog. **Planungsermessen** zu, das – ähnlich dem Ermessen bei VAen – nur einer **eingeschränkten Überprüfung** durch die Verwaltungsgerichte unterliegt.

(a) Aus dem BauGB ergeben sich dabei zwei **Ermessensgrenzen:**

- **Entwicklungsgebot** aus dem F-Plan (§ 8 Abs. 2 S. 1 BauGB)
- Beschränkung der **Festsetzungsmöglichkeiten** (§ 9 BauGB)

(aa) Bebauungspläne sind grds. aus einem (wirksamen) **Flächennutzungsplan** zu entwickeln (§ 8 Abs. 2 S. 1 BauGB).

Ausnahmen gelten für selbständige Bebauungspläne (§ 8 Abs. 2 S. 2 BauGB), vorgezogene (§ 8 Abs. 3 S. 2 BauGB) und vorzeitige Bebauungspläne (§ 8 Abs. 4 BauGB).

Im vorliegenden Fall war der dem BPlan zugrundeliegende F-Plan wegen Verletzung von Verfahrensvorschriften unwirksam. Nach § 214 Abs. 2 Nr. 3 BauGB ist dies für die Rechtswirksamkeit des BPlans jedoch unbeachtlich, wenn sich der Fehler – wie hier – erst nach Erlaß des BPlans herausstellt.

(bb) Den festsetzungsfähigen **Inhalt** eines BPlans regelt § 9 BauGB iVm der BauNVO abschließend. Den Gemeinden steht **kein Festsetzungserfindungsrecht** zu. Vielmehr besteht für bauplanungsrechtliche Festsetzungen ein **Typenzwang.** Denn durch den BPlan bestimmt die Gemeinde Inhalt und Schranken des Eigentums der im Planbereich belegenen Grundstücke. Hierfür bedarf sie gem. Art 14 Abs. 1 S. 2 GG einer gesetzlichen Grundlage, die abschließend in § 9 BauGB geregelt ist.

BVerwG NVwZ 1995, 696, 697; NJW 1993, 2695; Hüttenbrink DVBl 1995, 826, 827; Konrad JA 1998, 424, 425. Deswegen ist es zB unzulässig, wenn die Gemeinde ein „Wohngebiet für Einheimische" festsetzt (BVerwG NJW 1993, 2695, 2697). Will die Gemeinde auf die künftige Eigentümerstruktur Einfluß nehmen, so kann sie ein solches **Einheimischenmodell** aber zum Gegenstand eines (städtebaulichen) Vertrages mit den Grundstückseigentümern machen, mit dem Ziel, daß sie die Ausweisung neuer Baugebiete davon abhängig macht, daß ein späterer Verkauf der Bauplätze zu einem bestimmten Prozentsatz nur an Einheimische erfolgt (vgl. § 11 Abs. 1 Nr. 2 BauGB: Wohnbedarf der ortsansässigen Bevölkerung); zur Problematik allgemein Grziwotz NJW 1993, 2665 ff.

[1] Nach § 9 Abs. 1 Nr. 12 BauGB können aus städtebaulichen Gründen im BPlan auch **Versorgungsflächen** festgesetzt werden. Die hM versteht darunter zwar nur Flächen für **öffentliche** Versorgungsanlagen. Diese Einschränkung ist jedoch auch bei größeren privaten Windenergieanlagen erfüllt, die den überwiegenden Teil der Energie in das öffentliche Netz einspeisen.

Niedersberg, Stadt und Gemeinde 1996, 392, 395; Erbguth/Stollmann DVBl 1995, 1270, 1271; Ogiermann, Rechtsfragen der Errichtung von Windkraftanlagen (1992), S. 58 mwN. – Private (Klein-)Windenergieanlagen, die ausschließlich der Eigenversorgung dienen, sind dagegen einer Festsetzung nach § 9 Abs. 1 Nr. 12 BauGB nicht zugänglich. Sie können jedoch als untergeordnete Nebenanlagen in einem Baugebiet nach § 14 Abs. 1 S. 1 BauNVO zulässig sein (Battis/Krautzberger/Löhr BauGB § 9 Rdn 50; Ogiermann aaO, S. 60 ff; dies. NVwZ 1993, 964, 964 f).

[2] Die planerische Festsetzung eines **Sondergebietes** ist gem. § 11 Abs. 1 BauNVO zulässig, wenn sich die Art der baulichen Nutzung wesentlich von den Baugebieten nach §§ 2–10 BauNVO unterscheidet. Hierzu gehören neben der beispielhaften Aufzählung in § 11 Abs. 2 BauNVO auch Gebiete für Windenergieanlagen. Denn derartige Windparks wären aufgrund der erhöhten Intensität der Nutzung in einem der übrigen Baugebiete nicht zulässig.

Pietzner/Ronellenfitsch VerwArch 1984, 407, 413; Erbguth/Stollmann DVBl 1995, 1270, 1271; Niedersberg, Stadt und Gemeinde 1996, 392, 395; Ogiermann aaO, S. 59 f mwN.

Es handelt sich daher vorliegend um zulässige Festsetzungen iSd § 9 BauGB iVm BauNVO (dazu näher unten 3.3).

(b) Der BPlan ist rechtswidrig, wenn im Zeitpunkt der Beschlußfassung (§ 214 Abs. 3 S. 1 BauGB) keine **ordnungsgemäße Abwägung** der öffentlichen und der privaten Belange (§ 1 Abs. 6 BauGB) erfolgt ist. Auf der Grundlage des Planungsermessens ist die sog. **Abwägungsfehlerlehre** entwickelt worden. Die Planungsentscheidung ist danach rechtswidrig, wenn sie einen **Abwägungsfehler** aufweist.

BVerwGE 45, 309, 312 ff; Erichsen/Badura § 42 Rdn 24; Schulze-Fielitz Jura 1992, 201, 205; Sarnighausen NJW 1993, 3229 ff; Kohl JuS 1994, 513, 518; ders. JuS 1993, 499, 500; Hoppe DVBl 1994, 1033, 1040 mwN.

Die im Bereich des Bauplanungsrechts entwickelten Grundsätze des Abwägungsgebotes gelten nach hM für **sämtliche Bereiche** öffentlich-rechtlicher Planung, unabhängig von einfach-gesetzlichen Regelungen. Denn nach Auffassung des BVerwG handelt es sich um allgemeine Anforderungen, die sich aus dem Rechtsstaatsprinzip ergeben (Erbguth DVBl 1986, 1230, 1231).

(aa) Die wichtigsten Abwägungsfehler sind:

- **Abwägungsausfall**, wenn eine Abwägung überhaupt fehlt,
- **Abwägungsdefizit**, wenn wesentliche Belange außer acht gelassen und bei der Abwägung gar nicht berücksichtigt wurden,

  Dem Abwägungsdefizit entspricht als Kehrseite die „Fehleinstellung von Belangen“, die nicht hätten berücksichtigt werden dürfen (zB weil sachwidrig).

- **Abwägungsfehleinschätzung**, wenn die Bedeutung einzelner Belange verkannt wird,
- **Abwägungsdisproportionalität**, wenn der Ausgleich zwischen den Belangen in einer Weise vorgenommen wird, der zur objektiven Gewichtung der Belange außer Verhältnis steht.

OVG NW NVwZ 1996, 274, 275; Sarnighausen NJW 1993, 3229 ff; Schulze-Fielitz Jura 1992, 210, 215; Kohl JuS 1993, 499, 500; Kahl Jura 1997, 648, 651 ff mwN sowie Hoppe DVBl 1994, 1033 ff, insb. 1040 im Sinne einer noch weitergehenden Differenzierung. Die Terminologie in Rspr und Lit. ist dabei unterschiedlich; vgl. einerseits Hoppe aaO, andererseits Schulze-Fielitz aaO.

(bb) Ein **Abwägungsausfall** ist im vorliegenden Fall nicht feststellbar, da eine Abwägung tatsächlich stattgefunden hat.

(cc) Ein **Abwägungsdefizit** liegt vor, wenn nicht alle nach Lage der Dinge abwägungsrelevanten öffentlichen und privaten Belange in die Abwägung eingestellt worden sind.

[1] Hier ist dem Rat ein **Gutachten** über die möglichen Auswirkungen durch Lichtreflexe, Schattenwirkung und Geräuschbeeinträchtigung vorenthalten worden. Um das Konfliktpotential verschiedener Nutzungsarten erfassen und ggf. ausgleich zu können, ist es erforderlich, daß bei der planerischen Abwägung, insb. bei einem Nebeneinander emittierender Anlagen und Wohngebieten vorhandene Sachverständigengutachten berücksichtigt werden (BVerwG NVwZ 1990, 281). Die Nichtberücksichtigung des Gutachtens führt somit zu einem Abwägungsdefizit.

[2] Nach § 1 a Abs. 2 Nr. 2 BauGB sind in der Abwägung nach § 1 Abs. 6 BauGB auch zu berücksichtigen die Vermeidung und der Ausgleich der zu erwartenden **Eingriffe in Natur und Landschaft** (Eingriffsregelung nach dem BNatSchG).

[a] **Eingriffe** sind Veränderungen der Gestalt oder Nutzung von Grundstücken, die die Leistungsfähigkeit des Naturhaushalts oder das Landschaftsbild erheblich oder nachhaltig beeinträchtigen können (§ 8 Abs. 1 BNatSchG).

- Eingriffe sind in erster Linie **zu vermeiden** (§ 8 Abs. 2 S. 1, 1. HS BNatSchG).
- Unvermeidbare Beeinträchtigungen sind durch Maßnahmen des Naturschutzes und der Landschaftspflege **auszugleichen** (§ 8 Abs. 2 S. 1, 2. HS u. S. 4 BNatSchG).
- Soweit unvermeidbare Beeinträchtigungen nicht ausgeglichen werden können, ist die Maßnahme zu **untersagen**, wenn im Rahmen der Abwägung die Belange des Naturschutzes und der Landschaftspflege überwiegen (§ 8 Abs. 3 BNatSchG).
- Sind die Belange des Naturschutzes und der Landschaftspflege nicht vorrangig, wird der Eingriff also nicht untersagt, so sind nach Landesrecht **Ersatzmaßnahmen** vorzusehen (§ 8 Abs. 9 BNatSchG).

[b] Während das **Verhältnis** zwischen **Baurecht** und **Naturschutzrecht** früher umstritten war, gilt nunmehr die klarstellende Regelung in § 8 a BNatSchG. Im **Bebauungsplanverfahren** ist über die Vermeidung, den Ausgleich und den Ersatz für Eingriffe in Natur und Landschaft allein nach den Vorschriften des BauGB (§ 8 a Abs. 1 BNatSchG), insb. **im Rahmen der Abwägung** zu entscheiden (§ 1 Abs. 6, § 1 a Abs. 2 Nr. 2 BauGB).

Die Belange des Naturschutzes und der Landschaftspflege sind lediglich im Rahmen der Abwägung zu „berücksichtigen", ihnen kommt jedoch kein genereller Vorrang zu (so schon zur bisherigen Rechtslage BVerwG DVBl 1997, 1112, 1113; OVG NW NVwZ 1996, 274, 277; NVwZ 1997, 697, 698: „Dies kann im Einzelfall dazu führen, daß die zu erwartenden und trotz etwaiger Vermeidungs-, Ausgleichs- oder Ersatzmaßnahmen nicht [vollständig] zu kompensierenden Beeinträchtigungen der Leistungsfähigkeit des Naturhaushaltes im Interesse der sachgerechten Berücksichtigung anderer abwägungserheblicher Belange hingenommen werden können." Das BVerwG aaO verweist allerdings darauf, daß die Belange des Naturschutzes und der Landschaftspflege wegen Art 20 a GG eine „herausgehobene Bedeutung" und eine „höhere Durchsetzungskraft" haben. „Eine Zurückstellung der Belange des Naturschutzes und der Landschaftspflege kommt folglich nur zugunsten entsprechend gewichtiger Belange in Betracht. Dies bedarf besonderer Rechtfertigung.")

[c] Die Gemeinde muß daher prüfen, ob Eingriffe in Natur und Landschaft iSd § 8 Abs. 1 BNatSchG zu erwarten sind, und bejahendenfalls, ob und wie sich die festgestellten voraussichtlichen Eingriffsfolgen sachgemäß bewältigen lassen (Vermeidung, Ausgleich, Ersatz).

Der Ausgleich der zu erwartenden Eingriffe erfolgt im BPlan durch Festsetzungen nach § 9 als Flächen oder **Maßnahmen zum Ausgleich** (§ 1 a Abs. 3 S. 1 BauGB). Ein Ausgleich ist allerdings nicht erforderlich, soweit die Eingriffe bereits vor der planerischen Entscheidung erfolgt sind oder zulässig waren (§ 1 a Abs. 3 S. 4 BauGB).

Als **Festsetzungen** kommen vor allem in Betracht: Grünflächen (§ 9 Abs. 1 Nr. 15 BauGB), Wasserflächen (Nr. 16), Flächen für die Landwirtschaft (Nr. 18 a), Wald (Nr. 18 b), Maßnahmen zum Schutz, zur Pflege und Entwicklung von Natur und Landschaft (Nr. 20) sowie Anpflanzung von Bäumen, Sträuchern oder sonstigen Bepflanzungen (Nr. 25).

Ausgleichsmaßnahmen müssen nicht im Plangebiet selbst erfolgen, sondern können auch an anderer Stelle der Gemeinde ausgewiesen werden (§ 1 a Abs. 3 S. 2, § 9 Abs. 1 a S. 1 BauGB); vgl. auch schon BVerwG DVBl 1997, 1121, 1122 zur bisherigen Rechtslage; zur Neuregelung Schmidt NVwZ 1998, 337 ff; Lüers DVBl 1998, 433, 437 f; Uechtritz NvwZ 1997, 1182, 1185 ff.

Die Flächen oder Maßnahmen zum Ausgleich an anderer Stelle können den Grundstücken, auf denen Eingriffe zu erwarten sind, ganz oder teilweise zugeordnet werden; dies gilt auch für Maßnahmen auf von der Gemeinde bereitgestellten Flächen (Bildung eines sog. **Öko-Kontos**, § 9 Abs. 1 a S. 2 BauGB). Auch besteht die Möglichkeit zwischen Eingriffs-BPlan und Ausgleichs-BPlan zu trennen (§ 9 Abs. 1 a S. 1 BauGB).

Die Refinanzierung von Kosten der Gemeinde für Ausgleichsmaßnahmen regeln die §§ 135 a–c BauGB.

[d] Da durch die Größe des geplanten Windparks (10 ha) das Landschaftsbild erheblich beeinträchtigt wird, liegt ein Eingriff iSd § 8 Abs. 1 BNatSchG vor. Die Gemeinde mußte daher prüfen, ob das planerische Ziel auf andere Weise mit geringerer Eingriffsintensität erreichbar ist. Daher hätten die Planalternativen auch unter naturschutzrechtlichen Gesichtspunkten gewertet werden müssen. Außerdem hätte die Gemeinde über einen etwaigen Ausgleich der zu erwartenden Eingriffe befinden müssen. Auch insoweit weist die Planungsentscheidung daher ein **Defizit** auf.

Auf **einzelne Bauvorhaben** im Bebauungsplangebiet (§§ 30, 33 BauGB) und im unbeplanten Innenbereich (§ 34 BauGB) ist die naturschutzrechtliche Eingriffsregelung nicht anzuwenden (§ 8 a Abs. 2 S. 1 BNatSchG). Das Vorhaben stellt hier keinen (erneuten) Eingriff in Natur und Landschaft dar. Für Vorhaben im Außenbereich (§ 35 BauGB) bleiben die Vorschriften über die Eingriffsregelung dagegen uneingeschränkt anwendbar (§ 8 a Abs. 2 S. 2 BNatSchG).

[3] Zudem könnte eine **Abwägungsfehleinschätzung** darin liegen, daß der Rat die kürzeren Stromleitungswege in X als gewichtiger eingeschätzt hat als den Schutz der Anwohner von X vor den störenden Beeinträchtigungen durch den Windenergiepark. Insoweit verweist A darauf, daß in Y ein wesentlich größerer Abstand zu der dortigen Wohnbebauung möglich und daher eine deutlich geringere Beeinträchtigung der Anwohner gegeben wäre. Die durch die Rotoren der Windenergieanlagen entstehenden Lichteffekte, Schattenwirkungen und Reflexe (sog. Disco-Effekt) können zusammen mit anderen Störungen zu einer psychischen Beeinträchtigung führen, die die Grenze des Zumutbaren übersteigt.

Zu den Auswirkungen vgl. OVG NW NVwZ 1997, 924, 925: „Der Betrieb der Windkraftanlage verursacht zum einen Lärm ... Die Wohnnutzung kann ferner durch Lichteffekte nachteilig betroffen werden, welche die Windkraftanlage verursacht. Sie verursacht – je nach Umlaufgeschwindigkeit des Rotors – einen verschieden schnellen Wechsel von Schatten und Licht."

In der Praxis wird deshalb überwiegend davon ausgegangen, daß (größere) Anlagen einen Abstand von mindestens 500 m zur Wohnbebauung einzuhalten haben (OVG NW aaO). Ausführlich Ogiermann, Rechtsfragen der Errichtung von Windkraftanlagen (1992), S. 73 ff.

In der Gewichtung durch die Gemeinde wird die Bedeutung des Belangs „gesunde Wohnverhältnisse" aus § 1 Abs. 5 S. 2 Nr. 1 BauGB hier im Verhältnis zu den Belangen der Wirtschaft aus § 1 Abs. 5 S. 2 Nr. 8 BauGB eindeutig verkannt. Es liegt somit auch eine **Abwägungsfehleinschätzung** vor.

[4] Gleichzeitig ist mit dem getroffenen Abwägungsergebnis auch der Ausgleich zwischen den betroffenen Belangen in einer Weise vorgenommen worden, die zur objektiven Gewichtigkeit des Belanges der gesunden Wohnverhältnisse außer Verhältnis steht. Daher leidet die Abwägung insgesamt auch an einer **Abwägungsdisproportionalität**.

(c) **Rechtsfolge:** Hinsichtlich der Auswirkungen von Abwägungsfehlern unterscheidet § 214 Abs. 3 S. 2 BauGB zwischen Fehlern im Abwägungsvorgang und solchen im Abwägungsergebnis.

- Fehler im **Abwägungsergebnis** (insb. Abwägungsdisproportionalität) sind immer erheblich und führen zur Nichtigkeit des Bauleitplanes, es sei denn, der Fehler wird trotz Hinweis (§ 215 Abs. 2 BauGB) nicht innerhalb von sieben Jahren schriftlich gerügt (§ 215 Abs. 1 Nr. 2 BauGB).
- Fehler allein im **Abwägungsvorgang** (insb. Abwägungsdefizit) sind gem. § 214 Abs. 3 S. 2 BauGB nur erheblich, wenn sie offensichtlich und auf das Abwägungsergebnis von Einfluß gewesen sind.

  – **Offensichtlich** ist der Fehler vor allem, wenn er aus Akten, Protokollen, Entwurfs- oder Planbegründungen oder öffentlichen Äußerungen erkennbar ist.

  OVG NW NVwZ 1996, 274, 280. Erforderlich ist, daß konkrete Umstände positiv und klar auf einen solchen Mangel hindeuten. Es genügt nicht, wenn – negativ – lediglich nicht ausgeschlossen werden kann, daß der Abwägungsvorgang an einem Mangel leidet (BVerwG NVwZ 1995, 692, 693; NVwZ 1992, 662, 663; vgl. zB OVG Lüneburg NVwZ 1995, 714, 715: offensichtlich zB dann, wenn sich der Fehler im Abwägungsvorgang aus der Zurückweisung von Anregungen ergibt).

  – Ein **Einfluß auf das Abwägungsergebnis** ist schon dann gegeben, wenn die konkrete Möglichkeit besteht, daß ohne den Vorgangsfehler das Abwägungsergebnis anders ausgefallen wäre. Ein positiver Nachweis des Einflusses muß nicht geführt werden.

BVerwG NVwZ 1995, 692, 693; NVwZ 1992, 662, 663; NVwZ 1992, 663, 664; Bay VGH NVwZ 1997, 1016, 1018; zusammenfassend Kohl JuS 1993, 499, 501.

(aa) **Fehler im Abwägungsvorgang**

[1] Das Abwägungsdefizit und die Abwägungsfehleinschätzung sind **offensichtlich**. Da das (nicht berücksichtigte) Gutachten vorlag und bekanntermaßen nicht in die Abwägung eingeflossen ist, liegen konkrete Umstände vor, die auf den Mangel hindeuten. Auch weist die Zurückweisung der Einwendungen der Anwohner deutlich auf die Abwägungsfehleinschätzung hin.

[2] Die vorstehenden Mängel müßten auf das **Abwägungsergebnis von Einfluß** gewesen ist. Dies setzt voraus, daß nach den Umständen des Einzelfalls die konkrete Möglichkeit eines solchen Einflusses besteht. Eine konkrete Möglichkeit besteht immer dann, wenn sich an Hand der Planunterlagen oder sonst erkennbarer oder **naheliegender Umstände** die Möglichkeit abzeichnet,

daß der Mangel im Abwägungsvorgang von Einfluß auf das Abwägungsergebnis gewesen sein kann.

BVerwG NVwZ 1995, 692, 693; NVwZ 1992, 663, 664; OVG Lüneburg NVwZ 1995, 714, 715. Allein die Annahme, die Vermeidung des Fehlers hätte (abstrakt) zu einem anderen Ergebnis führen können, genügt dagegen nicht (BVerwG NVwZ 1992, 663).

Da bei einer Einbeziehung des Gutachtens und einer anderen Einschätzung der Bedeutung der abzuwägenden Belange von einem anderen Ergebnis der Abwägung ausgegangen werden kann, haben die Fehler auch den erforderlichen Einfluß auf das Abwägungsergebnis. Beide Vorgangsfehler sind somit nach § 214 Abs. 3 S. 2 BauGB beachtlich.

(bb) Der Fehler in Form der Abwägungsdisproportionalität ist ohne weiteres beachtlich, da er unmittelbar das **Abwägungsergebnis** betrifft.

(d) Da A sich innerhalb eines Jahres schriftlich an die Gemeinde gewand hat, ist auch die **Rügefrist** des § 215 Abs. 1 Nr. 2 BauGB gewahrt. Der von G erlassene BPlan leidet somit an beachtlichen Abwägungsfehlern, die zur Unwirksamkeit des Planes führen.

Beachte: Etwas anderes gilt für Fehler, die durch ein ergänzendes Verfahren behoben werden können. Diese führen nicht zur Nichtigkeit. Bis zur Behebung der Mängel entfaltet die Satzung jedoch keine Rechtswirkungen (§ 215 a Abs. 1 BauGB). Die Regelung erfaßt formelle wie materielle Fehler (insb. Abwägungsmängel); vgl. Hoppe/Henke DVBl 1997, 1407 ff.

– – –

Zunehmende Bedeutung hat in neuerer Zeit das Gebot der **planerischen Konfliktbewältigung** erlangt. Der Plan soll die gegebene Sachlage möglichst umfassend klären und ist daher fehlerhaft, wenn wesentliche Probleme ausgeklammert werden.

BVerwGE 47, 144, 155; 61, 307, 311; BVerwG DÖV 1995, 33, 34; OVG Berlin NVwZ 1983, 416, 418; OVG NW DÖV 1981, 347; Schulze-Fielitz Jura 1992, 201, 204 mwN.

Beispiel: Zur Vermeidung von unzumutbaren Immissionen muß der BPlan Schallschutzmaßnahmen (§ 9 Abs. 1 Nr. 24 BauGB) vorsehen oder zwischen unterschiedlichen Nutzungsarten (Wohnen und Gewerbe) eine „Pufferzone" festsetzen. Einen zwingenden planungsrechtlichen Grundsatz, daß Wohn- und Gewerbegebiete nicht nebeneinander angeordnet werden dürfen, gibt es nach der Rspr jedoch nicht. Vielmehr handelt es sich bei dem Trennungsgebot zwar um einen allgemeinen Grundsatz, der jedoch Ausnahmen zuläßt, wenn keine Unzuträglichkeiten zu erwarten sind (BVerwG NVwZ 1992, 663, 664).

Allerdings ist es auch zulässig, im BPlan die Bewältigung von Konflikten zurückzustellen, wenn diese wegen der Vielgestaltigkeit nach den Gegebenheiten des Einzelfalls in dem anschließenden Verwaltungsverfahren (zB Erteilung der Baugenehmigung) besser gelöst werden können (sog. **planerische Zurückhaltung**). Eine solche „Konfliktverlagerung" ist allerdings nur zulässig, wenn die Konfliktbewältigung durch das spätere Verfahren gesichert oder wenigstens wahrscheinlich ist.

BVerwG DÖV 1995, 33; NVwZ 1989, 659; DVBl 1988, 1167, 1170; Finkelnburg/Ortloff I § 11 IV 3 b, S. 184; Battis/Krautzberger/Löhr BauGB § 1 Rdn 118 ff. **Beispiel:** Zurückstellung immissionsrechtlicher Bedenken im BPlan, wenn diese in späteren Genehmigungsverfahren aufgrund behördlicher Gestaltungsspielräume (zB durch Auflagen, nachträgliche Anordnungen etc.) besser gelöst werden können.

Fall 2: Prozessuale Ergänzung zu Fall 1

Da die Gemeinde die Bedenken des A nicht teilt, möchte er gegen den BPlan gerichtlich vorgehen. Jedenfalls möchte A die in Vollzug des Planes ergehenden Baugenehmigungen anfechten.

1. Teil: Abstrakte Normenkontrolle des Bebauungsplanes

(A) **Zulässigkeit des Antrages**

(I) Der **Verwaltungsrechtsweg** ist gem. § 40 Abs. 1 VwGO eröffnet, da es um die Überprüfung des Bebauungsplanes als öffentlich-rechtlicher Norm geht. **Instanziell** zuständig ist ausschließlich das **OVG** (VGH).

(II) Das Normenkontrollverfahren ist gem. § 47 Abs. 1 Nr. 1 VwGO **statthaft**. Bei dem angegriffenen BPlan handelt es sich um eine **Satzung** nach § 10 Abs. 1 BauGB.

Gegenstand der Normenkontrolle nach § 47 Abs. 1 Nr. 1 können des weiteren sein: RechtsVOen nach § 246 Abs. 2 BauGB, Satzungen über Erschließungsbeiträge (§ 132 BauGB), **nicht** dagegen Flächennutzungspläne, da diese nicht als Satzungen erlassen werden (vgl. BVerwG DVBl 1990, 1352; Brodersen JuS 1991, 611).

(III) **Antragsbefugnis**

(1) Bis zum 31.12.1996 war antragsbefugt jede natürliche oder juristische Person, die durch die Rechtsvorschrift oder deren Anwendung einen **Nachteil** erlitten oder in absehbarer Zeit zu erwarten hatte (§ 47 Abs. 2 VwGO a.F.). Der Begriff des Nachteils wurde dabei von der hM weit ausgelegt. Erfaßt wurden nicht nur subjektive Rechte iSv § 42 Abs. 2 VwGO, sondern **jedes Individualinteresse**, das in die dem Erlaß der Norm zugrundeliegende Ermessensentscheidung miteinzubeziehen war.

Grundlegend BVerwGE 59, 87, 99: wenn der „Antragsteller durch den Bebauungsplan oder durch dessen Anwendung negativ, d.h. verletzend in einem Interesse betroffen ist bzw. in absehbarer Zeit betroffen werden kann, das bei der Entscheidung über den Inhalt dieses Bebauungsplanes als privates Interesse des Antragstellers in der Abwägung hätte berücksichtigt werden müssen." Vgl. auch BVerwG NVwZ 1997, 682; NVwZ 1996, 887; NVwZ 1995, 895, 896; zusammenfassend Dürr NVwZ 1996, 105 ff; Kohl JuS 1993, 320, 321 mwN.

Der Nachteil konnte sich also zB bei einem Bebauungsplan aus jedem **abwägungserheblichen Belang** iSd § 1 Abs. 5 u. 6 BauGB ergeben, soweit es sich dabei um rechtlich geschützte Interessen handelte, lediglich wirtschaftliche oder ideelle Nachteile genügten dagegen nicht.

Beispiele: Ein Nachteil wurde zB bejaht, wenn die Ausweisung eines Wohngebietes Auswirkungen auf einen angrenzenden immissionsträchtigen Betrieb haben konnte (VGH Mannheim VBlBW 1980, 24). **Kein Nachteil** war dagegen die Beeinträchtigung der ungehinderten Aussicht, die keinen planungsrechtlichen Schutz genießt (BVerwG NVwZ 1995, 895, 896), ebenso nicht die Verschlechterung der Wettbewerbssituation (BVerwG NVwZ 1990, 555).

(2) Dieser Ansatz hat zu einer starken Ausweitung des Normenkontrollverfahrens geführt. Deshalb hat der Gesetzgeber durch das **6. VwGOÄndG** zum 01.01.1997 die Antragsbefugnis in § 47 Abs. 2 VwGO der Klagebefugnis nach § 42 Abs. 2 VwGO angepaßt. Natürliche oder juristische Personen müssen als Antragsteller geltend machen, „durch die Rechtsvorschrift oder deren Anwendung in ihren **Rechten verletzt** zu sein oder in absehbarer Zeit verletzt zu werden."

Die Einschränkung der Antragsbefugnis gilt nach hM **nicht** für **Altverfahren**, die vor dem 01.01.1997 anhängig waren (BVerwG, Beschl. v. 12.03.1998 – 4 CN 12.97; BayVGH DVBl 1997, 663; OVG Lüneburg NVwZ 1997, 1222; Schmitz-Rode NJW 1998, 415, 417; Beckmann/Kleefisch NVwZ 1997, 1193, 1194; aA OVG NW NVwZ 1997, 1002, 1003; DVBl 1997, 675; Schenke DVBl 1997, 853; Löhnig JuS 1998, 315, 316 mwN).

Behörden können nach § 47 Abs. 2 S. 1, 2. HS VwGO die gerichtliche Prüfung betreiben, ohne eine Rechtsverletzung darlegen zu müssen. Entgegen dem Wortlaut des § 47 Abs. 2 S. 1 VwGO a.E., wonach „jede" Behörde den Normenkontrollantrag stellen kann, wird von der hM verlangt, daß die Behörde mit dem Vollzug der Rechtsvorschrift befaßt ist oder bei der Erfüllung ihrer Aufgaben hierdurch betroffen wird (Redeker/vOertzen § 47 Rdn 34).

(3) Wie bei der Klagebefugnis muß der Antragsteller im Normenkontrollverfahren daher nunmehr geltend machen, daß die möglicherweise verletzte Norm zumindest auch seinen **Individualinteressen** zu dienen bestimmt ist **(Schutznormtheorie)**.

(a) Unproblematisch ergibt sich die Antragsbefugnis aus Art 14 GG, wenn sich der Antragsteller gegen Festsetzungen wendet, die **unmittelbar sein Grundstück** betreffen.

BVerwG BauR 1997, 972; BVerwG, Urt. v. 10.03.1998 – 4 CN 6.97; OVG NW DVBl 1997, 675, 676; NVwZ 1997, 697, 698; Hüttenbrink DVBl 1997, 1253, 1254 mwN.

Beispiel: Festsetzungen, die die Bebaubarkeit des Grundstücks beschränken, wie zB

- Änderungen des Gebietscharakters,
- Änderungen von Art und Maß der baulichen Nutzung,
- Änderungen der Bauweise, der überbaubaren Grundstücksflächen und der Zahl der Vollgeschosse,
- Gestaltungsvorschriften.

BVerwG, Urt. v. 10.03.1998 – 4 CN 6.97: „Auch eine für den Eigentümer im Vergleich zur bisherigen Rechtslage an sich günstige Festsetzung kann ihn zugleich in der baulichen Nutzung seines Grundstücks beschränken und für ihn nachteilig sein."

Während bislang auch der Mieter einen Nachteil iSd § 47 Abs. 2 VwGO a.F. geltend machen konnte (BVerwG NVwZ 1995, 264, 265), stehen nunmehr die Nachbarabwehrrechte auch im Normenkontrollverfahren nur noch dem dinglich Berechtigten zu (Eigentümer, Erbbauberechtigte, Nießbraucher; vgl. BVerwG NJW 1998, 770; vgl. auch unten zur Klagebefugnis S. 91). **Obligatorisch Berechtigte** könne daher, sofern nicht ausnahmsweise eine Verletzung von Art 2 Abs. 2 oder Art 12 GG in Betracht kommt, nicht mehr geltend machen, durch den BPlan in ihren Rechten verletzt zu sein (OVG NW NVwZ 1997, 1002, 1003; Hüttenbrink DVBl 1997, 1253, 1254; Kuhla/Hüttenbrink DVBl 1996, 717, 721).

(b) Auch **mittelbare** Beeinträchtigungen können ausnahmsweise die Antragsbefugnis begründen, zB als Ausfluß des **Rücksichtnahmegebotes** als Bestandteil der Abwägung iSd § 1 Abs. 6 BauGB. Dieses Gebot beinhaltet ein **subjektives Abwehrrecht** auch gegen einen BPlan, soweit in qualifizierter und zugleich individualisierter Weise auf schutzwürdige Interessen eines erkennbar abgegrenzten Kreises Dritter Rücksicht zu nehmen ist (s.u. S. 96).

OVG NW NVwZ 1997, 697, 698; Hüttenbrink DVBl 1997, 1253, 1254.

Beispiel: Festsetzungen auf Nachbargrundstücken, die sich auf das Grundstück des Ast. nachteilig auswirken und die sich ihm gegenüber als rücksichtslos erweisen oder eine Gesundheitsgefährdung verursachen können (Art 2 Abs. 2 GG).

Art 12 GG (Berufsfreiheit zB unter dem Gesichtspunkt des Konkurrentenschutzes) oder Art 2 Abs. 1 GG (freie Entfaltung der Persönlichkeit) werden dagegen idR nicht betroffen sein (Hüttenbrink DVBl 1997, 1253, 1254: kein Anspruch auf Sicherung von Erwerbsmöglichkeiten). Auch das aus Art 12, 14 GG abgeleitete Recht am ausgeübten und eingerichteten Gewerbebetrieb wird nur dann möglicherweise verletzt sein, wenn der BPlan einem Betrieb eine besondere Rechtsstellung nimmt, die er zuvor erlangt hatte (BVerwGE 81, 139, 146).

(c) Umstritten ist, ob dem planbetroffenen Bürger darüber hinaus allgemein ein **Recht auf fehlerfreie Abwägung** der eigenen Belange zusteht, d.h. solcher Belange, die zwar bei der Aufstellung des BPlans zu berücksichtigen, jedoch nicht Teil einer Rechtsposition des Antragsstellers sind.

(aa) Überwiegend wird dies bejaht, da eine fehlerhafte Abwägung grds. zur Nichtigkeit des BPlans führt. Das Abwägungsgebot folge – unabhängig von einfachgesetzlichen Konkretisierungen – unmittelbar aus dem Rechtsstaatsprinzip und dem hierin enthaltenen Verhältnismäßigkeitsgrundsatz. Aufgrund der hohen verfassungsrechtlichen Bedeutung müsse der Bürger geltend machen können, daß seine Belange nicht oder nur unzureichend in der Abwägung berücksichtigt worden seien. Bei Planfeststellungsbeschlüssen (§ 74 VwVfG) sei dies allgemein anerkannt (s.u. S. 127) und müsse auch für die Abwägungsentscheidung nach § 1 Abs. 6 BauGB bei einem BPlan gelten.

VGH Mannheim DVBl 1998, 236, 238; Dürr NVwZ 1996, 105, 109; Redeker NVwZ 1996, 521, 526; Schenke DVBl 1997, 853, 854; Hüttenbrink DVBl 1997, 1253, 1254; Löhnig JuS 1998, 315, 317; offengelassen von BVerwG, Urt. v. 10.03.1998 – 4 CN 6.97.

(bb) Die Gegenansicht (OVG NW DVBl 1997, 675, 676) verweist darauf, daß das BPlanverfahren ausschließlich dem **öffentlichen Zweck** diene, die bauliche Nutzung der Grundstücke zu regeln, soweit dies für die städtebauliche Entwicklung und Ordnung erforderlich sei (§ 1 Abs. 1 u. 3 BauGB). Einen **subjektiven Anspruch** auf Bauleitplanung schließe § 2 Abs. 3 BauGB ausdrücklich aus. Gibt es aber keinen Anspruch auf Planaufstellung, könne es erst recht keinen Anspruch auf ordnungsgemäße Abwägung geben. Die Interessenlage sei auch nicht mit der des Planfeststellungsverfahrens vergleichbar. Ein Planfeststellungsbeschluß als VA könne prozessual nur im Wege einer Anfechtungsklage aufgehoben werden. Die Nichtigkeit eines BPlans müsse dagegen nicht zwingend im Normenkontrollverfahren festgestellt werden, sondern dessen Wirksamkeit werde auch in anderen Verfahren inzident überprüft (zB im Rahmen einer Anfechtungsklage gegen eine aufgrund des BPlans erlassene Baugenehmigung, s.u. S. 31). Eines im Wege der Normenkontrolle durchzusetzenden subjektiven Rechts auf Teilhabe der eigenen privaten Belange an der Abwägung bedürfe es daher nicht. Reine Abwägungsfehler, die sich nicht in besonderen subjektiven Rechten auswirken, reichen danach für die Antragsbefugnis (§ 47 Abs. 2 VwGO) nicht aus.

(d) Diese Frage kann dahinstehen, wenn eine Verletzung des **Gebotes der Rücksichtnahme** als Bestandteil des Abwägungsgebotes (§ 1 Abs. 6 BauGB) in Betracht kommt (oben b). Soweit der Antragsteller nicht nur geltend machen kann, daß seine Belange in der Abwägung nicht oder nur unzureichend berücksichtigt worden sind, sondern daß die Planung rücksichtlos ist, ist eine Rechtsverletzung iSd § 47 Abs. 2 VwGO zumindest möglich. Ebenso wie die Klagebefugnis wird man auch die Antragsbefugnis nur ablehnen können, wenn **offensichtlich und eindeutig** nach keiner Betrachtungsweise die vom Antragsteller behaupteten Rechte bestehen oder verletzt sein können.

BVerwG, Urt. v. 10.03.1998 – 4 CN 6.97: „Erforderlich, aber auch ausreichend für die Antragsbefugnis ist, daß der Ast. hinreichend substantiiert Tatsachen vorträgt, die es zumindest als möglich erscheinen lassen, daß er durch Festsetzungen des BPlans (in seinen Rechten) verletzt wird." Ebenso zur Klagebefugnis BVerwG DVBl 1997, 956, 957; Kopp VwG § 42 Rdn 39 mwN; abweichend Löhnig JuS 1998, 315, 317: im Rahmen des § 47 Abs. 2 VwGO erhöhte Darlegungsdichte.

Werden Windenergieanlagen in geringer Entfernung zu einem Wohngebiet errichtet, so kann dies zu unzumutbaren Belästigungen und Störungen führen, die das **Gebot der Rücksichtnahme** verletzen können. Berücksichtigt man, daß hier die Entfernung lediglich 200 m beträgt, ist es zumindest nicht auszuschließen, daß das Grundstück des A durch den sog. Discoeffekt (Lichtreflexe, Geräusche etc.) beeinträchtigt wird.

Dementsprechend hat das OVG NW in vergleichbaren Fällen Drittschutz aus dem Rücksichtnahmegebot bejaht bei der Anfechtung einer Baugenehmigung für eine Windenergieanlage durch den Nachbarn (OVG NW NVwZ 1997, 924 bei 170 m Entfernung; OVG NW NVwZ 1993, 1007 bei 60 m Entfernung).

A kann daher geltend machen, durch den Bebauungsplan in seinem subjektiven Recht auf Rücksichtnahme verletzt zu sein, das Bestandteil der dem BPlan zugrundeliegenden Abwägung ist (§ 1 Abs. 6 BauGB). A ist daher gem. § 47 Abs. 2 VwGO antragsbefugt.

Weiteres Beispiel: Nachbargemeinden können einen Verstoß gegen das Abstimmungsgebot (§ 2 Abs. 2 BauGB) rügen, da sie hierdurch in ihrer Planungshoheit (Art 28 Abs. 2 GG) verletzt werden (Hüttenbrink DVBl 1997, 1253, 1258).

(IV) Das **Rechtsschutzbedürfnis** für das Normenkontrollverfahren fehlt, wenn durch die Nichtigerklärung der angegriffenen Vorschrift die **Rechtsstellung** des Antragstellers **nicht verbessert** werden kann.

BVerwG DVBl 1996, 107; NVwZ 1994, 268; DVBl 1987, 1276, 1278; OVG NW NVwZ 1997, 1006; NVwZ 1997, 923, 924; BayVGH NVwZ 1997, 1016; Kohl JuS 1993, 320, 321 mwN.

Beispiel: Ist der angegriffene Bebauungsplan bereits durch die Genehmigung von Bauvorhaben vollständig verwirklicht worden, fehlt idR das Rechtsschutzbedürfnis. Denn die Nichtigerklärung des BPlans berührt nicht die Wirksamkeit der Baugenehmigungen (§ 47 Abs. 5 S. 3 VwGO iVm § 183 VwGO, der zwar unmittelbar nur die Wirksamkeit gerichtlicher Urteile erfaßt, aber nach allgemeiner Auffassung auf VAe analog anzuwenden ist). Sind die Baugenehmigungen daher bestandskräftig, kann der Vollzug nicht mehr rückgängig gemacht werden. Der Antragsteller hätte daher keinen Vorteil durch die Nichtigerklärung. Dasselbe gilt nach OVG NW NVwZ 1997, 1006, 1007, wenn für das Vorhaben bereits ein planungsrechtlicher Vorbescheid (sog. Bebauungsgenehmigung) erteilt worden ist.

Da der BPlan bislang noch nicht verwirklicht ist, bestehen keine Bedenken bzgl. des Rechtsschutzbedürfnisses.

(V) Nach § 47 Abs. 2 VwGO ist der Normenkontrollantrag innerhalb einer **Frist** von **zwei Jahren** nach Bekanntmachung der Rechtsvorschrift zu stellen.

So § 47 Abs. 2 VwGO in der seit dem 01.01.1997 geltenden Fassung des 6. VwGOÄndG (dazu Schmitz-Rode NJW 1998, 415, 416; Löhnig JuS 1998, 315, 317). Die Antragsfrist ist nach OVG Frankfurt LKV 1996, 208 eine Ausschlußfrist, die einer Wiedereinsetzung (§ 60 VwGO) nicht zugänglich ist (vgl. auch Redeker/vOertzen § 47 Rdn 26).

Ursprünglich kannte das Normenkontrollverfahren keine Antragsfrist, sondern nur materielle Ausschlußvorschriften, zB in § 215 Abs. 1 BauGB. Für Rechtsvorschriften, die vor dem 01.01. 1997 bekannt gemacht worden sind, beginnt die Frist mit diesem Datum, sofern nicht die Frist zur Stellung des Antrages nach § 47 VwGO nach anderen Gesetzen bereits abgelaufen war (in den neuen Ländern die Dreimonatsfrist nach Nr. 1 RMBeschrG in der bis zum 31.12.1996 geltenden Fassung); vgl. Art 11 Abs. 4 des 6. VwGOÄndG.

(VI) Richtiger **Antragsgegner** ist nach § 47 Abs. 2 S. 2 VwGO die Gemeinde G, die den Bebauungsplan erlassen hat.

(B) **Begründetheit des Antrages**

Der Normenkontrollantrag ist begründet, wenn die angegriffene **Rechtsvorschrift** wegen Verstoßes gegen höherrangiges Recht **nichtig** ist.

Im Unterschied zur Anfechtungsklage, die nur dem Individualrechtsschutz dient, ist die Normenkontrolle nach bisherigem Verständnis auch ein **objektives Rechtsbeanstandungsverfahren**. Das hat zur Folge, daß bei Beeinträchtigung der Rechte des Antragstellers der BPlan **insgesamt** auf seine Rechtmäßigkeit hin überprüft werden muß und nicht nur im Rahmen der subjektiven Rechte des Betroffenen (BVerwG DVBl 1992, 37, 39; HessVGH DVBl 1992, 779). Daran hat sich auch durch die Neufassung des **§ 47 Abs. 2 VwGO** nichts geändert (Redeker NVwZ 1996, 521, 526; Dürr NVwZ 1996, 105, 109; Hüttenbrink DVBl 1997, 1253, 1257; Schenke NJW 1997, 81, 82; Schmitz-Rode NJW 1998, 415, 416; Löhnig JuS 1998, 315, 317).

Da der Bebauungsplan, wie im Ausgangsfall festgestellt, wegen mehrerer Abwägungsfehler unwirksam ist, wird ein Normenkontrollantrag des A Erfolg haben. Das OVG erklärt den BPlan nach § 47 Abs. 5 S. 2 VwGO mit allgemeinverbindlicher Wirkung für nichtig.

Bezieht sich der Planungsfehler nur auf einen Teil des BPlans (was insb. bei Verfahrensfehlern der Fall sein kann), so ist auch eine bloße **Teilnichtigkeit** denkbar, wenn der angegriffene Plan teilbar ist (§ 139 BGB analog). Dabei ist darauf abzustellen, ob der gültige Teil des Planes für sich betrachtet noch eine den Anforderungen des § 1 BauGB gerecht werdende, sinnvolle städtebauliche Ordnung bewirken kann und ob die Gemeinde nach ihrem im Planungsverfahren zum Ausdruck gekommenen Willen im Zweifel auch einen Plan dieses eingeschränkten Inhalts beschlossen hätte (BVerwG NVwZ 1997, 896, 897; NVwZ 1994, 684, 685; DVBl 1992, 37, 38; OVG NW NVwZ 1996, 274, 280). Bei materiellen Fehlern ist die Teilbarkeit dagegen idR zu verneinen (BVerwG NVwZ 1990, 159).

Beachte: Können Mängel im **ergänzenden Verfahren** nach § 215 a Abs. 1 BauGB behoben werden, so erklärt das OVG die Satzung nicht für nichtig, sondern bis zur Behebung der Mängel nach **§ 47 Abs. 5 S. 4 VwGO** nur **„für nicht wirksam“** (schwebende Unwirksamkeit). Nach § 215 a Abs. 2 BauGB kann bei Form- und Verfahrensfehlern die Satzung **mit Rückwirkung** erneut in Kraft gesetzt werden, und zwar grds. ohne erneute Abwägung, es sei denn, das Abwägungsergebnis ist wegen wesentlicher Veränderungen unhaltbar; dazu BVerwG NVwZ 1997, 893, 894; NVwZ 1996, 890, 891 (jeweils zu § 215 Abs. 3 BauGB a.F.).

2. Teil: Anfechtung etwaiger Baugenehmigungen

(I) Gegen etwaige Baugenehmigungen, die aufgrund des BPlans erteilt werden, kann A im Wege der **Anfechtungsklage** (§ 42 Abs. 1 VwGO) vorgehen. Seine **Klagebefugnis** (§ 42 Abs. 2 VwGO) ergibt sich aus dem Gebot der Rücksichtnahme, das im Plangebiet insb. durch § 15 Abs. 1 S. 2 BauNVO und §§ 34, 35 BauGB konkretisiert wird (dazu unten S. 96 f). Vor Erhebung der Klage muß A Widerspruch erheben (§ 68 Abs. 1 VwGO).

Die Rechtsbehelfe des A haben nach § 212 a Abs. 1 BauGB **keine aufschiebende Wirkung**. Vorläufigen Rechtsschutz erlangt A über § 80 a Abs. 1 Nr. 2, Abs. 3 VwGO (s.u. S. 108 f). Die Erteilung weiterer Baugenehmigungen kann A dadurch verhindern, daß er nach § 47 Abs. 6 VwGO im Wege der einstweiligen Anordnungen den BPlan einstweilen außer Vollzug setzen läßt. Voraussetzung ist allerdings, daß dies zur Abwehr schwerer Nachteile oder aus anderen wichtigen Gründen dringend geboten ist.

Die Klagefrist bestimmt sich nach § 74 Abs. 1 VwGO (1 Monat nach Zustellung des Widerspruchsbescheides). Die Antragsfrist des § 47 Abs. 2 VwGO ist insoweit irrelevant.

Der betroffene Bürger kann daher den BPlan auch noch nach Ablauf der Antragsfrist inzident einer gerichtlichen Überprüfung zuführen (Hüttenbrink DVBl 1997, 1253, 1253).

(II) Die Klage ist **begründet**, wenn die angefochtene Baugenehmigung den A in seinen subjektiven Nachbarabwehrrechten verletzt (§ 113 Abs. 1 S. 1 VwGO). Dabei ist **inzident** die Wirksamkeit des BPlans zu überprüfen, da hiervon die bauplanungsrechtliche Zulässigkeit der Windkraftanlage (§ 30 BauGB) abhängt. Da der BPlan, wie festgestellt, unwirksam ist, richtet sich die planungsrechtliche Zulässigkeit des Vorhabens dann nach § 34 bzw. § 35 BauGB, im Rahmen derer auch das **Gebot der Rücksichtnahme** zu berücksichtigen ist (dazu näher S. 57 ff). Ob insoweit ein Verstoß vorliegt, läßt sich nicht allgemein feststellen, sondern hängt von Art und Auswirkungen des jeweiligen Vorhabens ab.

Weiteres Beispiel: Auch im Rahmen der Verpflichtungsklage auf Erteilung einer Baugenehmigung im Bebauungsplangebiet (§ 30 BauGB) ist die bauplanungsrechtliche Zulässigkeit abhängig von der Wirksamkeit des BPlans. In der Praxis kann diese Frage jedoch häufig dahinstehen, wenn das Vorhaben sowohl nach § 30 BauGB als auch nach § 34 BauGB zulässig wäre.

– – –

3.3 Der Inhalt des Bebauungsplanes

Der Bebauungsplan (BPlan) enthält die **rechtsverbindlichen Festsetzungen** für die städtebauliche Ordnung (§ 8 Abs. 1 S. 1 BauGB). § 9 Abs. 1 BauGB normiert hierzu einen **abschließenden** Katalog von Festsetzungsmöglichkeiten. Ergänzend gelten über § 2 Abs. 5 BauGB die Vorschriften der BauNVO.

Beispiele: Art und Maß der baulichen Nutzung, Bauweise, (nicht) überbaubare Grundstücksflächen, Größe und Zuschnitt der Baugrundstücke, Zahl der Wohnungen, Flächen für den Gemeinbedarf, Verkehrsflächen, Grünflächen, Ausgleichsflächen bei Eingriffen in Natur und Landschaft (§ 9 Abs. 1 a BauGB).

Besondere Bedeutung haben die Festsetzungen über Art und Maß der baulichen Nutzung (§ 9 Abs. 1 Nr. 1 BauGB), die Bauweise und die überbaubaren Grundstücksflächen (§ 9 Abs. 1 Nr. 2 BauGB) sowie die örtlichen Verkehrsflächen (§ 9 Abs. 1 Nr. 11 BauGB). Enthält ein BPlan die vorstehenden Festsetzungen, handelt es sich um einen sog. **qualifizierten Bebauungsplan** (§ 30 Abs. 1 BauGB), fehlt eine dieser Festsetzungen, so liegt ein sog. **einfacher Bebauungsplan** (§ 30 Abs. 3 BauGB) vor, unabhängig davon, was ansonsten im BPlan geregelt bzw. nicht geregelt ist.

Grundlage eines BPlans kann auch ein sog. Vorhaben- und Erschließungsplan (VEP) eines Investors sein (§§ 12, 30 Abs. 2 BauGB), sog. **vorhabenbezogener Bebauungsplan**. Der VEP besteht aus drei Elementen: dem Vorhaben- und Erschließungsplan des Investors, dem Durchführungsvertrag zwischen dem Investor und der Gemeinde und dem vorhabenbezogenen BPlan (§ 12 Abs. 1 BauGB). Der VEP wird Bestandteil des BPlans (§ 12 Abs. 2 S. 1 BauGB). Im Bereich eines VEP ist die Gemeinde bei der Bestimmung der Zulässigkeit der Vorhaben nicht an die Festsetzungen nach § 9 BauGB und nach der BauNVO gebunden (§ 12 Abs. 3 S. 2 BauGB).

Welche Festsetzungen die Gemeinde wählt, steht in ihrem **Planungsermessen**. Die Festsetzungen erfolgen entweder durch zeichnerische Darstellungen oder textliche Beschreibungen. Für Planzeichnungen gilt nach § 2 Abs. 5 Nr. 4 BauGB die Planzeichenverordnung (PlanZVO), für die Festsetzungen im einzelnen nach § 2 Abs. 5 Nr. 1–3 BauGB die BauNVO.

Inhalt des Bebauungsplanes
Beispiele

Art der baul. Nutzung §§ 2–15 BauNVO	**Maß der baul. Nutzung** §§ 16–21a BauNVO	**Bauweise** § 22 BauNVO	**überbaubare Grundstücksfläche** § 23 BauNVO
• Baugebiete • Regelbebauung, Ausnahmebebauung • Nebenanlagen • allgemeine Voraussetzungen	• Grundfläche • Geschoßfläche • Vollgeschosse • Höhe • Baumasse	• offen • geschlossen	• Baulinien • Baugrenzen • Bebauungstiefen

BVerwG NJW 1997, 2063, 2063 f: „Festsetzungen in Bebauungsplänen wirken nicht nur in positiver Richtung, d.h. zulassend, sondern auch in negativer Richtung, d.h. ausschließend. … Mit der Festsetzung einer bestimmten Nutzungsart für einen Planbereich werden zwangsläufig zugleich andere Nutzungsarten für ihn untersagt. Allerdings gibt es auch Nutzungsarten, die im Bebauungsplan zwar nicht (positiv) vorgesehen, aber dennoch durch ihn nicht ausgeschlossen werden, weil sie unbedenklich sind. Durch die Festsetzung bestimmter Nutzungsarten sind andere Nutzungen aber dann ausgeschlossen, wenn sie die Verwirklichung des Plans verhindern oder wesentlich erschweren oder wenn sie dem Gebietscharakter widersprechen, indem sie die den Planfestsetzungen entsprechende Situation mehr als nur geringfügig verschlechtern."

3.3.1 Die Art der baulichen Nutzung

Die Festlegung der Art der baulichen Nutzung erfolgt durch Festsetzung eines der Baugebiete nach § 1 Abs. 2 BauNVO.

Beispiele: reine Wohngebiete, allgemeine Wohngebiete, besondere Wohngebiete, Mischgebiete, Gewerbegebiete, Industriegebiete, Sondergebiete etc.

Die Regelung ist abschließend. Die Gemeinde hat kein Gebietserfindungsrecht. Werden im BPlan die in § 1 Abs. 2 BauNVO bezeichneten Gebiete festgesetzt, so werden die Vorschriften der §§ 2–14 BauNVO dadurch unmittelbar Bestandteil des BPlans (§ 1 Abs. 3 S. 2 BauNVO).

Beispiel: Hat die Gemeinde im BPlan ein allgemeines Wohngebiet (WA) festgesetzt, so bestimmt sich die Zulässigkeit von Vorhaben grds. nach § 4 Abs. 2 BauNVO, welche Vorhaben ausnahmsweise zugelassen werden können nach § 4 Abs. 3 BauNVO.

Die §§ 2 ff BauNVO sind im wesentlich einheitlich aufgebaut:

- Im jeweiligen Absatz 1 wird die Gebietsart beschrieben,
- im jeweiligen Absatz 2 werden die allgemein zulässigen Nutzungen aufgeführt (sog. Regelbebauung),
- im jeweiligen Absatz 3 werden die ausnahmsweise zulässigen Nutzungen genannt (sog. Ausnahmebebauung).

Beispiele:

- **Reine Wohngebiete** dienen (ausschließlich) dem Wohnen (§ 3 Abs. 1 BauNVO). Zulässig sind (nur) Wohngebäude (§ 3 Abs. 2 BauNVO), ausnahmsweise können zugelassen werden zB Läden und nicht störende Handwerksbetriebe (§ 3 Abs. 3 Nr. 1 BauNVO). Vorhaben, die weder in § 3 Abs. 2 noch in § 3 Abs. 3 BauNVO aufgeführt sind, sind im reinen Wohngebiet generell unzulässig (zB Gewerbebetriebe).
- **Allgemeine Wohngebiete** dienen vorwiegend dem Wohnen (§ 4 Abs. 1 BauNVO). Allgemein zulässig sind insb. Wohngebäude (§ 4 Abs. 2 Nr. 1 BauNVO), ausnahmsweise können zugelassen werden nicht störende Gewerbebetriebe (§ 4 Abs. 3 Nr. 2 BauNVO). Störende Gewerbebetriebe sind dagegen generell unzulässig.
- Ein **Mischgebiet** dient dem Wohnen und der Unterbringung von Gewerbebetrieben, die das Wohnen nicht wesentlich stören (§ 6 Abs. 1 BauNVO). Allgemein zulässig sind daher nicht nur Wohngebäude (§ 6 Abs. 2 Nr. 1 BauNVO), sondern auch (nicht wesentlich störende) Gewerbebetriebe (§ 6 Abs. 2 Nr. 4 BauNVO). Erheblich störende Gewerbebetriebe sind dagegen auch hier generell unzulässig und können nach § 6 Abs. 3 BauNVO auch nicht ausnahmsweise zugelassen werden.
- Im **Gewerbegebiet** können (nicht erheblich belästigende) Gewerbebetriebe aller Art zugelassen werden (§ 8 Abs. 1, Abs. 2 Nr. 1 BauNVO), Wohnungen nur ausnahmsweise (§ 8 Abs. 3 Nr. 1 BauNVO).

Beispiele:	**allgemein zulässig**	**ausnahmsweise zulässig**	**generell unzulässig**
reines Wohngebiet	Wohngebäude	Handwerksbetriebe	Gewerbebetriebe
allgemeines Wohngebiet	Wohngebäude, Handwerksbetriebe	nicht störende Gewerbebetriebe	störende Gewerbebetriebe
Mischgebiet	Wohngebäude Gewerbebetriebe	Vergnügungsstätten im Wohnbereich	wesentl. störende Gewerbebetriebe
Gewerbegebiet	Gewerbebetriebe	Wohnungen für Aufsichtspersonal	sonstige Wohngebäude

Allerdings kann die Gemeinde von den Vorgaben der BauNVO im Rahmen ihres **Planungsermessens** in gewissem Umfang **abweichen:**

- Nach § 1 Abs. 5 BauNVO kann die Gemeinde **bestimmte Nutzungsarten** von der **Regelbebauung ausschließen**, sofern die allgemeine Zweckbestimmung des Baugebietes gewahrt bleibt.

  Beispiel: nur ausnahmsweise Zulassung oder genereller Ausschluß von Einzelhandelsbetrieben im Gewerbegebiet (§ 8 Abs. 2 BauNVO). – Einzelne **Unterarten** bestimmter Nutzungen können nach § 1 Abs. 9 BauNVO ausgeschlossen werden, wenn besondere städtebauliche Gründe dies rechtfertigen, zB Ausschluß von Spielhallen als Unterart der Vergnügungsstätte iSd § 7 Abs. 2 Nr. 2 BauNVO.

- Unter denselben Voraussetzungen kann die Gemeinde umgekehrt **Ausnahmen zur Regelbebauung** erklären (§ 1 Abs. 6 Nr. 2 BauNVO).

  Beispiel: generelle Zulässigkeit von Beherbergungsbetrieben im allgemeinen Wohngebiet (§ 4 Abs. 3 Nr. 1 BauNVO).

- Außerdem kann die Gemeinde alle oder einzelne **Ausnahmen**, die in den Absätzen 3 der §§ 2–9 BauGB vorgesehen sind, generell **ausschließen** (§ 1 Abs. 6 Nr. 1 BauNVO).

Zu weiteren abweichenden Festsetzungsmöglichkeiten vgl. § 1 Abs. 7–10 BauNVO.

3.3.2 Das Maß der baulichen Nutzung

Das Maß der baulichen Nutzung kann im BPlan nach Maßgabe der §§ 16–21 a BauNVO festgesetzt werden. Dies erfolgt nach § 16 Abs. 2 BauNVO insb. durch

- die Grundflächenzahl (GRZ),

  die angibt, wieviel Quadratmeter Grundfläche der baulichen Anlage je Quadratmeter Grundstücksfläche zulässig sind (§ 19 Abs. 1 BauNVO). **Beispiel:** Bei GRZ 0,4 ist auf einem 1000 qm großen Grundstück eine bauliche Anlage mit maximal 400 qm Grundfläche zulässig;

- die Geschoßflächenzahl (GFZ),

  die angibt, wieviel Quadratmeter Geschoßfläche der baulichen Anlage je Quadratmeter Grundstücksfläche zulässig sind (§ 20 Abs. 2 BauNVO). **Beispiel:** Bei einer GFZ 0,6 ist auf einem 1000 qm großen Grundstück eine Gesamtgeschoßfläche von 600 qm zulässig, bei zweigeschossiger Bauweise also zB 300 qm je Geschoß;

- die Zahl der Vollgeschosse und
- die Höhe der baulichen Anlagen.

Zur Festsetzung des Maßes der baulichen Nutzung OVG NW NVwZ 1996, 923. – § 17 BauNVO enthält Obergrenzen für die Bestimmung des Maßes der baulichen Nutzung (dazu BVerwG NVwZ 1997, 903, 904).

3.3.3 Bauweise und überbaubare Grundstücksflächen

Die Bauweise betrifft die Anordnung der Gebäude im Verhältnis zur Nachbarbebauung und ist entweder offen (mit seitlichem Grenzabstand) oder geschlossen (ohne seitlichen Grenzabstand), § 22 BauNVO. Die überbaubaren Grundstücksflächen können durch die Festsetzung von Baulinien, Baugrenzen oder Bebauungstiefen bestimmt werden (§ 23 Abs. 1 BauNVO).

Zu den Definitionen und zu weiteren Einzelheiten vgl. § 23 Abs. 2–5 BauNVO.

Auszug aus einem BPlan

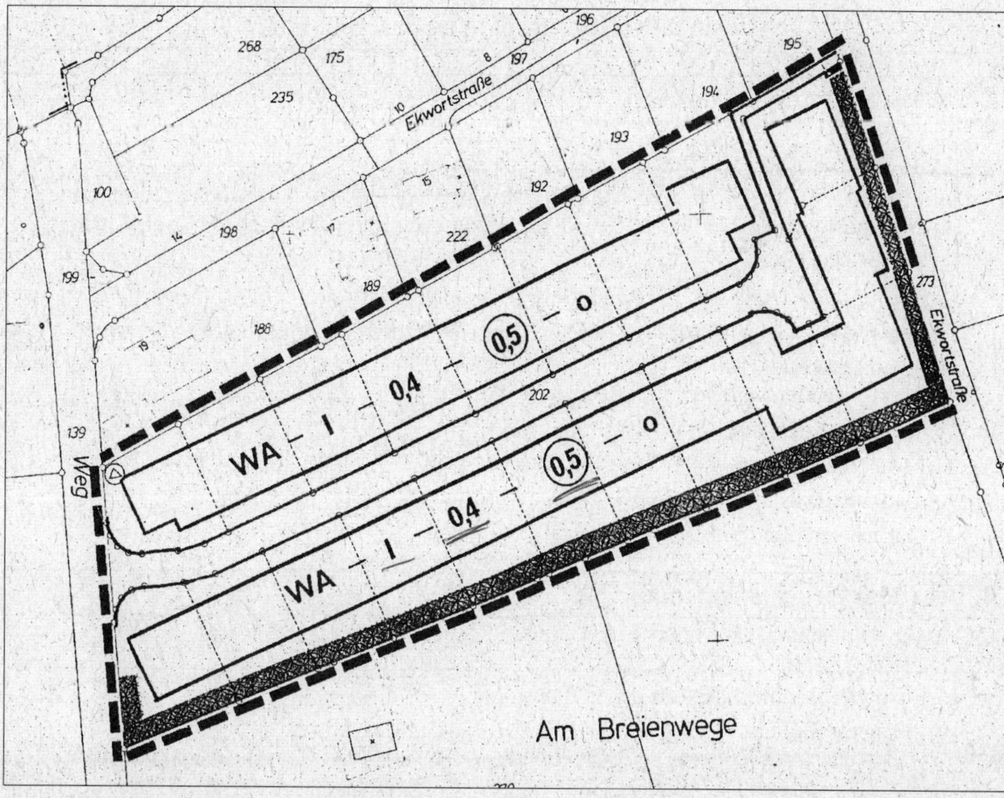

Inhalt der zeichnerischen Festsetzungen: Allgemeines Wohngebiet (WA) mit eingeschossiger Bauweise (I), Grundflächenzahl (GRZ) 0,4, Geschoßflächenzahl (GFZ) 0,5, offene Bauweise (o).

Beispiel für TEXTLICHE FESTSETZUNGEN:

I. FESTSETZUNGEN gem. § 9 BauGB:

1. Garagen und überdachte Stellplätze sind nur innerhalb der überbaubaren Grundstücksflächen und in den Abstandsflächen zulässig (§ 9 Abs. 1 Nr. 4 BauGB iVm § 12 Abs. 6 BauNVO).
2. In den WR- und WA-Gebieten dürfen höchtens zwei Wohnungen je Gebäude errichtet werden (§ 9 Abs. 1 Nr 6 BauGB).
3. In einem Abstand bis 50 m zur Straßenachse der L 333 sind auf Gebäudeseiten mit Sichtverbindung zur Landstraße in die zum dauernden Aufenthalt von Menschen vorgesehenen Räumen Fenster der Schallschutzklasse 1 mit einem Schalldämmmaß von 25 bis 29 dB(A) einzubauen (§ 9 Abs. 1 Nr. 24 BauGB).
4. An den festgesetzten Baumstandorten ist jeweils ein großkroniger heimischer Laubbaum als Hochstamm mit einem Mindestumfang von 15 cm fachgetrecht zu pflanzen und dauerhaft zu unterhalten (§ 9 Abs. 1 Nr. 25 a BauGB).

IV. BAUORDNUNGSRECHTLICHE GESTALTUNGSFESTSETZUNGEN gem. § 9 Abs. 4 BauGB iVm LBauO

1. Alle Außenwandflächen sind in rotem bis braunem Sichtmauerwerk auszuführen. Bei Doppelhäusern bzw. Gruppenbauten ist je Baukörper dasselbe Material zu verwenden.
2. Im gesamten Baugebiet sind nur Satteldächer und Krüppelwalmdächer mit Abwalmungen im Giebelbereich bis max. 1,50 m zulässig.

ABSTRAKTE NORMENKONTROLLE
gegen einen Bebauungsplan gemäß § 47 VwGO

A. Zulässigkeit des Antrages

I. Verwaltungsrechtsweg, § 40 I VwGO

II. Zuständigkeit OVG (VGH), § 47 I u. III VwGO

III. **Statthaft** gem. § 47 I Nr. 1 VwGO, da Bebauungsplan Satzung nach § 10 I BauGB

IV. **Antragsbefugnis**

- § 47 II 1 VwGO a.F.: drohender oder erlittener **Nachteil**
- **§ 47 II 1 VwGO n.F.:** Geltendmachung einer **Rechtsverletzung** (wie § 42 II VwGO)
  insb. baurechtliches Rücksichtnahmegebot, Art 14 GG, Recht auf angemessene Berücksichtigung der eigenen Belange im Rahmen der Abwägung (§ 1 VI BauGB) str.

V. **Rechtsschutzbedürfnis**
(+), wenn Nichtigerklärung des BPlan Rechtsstellung des Antragstellers verbessern kann

VI. **Antragsfrist:** zwei Jahre nach Bekanntmachung (§ 47 II 1 VwGO n.F.)

VII. **Antragsgegner**, § 47 II 2 VwGO

B. Begründetheit des Antrages

(+), wenn Bebauungsplan **nichtig**, d.h. Verstoß gegen höherrangiges Recht.

I. **Formelle Rechtmäßigkeit** des BPlans
1) **Zuständigkeit:** Gemeinde, §§ 1 III, 2 I BauGB
2) Ordnungsgemäßes **Verfahren**
   a) nach BauGB, §§ 2 ff, 10 BauGB
      aa) Fehler nur nach § 214 I BauGB beachtlich
      bb) Heilung nach § 215 I Nr. 1 BauGB
      cc) Heilung durch ergänzendes Verfahren (§ 215 a BauGB)
   b) nach GO (evtl. Heilung, zB § 7 VI GO NW)

II. **Materielle Rechtmäßigkeit** des BPlans
1) **Erforderlichkeit** des BPlans, § 1 III BauGB
2) fehlerfreie Ausübung des **Planungsermessens**
   a) Einhaltung der **Ermessensgrenzen**
      aa) grds. Entwicklung aus Flächennutzungsplan, § 8 II 1 BauGB
         (1) Ausnahmen § 8 II 2, III 2, IV BauGB
         (2) Unbeachtlichkeit nach § 214 II BauGB
      bb) zulässige Festsetzungen gem. § 9 BauGB iVm BauNVO
   b) ordnungsgemäße **Abwägung** (§ 1 VI BauGB)
      aa) Abwägungsfehler
         - Abwägungsausfall: Abwägung fehlt
         - Abwägungsdefizit: wesentliche Belange nicht berücksichtigt oder unzutreffende sachwidrige Belange berücksichtigt
         - Abwägungsfehleinschätzung: Verkennung der Bedeutung einzelner Belange
         - Abwägungsdisproportionalität: Interessenausgleich unverhältnismäßig
      bb) Beachtlichkeit
         - Fehler im Abwägungsergebnis immer
         - Fehler im Abwägungsvorgang nur nach § 214 III 2 BauGB
      cc) „Heilung" nach § 215 I Nr 2 BauGB
   c) Heilung durch ergänzendes Verfahren (§ 215 a BauGB)

3.4 Die Sicherung der Bauleitplanung

Da das Planaufstellungsverfahren geraume Zeit in Anspruch nimmt, besteht die Gefahr, daß die Planungsabsichten der Gemeinde durch zwischenzeitliche Baumaßnahmen unterlaufen werden, die derzeit noch zulässig sind, aber künftig möglicherweise unzulässig sein werden. Um dies zu verhindern, enthält das BauGB verschiedene Instrumentarien zur Sicherung der Bauleitplanung.

3.4.1 Veränderungssperre

Sobald ein Beschluß über die Aufstellung (oder Änderung) eines BPlans gefaßt ist, kann die Gemeinde durch **Satzung** (§ 16 Abs. 1 BauGB) eine **Veränderungssperre** (VSP) anordnen, um (neue) Bauvorhaben zu verhindern (§ 14 BauGB). Vorhaben iSd § 29 BauGB werden dadurch für die Dauer des Planverfahrens generell unzulässig.

Nur Vorhaben, die vor dem Inkrafttreten der VSP genehmigt worden oder aufgrund eines anderen baurechtlichen Verfahrens (zB Anzeigeverfahren bei nicht genehmigungspflichtigen Vorhaben) zulässig sind, Unterhaltungsarbeiten und die Fortführung einer bisher ausgeübten Nutzung bleiben unberührt (§ 14 Abs. 3 BauGB).

Voraussetzung ist lediglich das Vorliegen des **Aufstellungsbeschlusses**, der notfalls nach der GO auch im Wege einer Dringlichkeitsentscheidung getroffen werden kann.

OVG NW NVwZ 1997, 598, 599: Aufstellungsbeschluß und Veränderungssperre können durch Dringlichkeitsbeschluß gefaßt bzw. erlassen werden.

Im übrigen sind Veränderungssperre und Bebauungsplan rechtlich voneinander **unabhängig**. Die Planung muß noch nicht in allen Einzelheiten festliegen, aber einen Stand erreicht haben, der ein **Mindestmaß** dessen erkennen läßt, was Inhalt des zu erwartenden BPlans sein soll. Unzulässig ist eine VSP insb., wenn der Inhalt der beabsichtigen Planung noch in keiner Weise abzusehen ist.

BVerwG NJW 1977, 400; BGH NJW 1982, 1281; OVG NW NVwZ 1997, 598, 600 mwN.

Bedenken gegen die **Rechtmäßigkeit** des (künftigen) Bebauungsplan schlagen nicht auf die Wirksamkeit der Veränderungssperre durch. Nur bei offensichtlich rechtswidriger Planung ist ausnahmsweise auch die Veränderungssperre unwirksam.

OVG NW NVwZ 1997, 598, 600; Resch JA 1996, 60, 60: nur in eindeutigen, krassen Fällen, zB wenn sich das Planungsziel offensichtlich nicht verwirklichen läßt; vgl. auch BVerwG BayVBl 1993, 283: Die Veränderungssperre unterliegt insb. nicht dem allgemeinen Abwägungsgebot des § 1 Abs. 6 BauGB.

Die Veränderungssperre ist zeitlich befristet (§ 17 BauGB: 2 Jahre mit Verlängerungsmöglichkeit). Bei mehr als vierjähriger Veränderungssperre entsteht eine Entschädigungspflicht (§ 18 BauGB).

3.4.2 Zurückstellung

Wird eine Veränderungssperre nach § 14 BauGB nicht beschlossen, obwohl die Voraussetzungen vorliegen, oder ist eine beschlossene Veränderungssperre noch nicht in Kraft getreten, so kann die Gemeinde bei der Baugenehmigungsbehörde die **Zurückstellung** der Entscheidung über die Zulässigkeit des Vorhabens beantragen (§ 15 Abs. 1 BauGB).

Die Zurückstellung kommt insb. in Betracht, wenn nur mit vereinzelten Vorhaben zu rechnen ist oder nur noch ein geringer Zeitraum bis zum Inkrafttreten der VSP oder des BPlans zu überbrücken ist.

Voraussetzung für die Zurückstellung ist ein wirksamer Planaufstellungsbeschluß und – wie bei der VSP – eine im groben absehbare Planung. Liegen die Voraussetzungen vor, so **muß** die Genehmigungsbehörde die Entscheidung bis zu 12 Monate zurückstellen, wenn zu befürchten ist, daß die Durchführung der Planung durch das Vorhaben unmöglich gemacht oder wesentlich erschwert werden würde.

Auf die förmliche Zurückstellung ist die Zeit anzurechnen, in der die Entscheidung faktisch durch unsachgemäße oder unterbliebene Bearbeitung verzögert worden ist (BGHZ 78, 152, 158).

Anders als bei der Veränderungssperre erfolgt daher keine ablehnende Entscheidung über den Bauantrag, sondern nur eine **vorläufige, befristete Aussetzung** der Entscheidung. Der Bauherr kann gegen die Zurückstellung als belastenden VA Widerspruch und Anfechtungsklage erheben.

Lehnt die Baugenehmigungsbehörde den Antrag der Gemeinde auf Zurückstellung ab, so kann die Gemeinde Verpflichtungsklage erheben. Wird die Baugenehmigung trotz des Antrages auf Zurückstellung erteilt, kommt eine Anfechtungsklage der Gemeinde gegen die Baugenehmigung in Betracht (Battis/Krautzberger/Löhr BauGB § 15 Rdn 10 mwN).

3.4.3 Vorläufige Untersagung

Wird kein Genehmigungsverfahren durchgeführt (zB bei freigestellten oder nur anzeigepflichtigen Vorhaben), kann die Gemeinde anstelle der Zurückstellung eine vorläufige Untersagung des Vorhabens beantragen (§ 15 Abs. 1 S. 2 BauGB). Die vorläufige Untersagung steht in ihren Rechtswirkungen der Zurückstellung gleich (§ 15 Abs. 1 S. 3 BauGB).

Der Bauherr kann also auch hier Anfechtungsklage gegen die vorläufige Untersagung erheben, die Gemeinde im Fall der Ablehnung Verpflichtungsklage.

3.5 Die Umsetzung der Bauleitplanung

3.5.1 Gemeindliches Vorkaufsrecht

Um den Grundstücksbedarf der Gemeinden (zB für öffentliche Verkehrsflächen) zu sichern und der Gemeinde auch im übrigen weiten Handlungsspielraum bei der Bauleitplanung zu eröffnen, steht der Gemeinde in bestimmten Fällen ein Vorkaufsrecht zu (§§ 24 ff BauGB).

Beispiele: Im Geltungsbereich eines BPlans besteht ein Vorkaufsrecht bei Flächen für öffentliche Zwecke (Verkehrsflächen, Grünflächen etc.) und für naturschutzrechtliche Ausgleichsflächen (§ 24 Abs. 1 Nr. 1 BauGB), zur Sicherung der künftigen Planung allgemein für unbebaute Flächen im Außenbereich, für die der F-Plan eine Wohnnutzung vorsieht (§ 24 Abs. 1 Nr. 5 BauGB) oder für sonstige unbebaute, aber bebaubare Grundstücke (§ 24 Abs. 1 Nr. 6 BauGB).

Das Vorkaufsrecht wird **durch VA** ausgeübt, und zwar innerhalb von **zwei Monaten** nach Mitteilung des Kaufvertrages (§ 28 Abs. 2 S. 1 BauGB). Mit der Ausübung des Vorkaufsrechts tritt die Gemeinde als Käufer in den Kaufvertrag ein (§ 28 Abs. 2 S. 2 BauGB iVm § 505 Abs. 2 BGB). Die Abwicklung im übrigen richtet sich nach den Vorschriften des BGB.

Die Gemeinde muß daher grds. den **vereinbarten Kaufpreis** zahlen. Zur Vermeidung von Rechtsmißbräuchen oder im überwiegenden öffentlichen Interesse kann der Kaufpreis auf den Verkehrswert oder ggf. auf den Entschädigungswert **limitiert** werden (§ 28 Abs. 3 u. 4 BauGB).

Der VA, durch den das Vorkaufsrecht ausgeübt wird, kann vom Verkäufer, aber auch vom Käufer angefochten werden (Battis/Krautzberger/Löhr BauGB § 28 Rdn 20).

3.5.2 Änderung der Grundstücks- und Eigentumsverhältnisse

Häufig setzt der BPlan die zulässigen Nutzungen unabhängig von den tatsächlichen Grundstücksgrenzen und sonstigen tatsächlichen Gegebenheiten fest. Eine zweckgerechte bauliche Nutzung läßt sich daher nur durch **bodenordnende Maßnahmen** erreichen. Das BauGB sieht hierfür mehrere Möglichkeiten vor:

- **Umlegung** (§§ 45 ff BauGB) und Grenzregelung (§§ 80 ff BauGB),
- **Enteignung** (§§ 85 ff BauGB) und
- **Erschließung** (§§ 123 ff BauGB).

I) Durch die **Umlegung** sollen die Grundstücke in einer Weise neu geordnet werden, daß nach Lage, Form und Größe für die bauliche oder sonstige Nutzung **zweckmäßig gestaltete Grundstücke** entstehen (§ 45 Abs. 1 BauGB). Die Umlegung ist keine Enteignung, sondern Konkretisierung von Inhalt und Schranken des Eigentums (Art 14 Abs. 1 S. 2 GG). Denn dem Eigentümer wird nicht im öffentlichen Interesse ein Grundstück entzogen, sondern die Umlegung dient auch den Interessen des Eigentümers an einer wirtschaftlich sinnvollen Nutzung seines Grundstücks. Sie ist auf eine gleiche bzw. gleichwertige Zuteilung gerichtet (§§ 57 ff BauGB).

Die Umlegung wird eingeleitet durch einen förmlichen Umlegungsbeschluß (§ 47 BauGB). Mit der Bekanntmachung des Beschlusses tritt u.a. eine Verfügungs- und Veränderungssperre in Kraft (§ 51 BauGB), gleichzeitig wird ein Vorkaufsrecht der Gemeinde begründet (§ 24 Abs. 1 Nr. 2 BauGB). Im Umlegungsverfahren werden praktisch alle Grundstücke „in einen Topf geworfen" (Umlegungsmasse, § 55 Abs. 1 BauGB), woraus sodann die Verteilungsmasse ermittelt wird (§ 55 Abs. 2–5 BauGB). Diese wird anschließend nach Werten oder nach Flächen verteilt (§§ 57, 58 BauGB). Auf der Grundlage im einzelnen komplizierter Berechnungen wird der Umlegungsplan (§ 66 BauGB) erstellt, der aus der Umlegungskarte (§ 67 BauGB) und dem Umlegungsverzeichnis (§ 68 BauGB) besteht. Der Beschluß über den Umlegungsplan (§ 66 Abs. 1 BauGB) stellt einen (auch belastenden) VA dar, der von den Betroffenen mit Widerspruch und Anfechtungsklage angegriffen werden kann. Sobald der Umlegungsplan unanfechtbar ist, ist dies ortsüblich bekanntzumachen (§ 71 BauGB), mit der Bekanntmachung tritt die Eigentums- und Besitzänderung ein (§ 72 Abs. 1 BauGB), die öffentlichen Bücher (insb. das Grundbuch) sind entsprechend zu berichtigen (§ 74 BauGB).

II) Können die Ziele der Bauleitplanung anders nicht verwirklicht werden, besteht als ultima ratio die Möglichkeit der **Enteignung** (§§ 85 ff BauGB). Am wichtigsten ist die Enteignung, um ein Grundstück entsprechend den Festsetzung des BPlans zu nutzen oder eine solche Nutzung vorzubereiten (§ 85 Abs. 1 Nr. 1 BauGB, zB Enteignung künftiger Verkehrsflächen). Die Enteignung ist nur zulässig, wenn das Wohl der Allgemeinheit sie erfordert und der Enteignungszweck auf andere zumutbare Weise nicht erreicht werden kann (§ 87 Abs. 1 BauGB), insb. nicht durch freihändigen Erwerb (§ 87 Abs. 2 BauGB). Für die Enteignung ist Entschädigung zu leisten, deren Höhe sich nach §§ 93 ff BauGB bemißt.

III) Die **Erschließung** dient u.a. dazu, die Grundstücke baureif zu machen. Die §§ 123 ff BauGB befassen sich zum einen mit der Erschließungsaufgabe der Gemeinde, zum anderen mit der Abwälzung der damit verbundenen Kosten auf die begünstigten Anlieger (§§ 127 ff BauGB), sog. **Erschließungsbeiträge**.

Bei Maßnahmen für den Naturschutz gelten die Sonderregelungen in § 135 a–c BauGB.

3.5.3 Sonstige Maßnahmen zur Sicherung der Planverwirklichung

I) Bei städtebaulichen Mißständen hat die Gemeinde die Möglichkeit, **Sanierungsmaßnahmen** durchzuführen (§§ 136 ff BauGB). Das Sanierungsgebiet wird durch Sanierungssatzung festgelegt (§ 142 BauGB). Dadurch werden bestimmte Rechtsvorgänge (u.a. bauliche Maßnahmen, Veräußerung oder Teilung eines Grundstücks) genehmigungspflichtig (§ 144 BauGB), die Gemeinde darf eine Reihe von Ordnungsmaßnahmen treffen (§ 147 BauGB). Die zur Sanierung erforderlichen Baumaßnahmen bleiben grds. den Eigentümern überlassen (§ 148 Abs. 1 BauGB). Die §§ 153 ff BauGB enthalten Regelungen über die Bemessung von Ausgleichs- und Entschädigungsleistungen sowie über die Kosten und Finanzierung der Sanierungsmaßnahme.

II) In städtebaulichen Problembereichen kann die Gemeinde **Entwicklungsmaßnahmen** (§§ 165 ff BauGB) durchführen. Ziel der Entwicklungsmaßnahme ist es, vor allem neue Wohn- und Arbeitsstätten auf bisher ungenutzten oder fehlgenutzten Flächen zu schaffen. Die städtebauliche Entwicklungsmaßnahme ist in Anlehnung an das Sanierungsrecht geregelt, über § 169 BauGB gelten die wichtigsten Vorschriften des Sanierungsrechts entsprechend. Die Gemeinde beschließt die förmliche Festlegung des Entwicklungsbereichs durch Entwicklungssatzung (§ 165 Abs. 6 BauGB).

III) Nach § 172 BauGB kann die Gemeinde im BPlan oder durch sonstige Satzung Gebiete festsetzen, in denen der Rückbau, die Änderung oder die Nutzungsänderung baulicher Anlagen einer besonderen Genehmigung bedürfen. Eine solche **Erhaltungssatzung** dient der Erhaltung der städtebaulichen Eigenart des Gebietes, der Zusammensetzung der Wohnbevölkerung (sog. Milieuschutzsatzung) oder der Sicherung städtebaulicher Umstrukturierungen (§ 172 Abs. 1 Nr. 1–3 BauGB). Die Genehmigung wird durch die Gemeinde erteilt. Ist eine Baugenehmigung erforderlich, wird die städtebauliche Genehmigung durch die Genehmigungsbehörde im Einvernehmen mit der Gemeinde erteilt (§ 173 Abs. 1 BauGB). Die Versagungsgründe sind abschließend in § 172 Abs. 3–5 BauGB geregelt.

IV) Einzelfallbezogen kann die Gemeinde die Verwirklichung der Planung durch **städtebauliche Gebote** sicherstellen. Das BauGB enthält hierbei Ermächtigungen für

- Baugebote (§ 176 BauGB),
- Modernisierungs- und Instandsetzungsgebote (§ 177 BauGB),
- Pflanzgebote (§ 178 BauGB),
- Rückbau- und Entsiegelungsgebote (§ 179 BauGB).

4. Die Baugenehmigung

Die Baugenehmigung dient der präventiven Kontrolle von Bauvorhaben. Durch ein **präventives Verbot mit Erlaubnisvorbehalt** wird die Baufreiheit nur formal eingeschränkt. Der Bauherr hat einen **Anspruch** auf Erteilung der Baugenehmigung, **wenn öffentlich-rechtliche Vorschriften nicht entgegenstehen.**

Bayern: Art 72 BayBO – **Baden-Württemberg:** § 58 LBO BW – **Berlin:** § 62 BauO Bln – **Brandenburg:** § 74 Bbg BO – **Bremen:** § 74 Brem LBO – **Hamburg:** § 69 HBauO – **Hessen:** § 70 HBO – **Mecklenburg-Vorpommern:** § 72 LBauO M-V – **Niedersachsen:** § 75 NBauO – **Nordrhein-Westfalen:** § 75 BauO NW – **Rheinland-Pfalz:** § 68 RhPf LBO – **Saarland:** § 77 Saarl LBO – **Sachsen:** § 70 Sächs BO – **Sachsen-Anhalt:** § 74 BauO LSA – **Schleswig-Holstein:** § 78 SH LBO – **Thüringen:** § 70 Thür BO.

4.1 Die Genehmigungspflicht

Genehmigungspflichtig ist grds. jede Errichtung, Änderung, Nutzungsänderung oder der Abbruch einer baulichen Anlage.

1) **Bauliche Anlagen** sind nach der Legaldefinition der LBauOen „mit dem Erdboden verbundene, aus Bauprodukten hergestellte Anlagen". Dafür ist ausreichend, daß die Anlage durch eigene Schwere auf dem Erdboden ruht.

Darüber hinaus werden bestimmte Anlagen den baulichen Anlagen gleichgestellt (zB Aufschüttungen, Campingplätze, Gerüste etc.).

2) **Genehmigungspflichtig** sind die Errichtung, Änderung, Nutzungsänderung sowie der Abbruch. Eine Baugenehmigung kann daher auch dann erforderlich sein, wenn keinerlei bauliche Maßnahmen getroffen werden (zB bei einer Nutzungsänderung). **Ausnahmen** hiervon sind gesetzlich abschließend geregelt für

- genehmigungsfreie Vorhaben
- freigestellte bzw. anzeigepflichtige Vorhaben.

Bayern: Art 63, 64 BayBO – **Baden-Württemberg:** §§ 50, 51 LBO BW – **Berlin:** §§ 56, 56 a BauO Bln – **Brandenburg:** § 67 Bbg BO – **Bremen:** §§ 65, 66 Brem LBO – **Hamburg:** § 61 HBauO, BauanzVO – **Hessen:** § 63 HBO – **Mecklenburg-Vorpommern:** §§ 64, 65 LBauO MV – **Niedersachsen:** §§ 69, 69 a NBauO – **Nordrhein-Westfalen:** §§ 65 ff BauO NW – **Rheinland-Pfalz:** §§ 61, 65 a RhPf LBO – **Saarland:** §§ 65, 66 Saarl LBO – **Sachsen:** §§ 62 b, 63 Sächs BO – **Sachsen-Anhalt:** § 67 BauO LSA – **Schleswig-Holstein:** §§ 69, 74 SH LBO – **Thüringen:** §§ 62 b, 63 Thür BO.

Bei (unwesentlichen) Bauvorhaben verzichten die LBauOen generell auf ein behördliches Verfahren.

Genehmigungsfreie Vorhaben betreffen zB Gebäude ohne Aufenthaltsräume bis zu einer bestimmten Größe, Einfriedungen, nicht überdachte Stellplätze, Werbeanlagen etc.

Neuerdings werden Wohnbauvorhaben zunehmend vom Genehmigungsverfahren ausgenommen. Hier ist entweder nur noch ein **Anzeige- bzw. Freistellungsverfahren** vorgesehen, oder es wird ein **vereinfachtes Genehmigungsverfahren** durchgeführt.

Das Anzeige- und Freistellungsverfahren gilt vor allem für Wohnbauvorhaben, die den Festsetzungen eines qualifizierten oder vorhabenbezogenen BPlans entsprechen. Sonstige Wohnbauvorhaben unterliegen in der Regel nur einem vereinfachten Verfahren, das durch eine reduzierte Prüfung gekennzeichnet ist. Geprüft werden idR nur die Vorschriften des Bauplanungsrechts und die Kernvorschriften des Bauordnungsrechts. Vgl. im einzelnen Finkelnburg/Ortloff II § 7 II 3, S. 86 ff.

4.2 Die Genehmigungserteilung

4.2.1 Das Genehmigungsverfahren

Das Genehmigungsverfahren wird durch einen mit den erforderlichen Unterlagen (Bauvorlagen) versehenen **Antrag** eingeleitet. Im Genehmigungsverfahren sind uU die Gemeinde, weitere Behörden und ggf. die Nachbarn zu beteiligen.

I) Genehmigungsbehörde ist grds. die untere **Bauaufsichtsbehörde**. Dies sind je nach Landesrecht idR die Kreise, die kreisfreien Städte, teilweise auch die Großen und Mittleren kreisangehörigen Städte. Ist die **Gemeinde** selbst Baubehörde, muß sie den Bauantrag selbst bearbeiten und darüber entscheiden. Ist sie dagegen nicht mit der Baugenehmigungsbehörde identisch, muß die Gemeinde den Bauantrag unverzüglich (ggf. mit einer Stellungnahme) weiterleiten. Beurteilt sich die Zulässigkeit des Vorhabens nach den §§ 31, 33, 34 und 35 BauGB, so ist für die Genehmigungserteilung allerdings grds. das **Einvernehmen** der Gemeinde erforderlich.

Dies gilt auch dann, wenn in einem anderen Verfahren (zB nach §§ 4, 6 Abs. 1 Nr. 2 BImSchG) über die Zulässigkeit eines Vorhabens nach §§ 31, 33 bis 35 BauGB entschieden wird (§ 36 Abs. 1 S. 2 BauGB); vgl. dazu Lasotta DVBl 1998, 255 ff.

Richtet sich die Zulässigkeit von Vorhaben nach § 30 Abs. 1 BauGB, ist durch Landesrecht sicherzustellen, daß die Gemeinde rechtzeitig vor Ausführung des Vorhabens über Veränderungssperre oder Zurückstellung (§§ 14, 15 BauGB) entscheiden kann, § 36 Abs. 1 S. 3 BauGB.

In den Fällen des § 35 Abs. 2 und 4 (sonstige Vorhaben im Außenbereich) kann die Landesregierung durch RechtsVO festlegen, daß neben dem Einvernehmen der Gemeinde auch die Zustimmung der höheren Verwaltungsbehörde (idR Bezirksregierung) erforderlich ist, § 36 Abs. 1 S. 4 BauGB.

1) Das Einvernehmen der Gemeinde und ggf. die Zustimmung der höhren Verwaltungsbehörde **gelten als erteilt**, wenn sie nicht binnen zwei Monaten nach Eingang des Ersuchens der Genehmigungsbehörde verweigert wird (§ 36 Abs. 2 S. 2 BauGB).

Dazu BVerwG NVwZ 1997, 900, 901: Die Frist des § 36 Abs. 2 S. 2 BauGB ist nicht verlängerbar.

2) Das Einvernehmen und die Zustimmung dürfen nur aus den sich aus den §§ 31, 33, 34, 35 BauGB ergebenden **Gründen** versagt werden (§ 36 Abs. 2 S. 1 BauGB).

Wegen der kongruenten Prüfungskompetenz sind Einvernehmen und Zustimmung mangels Außenwirkung gegenüber dem Bauherrn kein VA (dazu AS-Skriptum VerwaltungsR AT 1 [1996], S. 85 ff). Der Bauherr kann bei Ablehnung der Genehmigung Verpflichtungsklage nur gegen die Baugenehmigungsbehörde erheben.

3) Probleme ergeben sich, wenn die Genehmigungsbehörde die Baugenehmigung ablehnt, weil die Gemeinde ihr **Einvernehmen (rechtswidrig) versagt** hat.

Beispiel: Bauherr B hat beim Landrat als untere Bauaufsichtsbehörde eine Baugenehmigung für ein Vorhaben im Außenbereich (§ 35 BauGB) beantragt. Die Gemeinde G verweigert ihr Einvernehmen nach § 36 BauGB, so daß sich die Baubehörde veranlaßt sieht, die Genehmigung zu versagen. Auf den Widerspruch des B kommt die Widerspruchsbehörde zu dem Ergebnis, daß dem Bauvorhaben öffentlich-rechtliche Vorschriften nicht entgegenstehen.

Im **Verwaltungsprozeß** ist anerkannt, daß das Gericht bei der Verpflichtungsklage des Bauherrn **inzident** auch die Rechtmäßigkeit der Versagung des Einvernehmens prüft. Wurde das Einvernehmen zu Unrecht versagt, so darf das Gericht die Behörde zur Erteilung der Baugenehmigung verpflichten. Das Einvernehmen der Gemeinde wird praktisch durch das Urteil des VG ersetzt.

BVerwG DVBl 1981, 936, 938; NVwZ 1986, 556; AS-Skriptum VerwaltungsR AT 1 (1996), S. 89.

Nach bislang hM stand der **Widerspruchsbehörde** eine solche Kompetenz **nicht** zu. Eine Ersetzung des rechtswidrig vorenthaltenen Einvernehmens war danach idR nur möglich im Wege der Ersatzvornahme durch die **allgemeine Kommunalaufsicht**. Solange dies nicht erfolgte, bestand für die Erteilung der Baugenehmigung das **Rechtshindernis** des fehlenden Einvernehmens. Die Widerspruchsbehörde mußte daher den Widerspruch als unbegründet zurückweisen und die Ausgangsbehörde damit dem Risiko eines Prozesses mit dem Bauherrn aussetzen.

BVerwG NVwZ 1986, 556, 557; NVwZ-RR 1989, 6 mwN; aA schon bislang Pietzner/Ronellenfitsch § 39 II Rdn 11.

Um dieses unbefriedigende Ergebnis zu verhindern, hatte eine Reihe von Ländern in ihren LBauOen bereits ausdrücklich geregelt, daß das gemeindliche Einvernehmen im Baugenehmigungsverfahren ersetzt werden kann. Teilweise wird diese Befugnis auch ausdrücklich der Widerspruchsbehörde zugewiesen.

So § 90 Bbg BO, § 68 a RhPf LBO, während Art 74 BayBO, § 70 a Sächs BO der Widerspruchsbehörde eine Ersetzungsbefugnis nur gegenüber Gemeinden gewährt, die zugleich Baugenehmigungsbehörde sind; dazu Pietzner/Ronellenfitsch § 39 II Rdn 8 ff.

Nunmehr räumt § 36 Abs. 2 S. 3 BauGB (idF des BauROG 1998) der „nach Landesrecht zuständigen Behörde" kraft Bundesrecht die Befugnis ein, ein **rechtswidrig versagtes Einvernehmen** der Gemeinde zu **ersetzen**.

Im Gesetzgebungsverfahren war ursprünglich vorgesehen, die Ersetzungsbefugnis generell der höheren Verwaltungsbehörde zuzuweisen (BT-Drs. 13/6392). Nach Intervention des Bundesrates richtet sich nunmehr die Zuständigkeit nach Landesrecht. Soweit danach die originäre Zuständigkeit der Widerspruchsbehörde begründet ist (s.o.), kann diese daher das rechtswidrig verweigerte Einvernehmen ersetzen. Ist nach Landesrecht zunächst die (nicht mit der Gemeinde) identische Baugenehmigungsbehörde für die Ersetzung zuständig, steht der Widerspruchsbehörde nach § 68 VwGO im Widerspruchsverfahren dieselbe Kompetenz zu.

II) Die Baugenehmigungsbehörde hat idR andere **Fachbehörden**, deren Aufgabenbereich durch den Bauantrag berührt werden, zu beteiligten.

Beispiel: Beteiligung des Staatlichen Umweltamtes, der Naturschutzbehörde, der Wasserbehörde etc.

III) Die LBauOen sehen außerdem eine Anhörung des **Nachbarn**, teilweise aber auch nur der unmittelbaren Angrenzer vor. Die landesrechtlichen Regelungen weisen hier erhebliche Unterschiede auf.

Vgl. dazu Hoppe/Grotefels § 15 Rdn 34 ff; Brohm § 27 Rdn 36 ff.

4.2.2 Die Genehmigungsvoraussetzungen

Die Genehmigung ist zu erteilen, wenn **öffentlich-rechtliche Vorschriften** dem Bauvorhaben **nicht entgegenstehen**. Privatrechtliche Hindernisse sind dagegen grds. irrelevant.

Die Baugenehmigung ergeht unbeschadet privater Rechte Dritter (dazu BVerwG NJW 1997, 1865; VGH Mannheim NJW 1996, 3429). Allerdings kann das Sachbescheidungsinteresse des Bauherrn fehlen, wenn das Bauvorhaben privatrechtlich offensichtlich nicht verwirklicht werden kann.

Beispiel: Eine Baugenehmigung ist öffentlich-rechtlich nicht deswegen rechtswidrig, weil sie einen privatrechtlich unzulässigen Überbau vorsieht. Die Baugenehmigung enthält über die Zulässigkeit des Überbaus keine Regelung. Sie schließt deshalb nicht aus, daß der Nachbar sich zivilrechtlich gem. §§ 1004, 906 BGB erfolgreich gegen die Verwirklichung des Vorhabens zur Wehr setzt.

I) Zu den **öffentlich-rechtlichen Vorschriften** gehören nicht nur die Bauvorschriften, sondern ggf. auch andere Fachgesetze, soweit sie spezifische Aussagen über Bauvorhaben treffen (u.a. Straßenrecht, Naturschutzrecht, Immissionsschutzrecht, Wasserrecht, Denkmalrecht).

Vgl. zB § 9 Abs. 1 FStrG, § 22 BImSchG, § 33 Abs. 2 StVO.

Probleme entstehen allerdings, wenn neben der Baugenehmigung **andere Genehmigungen** erforderlich sind.

1) Teilweise sind die **spezialgesetzlichen Genehmigungen** gegenüber der Baugenehmigung **vorrangig**. Dies gilt dann, wenn die Spezialgenehmigung die baurechtliche Zulässigkeit mitumfaßt (sog. Konzentrationswirkung).

Beispiele: Genehmigungen nach §§ 4, 13 BImSchG, §§ 7, 8 Abs. 2 AtG, § 17 SprengG, § 22 GenTG; Planfeststellungsbeschlüsse nach § 75 VwVfG.

2) Soweit die Genehmigungen parallel erforderlich sind, wird überwiegend darauf hingewiesen, daß die Baugenehmigung erst erteilt werden darf, wenn unter **keinem** öffentlich-rechtlichen Gesichtspunkt Bedenken bestehen, also erst dann, wenn die sonstigen Genehmigungen vorliegen (sog. **Schlußpunkttheorie**). Fehlt eine andere Genehmigung, darf die Baugenehmigung (noch) nicht erteilt werden. Ist die weitere Genehmigung versagt, darf die Baubehörde die Baugenehmigung nicht (mehr) erteilen; ist die weitere Genehmigung noch nicht beantragt, hat die Behörde auf eine entsprechende Antragstellung hinzuwirken (§ 25 VwVfG).

OVG NW DÖV 1986, 376: Die Baugenehmigungsbehörde hat eine Art „Vorprüfungskompetenz". Ist allerdings offensichtlich, daß die nach anderen öffentlichen-rechtlichen Vorschriften erforderliche Genehmigung nicht erteilt werden kann, kann bereits die Baugenehmigungsbehörde dies berücksichtigen und die Baugenehmigung (mangels Sachbescheidungsinteresse) versagen.

Einschränkend OVG Bautzen SächsVBl 1995, 265: Erteilung der Baugenehmigung unter der aufschiebenden Bedingung, daß die andere noch ausstehende Genehmigung erteilt wird; so auch Finkelnburg/Ortloff II § 7 III 3 b, S. 102 (modifizierte Schlußpunkttheorie).

In einigen Ländern ist die Prüfungskompetenz der Baurechtsbehörde jedoch auf die öffentlich-rechtlichen Vorschriften beschränkt, die **von ihr** im bauaufsichtlichen Verfahren zu prüfen sind (so Art 72 Abs. 1 S. 1 BayBO, § 58 Abs. 1 S. 1 LBO BW). Die besonderen öffentlich-rechtlichen Vorschriften werden dagegen im anderweitigen Genehmigungsverfahren geprüft. Baugenehmigungsverfahren und das parallele Gestattungsverfahren sind in diesen Fällen voneinander unabhängig und können nebeneinander durchgeführt werden. Die Baugenehmigung ist in Bayern und Baden-Württemberg daher auch dann zu erteilen, wenn die andere Genehmigung noch aussteht.

BayVGH DVBl 1993, 665, 666; VGH Mannheim NVwZ-RR 1997, 158; Selmer JuS 1994, 441, 442; vgl. VGH Mannheim aaO: „Nicht von der Baurechtsbehörde zu prüfen sind Vorschriften, die von einer anderen Behörde in einem gesonderten Verfahren zu prüfen sind, das durch eine rechtlich selbständige Entscheidung in Form eines Verwaltungsakts abgeschlossen wird."

Das BVerwG NJW 1997, 1085, 1086; DVBl 1996, 57 läßt die Frage offen, da lediglich das irrevisible Landesrecht bestimme, was Gegenstand im bauordnungsrechtlichen Baugenehmigungsverfahren sei (vgl. auch Erbguth/Stollmann JZ 1995, 1141, 1146). Auch hierbei gilt allerdings, daß die Baugenehmigung mangels Sachbescheidungsinteresse versagt werden kann, wenn die andere Genehmigung bestandskräftig versagt wurde (BVerwG NJW 1997, 1085, 1086).

II) Die Baugenehmigung bedarf der **Schriftform**. Als gebundener VA kann sie mit Nebenbestimmungen nur versehen werden, soweit dies gesetzlich vorgesehen ist oder wenn dadurch sichergestellt werden soll, daß die gesetzlichen Voraussetzungen für die Genehmigung erfüllt werden.

Beispiel: Erteilung der Baugenehmigung unter der Auflage, drei Pkw-Stellplätze anzulegen. – Bei Entscheidungen über Ausnahmen und Befreiungen (zB § 31 Abs. 1 u. 2 BauGB) sind Nebenbestimmungen nach Ermessen zulässig (§ 36 Abs. 2 BauGB). Auch hier muß die Nebenbestimmung allerdings sachgemäß sein und darf nicht auf sachfremden Erwägungen beruhen.

Die Baugenehmigung wirkt für und (hinsichtlich belastender Nebenbestimmungen) auch gegen den **Rechtsnachfolger** des Bauherrn (vgl. zB § 75 Abs. 3 BauO NW).

Besondere Arten der Baugenehmigung sind der Bauvorbescheid (dazu Fall 4), die Teilbaugenehmigung (für einzelne Bauteile oder Bauabschnitte) und die Typengenehmigung (für standardisierte Bauvorhaben).

IIII) Wird die Baugenehmigung abgelehnt, so kann der Bauherr dagegen Widerspruch und Verpflichtungsklage erheben (vgl. unten Fall 3). Nach hRspr ist der Bauherr – unabhängig von vorgenannten Rechtsbehelfen – durch die Ablehnung nicht daran gehindert, einen **neuen Bauantrag** zu stellen. Selbst wenn der Ablehnungsbescheid bestandskräftig geworden ist, ist die Baubehörde bei der Entscheidung über den neuen Bauantrag nicht an die rechtliche Beurteilung der Versagung gebunden.

Beispiel: Der Antrag des B auf Erteilung einer Baugenehmigung für ein Mehrfamilienhaus ist abgelehnt worden. Widerspruch hat B nicht erhoben, sondern kurze Zeit später den Bauantrag erneut gestellt. Nach hRspr muß die Behörde – unabhängig von den Voraussetzungen des § 51 VwVfG – in jedem Fall über den Antrag sachlich neu entscheiden. Denn der Versagungsbescheid beschränkt sich auf die Entscheidung, den Bauantrag – aus welchen Gründen auch immer – abzulehnen. Eine verbindliche Feststellung der materiellen Illegalität enthält der Bescheid nicht (BVerwG NJW 1976, 340, 341: Mit Rücksicht auf Art 14 GG entfaltet die Ablehnung keine Bestandskraft, über jeden neuen Antrag ist neu sachlich zu entscheiden; im Ergebnis ebenso Finkelnburg/Ortloff § 7 IV 3 b, S. 107; kritisch Schenke in Achterberg/Püttner I 2/3 Rdn 613; Kopp DVBl 1983, 392, 398; eingehend Krebs VerwArch 67 (1976), 411 ff.

IV) Häufig kann der Bauwillige baurechtliche Vorgaben (zB bzgl. der Erschließung oder der Beachtung der Abstandsflächen) nur unter Einbeziehung des Nachbargrundstücks erfüllen. Neben der privatrechtlichen Grunddienstbarkeit stellen die BauOen hierfür das Institut der **Baulast** zur Verfügung. Dabei handelt es sich um eine Erklärung des Grundstückseigentümers gegenüber der Bauaufsichtsbehörde, mit der er sich zu einem sein Grundstück betreffendes Tun, Dulden oder Unterlassen verpflichtet, die sich nicht schon aus öffentlich-rechtlichen Vorschriften ergeben.

Beispiele: Duldung einer Zuwegung, Übernahme der Abstandsfläche, Bereitstellung von Stellplätzen, Verpflichtung zur Beheizung des Nachbargrundstücks (OVG Berlin NJW 1994, 2971).

Die Baulast begründet eine **dinglich** wirkende verwaltungsrechtliche **Verpflichtung**, die auch gegenüber dem Rechtsnachfolger wirkt. Sie wird im Baulastenverzeichnis eingetragen.

Privatrechtliche Ansprüche ergeben sich aus der Baulast unmittelbar nicht (BGHZ 79, 201; 88, 97). Hierfür ist allein eine etwaige Vereinbarung zwischen den Grundstückseigentümern maßgebend. Zum Anspruch auf Löschung der Baulast vgl. Weisemann NJW 1997, 2857 ff.

5. Die bauplanungsrechtliche Zulässigkeit von Vorhaben

Die bauplanungsrechtliche Zulässigkeit spielt im Baurecht in der Regel in zwei Konstellationen eine Rolle: zum einen bei der Frage, ob die Baugenehmigung zu erteilen ist (wenn u.a. bauplanungsrechtliche Vorschriften nicht entgegenstehen); zum anderen bei der Rechtmäßigkeit von Bauordnungsverfügungen (die u.a. einen Verstoß gegen baurechtliche Vorschriften voraussetzen).

5.1 Planungsrechtlicher Begriff der baulichen Anlage

Nach § 29 Abs. 1 BauGB richtet sich die planungsrechtliche Zulässigkeit von **Bauvorhaben**, die die Errichtung, Änderung oder Nutzungsänderung zum Inhalt haben, nach §§ 30–37 BauGB.

In diesem Zusammenhang sind Bedenken laut geworden, ob die landesrechtliche Freistellungspolitik mit dem Bundesrecht vereinbar ist (Erbguth/Stollmann JZ 1995, 1141, 1143; Ring LKV 1995, 41, 43; ablehnend Dolde/Menke NJW 1996, 2905, 2905). Denn § 29 Abs. 1 BauGB a.F. knüpfte die Anwendbarkeit der §§ 30 ff BauGB an die Genehmigungspflicht, so daß der Landesgesetzgeber durch Freistellungen auf die Anwendbarkeit des Bundesrechts Einfluß nahm. Durch § 29 Abs. 2 BauGB n.F. ist nunmehr klargestellt, daß die §§ 30–37 BauGB unabhängig von den Vorschriften der LBauO gelten, also insb. auch für freigestellte Vorhaben (vgl. auch BVerwG NJW 1997, 2063).

Der Begriff der baulichen Anlage wird im BauGB nicht näher definiert, ist aber nach hM **nicht** mit dem bauordnungsrechtlichen Anlagenbegriff **identisch**. Während das Bauordnungsrecht vor allem auf Gesichtspunkte der Gefahrenabwehr abstellt, hängt der bauplanungsrechtliche Anlagenbegriff von der **städtebaulichen Relevanz** des Vorhabens ab. Entscheidend ist hier, ob durch die Anlage die in § 1 Abs. 5 BauGB genannten Belange in einer Weise berührt werden, daß ein Bedürfnis nach planungsrechtlicher Regelung besteht.

§ 29 BauGB erweitert daher den bauordnungsrechtlichen Begriff der baulichen Anlage und erfaßt zB auch Werbeanlagen und Automaten (BVerwG DVBl 1993, 439, 440; Hoppe/Grotefels § 8 Rdn 4; Gelzer/Birk Rdn 514).

5.2 Ausschluß der §§ 30 ff BauGB

I) Die Anwendbarkeit der §§ 30 ff BauGB wird durch die vorrangigen Regelungen der §§ 14 ff BauGB verdrängt.

- Besteht eine **Veränderungssperre** (§§ 14, 16 ff BauGB),
- ist die **Zurückstellung** des Bauvorhabens verfügt worden (§ 15 Abs. 1 S. 1 BauGB)
- oder ist (bei nichtgenehmigungspflichtigen Vorhaben) die Ausführung des Bauvorhabens **vorläufig untersagt** worden (§ 15 Abs. 1 S. 2 BauGB),

steht schon aus diesem Grund die (zeitweise) Unzulässigkeit des Vorhabens fest. Auf die §§ 29 ff BauGB ist nicht näher einzugehen.

Zur Sicherung der Bauleitplanung vgl. allgemein oben S. 37 f.

II) Gleiches galt bislang – aber zugunsten des Bauwilligen – soweit sich die **Bindungswirkung** einer **Teilungsgenehmigung** erstreckte (§ 21 Abs. 1 BauGB a.F.). Der Bundesgesetzgeber hat nunmehr die planungsrechtliche Teilungsgenehmigung weitgehend **abgeschafft**, insb. im unbeplanten Innenbereich (§ 34 BauGB) und unbeplanten

Außenbereich (§ 35 BauGB). Im Geltungsbereich eines (qualifizierten oder einfachen) BPlans (§ 30 Abs. 1 u. 3 BauGB) kann die **Gemeinde** jedoch durch Satzung die Genehmigungspflicht anordnen (§ 19 Abs. 1 BauGB n.F.).

Die Landesregierung kann auch hier durch RechtsVO für das Land bzw. Teile des Landes vorschreiben, daß die Gemeinde eine solche Satzung nicht beschließen darf (§ 19 Abs. 5 BauGB n.F.). Unberührt bleiben im übrigen die bauordnungsrechtlichen Teilungsgenehmigungen nach LBauO.

Eine besondere Genehmigungspflicht für Teilungen gilt im Umlegungsverfahren sowie bei städtebaulichen Sanierungs- und Erschließungsmaßnahmen (§§ 51 Abs. 1 Nr. 1, 144 Abs. 2 Nr. 5, 166 Abs. 1 Nr. 3 BauGB).

Ist eine Teilungsgenehmigung erforderlich, so ist über den Genehmigungsantrag innerhalb eines Monats (mit Verlängerungsmöglichkeit um maximal drei Monate) zu entscheiden. Die Genehmigung gilt als erteilt, wenn sie nicht innerhalb der Frist versagt wird **(Genehmigungsfiktion)**, vgl. i.e. § 19 Abs. 3 BauGB.

Die Genehmigung ist zu versagen, wenn die Teilung oder die mit ihr bezweckte Nutzung mit den Festsetzungen des BPlans nicht vereinbar wäre (§ 20 Abs. 1 BauGB n.F.). Eine Bindungswirkung der Teilungsgenehmigung gibt es aber auch in diesen Fällen nicht mehr, § 21 Abs. 1 BauGB wurde gestrichen.

Die Teilungsgenehmigung dient damit nur noch der Sicherung der Bauleitplanung; sie hat keine vorbescheidsähnliche Wirkung mehr (Finkelnburg NJW 1998, 1, 4).

III) Soweit keine Sonderregeln eingreifen, richtet sich die planungsrechtliche Zulässigkeit nach der Belegenheit des Grundstücks. Die §§ 29 ff BauGB unterscheiden hier

- das **Bebauungsplangebiet** (§§ 30, 31, 33 BauGB),
- den (unbeplanten) **Innenbereich** (§ 34 BauGB) und
- den (unbeplanten) **Außenbereich** (§ 35 BauGB).

Außerdem kann ein Vorhaben nach § 33 BauGB zulässig sein, wenn sich ein einfacher oder qualifizierter BPlan **in Aufstellung** befindet.

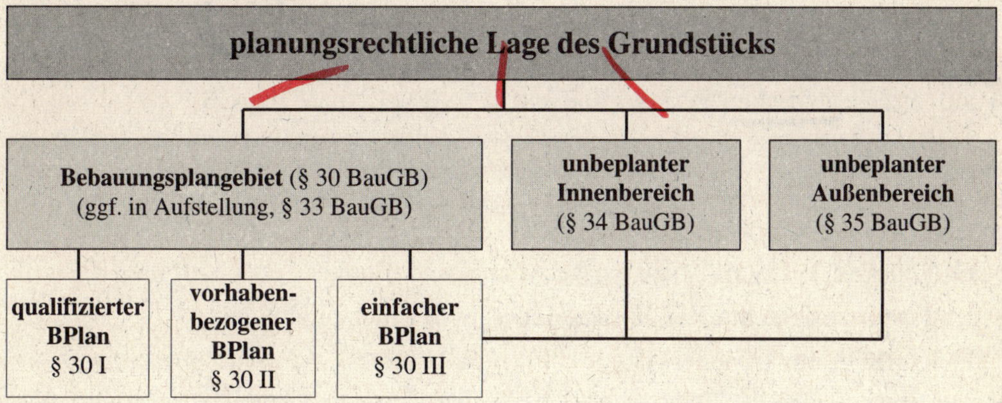

5.3 Vorhaben im Bebauungsplangebiet

Ist für das in Rede stehende Gebiet ein Bebauungsplan erlassen worden, so hängt die Zulässigkeit des Vorhabens davon ab, ob es sich um einen **qualifizierten** oder **einfachen** BPlan oder um einen sog. **vorhabenbezogenen BPlan** handelt.

Bebauungsplangebiet

qualifizierter Bebauungsplan (§ 30 Abs. 1 BauGB)

- Art der baulichen Nutzung
- Maß der baulichen Nutzung
- überbaubare Grundstücksflächen
- öffentl. Verkehrsflächen

einfacher Bebauungsplan (§ 30 Abs. 3 BauGB)

Fehlen einer der in § 30 Abs. 1 BauGB genannten Festsetzungen

vorhabenbezogener Bebauungsplan (§ 30 Abs. 2 BauGB)

- Vorhaben- u. Erschließungsplan des Investors
- Durchführungsvertrag
- vorhabenbezogener Bebauungsplan (§ 12 BauGB)

5.3.1 Qualifizierter Bebauungsplan (§ 30 Abs. 1 BauGB)

Ein qualifizierter Bebauungsplan muß entweder allein oder gemeinsam mit sonstigen baurechtlichen Vorschriften mindestens Festsetzungen enthalten über

- die **Art** der baulichen Nutzung

  nach § 1 Abs. 2 iVm §§ 2 ff BauNVO, zB allgemeines Wohngebiet (WA), Mischgebiet (MI), Gewerbegebiet (GE), Industriegebiet (GI) etc.,

- das **Maß** der baulichen Nutzung,

  idR durch Festsetzung der Geschoßflächenzahl (GFZ), § 16 Abs. 1 BauNVO,

- die **überbaubaren Grundstücksflächen,**

  zB durch Baulinien, Baugrenzen oder Bebauungstiefen, wobei bereits **eine** derartige Festsetzung ausreicht,

- und über die **örtlichen Verkehrsflächen** (§ 9 Abs. 1 Nr. 11 BauGB).

Wenn der Bebauungsplan diese Mindestfestsetzungen enthält, ist er zwangsläufig ein qualifizierter BPlan, auch wenn er keine sonstigen Festsetzungen aufweist. Fehlt umgekehrt eine der genannten Voraussetzungen, handelt es sich zwingend um einen einfachen BPlan (§ 30 Abs. 3 BauGB), egal welche Festsetzungen der BPlan ansonsten enthält.

Nach § 30 Abs. 1 BauGB ist das Vorhaben zulässig, wenn es

- den **Festsetzungen des Bebauungsplanes** nicht widerspricht und
- die **Erschließung gesichert** ist.

Voraussetzung ist stets das Vorliegen eines **wirksamen Bebauungsplanes** (BPlan). Ist der BPlan nichtig, richtet sich die Zulässigkeit des Vorhabens nicht nach §§ 30, 31 BauGB, sondern nach §§ 34, 35 BauGB. Im Rahmen der Entscheidung nach §§ 30, 31 BauGB ist daher – bei entsprechenden Anhaltspunkten – die Wirksamkeit des BPlans inzident zu überprüfen.

- **Regelbebauung**

Sofern die Gemeinde in dem BPlan keine abweichende Regelung iSd § 1 Abs. 4–10 BauNVO getroffen hat, ergibt sich die zulässige Regelbebauung jeweils aus den Absätzen 2 der §§ 2 ff BauNVO, die gemäß § 1 Abs. 3 S. 2 BauNVO Bestandteil des BPlans werden.

Nach § 1 Abs. 5 BauGB kann die Gemeinde bestimmte Nutzungsarten generell von der Regelbebauung ausschließen, sofern die allgemeine Zweckbestimmung des Baugebietes gewahrt bleibt (zB Ausschluß von Einzelhandelsbetrieben im Gewerbegebiet, § 8 BauNVO). Unter derselben Voraussetzung kann die Gemeinde umgekehrt Ausnahmen zur Regel erklären (§ 1 Abs. 6 Nr. 2 BauNVO), zB nicht störende Gewerbebetriebe im allgemeinen Wohngebiet (§ 4 Abs. 3 Nr. 2 BauNVO).

- **Ausnahmebebauung**

Soweit der BPlan, insb. die Absätze 3 der §§ 2 ff BauNVO, eine Ausnahme vorsehen, kann die Baugenehmigungsbehörde gem. § 31 Abs. 1 BauGB von den Festsetzungen des Bebauungsplanes Ausnahmen zulassen (sog. Ausnahmebebauung). Die Erteilung einer Ausnahme steht im **Ermessen** der Behörde.

Nach § 1 Abs. 5 BauNVO kann die Gemeinde Teile der Regelbebauung zur Ausnahme machen und nach § 1 Abs. 6 Nr. 1 BauNVO bestimmte Ausnahmen nach den Absätzen 3 der §§ 2 ff BauNVO generell ausschließen.

Das Ermessen kann im Einzelfall auf Null reduziert sein, zB aus Gründen der Gleichbehandlung (Art 3 Abs. 1 GG).

Ein Antrag auf Erteilung einer Ausnahme muß nicht gesondert gestellt werden. Im Normalfall ist er konkludent im Antrag auf Erteilung der Baugenehmigung enthalten (Schlichter/Stich BauGB § 31 Rdn 41; Battis/Krautzberger/Löhr BauGB § 31 Rdn 17.

- **Dispens**

Wird ein Bauvorhaben angestrebt, das den Festsetzungen des Bebauungsplanes nicht entspricht und auch nicht als Ausnahme vorgesehen ist, beurteilt sich die Zulässigkeit nach § 31 Abs. 2 BauGB (Dispens, Befreiung). Im Gegensatz zu § 31 Abs. 1 BauGB enthält § 31 Abs. 2 enge Tatbestandsvoraussetzungen. Sind sie nicht erfüllt, dann kann das Bauvorhaben nicht verwirklicht werden.

Durch § 31 Abs. 2 BauGB n.F. wird klargestellt, daß in keinem Fall die **Grundzüge der Planung** berührt werden dürfen. Die Befreiungsgründe sind praktisch unverändert geblieben, jedoch hat der Gesetzgeber die Beschränkung auf den Einzelfall (so bislang § 31 Abs. 2 BauGB a.F.) gestrichen. Durch den Verzicht auf die Atypik ist eine Befreiung künftig auch in mehreren gleichgelagerten Fällen möglich (Battis/Krautzberger/Löhr NVwZ 1997, 1145, 1160).

Trotz der engen Voraussetzungen, bei denen praktisch schon alle Erwägungen im Tatbestand zu berücksichtigen sind, hat die Behörde nach hM gleichwohl noch **Ermessen** (Battis/Krautzberger/Löhr BauGB § 31 Rdn 43).

Ein besonderer Antrag auf Erteilung des Dispenses ist grds. nicht erforderlich, sondern im Antrag auf Baugenehmigung konkludent enthalten. Etwas anderes gilt nur, sofern die LBauO dies ausdrücklich vorsieht (BVerwG NVwZ-RR 1990, 529).

5.3.2 Einfacher Bebauungsplan (§ 30 Abs. 3 BauGB)

Fehlt eine der in § 30 Abs. 1 BauGB aufgeführten Festsetzungen, so handelt es sich lediglich um einen einfachen BPlan (§ 30 Abs. 3 BauGB). Auch hier ist zunächst zu prüfen, ob das Vorhaben den **Festsetzungen** des BPlans entspricht. Ist dies nicht der Fall, so ist es zwingend unzulässig. Entspricht das Vorhaben den Festsetzungen, so beurteilt sich die Zulässigkeit des Vorhabens „im übrigen" nach § 34 bzw. § 35 BauGB. Soweit der BPlan allerdings abschließende Festsetzungen enthält, scheiden die §§ 34, 35 BauGB als Prüfungsmaßstab aus.

Beispiel: Nach dem BPlan ist eine viergeschossige Wohnhausbebauung zulässig, allerdings enthält der Plan keine Festsetzungen über die überbaubaren Grundstücksflächen. Will B im Innenbereich ein viergeschossiges Wohnhaus errichten, so entspricht dies den Festsetzungen des (einfachen) BPlans. Nach § 30 Abs. 3 BauGB ist „im übrigen" § 34 BauGB zu beachten, d.h. das Vorhaben muß sich zB im Hinblick auf die überbaubaren Grundstücksflächen einfügen iSd § 34 Abs. 1 BauGB. Das „Einfügen" betrifft allerdings nicht mehr Art und Maß der baulichen Nutzung, da hierzu der BPlan abschließende Festsetzungen enthält.

5.3.3 Vorhabenbezogener Bebauungsplan (§ 30 Abs. 2 BauGB)

Ergänzt wird § 30 BauGB nunmehr in Abs. 2 um den sog. vorhabenbezogenen Bebauungsplan auf der Grundlage eines **Vorhaben- und Erschließungsplans** iSd § 12 BauGB n.F. (bislang § 7 BauGBMaßnG).

Ein vorhabenbezogener BPlan muß nicht die Voraussetzungen eines qualifizierten BPlans erfüllen, zB können die Festsetzungen über örtliche Verkehrsflächen fehlen (Battis/Krautzberger/Löhr NVwZ 1997, 1145, 1158).

Anders als beim einfachen BPlan ist hier ein Rückgriff auf §§ 34, 35 BauGB nicht vorgesehen. Das Bauvorhaben ist zulässig, wenn es den Festsetzungen des BPlans nicht widerspricht und die Erschließung gesichert ist (dazu Winkler NVwZ 1997, 1193).

5.3.4 In Aufstellung befindlicher Bebauungsplan (§ 33 BauGB)

Die bauplanungsrechtliche Zulässigkeit richtet sich grds. nach dem im jeweiligen Zeitpunkt geltenden Recht. Befindet sich ein BPlan **in Aufstellung**, so kann sich der Bauherr nach § 33 BauGB ausnahmsweise bereits vor Inkrafttreten auf die (künftigen) Festsetzungen berufen. Ist die Planung hinreichend konkret und hat sie eine bestimmte Verfahrensstufe erreicht, so ist das Vorhaben unter bestimmten Voraussetzungen zwingend als zulässig zu behandeln (§ 33 Abs. 1 BauGB), in einem früheren Verfahrensstadium kann das Vorhaben nach Ermessen zugelassen werden, § 33 Abs. 2 BauGB.

Die Anerkenntniserklärung nach § 33 Abs. 1 Nr. 3 BauGB bewirkt, daß die Festsetzungen des künftigen BPlans im Verhältnis zwischen Bauantragsteller und Baugenehmigungsbehörde (einschließlich Gemeinde) vorab verbindlich werden (BVerwG NVwZ 1996, 892).

Ist ein Vorhaben umgekehrt nach § 34 oder § 35 BauGB zulässig, so kann es nicht unter Berufung auf § 33 BauGB abgelehnt werden. § 33 BauGB dient nicht den Interessen der planenden Gemeinde, diese hat zur Planungssicherung die Möglichkeit der Veränderungssperre bzw. Zurückstellung (§§ 14 ff BauGB). **Daher ist zunächst zu prüfen, ob ein Vorhaben nach den §§ 34, 35 BauGB zulässig ist. Nur wenn das nicht der Fall ist, ist auf § 33 BauGB einzugehen.**

Schlichter/Stich BauGB § 33 Rdn 3; Häde JuS 1993, 225, 228.

5.3.5 Zulässigkeit von Bauvorhaben im Plangebiet

Fall 3: Malt zuerst, wer zuerst kommt?

E ist Eigentümer eines unbebauten Grundstücks, auf dem er ein Mehrfamilienhaus errichten will. Auf dem Nachbargrundstück des N befindet sich ein Hallengebäude, das ursprünglich als Lagerhalle diente und in dem seit 1980 – mit baurechtlicher Genehmigung – eine Autolackiererei betrieben wird. Beide Grundstücke sind seit 1970 in einem qualifizierten Bebauungsplan als allgemeines Wohngebiet ausgewiesen. Im Baugenehmigungsverfahren hat die Baubehörde ein Immissionsgutachten eingeholt. Darin wird festgestellt, daß durch die Lackiererei Emissionen hervorgerufen werden, die die im allgemeinen Wohngebiet zulässigen Grenzwerte bei weitem überschreiten. Daraufhin lehnt die Behörde den Bauantrag des E ab. Zwar sei der Betrieb des N 1980 möglicherweise zu Unrecht genehmigt worden, er genieße aber nunmehr Bestandsschutz. Deshalb seien auch Auflagen zur Emissionsvermeidung und -minderung gegenüber N unzulässig. E verweist demgegenüber darauf, daß sein Vorhaben nach dem Bebauungsplan ausdrücklich zulässig sei. Außerdem könnten emissionsbegrenzende Auflagen gegen N erlassen werden. Kann E gegen die Ablehnung mit Erfolg vorgehen?

(A) **Zulässigkeit einer verwaltungsgerichtlichen Klage**

(I) Der **Verwaltungsrechtsweg** ist gem. § 40 Abs. 1 VwGO eröffnet, da es sich um eine Streitigkeit auf dem Gebiet des öffentlichen Baurechts handelt.

(II) Gegen die Versagung der Baugenehmigung als begünstigenden VA ist die **Verpflichtungsklage** (§ 42 Abs. 1, 2. Alt VwGO) statthaft.

(III) Die nach § 42 Abs. 2 VwGO erforderliche **Klagebefugnis** folgt aus der Rechtsgrundlage für die Erteilung der Baugenehmigung, die dem Bauherrn ein subjektives Recht vermittelt (s.o. S. 41).

Eines Rückgriffs auf Art 14 GG (Baufreiheit) bedarf es daher wegen des Anwendungsvorrangs des einfachen Rechts nicht.

(IV) Vor Klageerhebung muß ein **Widerspruchsverfahren** erfolglos durchgeführt worden sein (§ 68 Abs. 2 VwGO) und die Klagefrist nach § 74 Abs. 2 VwGO beachtet werden.

Ohne abgeschlossenes Vorverfahren kann unter den Voraussetzungen des § 75 VwGO geklagt werden (sog. Untätigkeitsklage). **Gegenbeispiel:** Gegen die dem B erteilte Baugenehmigung hat Nachbar N Widerspruch erhoben. Darauf wird die Genehmigung im Vorverfahren aufgehoben. B kann gegen den Widerspruchsbescheid (§ 79 Abs. 1 Nr. 2 VwGO) ohne erneutes Vorverfahren (§ 68 Abs. 1 S. 2 Nr. 2 VwGO) Anfechtungsklage erheben.

Sind Nachbarn durch das Vorhaben betroffen, so können sie gem. § 65 Abs. 1 VwGO beigeladen werden **(einfache Beiladung)**. Eine notwendige Beiladung iSd § 65 Abs. 2 VwGO liegt nicht vor, da die Entscheidung gegenüber dem Bauherrn und dem Nachbarn nicht einheitlich ergehen muß. Denn im Verhältnis zum Nachbarn werden nur die nachbarschützenden Vorschriften geprüft (s.u. S. 100), während vom Bauherrn alle öffentlich-rechtlichen Vorschriften zu beachten sind. Es kann daher sein, daß der Nachbar nicht in seinen subjektiven Rechten verletzt wird, die Baugenehmigung aber gleichwohl aus anderen Gründen nicht erteilt werden muß.

Notwendig beizuladen ist dagegen die **Gemeinde**, wenn nach § 36 Abs. 1 BauGB ihr **Einvernehmen** erforderlich ist. Wegen der Regelung des § 36 Abs. 2 S. 1 BauGB ist der Prüfungsgegenstand der Baugenehmigungsbehörde mit dem der Gemeinde (teilweise) deckungsgleich. Insoweit kann die Entscheidung daher nur einheitlich ergehen.

Ist die Baugenehmigung ohne das erforderliche Einvernehmen erteilt worden oder hat die zuständige Behörde das fehlende Einvernehmen nach § 36 Abs. 2 S. 3 BauGB ersetzt, kann die Gemeinde gegen die Genehmigung Anfechtungsklage erheben. Die Klagebefugnis folgt aus der Planungshoheit als Teil des Selbstverwaltungsrechts der Gemeinde (Art 28 Abs. 2 GG).

(B) **Begründetheit der Klage**

Begründet ist die Klage, wenn der Kläger **im Zeitpunkt der letzten mündlichen Verhandlung** einen **Anspruch** auf Erteilung der Baugenehmigung hat.

Hat sich während des Verfahrens die Sach- und Rechtslage zum Vorteil des Bauherrn verändert, so hat die ursprünglich unbegründete Klage nunmehr Erfolg.

Umgekehrt wird die Klage bei nachteiligen Änderungen (zB weil ein ursprünglich begründeter Anspruch entfallen ist) unbegründet. Art 14 GG zwingt nicht dazu, auf den früheren Zeitpunkt abzustellen. Denn alte Genehmigungsansprüche sind im Baurecht grundrechtlich nicht geschützt (BVerwG DVBl 1985, 392, 393; Bosch/Schmidt § 39 III 2, S. 273; vgl. auch § 14 Abs. 3 BauGB: nur Vorhaben, die „genehmigt worden sind", setzen sich gegenüber einer Veränderungssperre durch).

Aufgrund der ursprünglich rechtswidrigen Versagung kann dem Betroffenen aber ein Anspruch auf Schadensersatz (Art 34 GG, § 839 BGB) oder Entschädigung wegen enteignungsgleichem Eingriff zustehen (Kopp VwGO § 113 Rdn 99). Zur Vorbereitung der Durchsetzung dieser Ansprüche kann der Bauherr im Verwaltungsprozeß seinen ursprünglichen Verpflichtungsantrag in einen Fortsetzungsfeststellungsantrag (§ 113 Abs. 1 S. 4 VwGO) ändern.

Beachte: Selbst wenn die Behörde (rechtskräftig) zur Erteilung einer Baugenehmigung verurteilt worden ist, kann sie die Vollstreckung (§ 172 VwGO) dadurch verhindern, daß sie die Aufstellung eines (Änderungs-)Bebauungsplanes beschließt und zu dessen Sicherung eine Veränderungssperre (§ 14 BauGB) erläßt. Dadurch ändert sich die Sach- und Rechtslage, so daß die Behörde der ihr drohenden Vollstreckung mit der Vollstreckungsabwehrklage (§ 173 VwGO, § 767 ZPO) erfolgreich entgegentreten kann (BVerwG DVBl 1985, 392, 393).

Anspruchsgrundlage ist die Rechtsgrundlage über die Erteilung der Baugenehmigung in der LBauO.

Bayern: Art 72 BayBO – **Baden-Württemberg:** § 58 LBO BW – **Berlin:** § 62 BauO Bln – **Brandenburg:** § 74 Bbg BO – **Bremen:** § 74 Brem LBO – **Hamburg:** § 69 HBauO – **Hessen:** § 70 HBO – **Mecklenburg-Vorpommern:** § 72 LBauO M-V – **Niedersachsen:** § 75 NBauO – **Nordrhein-Westfalen:** § 75 BauO NW – **Rheinland-Pfalz:** § 68 RhPf LBO – **Saarland:** § 77 Saarl LBO – **Sachsen:** § 70 Sächs BO – **Sachsen-Anhalt:** § 74 BauO LSA – **Schleswig-Holstein:** § 78 SH LBO – **Thüringen:** § 70 Thür BO.

(I) Nach dem Sachverhalt handelt es sich um eine **genehmigungspflichtige** Errichtung einer baulichen Anlage.

(II) Die Baugenehmigung ist nach der LBauO zu erteilen, wenn dem Vorhaben öffentlich-rechtliche Vorschriften nicht entgegenstehen (s.o. S. 41). Hier bestehen nur bauplanungsrechtliche Bedenken. Da die Sonderregeln der §§ 14 ff BauGB nicht eingreifen, richtet sich die Zulässigkeit nach den §§ 29 ff BauGB.

(1) Im **qualifizierten Bebauungsplangebiet** (§ 30 Abs. 1 BauGB) darf das Vorhaben den Festsetzungen des BPlans nicht widersprechen (insb. bzgl. Art und Maß der baulichen Nutzung und der überbaubaren Grundstücksfläche).

Das Baugrundstück des E befindet sich hier in einem Gebiet, das im Bebauungsplan als **allgemeines Wohngebiet** ausgewiesen ist. Gemäß § 1 Abs. 3 S. 2 iVm § 4 Abs. 2 Nr. 1 BauNVO sind Wohnhäuser als **Regelbebauung** grds. zulässig.

(2) Auch wenn das Vorhaben prinzipiell nach den §§ 2–14 BauNVO zulässig ist, kann es gleichwohl nach § 15 BauNVO **im Einzelfall unzulässig** sein.

Im Bebauungsplangebiet findet daher grds. eine zweistufige Prüfung statt:
– typisierte Zulässigkeit nach §§ 2 ff BauNVO,
– Feinabstimmung im Einzelfall nach § 15 BauNVO.

Nach § 15 Abs. 1 S. 1 BauNVO sind an sich zulässige bauliche Anlagen im Einzelfall unzulässig, wenn sie nach Anzahl, Lage, Umfang oder Zweckbestimmung der **Eigenart des Baugebiets** widersprechen. Nach § 15 Abs. 1 S. 2 BauNVO sind Vorhaben auch dann unzulässig, wenn von ihnen Belästigungen oder Störungen ausgehen können, die nach der Eigenart des Baugebiets im Baugebiet selbst oder in dessen Umgebung unzumutbar sind. Das gleiche gilt, wenn das Vorhaben unzumutbaren Belästigungen oder Störungen **ausgesetzt** wird. § 15 Abs. 1 S. 2 BauNVO stellt eine besondere Ausprägung des **Rücksichtnahmegebotes** dar (näher unten S. 93 f). Hierdurch soll gewährleistet werden, daß Nutzungen, die geeignet sind, Spannungen und Störungen hervorzurufen, einander so zugeordnet werden, daß **Konflikte** möglichst **vermieden** werden.

BVerwG DVBl 1981, 928; DVBl 1984, 143; DVBl 1996, 40, 42: „Welche Anforderungen sich hieraus im einzelnen ergeben, hängt maßgeblich davon ab, was dem Rücksichtnahmebegünstigten einerseits und dem Rücksichtnahmeverpflichteten andererseits nach Lage der Dinge zuzumuten ist. Dies beurteilt sich nach der jeweiligen Situation der benachbarten Grundstücke."

Damit läuft § 15 Abs. 1 S. 2 BauNVO auf eine **Abwägung** der Interessen des Bauherrn mit denen des Nachbarn hinaus. Die Rücksichtnahmepflicht besteht dann nicht nur zulasten des Emittenten, sondern auch desjenigen, der sich den Auswirkungen solcher Immissionen aussetzt.

BVerwG DVBl 1996, 40, 42; aA Fickert/Fieseler BauNVO § 15 Rdn 24.1; Fickert DVBl 1996, 251 ff.

Welche Anforderungen das Rücksichtnahmegebot stellt, hängt wesentlich von den jeweiligen **Umständen des Einzelfalls** ab: Je empfindlicher und schutzwürdiger die Stellung dessen ist, auf den Rücksicht zu nehmen ist, um so mehr kann an Rücksichtnahme verlangt werden. Je verständlicher und unabweisbarer die mit dem Vorhaben verfolgten Interessen sind, um so weniger braucht der Bauherr Rücksicht zu nehmen.

BVerwG NJW 1992, 2170, 2171; OVG NW NVwZ 1988, 377, 378.

Dabei sind die Auswirkungen der erstrebten Nutzung, das Interesse des Nachbarn an einer Verhinderung der Beeinträchtigungen und Nachteile, die Schutzwürdigkeit des Betroffenen, die Intensität der Beeinträchtigungen, die Interessen des Bauherrn und das, was beiden Seiten billigerweise zumutbar oder unzumutbar ist, gegeneinander abzuwägen.

BVerwG NJW 1992, 2170, 2171; NVwZ 1992, 884; OVG Berlin LKV 1993, 203; OVG NW NVwZ 1993, 1003.

Bei dieser **situationsbedingten Interessenabwägung** sind insb. bestehende **Vorbelastungen** zu berücksichtigen, allerdings nur solche, die sich aus der bauaufsichtlich genehmigten Nutzung ergeben. Denn nur die Beeinträchtigung, die eine **legale Nutzung** mit sich bringt, kann im Rahmen des vom Gebot der Rücksichtnahme geforderten Interessenausgleichs in Ansatz gebracht werden. Gegenüber Nutzungen, die zwar **faktisch** ausgeübt werden, aber nicht genehmigt worden sind und auch nicht hätten genehmigt werden können, besteht dagegen keine Rücksichtnahmepflicht.

BVerwG DVBl 1993, 652, 653; allgemein zur Berücksichtigung von Vorbelastungen Sarnighausen NJW 1994, 1375.

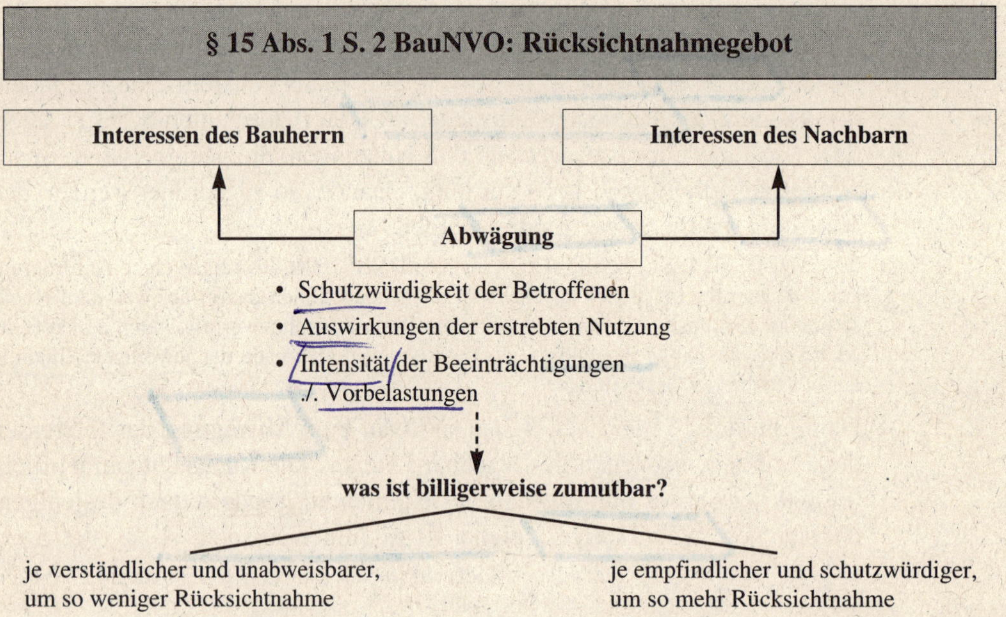

Bei der danach gebotenen Interessenabwägung ist hier zu berücksichtigen, daß die **Schutzwürdigkeit des E** aufgrund der Nähe des genehmigten und damit bestandsgeschützten Lackierereibetriebes erheblich eingeschränkt ist. In dieser Situation steht das aus dem BPlan sich ergebende Recht, ein Wohnhaus zu errichten, unter dem Vorbehalt, daß der Nachbar grds. seinen emittierenden Betrieb fortführen darf. Andererseits muß zulasten des Betreibers berücksichtigt werden, daß er einen Standort in einem allgemeinen Wohngebiet und damit in einer gegenüber Immissionen **besonders schutzwürdigen Umgebung** gewählt hat. Darüber hilft ihm auch der durch die Baugenehmigung vermittelte **Bestandsschutz** nicht hinweg. Beide Nutzungen müssen vielmehr aufeinander so Rücksicht nehmen, daß sowohl die bestandskräftig genehmigte als auch die nach dem BPlan zulässige Nutzung, wenn irgend möglich, ausgeübt werden können.

Bei der Entscheidung nach § 15 Abs. 1 S. 2 BauNVO ist folglich zu prüfen, ob durch dem Betreiber zumutbare Maßnahmen der Emissionsvermeidung oder -minderung gesunde Wohnverhältnisse erreicht werden können. Ist dies der Fall, so bietet § 15 BauNVO keine Handhabe, die Baugenehmigung für die auf dem Grundstück baurechtlich allgemein zulässige Nutzung zu versagen. Nur dann, wenn ungesunde Wohnverhältnisse auch durch zumutbare Auflagen gegenüber N nicht vermieden werden könnten, ist das Vorhaben des E wegen § 15 Abs. 1 S. 2, 2. HS BauNVO unzulässig.

BVerwG DVBl 1996, 40, 43: „Welche Maßnahmen dem zur Rücksichtnahme auf seine Nachbarschaft verpflichteten Anlagenbetreiber ... zumutbar sind, bestimmt sich nach § 22 Abs. 1 S. 1 BImSchG. Danach sind (immissionsrechtlich) nicht genehmigungsbedürftige Anlagen so zu errichten und zu betreiben, daß schädliche Umwelteinwirkungen verhindert werden, die nach dem Stand der Technik vermeidbar sind (Nr. 1), und daß nach dem Stand der Technik unvermeidbare schädliche Umwelteinwirkungen auf ein Mindestmaß beschränkt werden (Nr. 2). Der dem Betreiber der Autolackiererei aufgrund der Baugenehmigung zukommende Bestandsschutz kann sich nur in den Grenzen entfalten, die ihm das Immissionsschutzrecht läßt. Dieses Recht ist dynamisch ausgelegt. Die Grundpflichten gem. § 22 Abs. 1 S. 1 BImSchG sind nicht nur im Zeitpunkt der Errichtung der Anlage, sondern in der gesamten Betriebsphase zu erfüllen."

Hier lassen sich die Emmissionen nach dem Sachverhalt durch Auflagen nach §§ 22, 24 BImSchG verhindern. Daher ist das im allgemeinen Wohngebiet grds. vorgesehene Wohnbauvorhaben auch im Einzelfall zulässig.

(3) Als weitere Voraussetzung verlangt § 30 Abs. 1 BauGB, daß die **Erschliessung gesichert** ist (insb. Straßenanschluß, Wasserversorgung, Abwasserbeseitigung).

Die Erschließung ist Aufgabe der Gemeinde (§ 123 Abs. 1 BauGB). Der Grundstückseigentümer hat jedoch grds. keinen Anspruch auf Erschließung (§ 123 Abs. 3 BauGB). Allerdings nimmt die Rspr in einer Reihe von Fällen an, daß sich die allgemeine Erschließungslast zu einer aktuellen Erschließungspflicht verdichten kann, mit der Folge, daß dem betroffenen Bürger hieraus ein zwingender Erschließungsanspruch erwächst (BVerwG NVwZ 1993, 1102; NVwZ 1991, 1086; NVwZ 1988, 355; NVwZ 1986, 646), insb. wenn durch den BPlan ein zuvor begründeter Anspruch auf Bebauung (zB nach § 34 oder § 35 BauGB) vernichtet wurde.

Bauordnungsrechtliche Bedenken sind nicht ersichtlich, andere öffentlich-rechtliche Vorschriften stehen ebenfalls nicht entgegen. Damit ist die Baugenehmigung zu erteilen, die Klage des E hat Erfolg. Die Behörde wird gem. § 113 Abs. 5 S. 1 VwGO verpflichtet, die beantragte Baugenehmigung zu erteilen.

– – –

Vorhaben im Bebauungsplangebiet (§ 30 BauGB)

qualifizierter Bebauungsplan (§ 30 Abs. 1 BauGB)	• Vorhaben entspricht **Festsetzungen des BPlans**, insb. – bzgl. Art der baulichen Nutzung, §§ 2 ff Abse. 2 BauNVO – bzgl. Maß der baulichen Nutzung – überbaubare Grundstücksfläche Wenn Vorhaben Festsetzungen widerspricht: – **Ausnahme** (§ 31 Abs. 1 BauGB), wenn im BPlan vorgesehen, insb. §§ 2 ff Abse. 3 BauNVO – **Dispens** (§ 31 Abs. 2 BauGB) • unzulässig im Einzelfall nach § 15 BauNVO, insb. **Rücksichtnahme** • Erschließung gesichert
vorhaben-bezogener Bebauungsplan (§ 30 Abs. 2 BauGB)	• Vorhaben entspricht **Festsetzungen** d. BPlan iVm **Vorhaben- und Erschließungsplan** (§ 12 BauGB) • ggf. Ausnahme/Befreiung (§ 31 BauGB) • Erschließung gesichert
einfacher Bebauungsplan (§ 30 Abs. 3 BauGB)	• Vorhaben entspricht **Festsetzungen** des einfachen BPlans • ggf. Ausnahme/Befreiung (§ 31 BauGB) • Erschließung gesichert • ergänzend („im übrigen“) Voraussetzungen des § 34 BauGB bzw. § 35 BauGB (je nach Lage des Grundstücks)

5.4 Vorhaben im unbeplanten Innenbereich (§ 34 BauGB)

Fall 4: Spielhalle in Büroräumen

K ist Eigentümer des Hauses X-Straße 2 in der Stadt S. Bei der X-Straße handelt es sich um die vierspurig ausgebaute Hauptverkehrsstraße von S. Nordwestlich des Grundstücks befinden sich einige Mehrfamilienhäuser, südöstlich einige kleinere Gewerbebetriebe. In dem Gebäude sind ein Einkaufsmarkt, eine Videothek und ein Fitneßzentrum untergebracht. Das Obergeschoß wurde bislang zu Bürozwecken genutzt. Nunmehr plant K die Errichtung einer 100 qm großen Spielhalle und hat zu diesem Zweck einen Bauvorbescheid beantragt. Die Behörde hat den Antrag abgelehnt, da in der näheren Umgebung keine sonstigen Vergnügungsstätten vorhanden seien. K hat dagegen sofort Widerspruch erhoben, mit dem er geltend macht, daß für sein Grundstück kein Bebauungsplan vorliege. Eine bloße Nutzungsänderung ohne äußere Veränderungen des Bauwerks müsse daher ohne weiteres zulässig sein.

(A) **Zulässigkeit des Widerspruchs**

Der Widerspruch ist als **Verpflichtungswiderspruch** (§ 68 Abs. 2 VwGO) statthaft und auch im übrigen zulässigerweise (insb. § 70 VwGO) erhoben.

(B) **Begründetheit des Widerspruchs**

Der Widerspruch ist bei gebundenen VAen – wie der Baugenehmigung und dem Bauvorbescheid – begründet, wenn die behördliche Entscheidung rechtswidrig und der Widerspruchsführer dadurch in seinen Rechten verletzt ist (§ 113 Abs. 1 S. 1, Abs. 5 S. 1 VwGO analog). Bei der Ablehnung eines begünstigenden VA ist dies der Fall, wenn der Widerspruchsführer einen **Anspruch** auf den begehrten VA hat.

Die Zweckmäßigkeitskontrolle (§ 68 Abs. 1 VwGO) spielt nur eine Rolle bei Ermessensentscheidungen oder solchen mit Beurteilungsspielraum der Behörde.

Rechtsgrundlage für die Erteilung des **Vorbescheides** ist die Vorschrift der LBauO, wonach durch Bescheid einzelne Frage eines Bauvorhabens beantwortet werden können.

Bayern: Art 75 BayBO – **Baden-Württemberg:** § 57 LBO BW – **Berlin:** § 59 BauO Bln – **Brandenburg:** §§ 76, 77 BbG BO – **Bremen:** § 69 Brem LBO – **Hamburg:** § 65 HBauO – **Hessen:** § 65 HBO – **Mecklenburg-Vorpommern:** § 68 LBauO M-V – **Niedersachsen:** § 74 NBauO – **Nordrhein-Westfalen:** § 71 BauO NW – **Rheinland-Pfalz:** § 69 RhPf LBO – **Saarland:** § 76 Saarl LBO – **Sachsen:** § 66 Sächs BO – **Sachsen-Anhalt:** § 70 BauO LSA – **Schleswig-Holstein:** § 72 SH LBO – **Thüringen:** § 66 Thür BO.

Mit dem Vorbescheid ergeht für einen Teilbereich praktisch eine vorweggenommene Baugenehmigung (OVG NW NVwZ 1997, 1006: vorweggenommener Ausschnitt aus dem feststellenden Teil der Baugenehmigung). Bezieht sich der Vorbescheid auf die planungsrechtliche Zulässigkeit des Vorhabens, spricht man von einer **Bebauungsgenehmigung**.

Die Rechtsnatur des Vorbescheides ist umstritten: Teilweise wird er als Zusicherung, teilweise als Teilgenehmigung im gestuften Verfahren oder als „Erstbescheid" (mit der endgültigen Baugenehmigung als „Zweitbescheid") bezeichnet (VGH Mannheim NVwZ 1997, 1008; NVwZ 1995, 716 mwN). Unabhänig davon hat der Vorbescheid **Bindungswirkung**, d.h. über den in ihm behandelten Umfang des Vorhabens ist bereits abschließend entschieden, insb. setzt sich der Bauvorbescheid gegenüber späteren Rechtsänderungen durch (BVerwG NJW 1984, 1473, 1474; OVG NW NVwZ 1997, 598, 599 mwN).

Allerdings nimmt die spätere Baugenehmigung den Inhalt des Vorbescheides in sich auf und macht damit die Entscheidung über die Zulässigkeit des Vorhabens auch hinsichtlich der Punkte erneut anfechtbar, über die bereits im Vorbescheid zu entscheiden war, sofern der Vorbescheid bei Erlaß der Baugenehmigug noch nicht bestandskräftig war. Deshalb muß der Nachbar, der bislang nur den (noch nicht bestandskräftigen) Vorbescheid angefochten hat, auch die Baugenehmigung angreifen (BVerwG NVwZ 1989, 863; Dürr DÖV 1994, 841, 851). Das bedeutet aber nicht, daß sich der Bauvorbescheid mit der Erteilung der Baugenehmigung erledigt, der Nachbar hat (neben der Anfechtung der Baugenehmigung) auch weiterhin ein Rechtsschutzbedürfnis für die Anfechtung des Vorbescheides (BVerwG NVwZ 1995, 894, 895).

Vorliegend ist Gegenstand der Bauvoranfrage die planungsrechtliche Zulässigkeit der Nutzungsänderung.

(I) Die **§§ 14 ff BauGB** (Veränderungssperre, Zurückstellung, vorläufige Untersagung) stehen dem Bauvorhaben nicht entgegen.

(II) Da weder ein qualifizierter oder vorhabenbezogener noch ein einfacher Bebauungsplan vorliegt, scheiden die **§§ 30, 31 BauGB** als Prüfungsmaßstab gleichfalls aus.

(III) Im **unbeplanten Bereich** hängt die bauplanungsrechtliche Zulässigkeit davon ab, ob das Vorhaben im **Innenbereich** (§ 34 BauGB) oder im **Außenbereich** (§ 35 BauGB) verwirklicht werden soll. Dies richtet sich danach, ob ein „im Zusammenhang bebauter Ortsteil" iSd § 34 BauGB vorliegt.

(1) Unproblematisch ist die Einordnung, wenn die Gemeinde von ihrer **Satzungsbefugnis** nach § 34 Abs. 4 BauGB Gebrauch gemacht hat, so daß der Bebauungszusammenhang unabhängig von seiner tatsächlichen Qualität **rechtlich bindend** festgelegt ist. Eine derartige Satzung liegt hier jedoch nicht vor.

§ 34 Abs. 4 BauGB unterscheidet die Klarstellungssatzung (Nr. 1), die Entwicklungssatzung (Nr. 2) und die Ergänzungssatzung (Nr. 3). Die bisherigen Abrundungssatzungen nach § 34 Abs. 4 Nr. 3 BauGB a.F. und § 4 Abs. 2a BauGBMaßnG sind nunmehr als sog. „Ergänzungssatzung" in Nr. 3 n.F. zusammengefaßt und auf alle baulichen Nutzungen erweitert worden, vgl. Battis/Krautzberger/Löhr NVwZ 1997, 1145, 1161.

(2) Aus diesem Grunde ist nach allgemeinen Merkmalen darüber zu entscheiden, ob ein im Zusammenhang bebauter Ortsteil vorliegt.

(a) Von einem **„Ortsteil"** kann gesprochen werden, wenn ein Bebauungskomplex im Gebiet einer Gemeinde nach der Zahl der vorhandenen Bauten ein **gewisses Gewicht** besitzt und Ausdruck einer **organischen Siedlungsstruktur** ist.

Nicht ausreichend ist eine bloße **Splittersiedlung**, die nur aus wenigen Gebäuden besteht, deren räumliche Zuordnung eher zufällig erscheint, also keine gewachsenen baulichen Strukturen aufweist.

BVerwGE 31, 20, 22; BVerwG DVBl 1993, 111: nicht jede unbedeutende bauliche Anlage.

Vorliegend handelt es sich um ein im wesentlichen durchgängig bebautes Gebiet, so daß ein Ortsteil vorliegt.

(b) Ein Ortsteil ist **„im Zusammenhang bebaut"**, soweit eine tatsächlich aufeinanderfolgende Bebauung vorhanden ist. Baulücken sind so lange unerheblich, soweit der Eindruck der **Geschlossenheit** und **Zusammengehörigkeit** erhalten bleibt.

BVerwG NVwZ 1997, 899; NVwZ 1994, 686; DVBl 1993, 111; NVwZ-RR 1998, 157: „Grundlage und Ausgangspunkt dieser bewertenden Beurteilung sind die tatsächlichen örtlichen Gegebenheiten, also insb. die vorhandenen baulichen Anlagen, sowie darüber hinaus auch andere topographische Verhältnisse, wie zB Geländehindernisse, Erhebungen oder Einschnitte (Dämme, Böschungen, Gräben, Flüsse und dergleichen) und Straßen." Grundstücke in Ortsrandlagen, die sich unmittelbar an den Bebauungszusammenhang anschließen, gehören idR zum Außenbereich, da sie nicht „innerhalb" des Bebauungszusammenhangs liegen (BVerwG NVwZ-RR 1998, 156, 157; Resch JA 1996, 60, 61).

Auf den vorliegenden Fall bezogen kann davon ausgegangen werden, daß es sich um ein im wesentlichen durchgängig bebautes Gebiet – evtl. mit wenigen Baulücken – handelt. Infolgedessen liegt ein im Zusammenhang bebauter Ortsteil vor, so daß das fragliche Grundstück dem **Innenbereich** gem. § 34 BauGB zuzuordnen ist.

(3) Die bauplanungsrechtliche Zulässigkeit ist im Falle des § 34 BauGB nach dessen Absätzen 1 u. 2 zu beurteilen.

Die bisherige Befreiungsregelung in § 34 Abs. 3 BauGB ist durch das BauROG 1998 ersatzlos gestrichen worden.

Dabei ist aufgrund des spezielleren Charakters mit **§ 34 Abs. 2 BauGB** zu beginnen, der im Rahmen seines Anwendungsbereichs die Voraussetzungen des § 34 Abs. 1 BauGB verdrängt. Entspricht der zu beurteilende Bereich nach der Eigenart der näheren Umgebung einem der in der BauNVO beschriebenen Baugebiete, so ist bezüglich der **Art** der baulichen Nutzung **allein** die **BauNVO** maßgebend.

BVerwG NVwZ 1990, 557, 558; DÖV 1993, 621. Hinsichtlich des Maßes der baulichen Nutzung und der Bauweise verbleibt es dagegen stets dabei, daß sich das Vorhaben gem. § 34 Abs. 1 BauGB „einfügen" muß. – Die Anwendbarkeit der BauNVO kann daher auf zwei Wegen eröffnet werden:
- **rechtlich** durch Festsetzung eines Baugebietes nach §§ 2 ff BauNVO,
- **faktisch** durch tatsächliche Vergleichbarkeit mit einem der Baugebiete der BauNVO.

Die Eigenart der näheren Umgebung entspricht hier aufgrund der vorhandenen verschiedenen Nutzungen (Wohnhäuser, kleinere Gewerbebetriebe) einem **Mischgebiet** iSd § 6 BauNVO. Nach § 6 Abs. 2 Nr. 8 BauNVO sind im Mischgebiet zwar Vergnügungsstätten zulässig, aber nur solche iSd § 4a Abs. 3 Nr. 2 BauNVO und außerdem nur in den Teilen des Gebietes, die überwiegend durch gewerbliche Nutzung geprägt sind. Von § 4a Abs. 3 Nr. 2 BauNVO werden nur Vergnügungsstätten erfaßt, die nicht wegen ihrer Zweckbestimmung oder ihres Umfangs nur in Kerngebieten allgemein zulässig sind (vgl. § 7 Abs. 2 Nr. 2 BauNVO). Im Kerngebiet handelt es sich üblicherweise um solche Anlagen, die einen größeren Einzugsbereich aufweisen, mithin für ein größeres und allgemeineres Publikum erreichbar sein sollen.

Daraus ergibt sich, daß in einem Mischgebiet nur solche Vergnügungsstätten zulässig sind, die gerade nicht dem Typ der Vergnügungsstätte, wie er für Einrichtungen im Kerngebiet kennzeichnend ist, entsprechen und darüber hinaus keine wesentlichen Störungen für die Wohnruhe vor allem am Abend und in der Nacht mit sich bringen. Bei Spielhallen hat die Rspr zur Abgrenzung der kerngebietstypischen von den nicht kerngebietstypischen Spielhallen einen Schwellenwert von ca. 100 qm entwickelt. Bis zu einer solchen Nutzfläche können Spielhallen in Mischgebieten zulässig sein.

BVerwG NVwZ 1989, 50; VGH Mannheim NVwZ 1990, 86; OVG Lüneburg NVwZ 1988, 1141; VGH Kassel GewArch 1987, 67; BauR 1987, 178; OVG NW BauR 1987, 665; Fickert/Fieseler BauNVO § 4a Rdn 23.4 mwN. **Gegenbeispiele:** Unzulässigkeit einer Stripteasebar mit Spielcasino im Mischgebiet (BVerwG DVBl 1984, 340, 342 zu § 6 BauNVO a.F.); Unzulässigkeit einer Diskothek in einem durch Merkmale eines Mischgebietes geprägten Ortsteils (BayVGH NVwZ 1988, 1140).

Danach ist die Spielhalle ihrer Art nach gem. § 34 Abs. 2 BauGB iVm § 6 Abs. 2 Nr. 8 BauNVO zulässig, da sie auch in dem gewerblichen Teil des Mischgebietes belegen ist. Aufgrund der generellen Zulässigkeit ist es unerheblich, ob in der näheren Umgebung vergleichbare Vergnügungsstätten vorhanden sind.

Bezüglich der Art der baulichen Nutzung erlangt die BauNVO damit im faktischen Bebauungsgebiet die Funktion eines **„Ersatzbebauungsplanes“**. Diese Funktion wird durch § 34 Abs. 2, 2. HS BauGB noch verstärkt, wonach die Ausnahme- und Befreiungstatbestände des § 31 Abs. 1 u. Abs. 2 BauGB entsprechend anzuwenden sind. Wie bei einem Bebauungsplan kann man daher auch hier Regel-, Ausnahme- und Dispensbebauung unterscheiden.

(4) Bezüglich des **Maßes der baulichen Nutzung** (sowie Bauweise und überbaubare Grundstücksfläche) verbleibt es dagegen bei der Anwendbarkeit des § 34 Abs. 1 BauGB.

BVerwG NVwZ 1995, 897, 898; OVG Greifswald NVwZ 1995, 400: Auch wenn ein Vorhaben nach § 34 Abs. 2 BauGB der Art nach zulässig ist, muß es sich dem Maß der baulichen Nutzung nach noch „einfügen“.

Das Vorhaben ist nur zulässig, wenn es sich insoweit in die Eigenart der näheren Umgebung **einfügt**. Diesbezüglich bestehen hier in bezug auf die bauliche Gestaltung sowie die Größe des Gebäudes keine Bedenken.

(5) Außerdem müssen die Anforderungen an **gesunde Wohn- und Arbeitsverhältnisses** gewahrt bleiben, und das Ortsbild darf nicht beeinträchtigt werden. Auch insoweit bestehen keine Anhaltspunkte.

(6) Schließlich muß die **Erschließung gesichert** sein, wovon bei einem bereits bebauten Grundstück grds. auszugehen ist.

Das Vorhaben ist daher bauplanungsrechtlich seiner Art nach gem. § 34 Abs. 2 BauGB iVm § 6 Abs. 2 Nr. 8 BauNVO und auch im übrigen nach § 34 Abs. 1 BauGB zulässig. K hat einen Anspruch auf Erteilung eines entsprechenden Bauvorbescheides. Sein Verpflichtungswiderspruch ist begründet.

– – –

Fall 5: Abwandlung zu Fall 4

Wie ist der Fall zu entscheiden, wenn sich in der näheren Umgebung nicht nur einige kleinere Gewerbebetriebe befinden, sondern südöstlich an das Grundstück des K unmittelbar ein größeres Grundstück mit einem Redaktionsgebäude einer Tageszeitung und Druckereihallen anschließt, aber im übrigen keine Vergnügungsstätten vorhanden sind?

(I) Die Zulässigkeit der **Art der baulichen Nutzung** richtet sich nach § 34 Abs. 2 BauGB iVm BauNVO, wenn die nähere Umgebung einem der Baugebiete der BauNVO entspricht. Hier wird die nähere Umgebung geprägt durch die vorhandene massive Wohnnutzung einerseits und die gewerbliche Nutzung durch einen störenden Druckereibetrieb andererseits, die beide parallel weder in einem Gewerbegebiet (§ 8 BauNVO: grds. keine Wohnnutzung) noch in einem Mischgebiet (§ 4 BauNVO: nur nicht wesentlich störende Gewerbebetriebe) zulässig wären. Aus diesen unterschiedlichen Nutzungen ergibt sich eine **Gemengelage**, die in keinem der Baugebiete der BauNVO geplant werden könnte. Damit scheidet § 34 Abs. 2 BauGB als Beurteilungsgrundlage aus.

(II) Daher ist die Zulässigkeit des Vorhabens nach Art und Maß der baulichen Nutzung **einheitlich nach § 34 Abs. 1 BauGB** zu beurteilen, d.h. das Vorhaben muß sich in die Eigenart der näheren Umgebung einfügen.

Zur Bestimmung des für die „nähere Umgebung" maßgeblichen Bereichs vgl. BVerwG NVwZ 1995, 897, 898: bodenrechtliche Beurteilung, die darauf abstellt, ob verschiedene Bodennutzungen in einem engeren räumlichen Zusammenhang miteinander verträglich sind oder nicht.

Ein Vorhaben kann sich grds. nur dann einfügen, wenn es sich in dem für die nähere Umgebung **prägenden Rahmen** bewegt. Bei dem Begriff des Einfügens geht es jedoch weniger um Einheitlichkeit als um bodenrechtliche Harmonie: Ein Vorhaben fügt sich nicht ein, wenn es geeignet ist **bodenrechtlich beachtliche Spannungen** zu begründen oder vorhandene Spannungen zu erhöhen. Daher kann auch ein Vorhaben, das den Umgebungsrahmen überschreitet, zulässig sein, wenn bodenrechtlich keine Spannungen hervorgerufen werden. Umgekehrt fügt sich ein Vorhaben, das sich in dem die nähere Umgebung prägenden Rahmen hält, nicht ein, wenn das Vorhaben es an der gebotenen **Rücksichtnahme** auf die sonstige, d.h. vor allem auf die in seiner unmittelbaren Nähe vorhandene Bebauung fehlen läßt.

BVerwG NVwZ 1995, 698, 699; NVwZ 1995, 897, 898. Vgl. auch BVerwG NVwZ 1990, 755: Bei der Ermittlung der Eigenart der näheren Umgebung iSv § 34 Abs. 1 und 2 BauGB sind singuläre Anlagen, die in einem auffälligen Kontrast zu der sie umgebenden im wesentlichen homogenen Bebauung stehen, regelmäßig als Fremdkörper unbeachtlich (ebenso OVG NW NVwZ 1993, 1003).

Schlagwortartig zusammengefaßt:

- Einhaltung des für die nähere Umgebung **prägenden Rahmens**
- **Erweiterung** des Rahmens, wenn keine bodenrechtlich relevanten Spannungen
- **Einschränkung** des Rahmens durch das Gebot der Rücksichtnahme.

(1) Bei der Bestimmung des **prägenden Rahmens** ist auf **typisierte Nutzungsarten** abzustellen, wie sie durch die Begriffe der BauNVO in den einzelnen Baugebieten definiert werden. Anders als nach § 34 Abs. 2 BauGB kann im Rahmen des § 34 Abs. 1 BauGB auf die BauNVO zwar nicht unmittelbar zurückgegriffen werden, jedoch stellen die Nutzungsarten auch insoweit eine **Auslegungshilfe** dar. Ihre Erwähnung in der BauNVO macht deutlich, daß es sich um städtebaulich bedeutsame Typen der baulichen Nutzung handelt.

BVerwGE 68, 360, 368; BVerwG NVwZ 1987, 884, 885; NVwZ 1995, 698, 699. – Während also § 34 Abs. 2 BauGB abstrakt an die einzelnen Baugebiete iSd § 1 Abs. 2 BauNVO anknüpft, entscheidet im Rahmen des § 34 Abs. 1 BauGB die **konkrete Nutzungsart**.

Bei einer Spielhalle handelt es sich um eine Vergnügungsstätte und damit um eine nach der BauNVO selbständige Nutzungsart (vgl. § 4a Abs. 3 Nr. 2, § 6 Abs. 2 Nr. 8, § 7 Abs. 2 Nr. 2 BauNVO). Anders als im Rahmen des § 34 Abs. 2 BauGB iVm BauNVO kommt es gem. § 34 Abs. 1 BauGB nicht darauf an, ob das Vorhaben seiner Art nach abstrakt nach der BauNVO zulässig ist. Entscheind für Frage, ob sich ein Vorhaben nach seiner Nutzungsart in die Eigenart der näheren Umgebung einfügt, ist vielmehr die **konkrete**, am tatsächlich Vorhandenen ausgerichtete Betrachtung.

BVerwG NVwZ 1995, 698, 699; ebenso BVerwG NVwZ 1994, 1006 zum Maß der baulichen Nutzung.

Eine Vergnügungsstätte hält sich daher hier nicht im prägenden Rahmen iS des § 34 Abs. 1 BauGB, da in der näheren Umgebung keine andere Vergnügungsstätte vorhanden ist.

Vgl. aber BVerwG NVwZ 1995, 897, 898: Beim Maß der baulichen Nutzung muß dagegen auf alle vorhandenen baulichen Anlagen abgestellt werden und nicht nur auf Vorhaben der gleichen Art. – **Beispiel:** Bei der Zulässigkeit einer (großflächigen) Werbeanlage im Innenbereich darf bzgl. des Maßes nicht nur ein Vergleich mit vorhandenen Werbeanlagen vorgenommen werden, sondern es müssen alle vorhandenen baulichen Anlagen, insb. auch Gebäude berücksichtigt werden.

(2) Wird der durch die Umgebung gesetzte Rahmen überschritten, so kann das Vorhaben gleichwohl zulässig sein, wenn es **keine bodenrechtlich beachtlichen Spannungen** begründet oder vorhandene Spannungen nicht erhöht.

BVerwG NVwZ 1995, 698, 699: „Die Überschreitung des durch die Umgebung gesetzten Rahmens führt zwar nicht unbedingt, wohl aber im Regelfall zur Unzulässigkeit des Vorhabens. Denn eine Überschreitung des von der Bebauung bisher eingehaltenen Rahmens zieht in der Regel die Gefahr nach sich, daß der gegebene Zustand in negativer Hinsicht in Bewegung und damit in Unordnung gebracht wird."

Bei einer Überschreitung des prägenden Rahmens kommt es daher darauf an, ob die gegebene Situation verschlechtert, gestört, belastet oder sonst negativ „in Bewegung" gebracht wird. Dies kann zum einen dadurch geschehen, daß das **Vorhaben selbst** bodenrechtlich relevante Spannungen auslöst. Dabei ist hier jedoch zu berücksichtigen, daß das Grundstück des K bereits jetzt intensiv – unter anderem mit einem Supermarkt, einer Videothek und einem Fitneßzentrum – genutzt wird. Zusätzliche oder erhöhte bodenrechtliche Störungen sind auch bei einer Nutzung als Spielhalle nicht zu erwarten.

Bodenrechtlich relevante Spannungen können aber auch daraus resultieren, daß das Vorhaben infolge einer nicht auszuschließenden **Vorbildwirkung** geeignet ist, den gegebenen Zustand negativ zu beeinflussen. Dies ist hier der Fall. Denn bei einer Zulassung der Spielhalle könnte später die Genehmigung eines weiteren Vergnügungsbetriebes nicht mehr verhindert werden, da dann auch die Spielhalle die Umgebungsbebauung mitprägen würde.

BVerwG NVwZ 1995, 698, 700: „Denn es entspricht einem allgemeinen städtebaulichen Erfahrungssatz, daß sich Vergnügungsstätten, zumindest wenn sie in einem Gebiet gehäuft vorhanden sind, negativ auf ihre Umgebung auswirken, indem sie den sog. trading-down-Effekt auslösen."

Werden somit bodenrechtlich beachtliche Spannungen begründet, fügt sich die streitige Spielhalle ihrer Art nach nicht nach § 34 Abs. 1 BauGB in die Eigenart der näheren Umgebung ein. Das Vorhaben ist planungsrechtlich unzulässig, der Verpflichtungswiderspruch des K damit unbegründet.

Beachte den Unterschied zum Ausgangsfall: Ist die nähere Umgebung mit einem der Baugebiete der BauNVO vergleichbar, so richtet sich die Zulässigkeit des Vorhabens seiner Art nach gem. § 34 Abs. 2 BauGB allein danach, ob es in dem jeweiligen Gebiet nach §§ 2 ff BauNVO **abstrakt** allgemein oder ausnahmsweise zulässig ist. Das Vorhaben kann daher zulässig sein, obwohl in der näheren Umgebung noch keine vergleichbaren Vorhaben vorhanden sind (so Fall 4).

Fehlt es an einer entsprechenden Vergleichbarkeit, kommt es im Rahmen des § 34 Abs. 1 BauGB darauf an, ob sich das Vorhaben u.a. seiner Art nach **konkret** einfügt. Das ist idR nur zu bejahen, wenn die nähere Umgebung bereits durch vorhandene vergleichbare Nutzungsarten geprägt wird (so im Fall 5).

– – –

Vorhaben im unbeplanten Innenbereich (§ 34 BauGB)

Anwendbarkeit

- kein (qualifizierter) Bebauungsplan
- in Zusammenhang bebauter Ortsteil ≠ Außenbereich
  - **rechtlich** durch Satzung, § 34 Abs. 4 BauGB
  - **tatsächlich** zusammenhängende Bebauung von einigem Gewicht mit organischer Siedlungsstruktur

Voraussetzungen

- **Einfügen in die Eigenart der näheren Umgebung**
  - bzgl. **Art** der baulichen Nutzung

§ 34 Abs. 2 BauGB: Vergleichbarkeit mit Baugebiet nach BauNVO	**§ 34 Abs. 1 BauGB: bei fehlender Vergleichbarkeit (Gemengelage)**
• **Regelbebauung** nach § 34 Abs. 2, 1. HS BauGB iVm §§ 2 ff Abse. 2 BauNVO • **Ausnahme** nach § 34 Abs. 2, 2. HS iVm § 31 Abs. 1 BauGB iVm §§ 2 ff Abse. 3 BauNVO • **Dispens** nach § 34 Abs. 2, 2. HS iVm § 31 Abs. 2 BauGB	• im **prägenden Rahmen** der Umgebung • **Erweiterung:** keine bodenrechtlich relevanten Spannungen • **Einschränkung:** Rücksichtnahme auf vorhandene Nachbarbebauung

  - bzgl. **Maß** der baulichen Nutzung, Bauweise, überbaute Fläche
    - im Rahmen der Umgebungsbebauung
    - keine bodenrechtlich relevanten Spannungen
    - Rücksichtnahme auf vorhandene Nachbarbebauung
- **Erschließung gesichert**
- **§ 34 Abs. 1 S. 2 BauGB:**
  - gesunde Wohn- und Arbeitsverhältnisse
  - keine Beeinträchtigung des Ortsbildes

5.5 Vorhaben im unbeplanten Außenbereich (§ 35 BauGB)

Fall 6: Die Waldschänke

L führt seit einigen Jahren den von seinen Eltern ererbten landwirtschaftlichen Betrieb im Außenbereich der Stadt S. Angesichts der schlechten Ertragslage entschloß er sich 1992, den Betrieb aufzugeben. Da sich zunächst niemand fand, der den Hof pachten wollte, wird das Anwesen seit Anfang 1993 nicht mehr genutzt, das Bauernhaus steht nach dem Auszug des L leer. Im Sommer 1997 stellt der investitionsfreudige Gastwirt G fest, daß er auf dem Hof ohne größere Umbauten ein rustikales Waldrestaurant eröffnen könnte. Im Oktober 1997 pachtet G daraufhin die gesamte Anlage und beginnt umgehend mit den erforderlichen Änderungen. Nachdem im Januar 1998 das Restaurant feierlich eröffnet worden ist, erhält G nach vorheriger Anhörung von der zuständigen Baubehörde eine Verfügung, in der ihm die Fortführung des Restaurantbetriebes untersagt wird. Zur Begründung verweist die Behörde darauf, daß das Restaurant im Außenbereich einen Fremdkörper darstelle und insb. wegen des unmittelbar angrenzenden Landschaftsschutzgebietes unzulässig sei. Nach erfolglosem Widerspruchsverfahren hat G gegen die Ordnungsverfügung Klage erhoben. Er macht geltend, einer Baugenehmigung bedürfe er schon deshalb nicht, weil er überhaupt keine äußerlichen Veränderungen an den Gebäuden vorgenommen habe. Wie wird das Verwaltungsgericht entscheiden?

(A) **Zulässigkeit der Klage**

Die Klage ist als Anfechtungsklage gem. §§ 40 Abs. 1, 42 Abs. 1 u. 2, 68 Abs. 1, 74 VwGO zulässig.

(B) **Begründetheit der Klage**

Begründet ist die Klage gem. § 113 Abs. 1 S. 1 VwGO, wenn die Untersagungsverfügung rechtswidrig und G dadurch in seinen Rechten (hier Art 14 GG) verletzt ist. Die Untersagung müßte rechtswidrig sein.

(I) **Ermächtigungsgrundlage** ist die Vorschrift der LBauO für Nutzungsuntersagungen. Danach kann die Benutzung einer baulichen Anlage untersagt werden, wenn sie im Widerspruch zu öffentlich-rechtlichen Vorschriften benutzt wird.

Bayern: Art 82 S. 2 BayBO – **Baden-Württemberg:** § 65 LBO BW – **Berlin:** § 70 Abs. 1 S. 2 BauO Bln – **Brandenburg:** § 82 Abs. 1 S. 2 BbG BO – **Bremen:** § 82 Abs. 2 Brem LBO – **Hamburg:** § 76 Abs. 1 S. 2 HBauO – **Hessen:** § 78 Abs. 1 HBO – **Mecklenburg-Vorpommern:** § 80 Abs. 1 S. 2 LBauO M-V – **Niedersachsen:** § 89 Abs. 1 S. 2 Nr 5 NBauO – **Nordrhein-Westfalen:** § 61 Abs. 1 S. 2 BauO NW – **Rheinland-Pfalz:** § 78 S. 1 RhPf LBO – **Saarland:** § 88 Abs. 2 Saarl LBO – **Sachsen:** § 77 Abs. 1 S. 2 Sächs BO – **Sachsen-Anhalt:** § 81 Abs. 3 S. 2 BauO LSA – **Schleswig-Holstein:** § 66 Abs. 1 SH LBO – **Thüringen:** § 77 Abs. 1 S. 2 Thür BO.

(II) **Formelle** Bedenken (Zuständigkeit, Verfahren, Form) bestehen nicht.

(III) **Materiell** ist Voraussetzung ein Verstoß gegen öffentlich-rechtliche (Bau-) Vorschriften. Vorliegend handelt es sich um eine Nutzungsuntersagung, für die nach hM formelle und materielle Illegalität vorliegen muß (näher unten S. 79).

(1) Ein Einschreiten der Behörde setzt grds. das Fehlen einer (erforderlichen) Baugenehmigung voraus **(formelle Illegalität)**. Da ein Fall der Genehmigungsfreiheit nicht vorliegt, ist auch für eine bloße Nutzungsänderung ohne bauliche Veränderungen eine Baugenehmigung erforderlich. Da diese nicht erteilt worden ist, ist das Vorhaben des G formell illegal.

(2) Die **materielle Illegalität** könnte sich aus bauplanungsrechtlichen Gründen ergeben. Da das Anwesen nach dem Sachverhalt im Außenbereich liegt, ist für die Zulässigkeit des Vorhabens § 35 BauGB maßgebend.

(a) § 35 Abs. 1 BauGB **privilegiert** bestimmte Vorhaben, die im Außenbereich zulässig sind, wenn

- **öffentliche Belange nicht entgegenstehen** und
- eine **ausreichende Erschließung gesichert** ist.

Nach **Nr. 1 u. Nr. 2** sind Vorhaben privilegiert, die einem land- oder forstwirtschaftlichen Betrieb oder einem Gartenbaubetrieb dienen. Den Begriff der Landwirtschaft definiert § 201 BauGB. Ein „Dienen" liegt nur vor, wenn „ein vernünftiger Landwirt – auch und gerade unter Berücksichtigung des Gebots der größtmöglichen Schonung des Außenbereichs – dieses Vorhaben ... errichten würde und das Vorhaben durch diese Zuordnung zu dem konkreten Betrieb auch äußerlich erkennbar geprägt wird" (BVerwGE 41, 138, 138 f).

Die Privilegierungen nach § 35 Abs. 1 Nr. 2 u. 3 BauGB a.F. (Altenteiler u. Landarbeiterstellen) sind durch das BauROG 1998 gestrichen worden. Teilweise werden sie nunmehr durch die erweiterte Regelung des § 35 Abs. 4 BauGB erfaßt.

Nr. 3 (n.F.) privilegiert Versorgungsanlagen (Elektrizität, Wasser, Gas etc.) und sonstige ortsgebundene gewerbliche Betriebe. Nach BVerwG DVBl 1994, 1141 ist die Ortsgebundenheit für alle dort genannten Vorhaben erforderlich und nur gegeben, wenn der Betrieb nach seinem Gegenstand und Wesen „hier und so nur an der fraglichen Stelle betrieben werden kann" (BVerwG DÖV 1974, 814); zB Mühlenbetrieb an einem Fluß, Kiesgruben.

Die Privilegierung nach **Nr. 5** erfaßt kerntechnische Anlagen, die 1996 eingefügte **Nr. 6** (Nr. 7 a.F.) Anlagen der Wind- und Wasserenergie.

Auffangfunktion hat **Nr. 4**, der alle Vorhaben erfaßt, die wegen ihrer besonderen Anforderungen an die Umgebung (zB Wetterstation), wegen ihrer nachteiligen Wirkung auf die Umgebung (zB Schweinemästereien) oder wegen ihrer besonderen Zweckbestimmung (zB Jagd- und Skihütten) nur im Außenbereich ausgeführt werden „sollen". Erforderlich ist, daß das Vorhaben **notwendigerweise** im Außenbereich auszuführen ist. Daher ist zB ein privates Wochenendhaus, selbst wenn es der Erholung dient, nicht privilegiert, weil es sich nicht grds. von der Bebauung mit Wohngebäuden allgemeiner Art unterscheidet (Battis/Krautzberger/Löhr BauGB § 35 Rdn 42 c).

Vorliegend handelte es sich zwar ursprünglich um ein nach § 35 Abs. 1 Nr. 1 BauGB privilegiertes Gebäude. Da der Hof jedoch nicht mehr bewirtschaftet wird, ist eine **Entprivilegierung** eingetreten, so daß § 35 Abs. 1 BauGB nicht mehr eingreift.

(b) Da es an einer Privilegierung fehlt, ist das Vorhaben nach § 35 Abs. 2 BauGB zu beurteilen. Danach können im Einzelfall **sonstige Vorhaben** zugelassen werden, wenn

- ihre Ausführung oder Benutzung **öffentliche Belange nicht beeinträchtigt**
- und die **Erschließung gesichert** ist.

Zur Unterscheidung zwischen § 35 Abs. 1 u. 2 BauGB:

Privilegierte Vorhaben sind nach § 35 Abs. 1 BauGB nur **ausnahmsweise unzulässig**, wenn öffentliche Belangen **entgegenstehen**. **Sonstige Vorhaben** sind dagegen im Außenbereich grds. unzulässig, es sei denn, öffentliche Belange werden ausnahmsweise nicht **beeinträchtigt** (§ 35 Abs. 2 BauGB), wodurch die „Reaktionsschwelle" gegenüber Abs. 1 abgesenkt wird (Hager JuS 1989, 460, 464; Damrau-Schröter/Kölz JuS 1994, 696, 701 mwN).

Ein weiterer Unterschied gilt bzgl. der **Erschließung**. Bei sonstigen Vorhaben muß die Erschließung gesichert sein (so nunmehr ausdrücklich § 35 Abs. 2 BauGB n.F.), während § 35 Abs. 1 BauGB nur voraussetzt, daß eine „ausreichende" Erschließung gesichert ist. Hierdurch werden gegenüber §§ 30, 34 BauGB geringere Anforderungen gestellt. Das Gesetz verlangt insoweit nur Mindesterfordernisse, die gerade zur Befriedigung des durch das konkrete Vorhaben ausgelösten Erschließungsbedürfnisses dienen (Battis/Krautzberger/Löhr BauGB § 35 Rdn 7).

(aa) Eine **Beeinträchtigung öffentlicher Belange** liegt insb. in den Fällen des § 35 Abs. 3 BauGB vor, wobei die Auflistung aber **nicht abschließend** ist (vgl. „insbesondere"). Zumeist kann in diesen Fällen auf § 35 Abs. 3 S. 1 Nr. 3 (schädliche Umwelteinwirkungen), Nr. 5 (Belange des Natur-, Landschafts-, Boden- und Denkmalschutzes oder Beeinträchtigung der natürlichen Eigenart der Landschaft) und Nr. 7 (Entstehung oder Verfestigung einer Splittersiedlung) zurückgegriffen werden.

§ 35 Abs. 3 BauGB ist durch das BauROG 1998 sprachlich neugefaßt und durch den Belang des Bodenschutzes ergänzt worden.

Eine Gefahr, daß auch andere Gastronomen es dem G gleichtun werden und es auf diese Weise unter Umständen zu einer Zersiedlung der Landschaft kommt, ist nach dem Sachverhalt nicht feststellbar. Die Einrichtung einer Gaststätte im Außenbereich beeinträchtigt aber jedenfalls die **natürliche Eigenart der Landschaft**. Aufgrund seiner Lage unmittelbar am Landschaftsschutzgebiet stehen auch die Belange des **Natur- und Landschaftsschutzes** entgegen. Aus diesem Grund werden durch das Vorhaben öffentliche Belange iSd § 35 Abs. 3 S. 1 Nr. 5 BauGB beeinträchtigt, so daß gem. § 35 Abs. 2 BauGB eine Baugenehmigung grds. nicht erteilt werden kann.

Ist das Vorhaben nach § 35 Abs. 2 BauGB **zulässig**, so besteht entgegen dem Wortlaut des § 35 Abs. 2 BauGB („können") nach hM kein Ermessen der Behörde, sondern wegen der durch Art 14 Abs. 1 GG geschützten Baufreiheit ein gebundener Anspruch auf Baugenehmigung (BVerwGE 18, 247; Battis/Krautzberger/Löhr BauGB § 35 Rdn 47; Schrödter BauGB § 35 Rdn 39; Guldi Jura 1997, 36, 39; aA Ortloff NVwZ 1988, 320: § 35 Abs. 2 stelle eine Ausnahme von § 35 Abs. 1 BauGB dar. Der Gesetzgeber habe die Grundentscheidung, den Außenbereich von nichtprivilegierten Vorhaben freizuhalten, als Inhaltsbestimmung iSd Art 14 Abs. 1 S. 2 GG getroffen. Hiervon zu gewährende Ausnahmen könnten in das Ermessen der Behörde gestellt werden).

(bb) Gewisse öffentliche Belange (u.a. die natürliche Eigenart der Landschaft) können jedoch durch den sog. **erweiterten Bestandsschutz** gem. § 35 Abs. 4 BauGB überwunden werden (sog. **teilprivilegierte Vorhaben**). Dies gilt für bestimmte Nutzungsänderungen (§ 35 Abs. 4 S. 1 Nr. 1 u. 4), Ersatzbauten (Nr. 2 u. 3) und für bestandserweiternde Maßnahmen (Nr. 5 u. 6).

Durch die Regelung soll sichergestellt werden, daß im Außenbereich vorhandene Bausubstanz weiterhin sinnvoll genutzt werden kann. Durch das BauROG 1998 ist die Umnutzung landwirtschaftlicher Gebäude (Nr. 1) in Wohnbauvorhaben erheblich erweitert und auf gewerbliche Nutzungen erstreckt worden (bislang § 4 Abs. 4 BauGBMaßnG). Außerdem wurde die Frist für die Umnutzung von fünf auf sieben Jahre verlängert. Erweitert wurde auch die Möglichkeit zur Errichtung eines Ersatzbaus nach Nr. 2 (vgl. Battis/Krautzberger/Löhr NVwZ 1997, 1145, 1161).

[1] Hier kommt eine **Umnutzung** nach § 35 Abs. 4 S. 1 Nr. 1 BauGB in Betracht. Das Vorhaben dient einer zweckmäßigen Verwendung erhaltenswerter Bausubstanz, die äußere Gestalt des Gebäudes bleibt im wesentlichen erhalten. Die Sieben-Jahres-Frist des § 35 Abs. 4 S. 1 Nr. 1 c) BauGB ist gewahrt.

[2] § 35 Abs. 4 BauGB überwindet aber nur bestimmte öffentliche Belange (hier Beeinträchtigung der natürlichen Eigenart der Landschaft). Werden **andere öffentliche Belange** beeinträchtigt (wie hier die des Natur- und Landschaftsschutzes), so ist eine Zulassung des Vorhabens auch nach § 35 Abs. 4 BauGB ausgeschlossen. Insoweit ist die Regelung abschließend (vgl. BVerwG DÖV 1994, 565). Dies wird in der Neufassung des § 35 Abs. 4 BauGB dadurch klargestellt, daß das Vorhaben „**im übrigen außenbereichsverträglich** im Sinne des Absatzes 3" sein muß.

Das Vorhaben des G ist daher auch unter Berücksichtigung des § 35 Abs. 4 BauGB unzulässig.

(cc) Verstößt ein Vorhaben gegen einfach-gesetzliche Vorschriften, kann sich seine Zulässigkeit gleichwohl aus dem Gesichtspunkt des (einfachen) **Bestandsschutzes** nach Art 14 Abs. 1 GG ergeben. Das Wesen des Bestandsschutzes liegt darin, daß eine einmal rechtmäßige Nutzung auch für die Zukunft eigentumskräftig geschützt ist.

BVerwGE 3, 351, 355; 26, 111, 115; 47, 126, 131 f; Hoppe/Grotefels § 2 Rdn 59 ff; Finkelnburg/Ortloff II, § 13 IV, S. 172 ff. In neuerer Zeit ist allerdings umstritten, ob neben den einfachrechtlichen Regelungen (dazu noch unten) überhaupt noch Raum für einen verfassungsunmittelbaren Bestandsschutz aus Art 14 GG besteht (bejahend Uechtritz DVBl 1997, 347, 349; Siekmann NVwZ 1997, 853, 854 mwN; skeptisch Sarnighausen DVBl 1993, 758, 761; Finkelnburg/Ortloff II aaO, S. 174).

[1] Der Bestandsschutz gewährleistet das Recht, „daß ein seinerzeit im Einklang mit dem damals geltenden Baurecht errichtetes Bauwerk weiterhin so unterhalten und genutzt wird, wie es seinerzeit errichtet wurde, auch wenn es nach dem inzwischen zur Geltung gelangten Baurecht nicht mehr zulässig wäre“ (BVerwGE 47, 126, 128).

[2] Darüber hinaus ist anerkannt, daß der Bestandsschutz nicht nur die vorhandene Substanz schützt, sondern auch gewisse **Nutzungsänderungen** bezüglich des vorhandenen Bestandes rechtfertigt, soweit diese nicht zu einer **qualitativ** oder **quantitativ** wesentlichen Änderung führen. Abgesehen von der qualitativen und der quantitativen Grenze unterliegt der Bestandsschutz auch einer **zeitlichen Grenze**, wenn über längere Zeit die ursprüngliche Nutzung nicht mehr ausgeübt worden ist (sog. **überwirkender Bestandsschutz**).

BVerwG NVwZ 1991, 264; NJW 1986, 2126; NJW 1981, 1224: „Zu den Grenzen des Bestandsschutzes gehören u.a. solche qualitativer und quantitativer Art. Selbst bei unveränderter Funktion deckt der Bestandsschutz nämlich einmal nicht qualitativ wesentliche Veränderungen und zum anderen nicht eine quantitativ mehr als untergeordnete Erweiterung des Bestandes oder der Nutzung. Diese Grenzen verhindern, daß Anlagen oder ihre Nutzung, denen das inzwischen geltende Recht an sich entgegensteht, zu Lasten der Umgebung noch wesentlich geändert oder gar vergrößert oder verstärkt werden.“

Vgl. Sarnighausen DÖV 1993, 758, 759: Die neue Nutzung muß sich innerhalb der „Variationsbreite“ der bisherigen Nutzungsart halten und darf unter städtebaulichen Gesichtspunkten keine andere Qualität bekommen.

In zeitlicher Hinsicht wird typischerweise auf die Regelung des § 35 Abs. 4 S. 1 Nr. 3 BauGB („alsbald“) als Orientierungshilfe zurückgegriffen (BVerwG DVBl 1996, 40, 41; kritisch Uechtritz DVBl 1997, 347 ff).

Vgl. auch BVerwG NVwZ 1989, 667 zum Bestandsschutz für eine aufgegebene Nutzung: „Inwieweit eine bestimmte Art einer bereits aufgegebenen Nutzung einer baulichen Anlage später noch in ihrem Bestand geschützt ist, richtet sich danach, ob und ggf. in welchem Maße die bebauungsrechtliche Situation nach der Verkehrsauffassung als noch von dieser Nutzung geprägt erscheint.“ Nach BVerwG aaO endet der Bestandsschutz nicht notwendig bereits mit seiner faktischen Beendigung, sondern erst mit dem tatsächlichen Beginn einer andersartigen Nutzung, sofern diese erkennbar nicht nur vorübergehend ausgeübt werden soll.

[3] Der allgemeine Bestandsschutz aus Art 14 Abs. 1 GG ist jedoch **nicht (mehr) anwendbar**, wenn eine abweichende gesetzliche Regelung vorhanden ist, die als Einschränkung iSd Art 14 Abs. 1 S. 2 GG anzusehen ist. Stellt die gesetzliche Regelung eine wirksame, insb. verhältnismäßige Regelung des Inhalts und der Schranken des Eigentums dar, so schließt

dies weitergehende Ansprüche nach Art 14 Abs. 1 S. 1 GG aus. Bejaht hat die Rspr eine solche Ausschlußwirkung im Planungsrecht insb. für die Fälle des § 35 Abs. 4 BauGB und im Ordnungsrecht bei Abstandsflächenregelungen.

BVerwG, Urt. v. 12.03.1998 – 4 C 10.97: „Der Gesetzgeber hat in § 35 BauGB für Vorhaben im Außenbereich eine Regelung geschaffen, die danach differenziert, ob es sich um ein privilegiertes Vorhaben iS des Abs. 1, ein sonstiges Vorhaben iS des Abs. 2 oder ein begünstigtes Vorhaben iS des Abs. 4 handelt. Damit hat er für die bauliche Nutzung des Außenbereichs eine Inhalts- und Schrankenbestimmung iS des Art 14 Abs. 1 S. 2 GG getroffen. Sind die in dieser Vorschrift genannten Tatbestandsvoraussetzungen nicht erfüllt, so scheidet Art 14 Abs. 1 S. 1 GG als Grundlage für einen Zulassungsanspruch von vornherein aus."

Ebenso BVerwG DVBl 1991, 819; NVwZ 1991, 1076, 1078; NVwZ 1990, 755; Uechtritz DVBl 1997, 347, 348; ablehnend Siekmann NVwZ 1997, 853, 856; vgl. die Zusammenstellung bei Sarnighausen DÖV 1993, 758, 761 ff.

Weiteres Beispiel: Bauherr B hatte 1955 im Einklang mit dem damals geltenden Baurecht ein gewerblich genutztes Gebäude errichtet. Aufgrund einer Änderung der Vorschriften der LBauO über Abstandsflächen hält das Gebäude den jetzt erforderlichen Grenzabstand nicht (mehr) ein.

Das BVerwG (DVBl 1991, 819) hat den Anspruch auf Genehmigung einer Nutzungsänderung für eine Wohnnutzung abgelehnt, da das Abstandsflächenrecht auch auf den Altbau anzuwenden sei, nachdem er nun anderweitig genutzt werden solle. Die Vorschriften der LBauO stellen aus Gründen der öffentlichen Sicherheit eine grds. verhältnismäßige Regelung iSd Art 14 Abs. 1 S. 2 GG dar, so daß ein Rückgriff auf den allgemeinen Bestandsschutz aus Art 14 GG ausgeschlossen sei. Etwaigen Unbilligkeiten im Einzelfall könne allenfalls durch eine Befreiung nach der Härteklausel des Bauordnungsrechts (zB Art 70 BayBO, § 55 LBO BW, § 68 HBO, § 73 BauO NW, § 68 SächsBO) Rechnung getragen werden.

§ 35 Abs. 4 BauGB konkretisiert den Bestandsschutz im Außenbereich abschließend. Für weitergehende Rechte unmittelbar aus Art 14 Abs. 1 GG besteht daneben kein Raum.

Die entgegenstehenden öffentlichen Belange des Natur- und Landschaftsschutzes können auch durch den Bestandsschutz nicht überwunden werden. Das Vorhaben des G ist als sonstiges Vorhaben nach § 35 Abs. 2 BauGB nicht zulässig. Die Voraussetzungen für eine Bauordnungsverfügung liegen damit vor.

(3) Der **Rechtsfolge** nach steht das Nutzungsverbot im Ermessen der Behörde. Ermessensfehler sind nicht ersichtlich, insb. ist die Verfügung angesichts der Bedeutung der Belange des Natur- und Landschaftsschutzes auch verhältnismäßig.

Die Anfechtungsklage des G ist daher unbegründet.

– – –

Vorhaben im unbeplanten Außenbereich (§ 35 BauGB)	
Anwendbarkeit	• kein (qualifizierter) Bebauungsplan • Außenbereich ≠ Innenbereich iSd § 34 BauGB
Voraussetzungen	**• privilegierte Vorhaben, § 35 Abs. 1 BauGB** – Vorhaben iSd Nr 1–6 – öffentliche Belange stehen nicht entgegen – ausreichende Erschließung gesichert **• sonstige Vorhaben, § 35 Abs. 2 BauGB** – kein privilegiertes Vorhaben – öffentliche Belange nicht beeinträchtigt • Beispiele in § 35 Abs. 3 BauGB • (erweiterter) Bestandsschutz, § 35 Abs. 4 BauGB • Ausnahme durch Außenbereichssatzung, § 35 Abs. 6 BauGB – Erschließung gesichert

5.6 Aktiver Bestandsschutz

Beispiel: E ist Eigentümer eines Grundstücks, das früher einem landwirtschaftlichen Nebenerwerb diente. Er möchte auf dem Fundament des ehemaligen Scheunengebäudes eine Doppelgarage errichten. Die Behörde lehnt die Baugenehmigung ab, da sich das Grundstück im Landschaftsschutzgebiet befindet und das Vorhaben daher öffentliche Belange beeinträchtige. Obwohl die Voraussetzungen des § 35 Abs. 4 BauGB tatbestandlich nicht erfüllt sind, meint E er habe jedenfalls aus Art 14 GG einen Anspruch auf Genehmigung der planungsrechtlich an sich unzulässigen Garage, da eine solche heute zur funktionsgerechten Nutzung eines Eigentums erforderlich sei.

Die Rspr unterschied bislang zwischen dem passiven und dem aktiven Bestandsschutz. Ursprünglich wurde der Bestandschutz nur als Recht auf Erhaltung einer rechtmäßig errichteten baulichen Anlage einschließlich gewisser Nutzungsänderungen verstanden (vgl. oben Fall 6, sog. **passiver Bestandsschutz**). Aufbauend hierauf hat das BVerwG ausnahmsweise aufgrund des Bestandsschutzes auch einen **Anspruch auf Erteilung einer Baugenehmigung** anerkannt (sog. **aktiver Bestandsschutz**): Der Bestandsschutz, den ein ursprünglich im Einklang mit dem materiellen Baurecht errichtetes Gebäude aufgrund des Art 14 Abs. 1 S. 1 GG genieße, berechtige nicht nur dazu, die Anlage in ihrem Bestand zu erhalten und sie wie bisher zu nutzen, sondern auch dazu, die zur Erhaltung und zeitgemäßen Nutzung notwendigen Maßnahmen durchzuführen. Das im Zeitpunkt der Genehmigung geltende Recht hindere die Zulassung nicht, da das Vorhaben aufgrund des Art 14 GG rechtmäßig durchgeführt werden dürfe.

So die bislang ganz hM, BVerwG NJW 1986, 2126; Sarnighausen DÖV 1993, 758, 760; Siekmann NVwZ 1997, 853, 854 mwN. Zur **Unterscheidung**: Der passive Bestandsschutz gewährt ein Abwehrrecht gegen eine Beseitigungsverfügung, wenn das Bauwerk einmal rechtmäßig bestanden hat (näher s.u. S. 80). – Der aktive Bestandsschutz begründet dagegen einen Anspruch auf die Erteilung einer Baugenehmigung für eine heute an sich unzulässige Erweiterungsmaßnahme, wie im Beispiel die Genehmigung für die Errichtung einer an sich unzulässigen Garage.

Das BVerwG hat diese Rspr nunmehr **ausdrücklich aufgegeben**, da es außerhalb der gesetzlichen Regelungen keinen Anspruch auf Zulassung eines Vorhabens aus Art 14 GG wegen eigentumsrechtlichem Bestandsschutz gibt (s.o. S. 70).

BVerwG, Urt. v. 12.03.1998 – 4 C 10.97: „Wie weit der Schutz der Eigentumsgarantie reicht, ergibt sich aus der Bestimmung von Inhalt und Schranken des Eigentums, die nach Art 14 Abs. 1 S. 2 GG Sache des Gesetzgebers ist. Auch die Baufreiheit, die vom Schutzbereich des Eigentumsgrundrechts umfaßt wird, ist nur nach Maßgabe des einfachen Rechts gewährleistet. Verfassungsrechtlichen Schutz genießt eine Eigentumsposition im Bereich des Baurechts nur im Rahmen der mit ihr zulässigerweise verbundenen, gesetzlich definierten Befugnisse. ... Schränkt (der Gesetzgeber) das Privateigentum ein, so muß er ... den Gleichheitssatz und das Verhältnismäßigkeitsprinzip beachten. Weist eine gesetzliche Regelung vor dem Hintergrund der Anforderungen des Art 14 Abs. 1 S. 1 GG Defizite auf, die sich weder durch Auslegung noch im Wege der Analogie beheben lassen, so ist es den Fachgerichten verwehrt, unter Umgehung des einfachen Rechts unmittelbar auf der Grundlage der Verfassung Ansprüche zu gewähren, die von der Entscheidung des hierzu berufenen Gesetzgebers nicht gedeckt werden." Vgl. grundlegend BVerfGE 58, 300, 320 (Naßauskiesungsbeschluß).

Art 14 GG fungiert daher ausschließlich als verfassungsrechtlicher Prüfungsmaßstab, an dem das einfache Recht zu messen ist, **nicht** aber als **eigenständige Anspruchsgrundlage**. Die frühere Rspr des BVerwG zum aktiven Bestandsschutz ist daher obsolet.

Die Verwaltungsgerichte haben nur zu prüfen, ob die einfach-gesetzlichen Vorschriften mit dem Gewährleistungsgehalt des Art 14 GG vereinbar sind. Läßt sich dies auch im Rahmen von (verfassungsgemäßer) Auslegung und Analogie nicht erreichen, so muß das Gericht bei Vorliegen der Voraussetzungen des Art 100 Abs. 1 GG das Verfahren aussetzen und die Entscheidung des BVerfG einholen.

Beispielhaft BVerwG, Urt. v. 12.03.1998 – 4 C 10.97: „Daß Garagen, sofern sie die Merkmale eines sonstigen Vorhabens iS des § 35 Abs. 2 BauGB aufweisen, nur in engen Grenzen zugelassen werden können, widerspricht nicht dem Gewährleistungsgehalt des Art 14 Abs. 1 S. 1 GG. Es hält sich im Rahmen zulässiger Sozialbindung, wenn im Anwendungsbereich des § 35 BauGB, der vom Leitgedanken größtmöglicher Schonung des Außenbereichs beherrscht wird, einem Grundeigentümer, dem ein bestandsgeschütztes Gebäude als Wohnung dient, die Möglichkeit, eine Garage zu errichten, nur unter den Voraussetzungen eröffnet wird, daß öffentliche Belange nicht beeinträchtigt werden. Hierdurch wird weder die Verfügungsbefugnis angetastet noch die Privatnützigkeit des Eigentums in Frage gestellt. ... Das verständliche, aber nicht unabweisbare Anliegen, die Wohnqualität zusätzlich mit einem Garagenbauwerk aufzuwerten, läßt sich nicht dem Schutzbereich des Art 14 Abs. 1 S. 1 GG zuordnen, der einer Ausgestaltung durch den Gesetzgeber entzogen ist."

Entgegen BVerwG NJW 1986, 2126 hat das BVerwG daher nunmehr (Urt. v. 12.03.1998 – 4 C 10.97) einen Anspruch auf Errichtung einer planungsrechtlich unzulässigen Garage im Außenbereich ausdrücklich abgelehnt.

Anspruch auf Erteilung einer Baugenehmigung

Anspruchsgrundlage

Bayern: Art 72 BayBO – **Baden-Württemberg:** § 58 LBO BW – **Berlin:** § 62 BauO Bln **Brandenburg:** § 74 Bbg BO – **Bremen:** § 74 Brem LBO – **Hamburg:** § 69 HBauO – **Hessen:** § 70 HBO – **Mecklenburg-Vorpommern:** § 72 LBauO M-V – **Niedersachsen:** § 75 NBauO – **Nordrhein-Westfalen:** § 75 BauO NW – **Rheinland-Pfalz:** § 68 RhPf LBO – **Saarland:** § 77 Saarl LBO – **Sachsen:** § 70 Sächs BO – **Sachsen-Anhalt:** § 74 BauO LSA – **Schleswig-Holstein:** § 78 SH LBO – **Thüringen:** § 70 Thür BO.

A. Bestehen der **Genehmigungspflicht**
- bauliche Anlage
- Errichtung, Änderung, Nutzungsänderung, Abbruch
- Ausnahmen von der Genehmigungspflicht, insb. freigestellte und anzeigepflichtige Vorhaben

B. **Vereinbarkeit mit öffentlich-rechtlichen Vorschriften**

I. Vereinbarkeit mit **Bauplanungsrecht**

1. keine Veränderungssperre (§§ 14, 16 ff BauGB) oder Zurückstellung (§ 15 BauGB)

2. **qualifizierter Bebauungsplan** (§§ 30 Abs. 1, 31 BauGB)
- Vorhaben entspricht **Festsetzungen des BPlans**, insb.
  - bzgl. Art der baulichen Nutzung, §§ 2 ff Abse. 2 BauNVO
  - bzgl. Maß der baulichen Nutzung
  - überbaubare Grundstücksfläche
- Wenn Vorhaben Festsetzungen nicht entspricht:
  - **Ausnahme** (§ 31 Abs. 1 BauGB) –> Ermessen
    wenn im BPlan vorgesehen, insb. §§ 2 ff Abse. 3 BauNVO
  - **Dispens** (§ 31 Abs. 2 BauGB) –> Ermessen
    - ❐ Befreiungsgründe nach Nr. 1–3
    - ❐ Grundzüge der Planung nicht berührt
    - ❐ Vereinbarkeit mit öffentlichen Belangen
    - ❐ unter Würdigung nachbarlicher Interessen
- Erschließung gesichert

3. **vorhabenbezogener Bebauungsplan** (§§ 30 Abs. 2, 31 BauGB)
- Vorhaben entspricht **Festsetzungen** des BPlans
  iVm **Vorhaben- und Erschließungsplan** (§ 12 BauGB)
- ggf. Ausnahme/Befreiung (§ 31 BauGB)
- Erschließung gesichert

4. **einfacher Bebauungsplan** (§§ 30 Abs. 3, 31 BauGB)
- Vorhaben entspricht **Festsetzungen** des einfachen BPlans
- ggf. Ausnahme/Befreiung (§ 31 BauGB)
- Erschließung gesichert
- ergänzend („im übrigen“) Voraussetzungen des § 34 BauGB bzw. § 35 BauGB (je nach Lage des Grundstücks)

5. (unbeplanter) **Innenbereich** (§ 34 BauGB)

- im Zusammenhang bebauter Ortsteil
- Einfügen in die Eigenart der näheren Umgebung
  - bzgl. **Art** der baulichen Nutzung
    - ❐ bei Vergleichbarkeit mit Baugebiet nach BauNVO, **§ 34 Abs. 2 BauGB**
      - Regelbebauung nach §§ 2 ff Abse. 2 BauNVO
      - Ausnahme §§ 34 Abs. 2, 2. HS, 31 Abs. 1 BauGB iVm §§ 2 Abse. 3 ff BauNVO
      - Dispens §§ 34 Abs. 2, 2. HS, 31 Abs. 2 BauGB
    - ❐ bei fehlender Vergleichbarkeit: Einfügen in die tatsächlich vorhandene Bebauung
      - im Rahmen der Umgebungsbebauung
      - keine bodenrechtlich relevanten Spannungen
      - Rücksichtnahme auf vorhandene Nachbarbebauung
  - bzgl. **Maß** der baulichen Nutzung: Einfügen in tatsächlich vorhandene Bebauung
- Erschließung gesichert
- sonstige Voraussetzungen nach § 34 Abs. 1 S. 2 BauGB
  - Anforderungen an gesunde Wohn- und Arbeitsverhältnisse gewahrt
  - keine Beeinträchtigung des Ortsbildes

6. (unbeplanter) **Außenbereich** (§ 35 BauGB)

- Grundstück nicht Innenbereich
- **privilegierte Vorhaben**, § 35 Abs. 1 BauGB
  - Vorhaben iSd Nr 1–6
  - öffentliche Belange (§ 35 Abs. 3 BauGB) stehen nicht entgegen
  - ausreichende Erschließung gesichert
- **sonstige Vorhaben**, § 35 Abs. 2 BauGB (kein Ermessen)
  - kein Vorhaben iSd Abs. 1
  - öffentliche Belange nicht beeinträchtigt
    - ❐ Beispiele in § 35 Abs. 3 S. 1 Nr. 1–7 BauGB
    - ❐ (erweiterter) Bestandsschutz, § 35 Abs. 4 BauGB
    - ❐ Ausnahme durch Außenbereichssatzung, § 35 Abs. 6 BauGB
  - Erschließung gesichert

7. **in Aufstellung befindlicher Bebauungsplan** (§ 33 BauGB)

- **Planreife**
  - formell (§ 33 Abs. 1 Nr 1 BauGB): Pflicht zur Erteilung
  - materiell (§ 33 Abs. 2 BauGB): Ermessen
- Vorhaben entspricht den künftigen Festsetzungen
  - bei qualifziertem oder vorhabenbezogenem BPlan abschließend
  - bei einfachem BPlan ergänzend § 34 bzw. § 35 BauGB
- Anerkennung der Verbindlichkeit der künftigen Festsetzungen
- Erschließung gesichert

II. Vereinbarkeit mit **Bauordnungsrecht**

- spezielle Anforderungen (Bauausführung, Gestaltung, Bauprodukte, besondere Bauteile etc.)
- Generalklausel: kein Verstoß gegen die öffentliche (Bau-)Sicherheit und Ordnung

III. kein Verstoß gegen **sonstige ör Vorschriften** (zB § 9 FStrG)

6. Bauaufsichtsbehördliche Maßnahmen

6.1 Die Bauaufsicht

Das Baugenehmigungsverfahren dient der präventiven Kontrolle (**präventives Verbot mit Erlaubnisvorbehalt**). Daneben hat die Bauaufsichtsbehörde auch während und nach der Realisierung des Vorhabens darüber zu wachen, daß die öffentlich-rechtlichen Vorschriften eingehalten werden. Die **Bauüberwachung** dient insb. der Kontrolle, ob das Vorhaben im Einklang mit der Genehmigung verwirklicht wird und ob die am Bau Beteiligten ihre Pflichten ordnungsgemäß erfüllen. Hierzu dürfen die Behörden u.a. Baustellen und Wohnungen betreten sowie jederzeit in die Bauunterlagen Einsicht nehmen. Besondere Bedeutung haben die sog. **Bauzustandsbesichtigungen** (auch Bauabnahme, zB Rohbauabnahme, Schlußabnahme). Sie dienen der Kontrolle, ob die öffentlich-rechtlichen Vorschriften bei Ausführung der Bauarbeiten eingehalten worden sind.

Bei der Bauabnahme handelt es sich zwar um einen feststellenden VA, jedoch lediglich mit der Regelung, daß die bauliche Anlage besichtigt und Mängel nicht festgestellt worden sind. Dadurch werden Abweichungen von der Baugenehmigung nicht geheilt, auch beinhaltet sie keinen Verzicht auf nachträgliche Ordnungsverfügungen (OVG NW NWVBl 1993, 100; Schenke in Achterberg/Püttner I 2/3 Rdn 604; Hoppe/Grotefels § 15 Rdn 71).

Schließlich haben die Bauaufsichtsbehörden generell über das Baugeschehen zu wachen, also darüber, daß bei Errichtung (auch nichtgenehmigungspflichtiger Vorhaben), Beseitigung, Nutzung und Unterhaltung baulicher Anlagen die öffentlich-rechtlichen Vorschriften eingehalten werden. Werden Baurechtsverstöße festgestellt, so kann die Bauaufsichtsbehörde die zur (Wieder-)Herstellung baurechtskonformer Zustände erforderlichen Verfügungen erlassen. Zu diesem Zweck enthalten die LBauOen **Spezialermächtigungen** für bestimmte Maßnahmen und ergänzend eine **bauordnungsrechtliche Generalklausel** (§ 59 Abs. 2 S. 2 MBO).

Bayern: Art 60 Abs. 2 S. 2 BayBO – **Baden-Württemberg:** § 47 Abs. 1 S. 2 LBO BW – **Brandenburg:** § 64 Abs. 2 S. 2 BbG BO – **Bremen:** § 61 Abs. 1 S. 2 Brem LBO – **Hamburg:** § 58 Abs. 1 S. 2 HBauO – **Hessen:** § 61 Abs. 2 S. 1 HBO – **Mecklenburg-Vorpommern:** § 60 Abs. 1 S. 2 LBauO M-V – **Niedersachsen:** § 65 Abs. 1 S. 1 NBauO – **Nordrhein-Westfalen:** § 61 Abs. 1 S. 2 BauO NW – **Rheinland-Pfalz:** § 58 Abs. 1 S. 1 RhPf LBO – **Saarland:** § 61 Abs. 2 S. 2 Saarl LBO – **Sachsen:** § 60 Abs. 2 S. 2 Sächs BO – **Sachsen-Anhalt:** § 63 Abs. 2 S. 2 BauO LSA – **Schleswig-Holstein:** § 66 Abs. 1 S. 2 SH LBO – **Thüringen:** § 60 Abs. 2 S. 2 Thür BO.

Umstritten ist allerdings, ob diese allgemein gehaltenen Vorschriften als Eingriffsgrundlage ausreichen oder ob auf die ordnungsrechtliche Generalklausel zurückzugreifen ist (vgl. Finkelnburg/Ortloff II, § 15 II 2, S. 203). In **Berlin** fehlt eine bauordnungsrechtliche Generalklausel. Hier ist auf das allgemeine Ordnungsrecht (§ 17 Abs. 1 Berl ASOG) abzustellen (OVG Berlin NJW 1994, 2971).

6.2 Bauordnungsrechtliches Instrumentarium

Voraussetzung für den Erlaß einer **Bauordnungsverfügung** ist ein Verstoß gegen eine öffentlich-rechtliche Bauvorschrift. Für die wichtigsten Fälle repressiver Bauaufsicht enthalten die Bauordnungen zumeist Spezialermächtigungen:

- **Stillegungsverfügung** (Baueinstellung)
- **Beseitigungsanordnung** (Abriß)
- **Nutzungsuntersagung**

Bayern: Art 81, 82 BayBO – **Baden-Württemberg:** §§ 64, 65 LBO BW – **Berlin:** §§ 69, 70 BauO Bln – **Brandenburg:** §§ 81, 82 BbG BO – **Bremen:** §§ 81, 82 Brem LBO – **Hamburg:** §§ 75, 76 HBauO – **Hessen:** §§ 77, 78 HBO – **Mecklenburg-Vorpommern:** §§ 79, 80 LBauO M-V – **Niedersachsen:** § 89 NBauO – **Rheinland-Pfalz:** §§ 77, 78 RhPf LBO – **Saarland:** §§ 86–88 Saarl LBO – **Sachsen:** §§ 76, 77 Sächs BO – **Sachsen-Anhalt:** § 81 BauO LSA – **Schleswig-Holstein:** §§ 85, 86 SH LBO – **Thüringen:** §§ 76, 77 Thür BO.

In **Nordrhein-Westfalen** fehlen entsprechende Spezialermächtigungen, so daß nach hM die bauordnungsrechtliche Generalklausel des § 61 Abs. 1 S. 2 BauO NW einschlägig ist (OVG NW NWVBl 1987, 19, 20; NVwZ 1994, 703, 704; NVwZ-RR 1998, 159; Gubelt NWVBl 1988, 129, 130; Steiner/Oldiges IV D Rdn 354); nach aA ist auf die allgemeine ordnungsrechtliche Generalklausel (§ 14 OBG NW) zurückzugreifen (vgl. Krebs in Schmidt-Aßmann Rdn 219).

Fall 7: Was lange währt, währt endlich gut

E hatte 1978 einen Bauantrag für ein großes Einfamilienhaus nebst Garagengebäude gestellt. Dabei war vorgesehen, über der Garage ein Appartement für den Chauffeur der Familie einzurichten. Dies wurde seitens der Baubehörde der Stadt S abgelehnt, da eine derartige Nutzung planungsrechtlich unzulässig sei. Die Baugenehmigung im übrigen wurde aber erteilt. E war zwar der – zutreffenden – Ansicht, daß die Ablehnung der Wohnung im Garagengebäude rechtswidrig war, er hat jedoch gegen die Behördenentscheidung nichts unternommen. Vielmehr hat er abweichend von der Baugenehmigung die Wohnung im Garagengebäude gleichwohl errichtet. Nachdem ein Nachbar des E in einem Verwaltungsstreitverfahren erfolgreich eine vergleichbare Baugenehmigung durchsetzen konnte, hat die Stadt S den Bebauungsplan 1985 geändert, wonach nunmehr eine Wohnnutzung in Nebengebäuden ausdrücklich ausgeschlossen wurde.
Im Herbst 1997 stellte der Außendienst des Bauamtes der Stadt S auf den Hinweis eines Nachbarn fest, daß die Wohnung in der Garage des E ohne Genehmigung errichtet worden ist. Nach Anhörung hat die Behörde an E eine Ordnungsverfügung erlassen, in der ihm aufgegeben wird, die Nutzung des Garagengebäudes zu Wohnzwecken zu unterlassen und das Gebäude entsprechend der genehmigten Bauvorlagen zurückzubauen, insb. die dort nicht vorgesehenen Trennwände zu entfernen. Zur Begründung hat die Behörde darauf hingewiesen, daß die Baugenehmigung keine Wohnung im Garagengebäude vorsehe und diese nach dem heute geltenden Bebauungsplan auch nicht genehmigt werden könne. E ist dagegen der Auffassung, daß die Nutzung seinerzeit hätte genehmigt werden müssen. Nachdem sein ordnungsgemäßer Widerspruch zurückgewiesen wurde, hat E nunmehr form- und fristgerecht Klage vor dem Verwaltungsgericht erhoben. Mit Erfolg?

(A) Zulässigkeit der Klage

Die Klage ist als Anfechtungsklage (§ 42 Abs. 1 VwGO) statthaft und unter Beachtung der §§ 42 Abs. 2, 68, 74, 81 f VwGO auch im übrigen zulässigerweise erhoben worden.

(B) Begründetheit der Klage

Die Anfechtungsklage ist begründet, wenn der angefochtene VA rechtswidrig und der Kläger dadurch in seinen Rechten verletzt ist (§ 113 Abs. 1 S. 1 VwGO).

Ermächtigungsgrundlage für die Nutzungsuntersagung ist die dem § 76 Abs. 1 S. 2 MBO entsprechende landesrechtliche Vorschrift, die Rückbauanordnung richtet sich als teilweise Beseitigung nach den § 76 Abs. 1 S. 1 MBO entsprechenden Vorschriften (s.o.).

(I) **Formelle Rechtmäßigkeit**

Da die formellen Voraussetzungen bauordnungsrechtlicher Verfügungen zumeist nicht besonders in der LBauO geregelt sind, ist hierbei grds. auf die Vorschriften des LVwVfG zurückzugreifen.

(1) **Zuständig** zum Erlaß bauordnungsrechtlicher Verfügungen ist die nach Landesrecht zuständige **untere Bauaufsichtsbehörde**.

(2) Die gem. § 28 Abs. 1 VwVfG erforderliche **Anhörung** ist erfolgt.

Zur Heilung der fehlenden Anhörung nach § 45 Abs. 1 Nr. 3 VwVfG im Widerspruchsverfahren und ggf. im nachfolgenden verwaltungsgerichtlichen Verfahren vgl. AS-Skriptum VerwaltungsR AT 1 (1996), S. 110 ff.

(3) Vorbehaltlich abweichender (bau-)ordnungsrechtlicher Vorschriften (zB §§ 12, 20 OBG NW) können Bauordnungsverfügungen **grds. formfrei** erlassen werden (§ 37 Abs. 2 VwVfG).

(4) Ergeht die Verfügung schriflich, so ist sie gem. § 39 Abs. 1 VwVfG schriftlich zu begründen. In der **Begründung** sind die wesentlichen tatsächlichen und rechtlichen Gründe mitzuteilen, die die Bauaufsichtsbehörde zu ihrer Entscheidung bewogen haben (einschließlich der tragenden Ermessenserwägungen).

Zur Heilung von Begründungsmängel vgl. § 45 Abs. 1 Nr. 2 VwVfG und zum sog. Nachschieben von Gründen §§ 87 Abs. 1 S. 2 Nr. 7, 94 S. 2, 114 S. 2 VwGO; dazu AS-Skriptum VerwaltungsR AT 1 (1996), S. 121 ff.

(5) Bauordnungsrechtliche Verfügungen müssen außerdem inhaltlich hinreichend **bestimmt** sein (§ 37 Abs. 1 VwVfG). Hierbei reicht es allerdings aus, wenn das Ziel bestimmt ist; die Angabe eines bestimmten Mittels ist nur erforderlich, wenn dies gesetzlich besonders vorgeschrieben ist (zB §§ 12, 21 OBG NW) oder wenn nur durch das Mittel ein ausreichendes Maß an Klarheit erreicht werden kann.

Wobei allerdings umstritten ist, ob die Bestimmtheit den formellen oder materiellen Voraussetzungen des VA zuzuordnen ist.

(II) Materielle Voraussetzung für eine Bauordnungsverfügung ist, daß eine bauliche Anlage im **Widerspruch zu öffentlich-rechtlichen Vorschriften** errichtet oder benutzt wird.

(1) Bei Verstößen gegen baurechtliche Vorschriften stehen der Behörde je nach Art und Intensität **unterschiedliche Maßnahmen** zur Verfügung:

Bauordnungsverfügungen

Stillegung	**Beseitigung**	**Nutzungsuntersagung**	**allg. Ordnungsverfügung**
• **formelle Illegalität**	• **formelle Illegalität** • **materielle Illegalität**	• **formelle Illegalität** • **materielle Illegalität** (str.)	bei sonstigen Verstößen

- Eine **Stillegung** der Bauarbeiten (Baustopp) kann bereits verfügt werden, wenn die erforderliche Baugenehmigung fehlt oder von den genehmigten Bauvorlagen abgewichen wird (sog. **formelle Illegalität**). Ob das Bauvorhaben materiell im Einklang mit den baurechtlichen Vorschriften steht, ist irrelevant. Allein die formelle Rechtswidrigkeit beinhaltet den Verstoß gegen die öffentliche Sicherheit.

BayVGH NuR 1991, 283; Hoppe/Grotefels § 15 Rdn 77; Brohm § 28 Rdn 5; Schenke in Achterberg/Püttner I 2/3 Rdn 605; Finkelnburg/Ortloff II § 12 II, S. 159; Kischel DVBl 1996, 185, 186 mwN: Eine Stillegungsverfügung ist selbst bei offensichtlicher Genehmigungsfähigkeit idR nicht unverhältnismäßig, da auch das formelle Baurecht schutzwürdig ist. – Bei **genehmigungsfreien** Vorhaben kann eine Baueinstellung verfügt werden, wenn das Vorhaben materiell illegal ist (Hoppe/Grotefels § 15 Rdn 77).

Zur Durchsetzung des Baustopps stellen die meisten LBauOen den Behörden **besondere Zwangsmittel** zur Verfügung (insb. Versiegelung der Baustelle, Sicherstellung von Baustoffen und Baugeräten etc.), vgl. zB Art 81 Abs. 2 BayBO, § 69 Abs. 2 BauO Bln, § 64 Abs. 2 LBO BW, § 77 Abs. 2 RhPf LBO, § 76 Abs. 2 SächsBO; § 76 Abs. 2 ThürBO.

Umstritten sind die Fälle, in denen die formelle Illegalität durch Aufhebung einer zunächst erteilten Baugenehmigung herbeigeführt wird. **Beispiel:** Dem B ist eine rechtswidrige Baugenehmigung erteilt worden. Die Behörde nimmt die Baugenehmigung nach § 48 VwVfG zurück und ordnet gleichzeitig die Stillegung der Bauarbeiten hat. – Nach OVG Saarlouis NVwZ 1985, 430 ist die Stillegungsverfügung nur rechtmäßig, wenn die Aufhebung der Baugenehmigung bestandskräftig oder sofort vollziehbar ist. Die Gegenansicht (Schenke in Achterberg/Püttner I 2/3 Rdn 605, 624) verweist zutreffend darauf, daß die Aufhebung auch ohne sofortige Vollziehbarkeit wirksam ist (§ 43 Abs. 1 VwVfG). Erst wenn Widerspruch oder Anfechtungsklage gegen die Aufhebung der Baugenehmigung erhoben seien, bedürfe es für die Stillegung der Anordnung der sofortigen Vollziehung. Vgl. auch OVG Lüneburg NVwZ 1996, 605: Die aufschiebende Wirkung des Widerspruchs gegen die Aufhebung der Baugenehmigung hindert nicht deren Wirksamkeit, sondern nur die Vollziehbarkeit.

- Eine **Abriß-/Beseitigungsverfügung** setzt grds. die **formelle und materielle Illegalität** voraus, d.h. das Vorhaben muß ohne die erforderliche Genehmigung **und** im Widerspruch zu den Anforderungen des materiellen Baurechts errichtet worden sein.

VGH Mannheim NVwZ 1997, 601, 602; Hoppe/Grotefels § 15 Rdn 79; Schenke in Achterberg/Püttner I 2/3 Rdn 609 ff; Finkelnburg/Ortloff II § 13 III, S. 169; Kischel DVBl 1996, 185, 188 mwN. – Bei **genehmigungsfreien Vorhaben** ist auch hier allein die materielle Illegalität entscheidend.

- Ist das Vorhaben durch eine wirksame Baugenehmigung gedeckt (**formelle Legalität**), so kann eine Abrißverfügung selbst dann nicht ergehen, wenn das Vorhaben im Widerspruch zum materiellen Baurecht steht. In diesen Fällen ist – abgesehen von der Nichtigkeit der Baugenehmigung (§ 44 VwVfG) – materielle Illegalität durch die Wirksamkeit der Genehmigung ausgeschlossen (Legalisierungswirkung der Genehmigung). Die Behörde kann erst dann einschreiten, wenn sie die Genehmigung gem. §§ 48, 49 VwVfG aufgehoben hat.

Hoppe/Grotefels § 15 Rdn 79; Schenke in Achterberg/Püttner I 2/3 Rdn 610; Steiner/Oldiges IV D Rdn 361; Brohm § 28 Rdn 8; Uechtritz DVBl 1997, 347 mwN.

In bestimmten Fällen kann die Behörde allerdings bei nachträglichen Rechtsänderungen aus bauordnungsrechtlichen Gründen eine sog. **Anpassungsverfügung** erlassen, soweit dies zur Abwehr von Gefahren für die öffentliche Sicherheit im Einzelfall erforderlich ist (vgl. § 83 Abs. 1 MBO).

– Umgekehrt rechtfertigt auch die formelle Illegalität allein grds. noch nicht die Beseitigung, vielmehr muß die Anlage **auch materiell illegal** sein. Dies folgt aus Art 14 GG und dem Verhältnismäßigkeitsgrundsatz. Es wäre unangemessen, ein ganz oder teilweise fertiggestelltes Bauwerk allein wegen des Fehlens der formellen Genehmigung zu beseitigen, wenn schon jetzt feststeht, daß der Bau materiell legal ist und in eben derselben Weise genehmigt werden muß.

Hoppe/Grotefels § 15 Rdn 79; Schenke in Achterberg/Püttner I 2/3 Rdn 611; Brohm § 28 Rdn 6 mwN. **Ausnahmsweise** kann die formelle Illegalität ausreichen, wenn durch die Beseitigung kein irreparabler Schaden oder sonst erheblicher Nachteil entsteht (OVG NW NVwZ 1995, 718; OVG Schleswig BauR 1992, 742; VGH Kassel BauR 1992, 66; Ortloff NVwZ 1994, 229, 237; Erbguth/Stollmann JZ 1995, 1141, 1146. – **Beispiele:** Beseitigung eines ohne Genehmigung errichteten, aus Fertigbauteilen bestehendes Carports, das ohne weiteres auf- und abgebaut werden kann, oder Beseitigung einer einfachen Werbeanlage.

- Eine **Nutzungsuntersagung** erfolgt, wenn nicht die Anlage selbst, sondern nur ihre Nutzung baurechtswidrig ist (zB Nutzung einer Garage zu Wohnzwecken). Hierbei ist umstritten, ob allein die formelle Illegalität ausreicht oder ob zusätzlich zu fordern ist, daß das Vorhaben auch materiell nicht mit den öffentlich-rechtlichen Bauvorschriften vereinbar ist.

– Nach überwiegender Ansicht reicht bereits die **formelle Illegalität** aus. Der eine Anlage unerlaubt Nutzende werde lediglich in die formellen Schranken des Baurechts verwiesen, ohne daß Vermögenswerte vernichtet würden. Seine Eigentumsinteressen müsse er im Genehmigungsverfahren verfolgen.

OVG Koblenz BauR 1997, 103 unter ausdrücklicher Aufgabe seiner bisherigen Rspr; VGH Kassel NVwZ-RR 1996, 487; NVwZ 1995, 922; OVG Weimar ThürVBl 1994, 111; OVG Bautzen SächsVBl 1994, 12; OVG Lüneburg BauR 1996, 690, 691; BauR 1994, 613; OVG NW NVwZ-RR 1989, 344; OVG Saarlouis DÖV 1985, 247; Brohm § 28 Rdn 16; Boeddinghaus/Hahn/Schulte BauO § 61 Rdn 79; Gädtke/Böckenförde/Temme/Heintz BauO § 61 Rdn 37; Kischel DVBl 1996, 185, 186: Ausnahme nur, wenn Vorhaben offensichtlich genehmigungsfähig.

– Die Gegenansicht verlangt – jedenfalls bei bereits aufgenommener Nutzung – mit Rücksicht auf den durch Art 14 Abs. 1 GG gewährleisteten Bestandsschutz auch die **materielle Illegalität**. Durch die Nutzungsuntersagung könne das Eigentum des Betroffenen (insb. bei einem gewerblichen Vorhaben) ebenso entwertet werden wie bei einer Beseitigungsanordnung.

VGH Mannheim VBlBW 1996, 300; NVwZ 1994, 797; NVwZ 1990, 480; OVG Greifswald LKV 1996, 213; OVG Koblenz BauR 1994, 340; Finkelnburg/Ortloff II § 14 II, S. 197; Schenke in Achterberg/Püttner I 2/3 Rdn 623; Ortloff NVwZ 1995, 436, 444 mwN.

Der Unterschied der vorgenannten Meinungen ist in der Praxis **gering**. Auch diejenigen, die die formelle Illegalität ausreichen lassen, berücksichtigen eine etwaige (offensichtliche) materielle Legalität im Rahmen des Ermessens und der Verhältnismäßigkeit. Umgekehrt lassen auch diejenigen, die zusätzlich die materielle Illegalität fordern, ausnahmsweise die formelle Baurechtswidrigkeit ausreichen, wenn die Feststellung der materiellen Rechtmäßigkeit des Bauvorhabens Schwierigkeiten bereitet.

VGH Mannheim NVwZ 1994, 797; vgl. auch Brohm § 28 Rdn 16: Je offensichtlicher die Nutzung materiell rechtmäßig ist, desto weniger kann sie allein wegen formeller Illegalität untersagt werden. – Im Ergebnis reduziert sich daher die Streitfrage in der Praxis auf Fälle, in denen die materielle Rechtmäßigkeit zweifelhaft ist.

- Schließlich kann ein Vorhaben zwar formell und materiell legal errichtet worden sein, gleichwohl stellt sich im Laufe der Zeit eine Gefahrensituation ein (zB Einsturzgefahr wegen Baufälligkeit). Zur Wiederherstellung bauordnungsgemäßer Zustände kann die Behörde hier eine entsprechende allgemeine (Bau-)**Ordnungsverfügung** erlassen (zur sog. Anpassungsverfügung vgl. § 83 Abs. 1 MBO).

Überwiegend wird hierbei auf die bauordnungsrechtliche Generalklausel zurückgegriffen, wonach die Behörde in Wahrnehmung ihrer Aufgaben „nach pflichtgemäßem Ermessen die erforderlichen Maßnahmen" treffen kann (Steiner/Oldiges IV D Rdn 354). Die Gegenansicht verweist darauf, daß die bauordnungsrechtliche Generalklausel zu unpräzise sei und insb. die Eingriffsvoraussetzungen nicht im einzelnen regelt. Deshalb müsse auf die allgemeine ordnungsrechtliche Generalklausel herangezogen werden (Krebs in Schmidt-Aßmann Rdn 219 mwN).

Problematisch kann hierbei die **Abgrenzung** zu den o.g. Spezialermächtigungen sein. So kommt eine Beseitigungsanordnung nach § 76 Abs. 1 S. 1 MBO nur in Betracht, wenn die Anlage von vornherein rechtswidrig errichtet wurde. Bei nachträglicher Baufälligkeit ergeht die Abrißverfügung dagegen aufgrund der Generalklausel. Auch eine Aufräumverfügung nach vollzogenem Abriß kann nur auf die Generalermächtigung gestützt werden. Bei Rückbauverpflichtungen ist umstritten, ob diese als (Teil-)Abbruch iSd § 76 Abs. 1 S. 1 MBO zu werten sind oder ob auf die baubehördliche Generalklausel zurückzugreifen ist (so Brohm § 28 Rdn 18). – Unproblematisch ist dies in NRW, wo ohnehin alle Verfügungen auf der Grundlage des § 61 Abs. 1 S. 2 BauO NW ergehen.

Vorliegend handelt es sich um eine Nutzungsuntersagung, für die nach hM die formelle und die materielle Illegalität vorliegen müssen.

(2) Die Anlage ist **formell illegal**, da die erforderliche Baugenehmigung für eine Wohnnutzung nicht erteilt worden ist.

(3) **Materielle Illegalität**

(a) Die Nutzung als Wohnraum ist materiell illegal, da sie den **Festsetzungen** des gültigen BPlans widerspricht.

(b) Der Nutzungsuntersagung könnte jedoch entgegenstehen, daß das Vorhaben, wenn auch ungenehmigt, früher einmal **materiell legal** war. Eine Untersagung könnte hier dem Eigentumsschutz aus Art 14 GG widersprechen. Aus Art 14 GG folgt u.a. der sog. baurechtliche **Bestandsschutz:** Ein bei seiner Errichtung materiell rechtmäßiger Bau bleibt auch bei Rechtsänderungen für die Zukunft materiell legal.

Vgl. oben S. 68 ff, dort auch zum Problem einer verfassungsunmittelbaren Begründung des Bestandsschutzes.

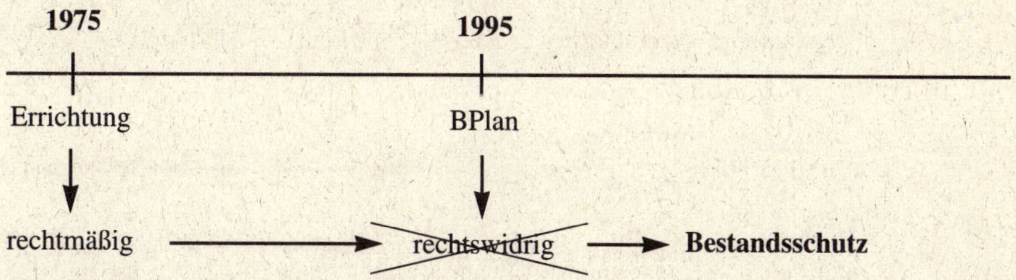

Selbst wenn das Bauvorhaben zunächst illegal war, genießt es Bestandsschutz, wenn später aufgrund einer Rechtsänderung **materielle Legalität** eintritt. Auf das Vorliegen einer Baugenehmigung kommt es dabei nicht an, entscheidend ist allein die materielle Legalität, auch sog. Schwarzbauten können Bestandsschutz genießen.

Sarnighausen DÖV 1993, 758, 759; Schenke in Achterberg/Püttner I 2/3 Rdn 612.

Beispiel: A errichtete 1975 ein bauplanungsrechtlich unzulässiges Gebäude. 1985 erläßt die Gemeinde einen BPlan, wonach das Vorhaben nunmehr zulässig ist. 1995 wird der BPlan erneut geändert, das Gebäude ist jetzt wieder baurechtswidrig.

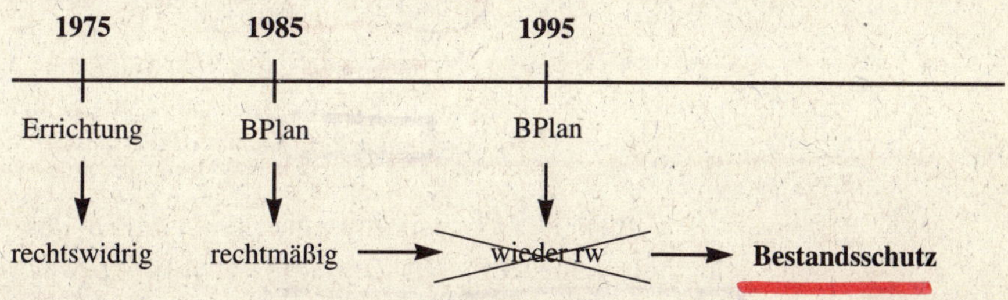

Daraus folgt der allgemeine Grundsatz: **Eine Beseitigungsverfügung bzw. ein Nutzungsverbot setzen voraus, daß die Anlage zu keinem Zeitpunkt materiell legal war.**

Umstritten ist allerdings der **Zeitraum**, während dessen das Vorhaben materiell legal gewesen sein muß. Teilweise (OVG Lüneburg BRS 17, 258, 260) wird es als ausreichend erachtet, daß die Anlage zu irgendeinem Zeitpunkt materiell rechtmäßig war, wenn auch nur für die berühmte juristische Sekunde. Die hM fordert dagegen in Anlehnung an § 75 S. 2 VwGO einen Zeitraum von mindestens drei Monaten. Denn sonst würde der Schwarzbauer gegenüber dem privilegiert, der zunächst einen Bauantrag gestellt hat (Hoppe/Grotefels § 15 Rdn 80; Schenke in Achterberg/Püttner I 2/3 Rdn 612; Finkelburg/Ortloff II § 13 IV 4 b, S. 176; Brohm § 28 Rdn 9; offengelassen von BVerwG BRS 24, 303, 305; vgl. auch BVerwG BauR 1979, 228, 229: „beachtlicher Zeitraum"; BRS 33 Nr. 37: „namhafter Zeitraum").

Eine Legalisierung ist nach hRspr sogar noch im **Anfechtungsprozeß** gegen die Ordnungsverfügung bis zum Zeitpunkt der Urteilsfällung zu berücksichtigen. Denn bei einem noch nicht vollzogenen VA wird der Behörde zugemutet, den VA auch während des gerichtlichen Verfahrens „unter Kontrolle" zu halten und bei Wegfall der Voraussetzungen aufzuheben.

BVerwGE 5, 351, 352; BVerwG NJW 1986, 1186, 1187; allgemein AS-Skriptum VerwaltungsR AT 2 (1997), S. 359 ff.

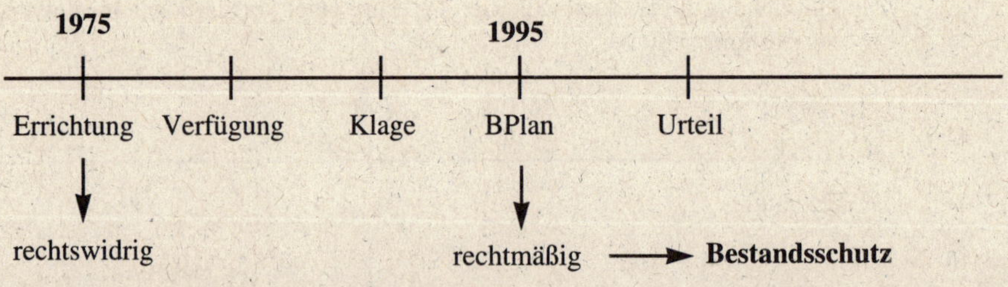

Dagegen sind künftige, erst nach Abschluß des verwaltungsgerichtlichen Verfahrens eintretende Veränderungen (zB Inkrafttreten eines BPlans nach Urteilsfällung) nicht zu berücksichtigen (BVerwG NJW 1986, 1186, 1187). Hier muß der Kläger versuchen, den rechtskräftigen Abschluß des Verfahrens bis zum Inkrafttreten der Neuregelung hinauszuzögern oder die Voraussetzungen des § 33 BauGB erfüllen.

Ist **nicht aufklärbar**, ob eine bauliche Nutzung Bestandsschutz genießt, so trägt der Eigentümer bzw. Nutzer hierfür die Beweislast. Denn er leitet aus Art 14 GG ein Gegenrecht gegen die jetzt baurechtswidrige Nutzung her (BVerwG NJW 1980, 252).

Hier war das Vorhaben bei Errichtung materiell legal. Da das Vorhaben für einen nicht ganz unbeachtlichen Zeitraum rechtmäßig war, ist es damit grds. bestandsgeschützt.

(c) Dem Bestandsschutz könnte jedoch seinerseits die **Versagung der Baugenehmigung** für das Vorhaben entgegenstehen.

(a) Nach hM tritt durch die bestandskräftige Ablehnung der Baugenehmigung jedoch **keine Bindungswirkung** für die Beurteilung der materiellen Legalität ein. Selbst nach formell bestandskräftiger Ablehnung eines Bauantrages könne der Bauherr den Antrag erneut einbringen und habe wegen des Grundrechtsschutzes aus Art 14 GG stets – unabhängig von § 51 VwVfG – einen Anspruch auf sachliche Bescheidung. Deshalb müsse er auch im Rahmen eines bauordnungsrechtlichen Verfahrens die Möglichkeit einer uneingeschränkten gerichtlichen Überprüfung haben, ohne hieran durch die Bestandskraft einer früheren Verwaltungsentscheidung gehindert zu sein.

BVerwGE 48, 271, 277; Steiner/Oldiges IV D Rdn 357; Brohm § 28 Rdn 7; eingehend Krebs VerwArch 67 (1976), 411 ff; vgl. auch oben S. 45.

(b) Dem werden dieselben Bedenken entgegengehalten wie im Rahmen eines erneuten Baugenehmigungsantrages: Die Rspr führe zu einer weitgehenden Aushöhlung der formellen Bestandskraft von Verwaltungsakten. Sie ermuntere den abgelehnten Bauantragsteller geradezu, das geplante, seines Erachtens aber rechtmäßige Vorhaben „schwarz“ zu errichten.

Schenke in Achterberg/Püttner I 2/3 Rdn 613; kritisch auch Kopp DVBl 1983, 392, 398.

Dabei wird allerdings übersehen, daß auch der ungenehmigte Bau als Eigentum iSd Art 14 GG geschützt wird. Die grundrechtlich geschützte Rechtsposition kann dem Eigentümer nicht entschädigungslos entzogen werden. Deshalb kann die Ablehnung einer Baugenehmigung auch keine Sperrwirkung gegenüber dem Bestandsschutz entfalten.

Da das Bauwerk ursprünglich materiell legal war, scheidet ein Einschreiten der Behörde aus. Die angefochtene Verfügung ist rechtswidrig und verletzt E in seinem Eigentumsrecht (Art 14 GG). Auf die Klage des E ist die Ordnungsverfügung daher aufzuheben (§ 113 Abs. 1 S. 1 VwGO).

– – –

Fall 8: Abwandlung zu Fall 7

Wie ist der Fall zu beurteilen, wenn die Wohnnutzung bereits bei Errichtung und auch in der folgenden Zeit stets materiell illegal war? E ist der Ansicht, daß die Behörde jedenfalls nach fast 20 Jahren ihr Recht zum Einschreiten verwirkt habe.
Ändert sich die rechtliche Beurteilung, wenn E Anfang der neunziger Jahre aufgrund geänderter wasserrechtlicher Vorschriften eine neue Kleinkläranlage bauen mußte und auf seinen Antrag von der Stadt S die Genehmigung einer Anlage für zwei Wohneinheiten erhalten hat und die Behörde die Anlage nach einer Ortsbesichtigung abgenommen hat?

(I) Die **Voraussetzungen** für eine Nutzungsuntersagung sind erfüllt: Die Wohnnutzung ist formell und materiell illegal, da sie nicht durch eine Baugenehmigung legitimiert ist und auch dem Baurecht widerspricht.

(II) **Rechtsfolge:** Das Einschreiten steht im **Ermessen** der Behörde.

(1) Das Ermessen wird insb. durch den Grundsatz der Verhältnismäßigkeit und das Gleichbehandlungsgebot des Art 3 Abs. 1 GG begrenzt.

(a) Aufgrund des Grundsatzes der **Verhältnismäßigkeit** darf eine Beseitigungsverfügung bzw. Nutzungsuntersagung nur dann ergehen, wenn rechtmäßige Zustände **auf andere Weise** nicht hergestellt werden können (so ausdrücklich § 76 Abs. 1 S. 1 MBO).

Beispiele: Eine **Abrißverfügung** ist unverhältnismäßig, wenn der baurechtmäßige Zustand durch Nebenbestimmungen oder durch Erteilung einer Ausnahme oder Befreiung sichergestellt werden kann. Ein generelles **Nutzungsverbot** ist unverhältnismäßig, wenn eine Nutzungsbeschränkung zur Gefahrenabwehr ausreicht. Eine **Stillegung** ist dagegen idR eine angemessene Reaktion auf das Fehlen der erforderlichen Baugenehmigung.

Der Abriß ungenehmigter Baulichkeiten ist nicht allein deshalb unverhältnismäßig, weil die Maßnahme für den Bauherrn mit erheblichen wirtschaftlichen Nachteilen verbunden ist. Vielmehr konkretisiert die Ordnungsverfügung lediglich das normale Risiko, mit dem Schwarzbauten zwangsläufig behaftet sind (OVG Berlin NVwZ 1990, 176, 178; VGH Mannheim VBlBW 1982, 199; Brohm § 28 Rdn 12).

(b) Der **Gleichbehandlungsgrundsatz** (Art 3 Abs. 1 GG) kann zu einer Selbstbindung der Verwaltung führen, wenn gegen vergleichbare Verstöße nicht eingeschritten worden ist. Besondere Bedeutung hat dies in städtebaulichen Problembereichen, in denen eine Vielzahl baurechtswidriger Vorhaben bestehen.

Hier wird überwiegend gefordert, daß die Behörde durch Art 3 Abs. 1 GG verpflichtet ist, den illegalen Baubestand zu ermitteln und ein **generelles Konzept** für ihr Vorgehen zu entwickeln, bevor sie gegen einzelne Bauherren einschreitet. Die Behörde darf Einzelfälle **nicht willkürlich** herausgreifen (OVG Berlin NVwZ 1990, 176, 178; VGH Kassel NVwZ-RR 1992, 346; OVG Lüneburg BauR 1994, 92; Erbguth/Stollmann JZ 1995, 1141, 1147; Brohm § 28 Rdn 11 mwN).

Die Behörde muß aber auch hier nicht „flächendeckend" vorgehen, sondern darf sich auf die Regelung von Einzelfällen beschränken, sofern sie hierfür sachliche Gründe anführen kann. So hat es das BVerwG (DÖV 1992, 748) beispielsweise als rechtmäßig erachtet, wenn die Behörde zunächst den Ausgang eines **„Musterverfahrens"** abwartet oder nur in solchen Fällen einschreitet, in denen eine **Verschlechterung** des bestehenden Zustandes droht. Auch können neue Schwarzbauten vor alten aufgegriffen werden, um eine weitere Fehlentwicklung des Gebietes zu unterbinden (OVG Lüneburg OVGE 44, 380, 381, das allerdings darauf hinweist, daß die Behörde entsprechende Erwägungen anstellen muß. Begnügt sich die Behörde damit, nur gegen ein Vorhaben einzuschreiten und läßt die übrigen vergleichbaren Bauten in der näheren Umgebung einfach auf sich beruhen, so liegt ein Verstoß gegen Art 3 Abs. 1 GG vor).

Anhaltspunkte für eine Beschränkung des behördlichen Ermessens sind hier nicht ersichtlich.

(2) **Adressat** der bauaufsichtlichen Verfügung ist der für den baurechtswidrigen Zustand Verantwortliche. Hierzu finden sich teilweise Spezialregelungen in der LBauO für die am Bau Beteiligten (insb. den Bauherrn, §§ 53 ff MBO). Im übrigen kommen der Eigentümer und Nutzer als Zustandsstörer nach allgemeinem Ordnungsrecht in Betracht (Brohm § 28 Rdn 19).

(3) Hier könnte die Behörde ihr Recht zum Einschreiten jedoch analog § 242 BGB **verwirkt** haben, da sie seit fast 20 Jahren nicht gegen den baurechtswidrigen Zustand eingeschritten ist.

(a) Teilweise wird eine solche Verwirkung **generell verneint**. Bei der baubehördlichen Eingriffsmöglichkeit handele es sich nicht um ein verwirkbares subjektives Recht, sondern um eine im öffentlichen Interesse wahrzunehmende Befugnis. Allerdings könne eine langjährige Duldung ein Indiz dafür sein, daß die Durchsetzung des öffentlichen Baurechts im konkreten Fall nicht notwendig und deshalb unverhältnismäßig sei.

Brohm § 28 Rdn 14; Steiner/Oldiges IV D Rdn 358; Finkelnburg/Ortloff II § 13 VII 4, S. 186 mwN.

(b) Die Gegenansicht bejaht zwar grds. die Möglichkeit der Verwirkung. Hierfür reiche aber bloße Untätigkeit der Behörde allein nicht aus. Vielmehr müsse die Behörde durch **positives Tun** den Eindruck erwecken, gegen die bauliche Anlage nicht (mehr) einschreiten zu wollen.

VGH Mannheim BRS 32 Nr. 186; 40 Nr. 228; OVG Koblenz BRS 36 Nr. 216; Schenke in Achterberg/Püttner I 2/3 Rdn 617 mwN.

Soweit die Behörde hier lediglich über längere Zeit untätig geblieben ist, reicht dies daher allein nicht aus. Dies gilt selbst dann, wenn die Behörde Kenntnis vom rechtswidrigen Zustand hatte. Denn Verwirkung kann nur eintreten, wenn zu dem **Zeitmoment** ein **Umstandsmoment** hinzutritt. Erforderlich ist, daß der Adressat aufgrund des Verhaltens der Behörde bei objektiver Würdigung der Situation den Eindruck gewinnen konnte, die Behörde habe sich mit der rechtswidrigen Lage abgefunden.

Schenke in Achterberg/Püttner I 2/3 Rdn 617. Teilweise wird sogar verlangt, daß der Bauherr sein Vertrauen ausdrücklich betätigt und zB Investitionen vorgenommen hat (vgl. Brohm § 28 Rdn 14).

(aa) Soweit die Behörde nur untätig geblieben ist, ist sie nicht gehindert, auch noch nach längerer Zeit einzuschreiten. Die Verfügung ist in der ursprünglichen Fallkonstellation daher rechtmäßig, der Widerspruch unbegründet.

(bb) Eine Verwirkung kann dagegen insb. angenommen werden, wenn die Behörde (wie hier in der Fallalternative) selbst zur Verfestigung des rechtswidrigen Zustandes beigetragen hat. Nachdem E auf seinen Antrag uneingeschränkt eine Genehmigung für die Entwässerung von zwei Wohneinheiten erhalten hat und die Behörde bei der Ortsbesichtigung keine Beanstandungen erhoben hat, konnte er davon ausgehen, daß gegen die bauliche Anlage nicht mehr eingeschritten werde. In dieser Konstellation ist der Widerspruch daher begründet.

– – –

Fall 9: 2. Abwandlung zu Fall 7

Die Behörde hat gegen E eine Beseitigungsverfügung erlassen und für den Fall der Nichtbefolgung ein Zwangsgeld iHv 1000 DM angedroht. Nachdem die Verfügung bestandskräftig geworden ist, hat E das Grundstück an R veräußert. Als R im Grundbuch eingetragen wird, überlegt die Behörde, ob sie nun gegen R vorgehen kann.

Unproblematisch haftet Eigentümer R originär als (neuer) Zustandsstörer. Die Behörde kann daher unter Beachtung der Rechtmäßigkeitsvoraussetzungen gegen R eine erneute Ordnungsverfügung erlassen. In Betracht kommt jedoch, daß gegen R unmittelbar aus der gegen E erlassenen Verfügung **kraft Rechtsnachfolge** vorgegangen wird.

(I) Früher wurde die Ordnungspflicht unter Hinweis auf das der Behörde zustehende Ermessen als **höchstpersönliche** und damit nicht übergangsfähige Verpflichtung qualifiziert.

Oldiges JA 1978, 617, 618; Schenke GewArch 1976, 1, 6; Peine DVBl 1980, 941, 946 mwN.

(II) Die hM weist demgegenüber darauf hin, daß bei der Zustandshaftung die Grundstücksbezogenheit und damit die Dinglichkeit der Anordnung im Vordergrund stehe. Die Berücksichtigung persönlicher Elemente sei mehr eine theoretische Möglichkeit, die vor allem im Baurecht nur selten vorkomme. Sollte dies ausnahmsweise der Fall sei, stelle es nicht die **Übergangsfähigkeit** in Frage, sondern könne im Rahmen des Vollstreckungsverfahrens berücksichtigt werden.

OVG NW NVwZ 1987, 427; OVG NW OVGE 38, 291; OVG Koblenz NVwZ 1985, 431; Götz POR Rdn 248; Drews/Wacke, Gefahrenabwehr, § 19, 5; Steiner/Oldiges IV D Rdn 355; Brohm § 28 Rdn 20; Schlabach/Simon NVwZ 1992, 143 mwN.

Dies gilt nicht nur im Rahmen der Gesamtrechtsnachfolge (§§ 1922, 1967 BGB), sondern auch bei Einzelrechtsnachfolge. Zwar fehlt es hier an einem gesetzlichen **Übergangstatbestand**. Die Zustandshaftung hat jedoch den Charakter einer (öffentlichen) dinglichen Last. Wird die belastete Sache – hier das Grundstück – übereignet, so erwirbt der Rechtsnachfolger das mit der Ordnungsverfügung **belastete Eigentum**. Dies entspricht auch der gesetzlich anerkannten dinglichen Wirkung einer Baugenehmigung (vgl. zB § 75 Abs. 3 BauO NW).

BVerwG BRS 24 Nr. 193 für die Abrißverfügung, OVG Lüneburg BRS 46 Nr. 201 zur Nutzungsuntersagung; aA OVG Hamburg NVwZ-RR 1997, 11: mangels dinglichem Charakter keine Einzelrechtsnachfolge bei Nutzungsverboten, da sie weniger die gegenständliche Sache betreffen, sondern bei ihr Elemente der Verhaltenshaftung überwiegen.

In einigen LBauOen ist die Wirkung gegen den Rechtsnachfolger ausdrücklich normiert; vgl. **Mecklenburg-Vorpommern:** § 80 Abs. 1 S. 3 LBauO M-V; **Niedersachsen:** § 89 Abs. 2 S. 3 NBauO; **Rheinland-Pfalz**: § 78 S. 3 RhPf LBO; **Saarland:** § 77 Abs. 3 Saarl BO; **Sachsen:** §§ 77 Abs. 1 S. 3, 70 Abs. 2 Sächs BO; **Thüringen**: §§ 76 Abs. 1 S. 2, 77 Abs. 1 S. 3 Thür BO.

Gegenbeispiel: Gegen A ist eine Abrißverfügung ergangen, gegen die er rechtzeitig Widerspruch erhoben hat. Noch vor Abschluß des Vorverfahrens überträgt A das Eigentum an dem Grundstück an seine Ehefrau E, ohne die Behörde hiervon in Kenntnis zu setzen. Nach Zurückweisung des Widerspruchs hat A Klage erhoben und offenbart nun den Eigentumswechsel. – Nach OVG NW NVwZ-RR 1997, 12 ist die gegen A erlassene Verfügung aufzuheben, da er nicht mehr Eigentümer ist. Diesen Umstand hätte die Behörde berücksichtigen müssen, weil der Eigentumswechsel vor Abschluß des behördlichen Verfahrens eingetreten ist (§ 79 Abs. 1 Nr. 1 VwGO).

Damit sind im Fall der Einzelrechtsnachfolge in die durch Ordnungsverfügung konkretisierte Zustandshaftung folgende Fallgruppen zu unterscheiden:

- Veräußerung **nach Unanfechtbarkeit:** Die Ordnungsverfügung entfaltet Bindungswirkung auch gegenüber dem Rechtsnachfolger, der keine Rechtsbehelfe mehr hat.

  Dies gilt allerdings nur für den GrundVA. Vollstreckungsakte sind stets höchstpersönlich, da der entgegenstehende Wille des konkret Pflichtigen gebeugt werden soll. Deshalb muß gegenüber dem Rechtsnachfolger das Zwangsmittel in jedem Fall neu angedroht werden (OVG NW NJW 1980, 415; Hoppe/Grotefels § 15 Rdn 92 mwN).

- Veräußerung **während des Verwaltungsprozesses:** Die Veräußerung des Grundstücks hat gem. § 173 VwGO, § 265 Abs. 2 ZPO keinen Einfluß auf den Prozeß. Der Rechtsvorgänger führt das Verfahren als Prozeßstandschafter des Rechtsnachfolgers fort. Das Urteil bindet gem. § 121 Nr. 1 VwGO auch den Rechtsnachfolger.

  Allerdings ist nach § 173 VwGO, § 266 Abs. 1 S. 1 ZPO ein Beteiligtenwechsel möglich, auf Antrag der beklagten Behörde sogar zwingend.

- Veräußerung **während des Verwaltungsverfahrens** (einschl. Widerspruchsverfahren): Die Rechtsnachfolge führt zur Rechtswidrigkeit des VA, und zwar unabhängig davon, ob die Behörde Kenntnis vom Erwerb hat oder nicht. Gegen den Rechtsnachfolger kann erst vollstreckt werden, wenn gegen ihn eine neue Ordnungsverfügung erlassen worden ist.

Wird der Eigentumswechsel wie im obigen Beispiel erst im Prozeß offenbar, muß die Behörde die Verfügung gegen den Rechtsvorgänger aufheben und das Verfahren für erledigt erklären. Gemäß §§ 161 Abs. 2, 155 Abs. 1, 156 VwGO trägt dann der Kläger die Kosten des Verfahrens (OVG NW NVwZ-RR 1997, 12, 13).

Damit wirkt die gegen E erlassene Beseitigungsverfügung auch gegen R, d.h. die Behörde braucht gegen den neuen Eigentümer keinen neuen Grund-VA erlassen (was im Ergebnis auch zweckmäßig ist, da man sonst durch Übertragung des Eigentums das Einschreiten der Behörde unterlaufen könnte). Bevor gegen R vollstreckt werden kann, muß gegen ihn jedoch in jedem Fall das Zwangsgeld erneut angedroht werden.

Die Höchstpersönlichkeit von **Vollstreckungsakten** wird vor allem damit begründet, daß das Zwangsmittel auch gegenüber dem konkreten Adressaten angemessen sein muß. Das Ausmaß der Beeinträchtigung kann hier je nach der Wahl der Zwangsmaßnahme aber auch nach der Person des Betroffenen und seiner sozialen, finanziellen und sonstigen Verhältnisse verschieden sein. Zwangsmaßnahmen sind zudem Beugemittel; sie sollen nur den etwa entgegenstehenden Willen des konkret Pflichtigen bei der Verwirklichung der behördlichen Maßnahme überwinden (OVG NW NJW 1980, 415; Steiner/Oldiges IV D Rdn 356 mwN).

– – –

Beachte: Von den vorgenannten Fällen der Rechtsnachfolge in die durch VA konkretisierte Ordnungspflicht zu unterscheiden ist die Frage, ob es auch eine Rechtsnachfolge in die **abstrakte Ordnungspflicht** gibt, bei der ein VA bislang noch nicht ergangen ist. Da die Zustandshaftung ohnehin in der Person des Erwerbers stets originär neu entsteht, stellt sich das Problem praktisch nur bei der Verhaltenshaftung (bejahend bei Gesamtrechtsnachfolge OVG Lüneburg NJW 1998, 97, 98; Schlabach/Simon NVwZ 1992, 143, 145; verneinend Götz POR Rdn 247; offengelassen von OVG NW DVBl 1997, 570). § 4 Abs. 3 BBodSchG sieht nunmehr im Bodenschutzrecht eine Haftung des Gesamtrechtsnachfolgers des Verursachers ausdrücklich vor (dazu unten S. 211).

6.3 Durchsetzung bauordnungsrechtlicher Verfügungen

6.3.1 Zwangsmittel und Anordnung der sofortigen Vollziehung

Befolgt der Adressat die Bauordnungsverfügung nicht, so kann sie zwangsweise durchgesetzt werden (zB durch Ersatzvornahme oder Zwangsgeld). Die Vollstreckungsvoraussetzungen sind erfüllt, wenn der Grund-VA bestandskräftig ist oder Rechtsbehelfe keine aufschiebende Wirkung entfalten (vgl. die dem § 6 Abs. 1 VwVG entsprechenden landesrechtlichen Vorschriften).

Dies gilt auch für die in einigen LBauOen vorgesehenen speziellen Zwangsmittel der Versiegelung der Baustelle und Sicherstellung von Baustoffen und Baugeräten (§ 75 Abs. 2 MBO). Auch hier muß der GrundVA vollstreckbar sein (Brohm § 28 Rdn 5). Allerdings ist bei diesen Zwangsmitteln eine Androhung abweichend vom allgemeinen Vollstreckungsrecht nicht erforderlich (Schenke in Achterberg/Püttner I 2/3 Rdn 608).

Die Vollstreckungsvoraussetzungen werden in der Praxis häufig durch **Anordnung der sofortigen Vollziehung** (§ 80 Abs. 2 S. 1 Nr. 4 VwGO) herbeigeführt:

- Bei **Stillegungsverfügungen** ist dies grds. unproblematisch, da es gilt, das formelle Baurecht durchzusetzen und vollendete Tatsachen durch die weitere Bauausführung zu verhindern. Entgegenstehende Interessen des Bauherrn sind idR nicht erkennbar, ihm ist grds. zumutbar, das förmliche Genehmigungsverfahren durchzuführen.

- **Nutzungsuntersagungen** können sofort vollzogen werden, wenn die Behörde ein besonderes Vollzugsinteresse darlegen kann (§ 80 Abs. 3 VwGO). Hier entscheiden die Umstände des Einzelfalls.
- Bei **Abrißverfügungen** wird die sofortige Vollziehung nur in Ausnahmefällen zulässig sein, da hier vollendete Tatsachen geschaffen werden, die im nachhinein nicht mehr rückgängig gemacht werden können.

OVG NW NWVBl 1996, 134, 135; Brohm § 28 Rdn 21; Schenke in Achterberg/Püttner I 2/3 Rdn 618. Ausnahmsweise kann die sofortige Vollziehung gerechtfertigt sein, wenn die bauliche Anlage ohne wesentlichen Substanzverlust beseitigt werden kann oder wenn von ihr eine erhebliche Nachahmungswirkung (negative Vorbildwirkung) ausgeht; vgl. OVG Lüneburg BauR 1994, 611; OVG Greifswald NVwZ 1995, 608; VGH Mannheim NVwZ 1997, 601, 602: keine sofortige Vollziehung einer Abbruchverfügung, wenn eine sofort vollziehbare Nutzungsuntersagung ausreicht.

6.3.2 Vollstreckungshindernisse

Beispiel: E hat unter Verstoß gegen den geltenden BPlan und ohne Baugenehmigung ein Wohnhaus errichtet, das er langfristig an M vermietet hat. Die Behörde will an E eine Abrißverfügung erlassen.

Haben neben dem Adressaten privatrechtlich auch **Dritte** ein (Nutzungs-)Recht an der baulichen Anlage (zB Miteigentümer, Mieter, Pächter etc.), genügt es nicht, nur gegen den Adressaten der Beseitigungsanordnung vorzugehen. Denn ihm wäre die Erfüllung aufgrund der Mitberechtigung des Dritten **rechtlich unmöglich**. Die Verfügung gegen den Adressaten kann daher nur durchgesetzt werden, wenn die Behörde gegen den Dritten eine Duldungsverfügung erläßt. Die Duldungsverfügung ist hierbei rechtmäßig nach denselben Vorschriften, nach denen der Haupt-VA gerechtfertigt ist.

Beispiel: Gegen Eigentümer E ergeht eine Abrißverfügung, wobei sich die Zustandhaftung des E aus seinem Eigentum ableitet. Gegen Mieter M ergeht eine Duldungsverfügung, da er als Inhaber der tatsächlichen Gewalt ebenfalls ordnungspflichtig ist. – In Ländern mit Spezialermächtigungen für Beseitigungsverfügungen kann die Duldungsverfügung auch auf die bauordnungsrechtliche Generalklausel gestützt werden (Brohm § 28 Rdn 22).

Bei mehreren **Miteigentümern** kann entweder gegen einen Miteigentümer der Abriß verfügt und die anderen zur Duldung verpflichtet werden oder es können gegen alle Miteigentümer selbständige Beseitigungsanordnungen ergehen.

Bei **Nutzungsuntersagungen** ergehen dagegen selbständige VAe mit unterschiedlichem Regelungsgehalt: gegenüber dem Mieter zB ein Verbot der Wohnnutzung, gegenüber dem Eigentümer ein Verbot, die Wohnung selbst zu nutzen oder die Nutzung durch Dritte zuzulassen.

Das Fehlen der Duldungsverfügung führt zwar **nicht zur Rechtswidrigkeit** der Ordnungsverfügung, hindert aber ihre Durchsetzung im Wege des Verwaltungszwangs.

BVerwGE 40, 101, 103; OVG NW NWVBl 1996, 66, 68; VGH Kassel DVBl 1996, 573, 574; abweichend Maurer § 10 Rdn 19: schwebende Unwirksamkeit. Vgl. aber BayVGH NJW 1997, 961, 962: keine Duldungsanordnung erforderlich, wenn der Dritte aus dem Haupt-VA selbst kraft Rechtsnachfolge verpflichtet ist. **Beispiel:** Gegenüber E ist eine Beseitigungsanordnung erlassen worden. Danach hat E geheiratet und seiner Ehefrau F Mitbesitz am Gebäude eingeräumt.

BayVGH aaO: „Dieser Dritte übernimmt im Weg der Rechtsnachfolge nicht die (volle) Position, aus der die Behörde die Verantwortlichkeit für die Beseitigung abgeleitet hat. Er erwirbt jedoch eine vom Eigentümer abgeleitete und damit durch die Beseitigungsanordnung belastete Rechtsposition. Es liegt eine „Teilrechtsnachfolge" in die auch den Eigentümer treffende Duldungspflicht vor. … Da die Beseitigungsanordnung mit ihrem Erlaß wirksam wird, spielt es keine Rolle, ob die Anordnung vor oder nach Einräumung des Besitzes unanfechtbar geworden ist."

Rechtmäßigkeit einer Bauordnungsverfügung

Ermächtigungsgrundlage

I. teilw. **Spezialermächtigungen**
insb. für Stillegung, Beseitigung, Nutzungsuntersagung

Bayern: Art 81, 82 BayBO – **Baden-Württemberg:** §§ 64, 65 LBO BW – **Berlin:** §§ 69, 70 BauO Bln – **Brandenburg:** §§ 81, 82 BbG BO – **Bremen:** §§ 81, 82 Brem LBO – **Hamburg:** §§ 75, 76 HBauO – **Hessen:** §§ 77, 78 HBO – **Mecklenburg-Vorpommern:** §§ 79, 80 LBauO M-V – **Niedersachsen:** § 89 NBauO – **Nordrhein-Westfalen**: keine Spezialregelung – **Rheinland-Pfalz:** §§ 77, 78 RhPf LBO – **Saarland:** §§ 86–88 Saarl LBO – **Sachsen:** §§ 76, 77 Sächs BO – **Sachsen-Anhalt:** § 81 BauO LSA – **Schleswig-Holstein:** §§ 85, 86 SH LBO – **Thüringen:** §§ 76, 77 Thür BO

II. im übrigen: (baurechtliche) **Generalklausel**

Bayern: Art 60 Abs. 2 S. 2 BayBO – **Baden-Württemberg:** § 47 Abs. 1 S. 2 LBO BW – **Berlin**: § 17 Abs. 1 BerlASOG – **Brandenburg:** § 64 Abs. 2 S. 2 BbG BO – **Bremen:** § 61 Abs. 1 S. 2 Brem LBO – **Hamburg:** § 58 Abs. 1 S. 2 HBauO – **Hessen:** § 61 Abs. 2 S. 1 HBO – **Mecklenburg-Vorpommern:** § 60 Abs. 1 S. 2 LBauO M-V – **Niedersachsen:** § 65 Abs. 1 S. 1 NBauO – **Nordrhein-Westfalen:** § 61 Abs. 1 S. 2 BauO NW – **Rheinland-Pfalz:** § 58 Abs. 1 S. 1 RhPf LBO – **Saarland:** § 61 Abs. 2 S. 2 Saarl LBO – **Sachsen:** § 60 Abs. 2 S. 2 Sächs BO – **Sachsen-Anhalt:** § 63 Abs. 2 S. 2 BauO LSA – **Schleswig-Holstein:** § 66 Abs. 1 S. 2 SH LBO – **Thüringen:** § 60 Abs. 2 S. 2 Thür BO

I. formelle Rechtmäßigkeit

1. Zuständigkeit: untere Bauaufsichtsbehörde
2. Anhörung, § 28 VwVfG
3. grds. formfrei (Ausn. zB §§ 12, 20 OBG NW)
4. Begründung, § 39 VwVfG
5. Bestimmheit, § 37 Abs. 1 VwVfG

II. materielle Rechtmäßigkeit

1. **Voraussetzungen**

Stillegung	**Beseitigung**	**Nutzungs-untersagung**	**allg. Ordnungs-verfügung**
• **formelle Illegalität**	• **formelle Illegalität** • **mat. Illegalität**	• **formelle Illegalität** • **mat. Illegalität** (str.)	bei sonstigen Verstößen

a) **formelle Illegalität:** Fehlen der (erforderlichen) Baugenehmigung

b) soweit **materielle Illegalität** erforderlich:

aa) Verstoß gegen **Bauordnungsrecht**
Abstandsflächen, Gestaltung, Standsicherheit, allgemeine und besondere Anforderungen an die Bauausführung, Generalklausel

bb) Verstoß gegen **Bauplanungsrecht**
Bestandsschutz: Anlage darf bis zur Urteilsfällung zu keinem Zeitpunkt materiell legal gewesen sein.

(1) **qualifizierter Bebauungsplan** (§§ 30 Abs. 1, 31 BauGB)

- Vorhaben widerspricht **Festsetzungen des BPlans**
- keine Ausnahme oder Dispens möglich
- Erschließung nicht gesichert

(2) **vorhabenbezogener Bebauungsplan** (§§ 30 Abs. 3, 31 BauGB)

- Vorhaben widerspricht **Festsetzungen des BPlans** iVm VEP
- keine Ausnahme oder Dispens möglich
- Erschließung nicht gesichert

(3) **einfacher Bebauungsplan** (§§ 30 Abs. 2, 31 BauGB)

- Vorhaben widerspricht **Festsetzungen des BPlans** iVm VEP
- keine Ausnahme oder Dispens möglich
- Erschließung nicht gesichert
- „im übrigen" Verstoß gegen § 34 BauGB bzw. § 35 BauGB

(4) (unbeplanter) **Innenbereich** (§ 34 BauGB)

- im Zusammenhang bebauter Ortsteil
- kein Einfügen in die Eigenart der näheren Umgebung
  - Verstoß gegen § 34 Abs. 2 BauGB iVm BauNVO
  - Verstoß gegen § 34 Abs. 1 BauGB
- Erschließung nicht gesichert
- Verstoß gegen § 34 Abs. 1 S. 2 BauGB

(5) (unbeplanter) **Außenbereich** (§ 35 BauGB)

- Grundstück nicht im Innenbereich
- privilegiertes Vorhaben (§ 35 Abs. 1 BauGB)
  - öffentliche Belange iSd § 35 Abs. 3 stehen entgegen
  - ausreichende Erschließung nicht gesichert
- sonstiges Vorhaben (§ 35 Abs. 2 BauGB)
  - öffentliche Belange iSd § 35 Abs. 3 BauGB werden beeinträchtigt
  - keine Ausnahme nach § 35 Abs. 4 u. 6 BauGB
  - Erschließung nicht gesichert

(6) **in Aufstellung befindlicher Bebauungsplan** (§ 33 BauGB)

- keine Planreife iSd § 33 Abs. 1 u. 2 BauGB
- Vorhaben widerspricht den künftigen Festsetzungen
- keine Anerkennung der Verbindlichkeit der künftigen Festsetzungen
- Erschließung nicht gesichert

2. Rechtsfolge: **Ermessen**

ggf. Ermessensreduzierung:

- Verhältnismäßigkeit
- Art 3 Abs. 1 GG, insb. Einzelfall nicht willkürlich herausgegriffen
- Verwirkung: Zeitmoment und Umstandsmoment (positives Tun der Behörde)

7. Öffentliches Baunachbarrecht

Besondere Probleme bereiten im öffentlichen Baurecht die Fällen, in denen Nachbarn sich gegen die Bauausführung wenden. Liegt dem Vorhaben eine **Baugenehmigung** zugrunde, so kommen als Rechtsbehelfe (Anfechtungs-)Widerspruch und **Anfechtungsklage** in Betracht. Handelt es sich um ein genehmigungsfreies Vorhaben oder um einen „Schwarzbau", so kann der Nachbar **Leistungsansprüche** auf bauordnungsrechtliches Einschreiten geltend machen und diese durch (Verpflichtungs-)Widerspruch und **Verpflichtungsklage** auf Erlaß einer Bauordnungsverfügung durchsetzen.

Einstweiliger Rechtsschutz des Nachbarn richtet sich in erster Linie nach § 80 a VwGO, subsidiär kommt § 123 VwGO in Betracht. **Beispiele:** Antrag des Nachbarn auf Anordnung der – nach § 212 a BauGB ausgeschlossenen – aufschiebenden Wirkung seines Widerspruchs gegen die Baugenehmigung (§ 80 a Abs. 1 Nr. 2, Abs. 3 VwGO); Antrag des Nachbarn auf Stillegung eines Schwarzbaus durch einstweilige Anordnung gem. § 123 VwGO (s.u. S. 111).

7.1 Der Begriff des Nachbarn

Nachbar iSd öffentlichen Baurechts ist nicht nur der unmittelbare Angrenzer. Entscheidend ist vielmehr der **Einwirkungsbereich des Vorhabens**, der sich nach Art und Intensität der zu erwartenden Beeinträchtigungen richtet. Der Kreis der Nachbarn richtet sich daher nach den **Umständen des Einzelfalls**, wie sie durch die Art des Vorhabens und die Auswirkungen auf die Umgebung bestimmt werden.

BVerwG DVBl 1987, 1276, 1277: „Der Drittschutz im Baurecht wurzelt im nachbarlichen Gemeinschaftsverhältnis. Er leitet sich daraus her, daß bestimmte Vorschriften des öffentlichen Baurechts auch der Rücksichtnahme auf individuelle Interessen oder deren Ausgleich untereinander dienen. Dies gilt für den Drittschutz unmittelbarer Grenznachbarn und für den Drittschutz anderer Nachbarn gleichermaßen. Auf das Kriterium räumlicher Nähe kommt es nicht entscheidend an."

Allerdings ist das nachbarliche Abwehrrecht grundstücks- und nicht personenbezogen. Nachbar im Sinne des baurechtlichen Drittschutzes ist daher nur der Eigentümer oder sonst **dinglich Berechtigte** (wie Nießbraucher, Erbbauberechtigte). Einem lediglich obligatorisch berechtigten Grundstücksnutzer (zB Mieter, Pächer) stehen keine Abwehrrechte zu, seine Rechtsbehelfe sind mangels Klagebefugnis (§ 42 Abs. 2 VwGO, analog als Widerspruchs- und Antragsbefugnis) von vornherein unzulässig.

BVerwG NJW 1994, 1233; NVwZ 1991, 566, 567; OVG NW NVwZ 1994, 696; VGH Mannheim NVwZ 1994, 697 mwN; zur abweichenden Rspr beim Planfeststellungsbeschluß vgl. unten S. 127.

Dies gilt nach hRspr trotz der vom BVerfG getroffenen Feststellung, daß das Besitzrecht des Mieters grundrechtlich durch Art 14 GG geschützt wird (dazu BVerfG NJW 1993, 2035). Denn dort ging es ausschließlich um private Rechte des Mieters gegenüber dem Vermieter. Eine Erweiterung des Kreises der Klagebefugten könnte die Gefahr widerstreitender Interessen zwischen dem Mieter und dem Vermieter mit sich bringen (OVG Lüneburg NVwZ 1996, 918, 919: „Im übrigen muß die Bauaufsichtsbehörde ... lediglich die aus dem öffentlichen Baurecht ergebenden Rechte des Nachbarn berücksichtigen, nicht aber auch zivilrechtliche Berechtigungen."); ebenso im Ergebnis BVerwG DVBl 1996, 929; Ortloff NVwZ 1994, 229, 234; Sarnighausen NJW 1995, 502, 503; Preuß NJW 1995, 27 ff; Konrad JA 1997, 505, 505. Vgl. ausdrücklich Art 71 Abs. 3 S. 3 BayBO: „Der Eigentümer des Nachbargrundstücks nimmt auch die Rechte des Mieters oder Pächters wahr, die aus deren Eigentumsgrundrecht folgen."

Die Gegenansicht (Jäde UPR 1993, 330; Thews NVwZ 1995, 224 ff; Determann Jura 1995, 602, 603) bejaht ein Abwehrrecht des Mieters/Pächters aus Art 14 GG, wenn durch das Vorhaben in dessen Besitzrecht eingegriffen wird.

Unstreitig können sich auch obligatorisch Berechtigte – wie alle Nachbarn – auf Art 2 Abs. 2 GG berufen, wenn mit dem Vorhaben gesundheitsschädliche Auswirkungen verbunden sind (vgl. BVerwG NJW 1978, 554, 555). Da es sich jedoch nur um eine mittelbare Beeinträchtigung handelt, liegt ein Grundrechtseingriff nur bei einer besonderen Intensität vor („schwer und unerträglich"); vgl. Brohm § 29 Rdn 9 a.E.

7.2 Das Abwehrrecht des Nachbarn

Die Rechtsbehelfe des Nachbarn sind nur **zulässig**, wenn er geltend machen kann, in einem subjektiv öffentlichen Recht verletzt zu sein (**Klagebefugnis**, § 42 Abs. 2 VwGO).

Im Widerspruchsverfahren ist analog § 42 Abs. 2 VwGO eine Widerspruchsbefugnis erforderlich, Anträge im einstweiligen Rechtsschutzverfahren verlangen eine entsprechende Antragsbefugnis.

Das setzt voraus, daß die streitentscheidenden Bauvorschriften subjektiv-rechtlichen Charakter haben. Dies richtet sich nach der allgemein zu § 42 Abs. 2 VwGO entwickelten **Schutznormtheorie**. Eine Rechtsnorm des öffentlichen Rechts hat danach subjektiv-rechtlichen Charakter, wenn sie **nicht nur die Interessen der Allgemeinheit** und **nicht nur faktisch** die Interessen des einzelnen schützt, sondern nach ihrer Zweckbestimmung **zumindest auch auf den Schutz gerade dieser Individualinteressen gerichtet** ist (Finalität).

BVerwG DVBl 1987, 476: „Nicht jede Norm des materiellen öffentlichen Baurechts hat eine solche Zielrichtung. Vielmehr gibt es zahlreiche Normen des materiellen öffentlichen (Landes- und) Bundesbaurechts, die ausschließlich der Durchsetzung von Interessen der Allgemeinheit und gerade nicht dem Schutz individueller Interessen dienen. Deswegen bedarf es jeweils der Klärung, ob eine baurechtliche Vorschrift ausschließlich objektiv-rechtlichen Charakter hat oder ob sie (auch) dem Schutz individueller Interessen dient, ob sie also Rücksichtnahme auf Interessen Dritter gebietet. Das kann sich unmittelbar aus dem Wortlaut der Norm ergeben, etwa dann, wenn sie Abwehrrechte Betroffener ausdrücklich begründet. In der Regel allerdings wird insoweit – da der Normgeber nur in Ausnahmefällen derartige Abwehrrechte ausdrücklich statuiert hat – eine Auslegung der Norm nach Sinn und Zweck in Betracht kommen; gelegentlich mag sich aus der Entstehungsgeschichte der Wille des historischen Normgebers ermitteln lassen, die Interessen Dritter zu schützen."

Beispiel: Nachbar N klagt gegen eine dem Bauherrn B erteilte Baugenehmigung mit der Begründung, das Bauvorhaben des B füge sich nicht in die vorhandene Bebauung ein (§ 34 BauGB) und die Genehmigung sei unter Verstoß gegen § 36 BauGB ohne Einvernehmen der Gemeinde erteilt worden, das auch im Widerspruchsverfahren nicht ersetzt worden sei (§ 36 Abs. 2 S. 3 BauGB). – Im Rahmen der Klagebefugnis kann N geltend machen, daß er in seinem subjektiven Recht aus dem sog. Rücksichtnahmegebot als Bestandteil des Merkmals „einfügen" iSd § 34 BauGB verletzt ist (s.u. S. 95). Stellt das Gericht im Rahmen der Begründetheit fest, daß ein Verstoß gegen das Rücksichtnahmegebot nicht vorliegt, so ist die Klage zwingend abzuweisen. Die Baugenehmigung ist zwar wegen Verstoßes gegen § 36 BauGB objektiv rechtswidrig, jedoch dient diese Vorschrift allein dem Schutz der Planungshoheit der Gemeinde und damit ausschließlich den der Gemeinde zugeordneten Interessen. N wird dadurch nicht in seinen subjektiven Rechten verletzt (BVerwG NVwZ 1997, 991, 992).

Während die Rspr früher bei der Zuerkennung nachbarlicher Abwehrrechte eher zurückhaltend war, läßt sich in den letzten Jahren zunehmend eine verstärkte Anerkennung weitreichender Nachbarrechte feststellen. Häufig begnügt sich die Praxis mit der sog. **Negativformel**, wonach die Klagebefugnis nur fehlt, wenn offensichtlich und eindeutig nach keiner Betrachtungsweise die vom Nachbarn behaupteten Rechte bestehen oder ihm zustehen können.

BVerwG NVwZ 1995, 1200; DVBl 1995, 47; NVwZ 1994, 999; Bosch/Schmidt § 25 III 2, S. 123; Kopp VwGO § 42 Rdn 39; allgemein AS-Skriptum VerwaltungsR AT 2 (1997), 14. Abschnitt.

Danach sind heute Nachbarrechtsbehelfe **idR zulässig**. Der Umfang des subjektiven Rechts und seine Verletzung werden im einzelnen erst im Rahmen der Begründetheit erörtert.

In **Examensklausuren** wird häufig zu voreilig auf die o.g. Negativformel abgestellt. Diese hilft nur bei der Frage nach der **Möglichkeit** der Rechtsverletzung, sofern ein subjektives Recht überhaupt besteht. Dies muß im Rahmen der Klagebefugnis jedoch zunächst festgestellt werden. Nur die Frage, ob das vom Kläger geltend gemachte Recht **tatsächlich** verletzt ist, ist im Rahmen der Begründetheit zu erörtern. D.h. in der Anfechtungssituation muß bereits in der Zulässigkeit geprüft werden, ob die streitentscheidende Norm nach der Schutznormtheorie zumindest auch subjektiven Interessen des Klägers zu dienen bestimmt ist. Ist streitig, ob die Rechtsgrundlage drittschützend ist, so reicht auch dies für die Möglichkeit aus (BVerwG DÖV 1991, 28). In der Verpflichtungssituation ist zu prüfen, ob die als Rechtsgrundlage in Betracht kommende Norm (idR die baubehördliche Ermächtigungsgrundlage) ein subjektives Recht nach der Schutznormtheorie gewährt, also Anspruchsqualität hat.

7.2.1 Drittschutz im Baurecht

Da sich die Zulässigkeit von Bauvorhaben nach den §§ 29 ff BauGB beurteilt, richtet sich auch die Frage des Nachbarschutzes in erster Linie nach der planungsrechtlichen Situation des **Baugrundstücks**.

Beachte: Der Nachbarschutz beurteilt sich nicht nach der Lage des Nachbargrundstücks, sondern stets nach der Lage des Baugrundstücks (BVerwG NVwZ 1994, 686; Finkelburg/Ortloff II § 17 I 8, S. 236).

Bebauungsplangebiet (§§ 30, 31 BauGB)

Als nachbarschützende Vorschriften des öffentlichen Rechts kommen zunächst die Festsetzungen der (qualifizierten) Bebauungspläne iVm der BauNVO in Betracht.

Im Rahmen des in Aufstellung befindlichen BPlans vermittelt **§ 33 BauGB** als solcher keinen selbständigen Drittschutz. Vielmehr richtet sich der Nachbarschutz danach, inwieweit die zukünftigen Festsetzungen des BPlans Drittschutz vermitteln würden (BVerwG NVwZ 1995, 598).

- Dabei haben nach hM Festsetzungen der Bebauungspläne hinsichtlich der **Art der baulichen Nutzung** (§§ 2 ff BauNVO) **generell nachbarschützende Wirkung**. Ob und welche Individualinteressen dabei jeweils geschützt sind, läßt sich aus der Zielrichtung der einzelnen Gebietsarten (vgl. die Abse. 1 u. 2 der §§ 2 ff BauNVO) ableiten. Der Nachbar kann sich gegen **jede artfremde Bebauung** wehren, unabhängig davon, ob sie ihn tatsächlich beeinträchtigt.

  BVerwG DVBl 1997, 61, 63; VBlBW 1996, 12; DVBl 1994, 284, 285; Schmidt-Preuß DVBl 1994, 288, 289; Mampel DVBl 1994, 1053, 1055; Niere DVBl 1997, 65; Konrad JA 1997, 505, 506 mwN; abweichend OVG Lüneburg NVwZ 1997, 1012, 1013: kein allgemeiner Planbefolgungsanspruch, sondern nur soweit das angegriffene Vorhaben zu einer Einschränkung der Nutzbarkeit der benachbarten Grundstücke führt; differenzierend auch VGH Mannheim NVwZ 1997, 401, 402.

  Festsetzungen bzgl. der Art der baulichen Nutzung sind damit generell nachbarschützend, eine **Abweichung** durch die Gemeinde ist hierbei **nicht möglich** (BVerwG VBlBW 1996, 12; DVBl 1994, 284, 285: Die Ermächtigung der BauNVO zur Festsetzung von Baugebieten schließt deren Drittschutz ein. Eine nicht nachbarschützende Gebietsfestsetzung würde gegen das Abwägungsgebot des § 1 Abs. 6 BauGB verstoßen; aA Mampel DVBl 1994, 1053, 1056). Damit hat das BVerwG seine Rspr erheblich erweitert. Während früher davon ausgegangen wurde, daß nur der BPlan als solcher Drittschutz vermittele, ergibt sich nunmehr unmittelbar aus der BauNVO ein **bundesrechtlich garantierter Drittschutz** (Schmidt-Preuß DVBl 1994, 288, 289; Sarnighausen NJW 1995, 502, 503).

Das BVerwG geht hierbei davon aus, daß das Bodenrecht auf einen Ausgleich möglicher Nutzungskonflikte ausgerichtet ist und der Grundstückseigentümer über den Gedanken des **wechselseitigen Austauschverhältnisses** die Beachtung der dem Ausgleich dienenden öffentlich-rechtlichen Beschränkungen auch gegenüber dem Nachbarn erzwingen kann. Festsetzungen bzgl. der Art der baulichen Nutzung verbinden die Planbetroffenen zu einer rechtlichen „Schicksalsgemeinschaft".

Beispiele: Im allgemeinen Wohngebiet besteht ein Abwehrrecht gegen störende Gewerbebetriebe (vgl. § 4 Abs. 2, Abs. 3 Nr. 2 BauNVO); im Gewerbegebiet kann ein Gewerbetreibender eine allgemeine Wohnbebauung abwehren (§ 8 Abs. 2, Abs. 3 Nr. 1 BauNVO).

- Dagegen dienen die Festsetzungen über das **Maß der baulichen Nutzung** (§§ 16–21 a BauNVO) grds. nur der städtebaulichen Ordnung und haben somit rein **objektiv rechtlichen** Charakter. Der Nachbar kann ihre Verletzung grds. nicht geltend machen.

  BVerwG VBlBW 1996, 12; OVG Bremen NVwZ-RR 1990, 293; Gelzer/Birk Rdn 852 ff; Battis/Krautzberger/Löhr BauGB § 31 Rdn 68 f; Ernst/Zinkahn/Bielenberg BauGB § 31 Rdn 143 ff; Konrad JA 1997, 505, 506 mwN.

  Anzumerken ist jedoch, daß es stets auf die konkrete Ausgestaltung der Festsetzungen des jeweiligen BPlans ankommt. So können auch Festsetzungen über das Maß der baulichen Nutzung **ausnahmsweise drittschützend** sein, wenn sie nach der Begründung des BPlans gerade oder zumindest auch den Nachbarn zB vor einer übermäßigen Beschattung schützen sollen (BVerwG DVBl 1994, 284, 285: Ob eine Festsetzung drittschützende Wirkung hat, darf die Gemeinde bzgl. des Maßes der baulichen Nutzung – anders als bei der Art der baulichen Nutzung (s.o) – grds. selbst entscheiden). Die obige Unterscheidung hat daher insoweit lediglich die Funktion einer Faustregel (vgl. i.e. Hahn JuS 1987, 536, 538 mit Beispielen).

- Bei Festsetzungen für die **Bauweise** (§ 22 BauNVO) ist zu differenzieren: Da der bei **offener** Bauweise einzuhaltende Grenzabstand auch Interessen des Nachbarn dient (Brandschutz, Belüftung, Belichtung), ist er grds. drittschützend. Der Festsetzung einer **geschlossenen** Bauweise liegen dagegen idR nur städtebauliche Erwägungen zugrunde, so daß sich daraus keine nachbarlichen Abwehrrechte ergeben.

  Ernst/Zinkahn/Bielenberg BauNVO § 2 Rdn 35; Battis/Krautzberger/Löhr BauGB § 31 Rdn 70; Hoppenberg H Rdn 312 ff.

- Die **überbaubare Grundstücksfläche** wird nach § 23 BauNVO durch Baulinien, Baugrenzen und Bebauungstiefen bestimmt. Diese sind nur nachbarschützend, wenn sie nach dem Willen des Plangebers zumindest auch den Interessen des Nachbarn zu dienen bestimmt sind.

  OVG Hamburg BauR 1995, 213. Teilweise werden seitliche und hintere Baugrenzen bzw. Baulinien (im Gegensatz zu Einschränkungen im vorderen Grundstücksbereich) grds. als nachbarschützend qualifiziert (VGH Mannheim BauR 1995, 514), teilweise wird eine nachbarschützende Wirkung generell abgelehnt (OVG NW BauR 1995, 211).

- **Ausnahmen und Befreiungen** (§ 31 BauGB)
  – **§ 31 Abs. 1 BauGB** hat aus sich heraus keine nachbarschützende Wirkung. Entscheidend ist, ob die Festsetzung, von der abgewichen wird, Drittschutz vermittelt (zB Ausnahme von der Art der baulichen Nutzung).

  BVerwG NJW 1983, 1574; VGH Mannheim VBlBW 1996, 24. **Beispiel:** Nach § 4 Abs. 3 Nr. 2 BauNVO können im Allgemeinen Wohngebiet ausnahmsweise „nicht störende Gewerbebetriebe" zugelassen werden. Nachbarn können hier geltend machen, daß es sich um ein (unzulässiges) störendes Vorhaben handelt, und zwar unabhängig davon, ob sie tatsächlich durch den Betrieb beeinträchtigt werden. Denn im Bebauungsplangebiet besteht ein Abwehrrecht gegen jede artfremde Nutzung (s.o.).

– In der Regel nachbarschützende Wirkung hat dagegen § 31 Abs. 2 BauGB, da die Entscheidung über den **Dispens** nur „unter Würdigung nachbarlicher Interessen" erfolgen darf.

Dies gilt uneingeschränkt bei einer Befreiung von nachbarschützenden Vorschriften, bei nicht nachbarschützenden Vorschriften nur soweit das Gebot der Rücksichtnahme (s.u.) berührt wird, das in den „nachbarlichen Interessen" verankert ist (BVerwGE 82, 343, 348).

Innenbereich (§ 34 BauGB)

– Für den unbeplanten Innenbereich gilt § 34 BauGB, der nach hM unmittelbar **keine drittschützende Wirkung** hat, da seine Voraussetzungen an sich nur dem Interesse der Allgemeinheit an einer geordneten städtebaulichen Entwicklung dienen.

BVerwG BauR 1986, 61; OVG Greifswald NVwZ 1995, 400; Hahn JuS 1987, 536, 536; Konrad JA 1997, 505, 507 mwN.

– **Unmittelbar nachbarschützende Wirkung** wird in der neueren Rspr jedoch § 34 Abs. 2 BauGB iVm §§ 2 ff BauNVO zuerkannt. Aus der Gleichstellung beplanter und faktischer Baugebiete iSd BauNVO hinsichtlich der **Art der baulichen Nutzung** (s.o. S. 59) ergibt sich, daß in diesem Umfang auch ein identischer Nachbarschutz kraft Bundesrechts festgelegt worden ist (vgl. noch Fall 10).

BVerwG DVBl 1994, 284, 286; OVG Lüneburg NVwZ 1995, 917; Gelzer/Birk Rdn 1233 ff; Brüggelmann/Dürr BauGB § 34 Rdn 85; Mampel DVBl 1994, 1053, 1057; Ortloff NVwZ 1995, 436, 440; anders noch BVerwG BayVBl 1986, 248, 249; BayVGH NVwZ-RR 1992, 60 f; VGH Mannheim NVwZ-RR 1993, 533.

– **Mittelbar** kommt überdies dem Merkmal des „Einfügens" iSd § 34 Abs. 1 BauGB nachbarschützende Wirkung zu. Einfügen kann sich ein Vorhaben nur, wenn es die gebotene Rücksicht auf die vorhandene Nachbarbebauung nimmt (s.o. S. 61). Es gelten daher die Grundsätze zur nachbarschützenden Wirkung des sog. **Gebotes der Rücksichtnahme** (dazu unten S. 96 f).

BVerwG ZfBR 1996, 104; NJW 1978, 2566; NVwZ 1989, 667; DVBl 1971, 747; OVG NW NVwZ 1988, 376; Battis/Krautzberger/Löhr BauGB § 31 Rdn 78.

Außenbereich (§ 35 BauGB)

– Weder § 35 Abs. 1 noch § 35 Abs. 2 BauGB haben eine generell nachbarschützende Wirkung (vgl. „öffentliche" Belange).

Hoppe/Grotefels § 17 Rdn 37; Brohm § 21 Rdn 39; Finkelnburg/Ortloff II § 17 I 8, S. 236 mwN.

– Aber auch hier kann als öffentlicher Belang (insb. § 35 Abs. 3 S. 1 Nr. 3 BauGB: Vermeidung schädlicher Umwelteinwirkungen) das subjektiv-rechtliche **Gebot der Rücksichtnahme** in Betracht kommen (dazu unten).

BVerwG NVwZ 1994, 686; NVwZ 1983, 609; Konrad JA 1997, 505, 508 mwN. Vgl. aber VGH Mannheim NVwZ 1997, 1014: Die Lage im Außenbereich verleiht einem Wohngebäude nicht die Schutzwürdigkeit, die Wohngebäuden zukommt, die in speziell der Wohnnutzung dienenden Baugebieten liegen.

– Außerdem wird im Außenbereich der **Privilegierte** nach § 35 Abs. 1 BauGB bevorzugt. Er kann sich gegen jedes seine Privilegierung beeinträchtigende oder in Frage stellende Vorhaben wehren.

Deshalb kann sich zB ein landwirtschaftlicher Betrieb (§ 35 Abs. 1 Nr. 1 BauGB) gegen eine heranrückende, die weitere Ausnutzung der Privilegierung störende Wohnbebauung wenden (BVerwG NJW 1983, 2460, 2461). Umstritten ist allerdings die dogmatische Begründung. Früher wurde das Abwehrrecht unmittelbar aus der Privilegierung selbst abgeleitet (BVerwG BRS 24, 259), während neuerdings das Gebot der Rücksichtnahme herangezogen wird (OVG NW DÖV 1988, 387).

Rücksichtnahmegebot

Grds. ist anerkannt, daß jedes Bauvorhaben auf die vorhandene Nachbarbebauung Rücksicht zu nehmen hat. Zunächst ist dieses **Rücksichtnahmegebot** in einer **objektiven Ausprägung** entwickelt worden: Danach muß die Behörde bei der Erteilung der Baugenehmigung die gegenläufigen Nachbarinteressen gegeneinander abwägen und die Zumutbarkeit des Vorhabens für die Nachbarschaft mit berücksichtigen. Heute ist allgemein anerkannt, daß dem Gebot der Rücksichtnahme auch drittschützende Wirkung zukommt, und zwar, **wenn in qualifizierter und zugleich individualisierter Weise auf schutzwürdige Interessen eines erkennbar abgegrenzten Kreises Dritter Rücksicht zu nehmen ist**.

BVerwG NJW 1994, 1546, 1547; NJW 1992, 2170; NJW 1990, 1192, 1193. Die Qualifizierung betrifft die Schwere des Eingriffs, die Individualisierbarkeit den Kreis der Betroffenen. Der hierdurch gewährte Nachbarschutz setzt bereits vor der Schwelle ein, die durch den „schweren und unerträglichen" (enteignenden) Eingriff in das Eigentum (Art 14 GG) markiert wird (BVerwG NJW 1986, 1703; OVG Berlin NVwZ 1987, 984, 985; vgl. noch unten).

Entgegen der früher überwiegend vertretenen Auffassung handelt es sich hierbei aber **nicht um einen selbständigen Aspekt** des Nachbarschutzes, sondern das Gebot der Rücksichtnahme ist **lediglich als Ausprägung der einfach-gesetzlichen Vorschriften** anzusehen. Ein von den §§ 30 ff BauGB losgelöstes Rücksichtnahmegebot gibt es danach nicht.

BVerwG DVBl 1992, 564, 567; DVBl 1987, 476, 477; DVBl 1985, 122: „Ein das gesamte Baurecht umfassendes – außergesetzliches – Rücksichtnahmegebot gibt es nicht; ein derartiges Gebot läßt sich auch nicht aus dem Verfassungsrecht ableiten. Vielmehr sind die einzelnen Vorschriften daraufhin zu prüfen, ob sie auch die individuellen Interessen Dritter schützen wollen. Deswegen sind es auch die einfach-rechtlichen Vorschriften selbst, nicht aber ein außerhalb dieser Vorschriften stehendes "Gebot der Rücksichtnahme", die Drittschutz vermitteln."

Der Rspr zufolge verlangt die Anwendung des Rücksichtnahmegebotes daher eine **einfach-gesetzliche Norm**, deren Tatbestand objektiv voraussetzt, daß der Bauherr gerade auch auf die Interessen des Nachbarn **Rücksicht** zu nehmen hat. Die Gruppe der in diesem Sinne auszulegenden bauplanungsrechtlichen Normen ist verhältnismäßig klein und überschaubar.

gesetzliche Konkretisierungen des Rücksichtnahmegebotes

Plangebiet	§ 34 BauGB	§ 35 BauGB	Bauordnungsrecht
• § 15 Abs. 1 S. 2 BauNVO • § 31 Abs. 2 BauGB	• Bestandteil d. Merkmals „einfügen“ iSd § 34 Abs. 1 BauGB	• Rücksichtnahme auf Privilegierung iSd § 35 Abs. 1 BauGB • öffentlicher Belang iSd § 35 Abs. 3 BauGB	• Rücksichtnahmegebot als Bestandteil nachbarschützenden Bauordnungsrechts

Folgende Bestimmungen kommen dabei in Betracht:

- im Geltungsbereich eines **Bebauungsplanes:**
  - **§ 15 Abs. 1 S. 2 BauNVO:** „unzumutbare Belästigungen oder Störungen“,

    BVerwGE 67, 334, 339; BVerwG NVwZ 1996, 1001; OVG NW NVwZ 1988, 559; Gelzer/Birk Rdn 994; Finkelnburg/Ortloff II § 17 I 2, S. 232; Hoppe/Grotefels § 17 Rdn 31; Hoppenberg H Rdn 299; Battis/Krautzberger/Löhr BauGB § 31 Rdn 65 mwN.

    Unter Berufung auf § 15 Abs. 1 S. 2 BauNVO kann sich der Nachbar daher auch gegen Vorhaben wehren, die an sich den Festsetzungen des Bebauungsplanes entsprechen. Ob das Vorhaben ausnahmsweise „rücksichtslos“ ist, beurteilt sich nach den Umständen des Einzelfalls. Maßgebend ist dabei eine Abwägung zwischen dem Verwirklichungsinteresse des Bauherrn und der Schutzwürdigkeit des Nachbarn (vgl. bereits oben S. 53 ff und noch unten S. 102 f).

    § 15 Abs. 1 S. 2 BauNVO ist nicht unmittelbar einschlägig, wenn das Vorhaben aus anderen Gründen unzulässig ist, zB wegen Verstoßes gegen nicht nachbarschützende Vorschriften. Allein die objektive Rechtswidrigkeit stellt noch keinen Verstoß gegen das Rücksichtnahmegebot dar (BVerwG NVwZ 1994, 686, 687). § 15 Abs. 1 S. 2 BauNVO ist in diesen Fällen jedoch analog anwendbar (BVerwG NJW 1990, 1192: „Denn wenn schon gegenüber Baugenehmigungen, die in Übereinstimmung mit den Festsetzungen eines Bebauungsplanes erteilt sind, eine Verletzung des in § 15 Abs. 2 BauNVO konkretisierten Rücksichtnahmegebotes geltend gemacht werden kann, so muß dies erst recht im Hinblick auf Baugenehmigungen gelten, die diesen Festsetzungen nicht entsprechen“); ebenso VGH Mannheim NVwZ 1997, 401, 403.
  - **§ 31 Abs. 2 BauGB:** „unter Würdigung nachbarlicher Belange“,

    BVerwGE 82, 343, 347; Finkelnburg/Ortloff II § 17 I 3, S. 233; Brohm § 19 Rdn 22; Hoppe/Grotefels § 17 Rdn 35 mwN. Dem Rücksichtnahmegebot kommt hier insb. Bedeutung zu bei einem Dispens von nicht nachbarschützenden Festsetzungen des Bebauungsplanes.
- für im Zusammenhang bebaute Ortsteile **(Innenbereich):** Rücksichtnahme als Bestandteil des Merkmals **„einfügen“** iSd § 34 Abs. 1 BauGB,

  BVerwG ZfBR 1996, 104; BVerwGE 89, 69, 76; 55, 369, 381; OVG NW NVwZ 1988, 376, 377; Finkelburg/Ortloff II § 17 I 7, S. 235; Hoppe/Grotefels § 17 Rdn 36; Brohm § 20 Rdn 21; Battis/Krautzberger/Löhr BauGB § 31 Rdn 78; Hoppenberg H Rdn 179 mwN.
- im **Außenbereich** ist das Rücksichtnahmegebot als **öffentlicher Belang** iSd § 35 Abs. 3 S. 1 BauGB (zB Nr. 3 „schädliche Umwelteinwirkungen“) zu berücksichtigen.

  BVerwGE 52, 122, 125; BVerwG NVwZ 1994, 686; NVwZ 1983, 609; Battis/Krautzberger/Löhr BauGB § 31 Rdn 79, 80; Hoppenberg H Rdn 194 u. 201 mwN. Die Unterscheidung zwischen § 35 Abs. 1 u. Abs. 2 BauGB macht hierbei deutlich, daß der Privilegierte besonders geschützt ist und daher eine besondere Rücksichtnahme verlangen kann.

Art 14 GG

Früher hat die Rspr darüber hinaus im Ausnahmefall Drittschutz unmittelbar aus Art 14 GG abgeleitet. Das Eigentumsgrundrecht schütze nicht nur vor unmittelbaren Eingriffen in die Eigentumssubstanz, sondern auch vor mittelbaren Änderungen der Grundstückssituation, wenn diese **„schwer und unerträglich"** sind.

BVerwGE 32, 173, 178; 44, 244, 246; BVerwG NJW 1979, 995, 996; Battis/Krautzberger/Löhr BauGB § 31 Rdn 82 mwN.

Heute wird demgegenüber zunehmend darauf abgestellt, daß sich aus Art 14 GG **keine unmittelbaren Abwehransprüche** ergeben. Vielmehr habe der Gesetzgeber nach Art 14 Abs. 1 S. 2 GG den näheren Inhalt der Eigentumsordnung erst zu konkretisieren. Nachbarschutz besteht danach grds. nur, soweit ihn der Gesetzgeber (zB als Ausprägung des Rücksichtnahmegebotes) vorsieht. Sind einfach-gesetzliche drittschützende Normen vorhanden, so konkretisieren sie Inhalt und Schranken des Eigentums. Aus Art 14 GG können sich dann keine weitergehenden (Abwehr-)Rechte ergeben.

BVerwG DVBl 1997, 61, 62; DVBl 1992, 564, 567; Finkelnburg/Ortloff II § 17 IV 1 c, S. 245; Brohm § 18 Rdn 31; Hoppe/Grotefels § 17 Rdn 45; vgl. ferner Ehlers VVDStRL 51 (1992), 211, 222; Wahl in FS Redeker (1993), S. 245, 266 f; Schlichter/Roeser BauGB vor §§ 29 ff Rdn 22.

Ob damit Nachbarschutz aus Art 14 GG im Baurecht generell ausscheidet, ist umstritten. Angesichts der weitgehenden Ausprägung des Rücksichtnahmegebotes dürften Nachbarabwehrrechte aus Art 14 GG jedenfalls **keine praktische Relevanz** mehr haben.

Ebenso Finkelnburg/Ortloff II, S. 201 ff; Mampel DVBl 1994, 1053, 1054; Bönker DVBl 1994, 506 ff; Konrad JA 1997, 505, 508; aA VG Berlin, Beschl. v. 07.06.1995 (zitiert bei Erbguth/Stollmann JZ 1995, 1141, 1147): Eine Rspr, die den öffentlich-rechtlichen Nachbarschutz ausschließlich außerhalb des Art 14 GG konstruiere, sei tendenziell verfassungswidrig.

Umstritten ist, ob dies auch dann gilt, wenn das Nachbargrundstück **unmittelbar** in Anspruch genommen wird (zB durch ein Notwegerecht); vgl. Bönker DVBl 1994, 506, 509: wenn schon bei mittelbaren Eingriffen auf das einfache Recht abgestellt werde, müsse dies auch für unmittelbare Eingriffe gelten; aA Dürr DÖV 1994, 841, 845; offengelassen von BVerwG DVBl 1994, 564, 567.

Dürr DÖV 1994, 841, 845 weist darauf hin, daß dieselben Grundsätze auch für Art 2 Abs. 2 GG (Gesundheit) gelten. Ein Rückgriff auf Art 2 Abs. 2 GG sei idR entbehrlich, weil bereits vor Überschreiten der Schwelle einer Gesundheitsbeeinträchtigung eine billigerweise nicht mehr zumutbare Beeinträchtigung iSd Rücksichtnahmegebotes vorliege; im Ergebnis ebenso Finkelnburg/Ortloff II, § 17 IV 2, S. 245 f; Determann Jura 1995, 602, 605: bei einfachgesetzlicher Konkretisierung scheidet auch mittelbarer Grundrechtsschutz aus Art 2 Abs. 2 GG aus.

Vgl. auch VG Berlin NJW 1995, 2650: Nachbarschutz für den Künstler Christo aus Art 5 Abs. 3 GG bei Bauvorhaben in der Nähe des „Verhüllten Reichstages".

Bauordnungsrecht

Die Vorschriften des Bauordnungsrechts dienen idR nur der öffentlichen (Bau-)Sicherheit und Ordnung und damit den Interessen der Allgemeinheit (zB die Vorschriften über die Baugestaltung). Ausnahmsweise können bauordnungsrechtliche Vorschriften jedoch nachbarschützenden Charakter haben, soweit sie **Individualinteressen** wie Leben, Körper und Gesundheit der Anlieger schützen sollen.

Dies gilt insb. für die Vorschriften über die **Abstandsflächen** (OVG NW NWVBl 1994, 419; OVG Saarlouis NVwZ-RR 1992, 404; Ortloff NVwZ 1995, 436, 442), **Brandschutzvorschriften** (Finkelnburg/Ortloff II § 17 II 6, S. 241 mwN) sowie die bauordnungsrechtliche **Generalklausel**, soweit Individualinteressen gefährdet werden (OVG NW NVwZ 1983, 356; VGH Mannheim NVwZ-RR 1995, 561).

Gegenbeispiel: Die **Stellplatzpflicht** ist grds. nicht nachbarschützend, sondern dient allein dem öffentlichen Interesse an der Entlastung des öffentlichen Verkehrsraumes (OVG NW NVwZ-RR 1995, 435: kein Abwehrrecht des Nachbarn gegen unzureichende Zahl von Stellplätzen). Nachbarschutz vermitteln die Vorschriften nur, soweit sie vorschreiben, daß durch die Anordnung der Stellplätze keine Beeinträchtigungen für die Umgebung hervorgerufen werden dürfen (BayVGH NVwZ-RR 1995, 9).

Auch das **Rücksichtnahmegebot** kann im Rahmen des Bauordnungsrechts zum Tragen kommen.

Beispiel: Die Vorschriften über die Gestaltung der baulichen Anlage dienen grds. allein öffentlichen Interessen. Ausnahmsweise können sie iVm dem Gebot der Rücksichtnahme nachbarschützende Wirkung entfalten, wenn ein Nachbar durch die Verunstaltung in besonderer Weise betroffen ist (Hoppe/Grotefels § 17 Rdn 41; aA Hoppenberg H Rdn 372; vgl. auch Finkelnburg/Ortloff II § 17 II 5, S. 240).

Für die Anwendung des Rücksichtnahmegebotes ist neben dem Bauordnungsrecht aber dann kein Raum, wenn die durch das Rücksichtnahmegebot geschützten Belange durch **spezielle bauordnungsrechtliche Vorschriften** geschützt werden und das konkrete Vorhaben diesen Anforderungen genügt.

Vgl. einerseits BVerwG DVBl 1994, 284, 287 und andererseits DVBl 1986, 1271. Gehen die Anforderungen des Rücksichtnahmegebotes im Bauordnungsrecht auf, so kommt letzteres vorrangig zur Anwendung. Vgl. auch BVerwG DVBl 1995, 517: Die LBauO darf abweichend vom Bauplanungsrecht einen Grenzabstand nur insoweit verlangen, als dies zB im Rahmen des § 34 Abs. 1 BauGB wegen des nachbarschützenden Rücksichtnahmegebotes erforderlich ist. Umgekehrt darf das Landesrecht keinen Grenzabstand verlangen, wenn ein Grundstück gem. § 34 Abs. 1 BauGB nur in geschlossener Bauweise bebaut werden darf (BVerwG NVwZ 1994, 1008).

7.2.2 Reichweite der Nachbarabwehrrechte

Fall 10: Reinrassige Wohngebiete

E ist Eigentümer eines ca. 1000 qm großen Grundstücks, das mit einem Zweifamilienhaus und einer Doppelgarage bebaut ist. Außerdem sind zwei weitere Pkw-Stellplätze vorhanden. Das Grundstück grenzt unmittelbar an das mit einem Einfamilienhaus bebaute Grundstück des N. Beide Grundstücke sind nicht beplant, in der näheren Umgebung befinden sich überwiegend Wohngebäude und kleinere Einzelhandelsgeschäfte.
E hat auf seinen Antrag von der Baubehörde eine Genehmigung zur Errichtung von fünf weiteren Garagen auf seinem Grundstück erhalten. Als er mit den Bauarbeiten beginnt, ist N äußerst verärgert, unternimmt jedoch zunächst nichts. Nach drei Monaten muß er feststellen, daß die Garagen in einer Länge von über 8 m an sein Grundstück angrenzen. N hat daraufhin gegen die Genehmigung Widerspruch erhoben, der mit der Begründung zurückgewiesen wurde, die Abstandsflächenregelung der LBauO sei eingehalten. Durch die Anordnung der Garagen würden auch keine unzumutbaren Belästigungen hervorgerufen, denn die Grundstücke lägen ohnehin an einer Hauptverkehrsstraße, so daß durch den zusätzlichen An- und Abfahrtverkehr keine nennenswerte Verschlechterung der Immissionssituation eintrete. Die in einem Wohngebiet zulässigen Immissionsgrenzwerte würden nicht überschritten.
N hat nunmehr Klage vor dem VG erhoben und macht geltend, daß in der näheren Umgebung keinerlei Garagengrundstücke vorhanden seien. Der Stellplatzbedarf des Wohnhauses des E werde im übrigen bereits durch die vorhandene Garage und die zusätzlichen Stellplätze gedeckt. Wie wird das Verwaltungsgericht entscheiden?

(A) **Zulässigkeit der Klage**

(I) Der **Verwaltungsrechtsweg** ist für die Streitigkeit auf dem Gebiet des öffentlichen Baurechts gem. § 40 Abs. 1 VwGO eröffnet.

(II) Da sich der Nachbar gegen einen ihn belastenden VA wehrt, ist die **Anfechtungsklage** (§ 42 Abs. 1 VwGO) statthaft.

Es handelt sich um einen sog. **VA mit Doppelwirkung** (besser Drittwirkung). Die Baugenehmigung begünstigt den Bauherrn und belastet zugleich den Nachbarn.

(III) Die Anfechtungsklage ist allerdings nur zulässig (§ 42 Abs. 2 VwGO), wenn der Nachbar geltend machen kann, durch die Baugenehmigung in seinen subjektiven öffentlichen Rechten verletzt zu sein (sog. **Klagebefugnis**). Das ist dann der Fall, wenn die Baugenehmigung möglicherweise gegen eine **nachbarschützende Vorschrift** verstößt.

(1) N kann zunächst geltend machen, daß die Baugenehmigung gegen die **LBauO** verstößt, wonach durch die Anordnung der Garagen keine unzumutbaren Lärm- und Abgasbelästigungen hervorgerufen werden dürfen (vgl. zB Art 52 Abs. 6 BayBO, § 51 Abs. 8 BauO NW, § 49 Abs. 10 Sächs BO). Da diese Vorschrift auch den Interessen des Nachbarn zu dienen bestimmt ist, beinhaltet sie ein subjektives Abwehrrecht für den Nachbarn.

VGH Mannheim NVwZ-RR 1996, 254; NVwZ-RR 1991, 287 u. 288; OVG Bautzen LKV 1997, 103; BayVGH NVwZ-RR 1995, 9; Finkelnburg/Ortloff II § 17 II 8, S. 242; Gädtke/Böckenförde/Temme/Heintz BauO NW § 51 Rdn 131 mwN.

(2) **Planungsrechtlich** kann N sich auf **§ 34 BauGB** berufen. Zwar hat die Vorschrift unmittelbar keine nachbarschützende Funktion, da sie in erster Linie einer geordneten städtebaulichen Entwicklung des unbeplanten Innenbereichs dient. Einfügen kann sich ein Vorhaben nach st. Rspr aber nur, wenn es die gebotene Rücksicht auf die vorhandene Nachbarbebauung nimmt.

BVerwG ZfBR 1996, 104; BVerwGE 89, 69, 76; 55, 369, 381; OVG NW NVwZ 1988, 376, 377; Finkelburg/Ortloff II § 17 I 7, S. 235; Hoppe/Grotefels § 17 Rdn 36; Brohm § 20 Rdn 21; Battis/Krautzberger/Löhr BauGB § 31 Rdn 78 mwN.

Dieses **Rücksichtnahmegebot** entfaltet subjektiv-rechtliche Wirkung, wenn in qualifizierter und zugleich individualisierter Weise auf schutzwürdige Interessen eines erkennbar abgegrenzten Kreises Dritter Rücksicht zu nehmen ist.

BVerwG NJW 1994, 1546, 1547; NJW 1992, 2170; NJW 1990, 1192, 1193 mwN.

Da aufgrund der unmittelbaren Angrenzung an das Grundstück des E ein Verstoß gegen das Rücksichtnahmegebot zumindest möglich ist und N dadurch individuell und in erheblicher Weise betroffen ist, kann auch insoweit die Klagebefugnis gem. § 42 Abs. 2 VwGO bejaht werden. Diese fehlt nämlich nur dann, wenn von vornherein und nach jeder Betrachtungsweise ausgeschlossen ist, daß dem Kläger ein subjektives Recht zusteht und er in diesem Recht durch die Baugenehmigung verletzt ist.

BVerwG NVwZ 1995, 1200; DVBl 1995, 47; NVwZ 1994, 999; Bosch/Schmidt § 25 III 2, S. 123; Kopp VwGO § 42 Rdn 39 mwN.

(IV) Vor Klageerhebung muß grds. ein **Widerspruchsverfahren** ordnungsgemäß durchgeführt worden sein (§ 68 Abs. 1 VwGO).

Etwas anderes gilt nach § 68 Abs. 1 S. 2 Nr. 2 VwGO, wenn die Baugenehmigung in einem vorangegangenen Widerspruchsverfahren erteilt wurde. **Beispiel:** Bauherr B hat gegen die Ablehnung der von ihm beantragten Baugenehmigung Widerspruch erhoben. Im Widerspruchsverfahren wird die Baugenehmigung erteilt. – Nachbar N kann den Abhilfebescheid oder den Widerspruchsbescheid (§ 79 Abs. 1 Nr. 2 VwGO) ohne erneutes Vorverfahren (§ 68 Abs. 1 S. 2 Nr. 2 VwGO) anfechten.

Probleme bereitet bei Nachbarrechtsbehelfen häufig die Einhaltung der **Widerspruchsfrist**.

Das Gericht muß die Einhaltung der Widerspruchsfrist **von Amts wegen** prüfen, da es sich um eine mittelbare Sachurteilsvoraussetzung der Klage handelt. Ist der Widerspruch verfristet, so ist nach hM auch die Klage unzulässig (OVG NW OVGE 44, 179, 180; Kopp VwGO § 70 Rdn 6; aA Redeker/vOertzen § 68 Rdn 7: Klage unbegründet, da VA bestandskräftig).

Zwar ist nach hRspr eine „Heilung" der Verfristung anzunehmen, wenn die Widerspruchsbehörde sich nicht auf den Fristablauf beruft, sondern in der Sache entscheidet. Dies gilt jedoch nicht für Drittwidersprüche (BVerwG NVwZ 1983, 32, 33 u. 285; Kopp VwGO § 70 Rdn 9; dazu AS-Skriptum VerwaltungsR AT 2 [1997], S. 369).

(1) Ist dem Nachbarn die Baugenehmigung **amtlich bekanntgegeben** worden, gilt die Monatsfrist des § 70 Abs. 1 VwGO. Fehlt es, wie hier, an einer solchen Bekanntgabe gegenüber dem Nachbarn, läuft für ihn weder die Frist des § 70 noch die Jahresfrist des § 58 Abs. 2 VwGO. § 58 Abs. 2 VwGO sanktioniert nur das Fehlen einer ordnungsgemäßen Rechtsbehelfsbelehrung. Fehlt es dagegen an der Bekanntgabe, wird keine Frist in Lauf gesetzt.

(2) Allerdings kann der Nachbar sein Widerspruchsrecht **verwirken** (§ 242 BGB analog). Nach Treu und Glauben muß sich der Nachbar so behandeln lassen, als sei ihm die Genehmigung zugegangen, wenn er hiervon Kenntnis gehabt hat oder hätte haben müssen, zB weil sich ihm das Vorliegen einer Genehmigung bei Beginn der Bauarbeiten aufdrängen mußte. Aufgrund des Rechtsgedankens des § 58 Abs. 2 VwGO tritt Verwirkung idR ein Jahr nach (möglicher) Kenntniserlangung ein.

BVerwG NVwZ 1997, 994, 995; NVwZ 1994, 896; DVBl 1987, 1276, 1277. Je nach den Umständen des Einzelfalls kann Verwirkung aber auch schon vor Ablauf der Jahresfrist eintreten. Vgl. auch BVerwG NJW 1998, 329: Materielle Abwehrrechte des Nachbarn können auch gegenüber **ungenehmigten** Bauvorhaben verwirkt werden.

Hier hat N bereits drei Monate nach Baubeginn Widerspruch erhoben. Anhaltspunkte, die eine wesentliche Verkürzung der dem Rechtsgedanke des § 58 Abs. 2 VwGO entsprechenden Jahresfrist rechtfertigen könnten, sind nicht ersichtlich. N hat daher das Vorverfahren als Sachurteilsvoraussetzung für die Anfechtungsklage **ordnungsgemäß durchgeführt**.

Da die Entscheidung dem Nachbarn und dem Bauherrn gegenüber nur einheitlich ergehen kann, ist der **Bauherr** bei der Nachbarklage stets **notwendig beizuladen** (§ 65 Abs. 2 VwGO). Denn die Anfechtungsklage des Nachbarn kann nur Erfolg haben, wenn nachbarschützende Vorschriften verletzt sind. Ist dies nicht der Fall, wird die Klage abgewiesen, selbst wenn die Baugenehmigung wegen Verstoßes gegen andere (nicht nachbarschützende) Vorschriften rechtswidrig sein sollte.

(B) **Begründetheit der Klage**

Begründet ist die Klage, wenn die Baugenehmigung rechtswidrig und der Nachbar dadurch in seinen Rechten verletzt ist (§ 113 Abs. 1 S. 1 VwOG), m.a.W. wenn die Baugenehmigung gegen **nachbarschützende Vorschriften** verstößt.

Entscheidungserheblicher Zeitpunkt ist anders als bei sonstigen Anfechtungsklagen nicht der Erlaß des Widerspruchsbescheides, sondern grds. die Erteilung der Baugenehmigung. Eine dem Bauherrn in diesem Zeitpunkt zustehende Rechtsposition darf wegen Art 14 GG nachträglich nicht ohne ausdrückliche Rechtsgrundlage entzogen werden (vgl. auch § 14 Abs. 3 BauGB). Zwischenzeitlich eingetretene Rechts- oder Tatsachenänderungen zum Nachteil des Bauherrn dürfen daher im Anfechtungsprozeß des Nachbarn nicht berücksichtigt werden (BVerwG NJW 1970, 263; DVBl 1978, 614, 615; VGH Mannheim VBlBW 1995, 481, 483). **Zugunsten** des Bauherrn sind dagegen auch bei der Nachbarklage grds. alle Änderungen bis zur gerichtlichen Entscheidung zu berücksichtigen (BVerwG NVwZ 1986, 205, 206; BayVBl 1992, 221).

Ist die Baugenehmigung zwar objektiv rechtswidrig, ohne zugleich gegen nachbarschützende Vorschriften zu verstoßen, ist die Anfechtungsklage des Nachbarn unbegründet. Denn der Nachbar hat **keinen allgemeinen Gesetzesvollziehungsanspruch**.

Besteht die Nachbarrechtsverletzung nur hinsichtlich eines Teils des Bauvorhabens, so ist umstritten, ob die Klage nur teilweise (so OVG Berlin DVBl 1993, 120, 121) oder insgesamt begründet ist (so die hM, vgl. VGH Mannheim VBlBW 1983, 266, 268). – **Beispiel:** Dem B war eine Baugenehmigung für ein Wohnhaus mit 8 Pkw-Stellplätzen erteilt worden. Nachbarn N hatte nach erfolglosem Vorverfahren Anfechtungsklage erhoben. Das VG kommt zu dem Ergebnis, daß die Baugenehmigung an sich rechtmäßig ist, von der genehmigten Anordnung der Stellplätze jedoch unzumutbare Belästigungen für N ausgehen. – Nach hM ist das Vorhaben als solches rechtswidrig und die Baugenehmigung insgesamt aufzuheben, während nach der Gegenansicht nur der den Nachbarn beeinträchtigende Teil der Baugenehmigung aufgehoben wird (kritisch Pietzcker NVwZ 1995, 15, 19).

Die Baugenehmigung ist daher nur hinsichtlich der **nachbarschützenden Vorschriften** zu überprüfen.

(I) **Bauordnungsrechtlich** müssen Garagen und Stellplätze so angeordnet werden, daß ihre Benutzung die Gesundheit nicht schädigt und Lärm und Gerüche das Arbeiten und Wohnen sowie die Ruhe und die Erholung in der Umgebung nicht erheblich stören (vgl. zB Art 52 Abs. 6 BayBO, § 51 Abs. 8 BauO NW, § 49 Abs. 10 SächsBO). Hiergegen ist nach dem Sachverhalt nicht verstoßen worden. Auch im übrigen sind die bauordnungsrechtlichen Nachbarrechte, insb. die Vorschriften über die Abstandsflächen gewahrt.

(II) **Bauplanungsrechtlich** könnte das **Gebot der Rücksichtnahme** als Bestandteil des Merkmals „einfügen“ iSd § 34 Abs. 1 BauGB verletzt sein.

Welche Anforderungen das Gebot der Rücksichtnahme stellt, hängt wesentlich von den jeweiligen Umständen des Einzelfalles ab. Dabei sind die Auswirkungen der erstrebten Nutzung, das Interesse des Nachbarn an einer Verhinderung der Beeinträchtigungen und Nachteile, die Schutzwürdigkeit des Betroffenen, die Intensität der Beeinträchtigungen, die Interessen des Bauherrn und das, was beiden Seiten billigerweise zumutbar oder unzumutbar ist, gegeneinander **abzuwägen**.

BVerwG NJW 1992, 2170, 2171; NVwZ 1992, 884; OVG Berlin LKV 1993, 203; OVG NW NVwZ 1993, 1003; vgl. bereits oben S. 96 f.

Feste Regeln lassen sich dabei nicht aufstellen. Maßgebend sind vielmehr die **Umstände des Einzelfalles**. Je empfindlicher und schutzwürdiger die Stellung dessen ist, auf den Rücksicht zu nehmen ist, um so mehr kann an Rücksicht verlangt werden. Je verständlicher und unabweisbarer die mit dem Vorhaben verfolgten Interessen sind, um so weniger braucht der Bauherr Rücksicht zu nehmen. Bei dieser **situationsbedingten Interessenabwägung** sind insb. bestehende Vorbelastungen zu berücksichtigen.

BVerwG DVBl 1996, 40, 42; DVBl 1993, 652, 653; NJW 1992, 2170, 2171; OVG NW NVwZ 1988, 377, 378; allgemein zur Berücksichtigung der Vorbelastung Sarnighausen NJW 1994, 1375 ff.

Danach ist hier der aus dem Rücksichtnahmegebot folgende Drittschutz nicht verletzt. Die Immissionen überschreiten nicht das Maß, das in einem Wohngebiet zulässig ist, und sind auch im übrigen zumutbar. Denn die Straße ist durch den Verkehr bereits erheblich vorbelastet, so daß durch die Benutzung der Garagen keine **unzumutbare Verschlechterung** der Immissionslage eintritt.

(III) Über **§ 34 Abs. 2 BauGB** kommt im vorliegenden Fall aber § 4 BauNVO zur Anwendung, da die nähere Umgebung einem **allgemeinen Wohngebiet** entspricht. § 4 wird bzgl. Garagen durch § 12 Abs. 2 BauNVO ergänzt. Danach sind in (reinen und allgemeinen) Wohngebieten Stellplätze und Garagen nur für den durch die zugelassene **Nutzung verursachten Bedarf** zulässig. Dagegen verstößt die hier vorliegende Genehmigung von Garagen, die nicht dem grundstücksbezogenen Bedarf dienen. Fraglich ist jedoch, ob sich aus der Verweisung in § 34 Abs. 2 BauGB auf die BauNVO hier über § 34 Abs. 1 BauGB hinausgehender **Nachbarschutz** ableiten läßt.

(1) Dies ist vom BVerwG ursprünglich verneint worden. Die Vorschriften der BauNVO seien nicht unmittelbar drittschützend. Nicht die Definition der Baugebiete, sondern allein die jeweiligen Festsetzungen des BPlans könnten Drittschutz vermitteln.

BVerwG BayVBl 1986, 248, 249 (zu § 34 Abs. 3 BBauG a.F.); ebenso zu § 34 Abs. 2 BauGB BayVGH NVwZ-RR 1992, 60 f; VGH Mannheim NVwZ-RR 1993, 533 und die früher ganz hM, vgl. die Nachw. bei Schmidt-Preuß DVBl 1994, 288, 290.

(2) Demgegenüber stellt die Rspr heute darauf ab, daß Festsetzungen bzgl. der Art der baulichen Nutzung generell nachbarschützend sind, und zwar unabhängig vom Willen der planenden Gemeinde. Bauplanungsrechtlicher Nachbarschutz im Bereich eines BPlans beruht auf dem Gedanken des **wechselseitigen Austauschverhältnisses**. Weil und soweit der Eigentümer eines Grundstücks bei dessen Ausnutzung öffentlich-rechtlichen Beschränkungen unterworfen ist, kann er deren Beachtung grds. auch im Verhältnis zum Nachbarn durchsetzen. Der Hauptanwendungsfall für diesen Grundsatz im Bauplanungsrecht sind die Festsetzungen des BPlans über die Art der baulichen Nutzung. Durch sie werden die Planbetroffenen im Hinblick

auf die Nutzung ihrer Grundstücke zu einer rechtlichen **Schicksalsgemeinschaft** verbunden. Die Beschränkung der Nutzungsmöglichkeiten des eigenen Grundstücks wird dadurch ausgeglichen, daß auch die anderen Grundeigentümer diesen Beschränkungen unterworfen sind.

BVerwG DVBl 1997, 61, 63; VBlBW 1996, 12; DVBl 1994, 284, 285; Schmidt-Preuß DVBl 1994, 288, 289; Mampel DVBl 1994, 1053, 1055; Niere DVBl 1997, 65; Konrad JA 1997, 505, 506 mwN.

(3) Diese Überlegungen gelten uneingeschränkt auch im Rahmen des **§ 34 Abs. 2 BauGB**, da der Nachbarschutz im Planbereich und in typisierten faktischen Gebieten identisch ist.

BVerwG NVwZ 1997, 902, 903; NVwZ-RR 1997, 463, 464; DVBl 1994, 284, 286; OVG NW NVwZ 1996, 921, 922; BauR 1996, 821; OVG Schleswig NVwZ-RR 1995, 252; Hoppenberg H Rdn 185 mwN.

Begründen läßt sich die Gleichstellung damit, daß wegen des oben beschriebenen Austauschverhältnisses die §§ 2 ff BauNVO nicht nur in ihrem objektivrechtlichen Gehalt, sondern auch „subjektivrechtlich angereichert" zum Tatbestandselement des § 34 Abs. 2 BauGB erhoben werden. Dies rechtfertigt sich auch insoweit aus dem – hier faktischen – Austauschverhältnis. In beiden Fällen besteht eine rechtliche Verflechtung der kollidierenden Privatinteressen der Grundstückseigentümer.

Schmidt-Preuß DVBl 1994, 288, 290; Ortloff NVwZ 1995, 436, 440; Mampel DVBl 1994, 1053, 1057. Hierdurch bestätigt sich auch die Funktion der BauNVO als „Ersatzbebauungsplan", und zwar nicht nur in objektiv-rechtlicher Hinsicht (dazu oben S. 59), sondern auch im Rahmen der subjektiven Abwehrrechte des Nachbarn.

Damit ist § 34 Abs. 2 BauGB iVm der nach BauNVO zulässigen **Art der baulichen Nutzung** generell nachbarschützend. Der Nachbar kann jede artfremde Nutzung abwehren, weil hierdurch das nachbarliche Austauschverhältnis gestört und eine Verfremdung des Gebietes eingeleitet wird.

BVerwG NVwZ-RR 1997, 463, 464: „Der Nachbarschutz aus der Festsetzung eines Baugebiets und vergleichsweise jener nach § 34 Abs. 2 BauGB geht weiter als der Schutz aus dem Rücksichtnahmegebot … Dieser setzt voraus, daß der Nachbar in unzumutbarer Weise konkret in schutzwürdigen Interessen betroffen wird. Auf die Bewahrung der Gebietsart hat der Nachbar einen Anspruch jedoch auch dann, wenn das baugebietswidrige Vorhaben im jeweiligen Einzelfall noch nicht zu einer tatsächlich spürbaren und nachweisbaren Beeinträchtigung des Nachbarn führt."

Zustimmend Mampel DVBl 1994, 1053, 1057; Schmidt-Preuß DVBl 1994, 288, 290: Rspr wird möglicherweise „dammbruchartig" eine Welle von Drittanfechtungsklagen auslösen, da sich Nachbarn nunmehr auch gegen eine „schleichende Gebietsverschlechterung" wehren können (und müssen, wenn sie sich nicht später die veränderte Gebietsstruktur entgegenhalten lassen wollen).

(4) Die zulässige bauliche Nutzung wird hierbei in erster Linie durch die Absätze 2 der §§ 2 ff BauNVO festgelegt, ergänzend gelten die §§ 12–14 BauNVO. Auch diese Vorschriften betreffen die Art der baulichen Nutzung in den einzelnen Baugebieten und sind daher ebenfalls **unmittelbar nachbarschützend**.

BVerwG DVBl 1994, 284, 286; NVwZ 1996, 787, 788; NVwZ 1997, 902, 903; ebenso Ernst/Zinkahn/Bielenberg BauGB § 31 Rdn 161; Gelzer/Birk Rdn 979; Fickert/Fieseler BauNVO § 12 Rdn 8; Hoppenberg H Rdn 281 mwN.

Daher kann der Nachbar – unabhängig von Art und Ausmaß der Beeinträchtigungen – geltend machen, daß die Garagen über den durch die zugelassene Nutzung verursachten Bedarf hinausgehen (§ 12 Abs. 2 BauNVO). Da der Bedarf des auf dem Grundstück des E befindlichen Zweifamilienhauses bereits zuvor gedeckt war, ist die Genehmigung weiterer Garagen wegen Verstoßes gegen § 12 Abs. 2 BauNVO rechtswidrig. Da die Vorschrift unmittelbar nachbarschützend ist, ergibt sich daraus eine Rechtsverletzung bei N. Seine Anfechtungsklage ist **begründet**.

– – –

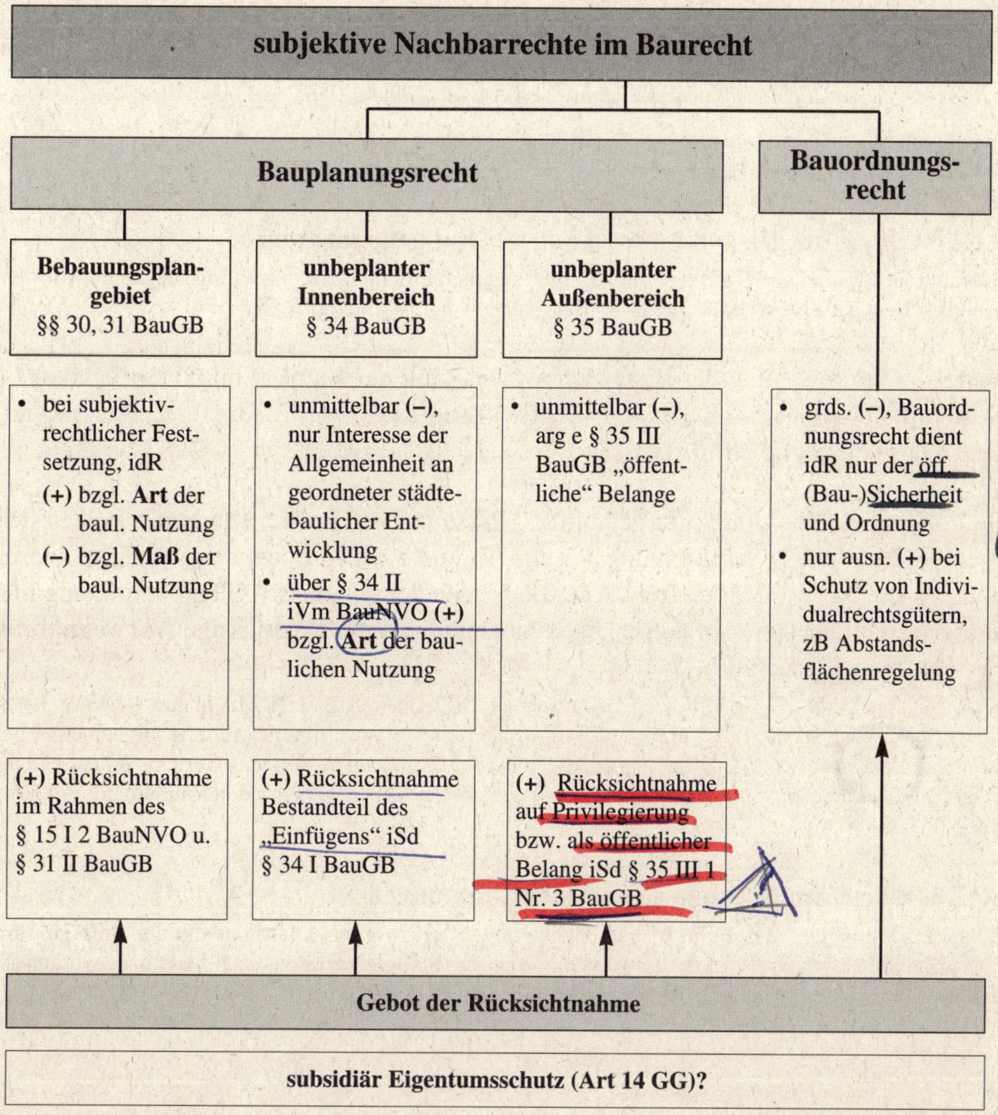

8. Rechtsschutz im Bauordnungsrecht

Rechtsschutz im Bauordnungsrecht

- Rechtsschutz des **Bauherrn**
  - gegen die Versagung der Baugenehmigung
  - isolierte Anfechtung von Nebenbestimmungen
  - bei freigestellten bzw. anzeigepflichtigen Bauvorhaben
  - gegen Bauordnungsverfügungen
- Rechtsschutz des **Nachbarn**
  - gegen die Erteilung der Baugenehmigung
  - im vereinfachten Genehmigungsverfahren
  - bei freigestellten bzw. anzeigepflichtigen Bauvorhaben
  - auf Erlaß von Bauordnungsverfügungen

8.1 Rechtsschutz des Bauherrn

8.1.1 Rechtschutz gegen die Versagung der Baugenehmigung

Beispiel: Der Antrag des B auf Erteilung einer Baugenehmigung ist (rechtswidrig) abgelehnt worden, nachdem Nachbarn N im behördlichen Verfahren Einwendungen erhoben hat.

I) Gegen die Versagung der Baugenehmigung kann der Bauherr mit (Verpflichtungs-) **Widerspruch** und anschließender **Verpflichtungsklage** (§ 42 Abs. 1, 2. Alt VwGO) vorgehen (vgl. oben Fälle 3 ff).

II) **Vorläufiger Rechtsschutz** gegen die Versagung der Baugenehmigung richtet sich nach **§ 123 VwGO** (Verpflichtungsbegehren), und zwar in Form der Regelungsanordnung (§ 123 Abs. 1 S. 2 VwGO). Allerdings scheidet eine einstweilige Anordnung idR aus, da eine auch nur vorläufige Baugenehmigung eine **unzulässige Vorwegnahme der Hauptsache** darstellt.

OVG Lüneburg NVwZ 1994, 80; OVG Bautzen NVwZ 1994, 81; VGH Mannheim VBlBW 1992, 179; OVG Berlin NVwZ 1991, 1198. Möglich ist aber eine einstweilige Anordnung, binnen einer bestimmten Frist über den Bauantrag unter Beachtung der Rechtsauffassung des Gerichts erneut zu entscheiden (zB um einen von der Behörde geltend gemachten Versagungsgrund auszuräumen); vgl. Ortloff NVwZ 1996, 647, 651.

8.1.2 Isolierte Anfechtung von Nebenbestimmungen

Beispiel: Dem B ist die beantragte Baugenehmigung erteilt worden, allerdings mit der Auflage, fünf Stellplätze zu errichten. B ist der Auffassung, daß der Stellplatzbedarf falsch berechnet worden ist und möchte sich ausschließlich dagegen wehren.

Ist die Baugenehmigung mit belastenden Nebenbestimmungen erteilt worden, stellt sich die Frage, ob der Bauherr die Nebenbestimmungen isoliert anfechten oder ob er sein Ziel nur mit einer Verpflichtungsklage auf uneingeschränkte Genehmigung erreichen kann. Während teils eine **isolierte Anfechtungsklage** gegen Nebenbestimmungen generell für unzulässig erachtet wird, teils nach der Art der Nebenbestimmungen oder der Art des Haupt-VA differenziert wird, wird heute zunehmend die Auffassung vertreten, daß grds. **jede Nebenbestimmung** isoliert angefochten werden kann, wenn sie vom Haupt-VA logisch teilbar ist.

BVerwG NVwZ-RR 1996, 20; BVerwGE 60, 269, 278; OVG NW NVwZ 1993, 488; DVBl 1992, 920; Erichsen § 15 Rdn 33; Hufen § 14 Rdn 67; Erichsen Jura 1994, 476, 477 mwN. Ob der VA ohne Nebenbestimmung „sinnvoller- und rechtmäßigerweise“ bestehenbleiben kann, ist demgegenüber eine Frage der Begründetheit der Klage. Nur wenn eine isolierte Anfechtung aus logischen Gründen „von vornherein und offensichtlich“ ausscheidet, ist die Anfechtungsklage ausnahmsweise bereits unzulässig. Ein solcher Ausnahmefall wird von der Rspr zB bei der sog. modifizierenden Auflage bejaht. Vgl. zu den Einzelheiten AS-Skriptum VerwaltungsR AT 1 (1996), S. 186 ff.

8.1.3 Rechtsschutz bei freigestellten bzw. anzeigepflichtigen Bauvorhaben

Beispiele: Bauherr B will ein nach seiner Auffassung nicht genehmigungspflichtiges Bauvorhaben verwirklichen. Da die Behörde der Ansicht ist, aufgrund der Ausmaße des Baukörpers sei ein Genehmigungsverfahren erforderlich, hat sie den Beginn der Bauarbeiten untersagt. – Bei der Bauzustandsbesichtigung eines lediglich anzeigepflichtigen Bauvorhabens wird festgestellt, daß Sicherheitsvorschriften nicht eingehalten werden. Die Behörde hat daher die Bauarbeiten vorläufig stillgelegt.

Ist die Behörde der Auffassung, das die Ausführung eines nicht genehmigungspflichtigen Vorhabens (formell oder materiell) baurechtswidrig ist, so kann sie zur Verhinderung des Baubeginns eine **Untersagungsverfügung** erlassen oder zur Verhinderung der Fortführung der Bauarbeiten deren **Stillegung** verfügen.

Der Bauherr kann dagegen **Widerspruch** und **Anfechtungsklage** erheben, die nach § 80 Abs. 1 S. 1 VwGO aufschiebende Wirkung entfalten. Der Ausschlußgrund nach § 212 a Abs. 1 BauGB gilt nur für „bauaufsichtliche Zulassungen“, nicht dagegen für Bauordnungsverfügungen.

In der Praxis ist es jedoch die Regel, daß die Behörde in diesen Fällen gem. § 80 Abs. 2 S. 1 Nr. 4 VwGO die sofortige Vollziehung anordnet, so daß ein gerichtliches Eilverfahren nach § 80 Abs. 5 VwGO auf Wiederherstellung der aufschiebenden Wirkung der Rechtsbehelfe erforderlich ist.

8.1.4 Rechtsschutz gegen Bauordnungsverfügungen

Beispiele: Gegen den Schwarzbau des B ist eine Stillegungsverfügung erlassen worden. Außerdem hat die Behörde den Abriß einer materiell baurechtswidrig errichteten Garage verfügt.

Die vorstehenden Überlegungen gelten entsprechend bei sonstigen Bauordnungsverfügungen (Nutzungsuntersagungen, Abrißverfügungen), gegen die der Bauherr ebenfalls mit Widerspruch, Anfechtungsklage und ggf. Antrag nach § 80 Abs. 5 VwGO vorgehen kann.

Dabei geht die Rspr davon aus, daß wegen der irreparablen Nachteile idR kein überwiegendes öffentliches Interesse an der sofortigen Vollziehung einer Abrißverfügung besteht (OVG NW NWVBl 1996, 134 und oben S. 88).

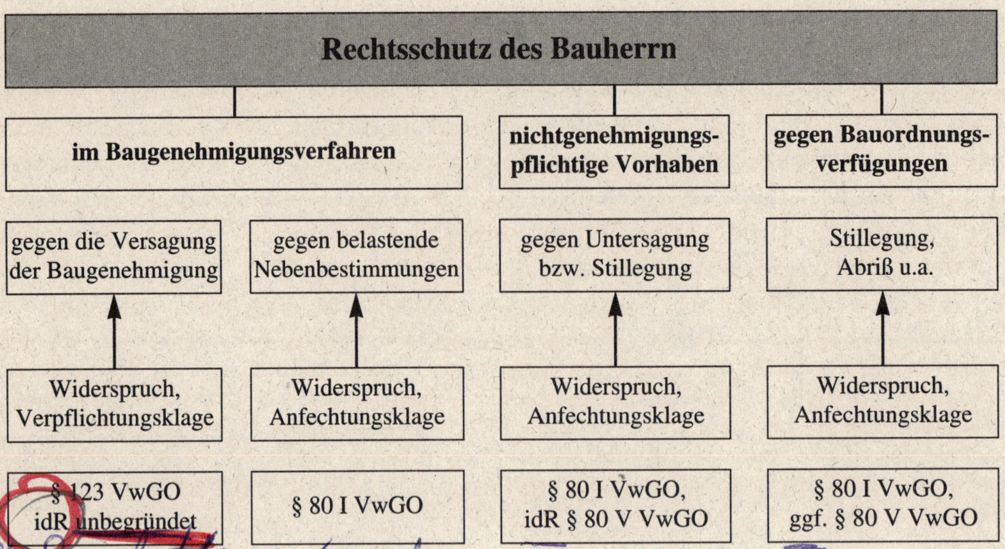

8.2 Rechtsschutz des Nachbarn

8.2.1 Rechtsschutz gegen die Erteilung einer Baugenehmigung

Beispiel: Dem Bauherrn B ist eine Genehmigung unter Befreiung von nachbarschützenden Vorschriften erteilt worden. Nachbar N will das Vorhaben gleichwohl verhindern.

I) Will der Nachbar verhindern, daß der Bauherr eine ihm erteilte Baugenehmigung ausnutzt, so kann er dagegen (Anfechtungs-)Widerspruch und **Anfechtungsklage** erheben. Die Rechtsbehelfe sind allerdings gem. § 42 Abs. 2 VwGO nur zulässig, soweit der Nachbar geltend machen kann, daß die Baugenehmigung gegen nachbarschützende Vorschriften verstößt (s.o. Fall 10).

Eine vorbeugende Unterlassungsklage auf Verhinderung der Erteilung der Baugenehmigung wird dagegen idR unzulässig sein. Hierfür ist ein qualifiziertes Rechtsschutzbedürfnis erforderlich, das nur zu bejahen ist, wenn ein Abwarten des VA unzumutbar ist (OVG Schleswig NVwZ 1994, 918; VGH Mannheim DVBl 1994, 1250). Daran fehlt es bei Baugenehmigungen, da diese auch nach ihrem Erlaß mit Widerspruch und Anfechtungsklage hinreichend effektiv angefochten werden können.

II) **Vorläufiger Rechtsschutz**

Da Nachbarrechtsbehelfe gegen Baugenehmigungen gem. § 80 Abs. 2 S. 1 Nr. 3 VwGO iVm § 212 a Abs. 1 BauGB generell keine aufschiebende Wirkung entfalten, steht in der Praxis der **vorläufige Rechtsschutz** im Vordergrund. Der Nachbar kann gem. § 80 a Abs. 1 Nr. 2 VwGO bei der Behörde die Aussetzung der Vollziehung und (wahlweise) gem. § 80 a Abs. 3 iVm § 80 Abs. 5 VwGO die Anordnung der aufschiebenden Wirkung seines Rechtsbehelfs beantragen.

Der Antrag ist begründet, wenn das Suspensivinteresse des Nachbarn das Vollzugsinteresse des Bauherrn überwiegt. Das ist der Fall, wenn die Baugenehmigung wegen Verstoßes gegen nachbarschützende Vorschriften offensichtlich rechtswidrig ist (VGH Kassel NVwZ 1995, 1010, 1011; OVG NW NVwZ 1993, 279, 280; OVG Hamburg NVwZ 1992, 1212, 1213). Nach § 80 a Abs. 1 Nr. 2, 2. HS VwGO kann der Nachbar des weiteren einstweilige Maßnahmen zur Sicherung seiner Rechte erstreben (zB vorläufige Stillegung der Bauarbeiten).

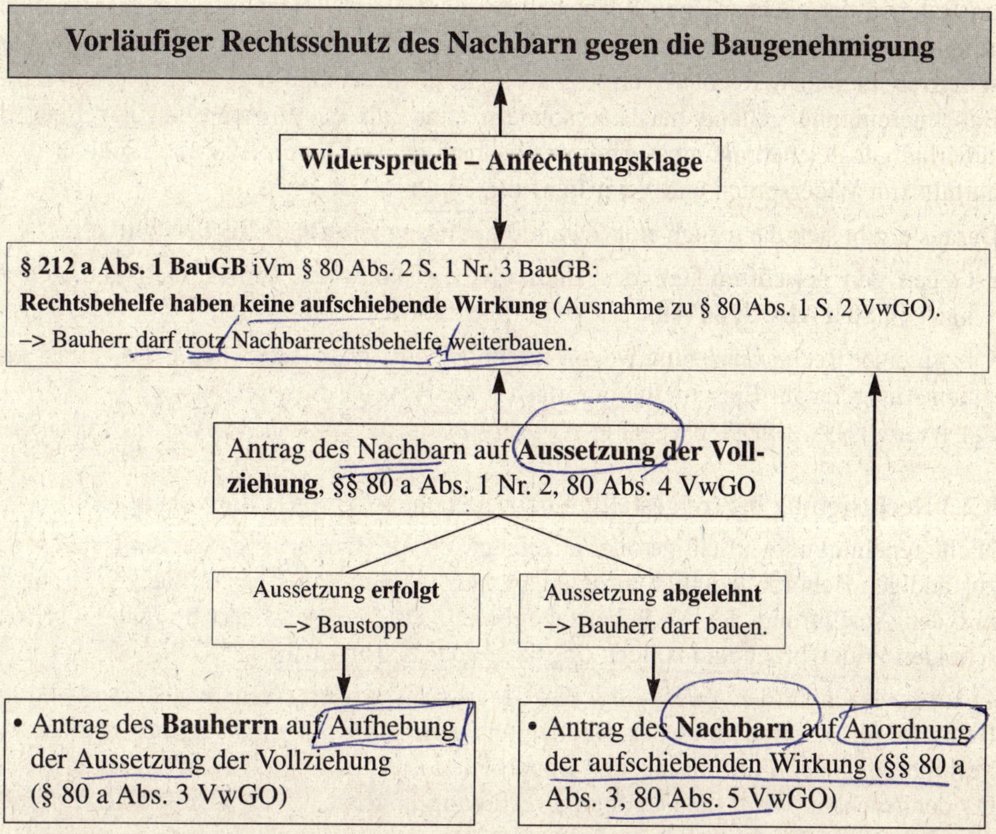

Beachte: Der seit dem 01.01.1998 geltende **§ 212 a Abs. 1 BauGB** schließt die aufschiebende Wirkung bei jeder Art von Baugenehmigung aus und geht über die frühere Regelung des § 10 Abs. 2 BauGMaßnG hinaus, der nur Wohnbauvorhaben erfaßte. – In den neuen Bundesländern haben Drittwidersprüche nach dem RMBeschrG (Sartorius 600 a) bis zum 31.12.2002 generell keine aufschiebende Wirkung (also nicht nur bei Baugenehmigungen, sondern auch bei Genehmigungen nach dem BImSchG, KrW-/AbfG etc.).

8.2.2 Rechtsschutz des Nachbarn im vereinfachten Genehmigungsverfahren

Im vereinfachten Genehmigungsverfahren ist der **Prüfungsumfang** der Baubehörde und damit der Regelungsgehalt der Baugenehmigung **reduziert**. Geprüft wird regelmäßig nur das Bauplanungsrecht und die Kernvorschriften des Bauordnungsrechts. Einige LBauOen bestimmen sogar, daß die Baugenehmigung nach Ablauf einer bestimmten Frist als erteilt gilt (sog. fiktive Baugenehmigung, zB § 62 a Abs. 3 S. 5 SächsBO). Da hier – wie im herkömmlichen Verfahren – eine Genehmigung erteilt wird bzw. als erteilt gilt, kann der Nachbar dagegen Widerspruch und **Anfechtungsklage** erheben.

Die Rechtsbehelfe haben allerdings nach § 212 a Abs. 1 BauGB keine aufschiebende Wirkung. Der Nachbar kann dann Aussetzung der Vollziehung bzw. Anordnung der aufschiebenden Wirkung beantragen (§ 80 a Abs. 1 Nr. 2, Abs. 3 VwGO).

Im Rahmen der nachbarlichen Rechtsbehelfe wird nur die **Regelung** der Baugenehmigung überprüft. Sieht sich der Nachbar durch einen Verstoß gegen **nicht geprüfte Vorschriften** in seinen Rechten verletzt, so kann er dies nicht gegen die (vereinfachte) Baugenehmigung geltend machen, sondern kann nur ein Einschreiten der Behörde außerhalb des Genehmigungsverfahrens beanspruchen. Diesen Anspruch muß er dann notfalls mit Widerspruch und **Verpflichtungsklage** durchsetzen.

Daraus ergibt sich dann auch eine Zweiteilung des **vorläufigen Rechtsschutzes:**

- Gegen den **geprüften** Teil des Bauvorhabens kommen Widerspruch und Antrag nach **§§ 80 a Abs. 3, 80 Abs. 5 VwGO** in Betracht,
- bzgl. einer Rechtsverletzung wegen des **nicht geprüften Teils** kann der Nachbar seinen Anspruch auf Einschreiten nur nach **§ 123 VwGO** durchsetzen.

Vgl. BVerwG NVwZ 1998, 58; Uechtritz NVwZ 1996, 640, 647; Degenhart NJW 1996, 1433 ff.

8.2.3 Rechtsschutz bei freigestellten bzw. anzeigepflichtigen Bauvorhaben

Nicht genehmigungspflichtige oder anzeigepflichtige Bauvorhaben hat der Bauherr der zuständigen Behörde lediglich anzuzeigen. Nach Ablauf einer bestimmten Frist darf er mit der Ausführung des Vorhabens beginnen. Da keine Baugenehmigung vorliegt, scheiden Widerspruch und Anfechtungsklage des Nachbarn aus.

1) Ist der Nachbar der Auffassung, daß das Vorhaben baurechtswidrig ist, so kann die Behörde zur Verhinderung des Baubeginns eine **Untersagungsverfügung** oder zur Verhinderung der Fortführung der Bauarbeiten eine **Stillegungsverfügung** erlassen. Da der Nachbar somit eine Ordnungsverfügung erstrebt, ist im Hauptsacheverfahren eine **Verpflichtungsklage** einschlägig.

2) **Vorläufiger Rechtsschutz** richtet sich daher auch nicht nach §§ 80, 80 a VwGO, sondern nach § 123 VwGO.

OVG Bautzen NVwZ 1997, 922; BayVGH NVwZ 1997, 923; OVG NW NVwZ 1993, 383, 384; VG Meiningen NVwZ 1997, 927, 928; VG München NVwZ 1997, 928; Erbguth/Stollmann JZ 1996, 65, 71; Uechtritz NVwZ 1996, 640, 645; Degenhart NJW 1996, 1433, 1436.

3) **Begründet** ist der Antrag, wenn der Nachbar einen **Anspruch auf behördliches Einschreiten** hat. Anspruchsgrundlage ist die behördliche Ermächtigungsgrundlage für Maßnahmen bei Verstoß gegen baurechtliche Vorschriften (s.o. S. 75 f).

a) Allein die Behauptung des Nachbarn, für das Vorhaben sei eine Genehmigung erforderlich, wird idR nicht ausreichen. Die Vorschriften über das **formelle Baurecht** dienen allein einer geordneten städtebaulichen Entwicklung.

OVG Bautzen NVwZ 1997, 922, 922.

Der Nachbar hat daher – ungeachtet dessen, daß die Behörde bereits bei formeller Illegalität einschreiten kann – einen Anspruch (auf ermessensfehlerfreie Entscheidung) nur bei einem Verstoß gegen **materiell nachbarschützende Vorschriften**.

b) In den Fällen, in denen eine Baugenehmigung nicht erforderlich ist, ist allerdings umstritten, ob eine **Ermessensreduzierung** zugunsten des Nachbarn bereits dann eintritt, wenn der Bauherr gegen nachbarschützende Vorschriften verstößt, oder ob weitere Voraussetzungen (insb. besondere Schwere des Verstoßes, besonderes Gewicht der betroffenen Rechte) hinzukommen müssen.

aa) Überwiegend wird darauf abgestellt, daß der Nachbar nicht schlechter stehen dürfe als im herkömmlichen Genehmigungsverfahren. Hier erreiche er nach § 80 a Abs. 1 Nr. 2, Abs. 3 VwGO bereits dann eine Stillegung, wenn die Baugenehmigung gegen nachbarschützende Vorschriften verstoße. Durch den Wegfall der Genehmigung ändere sich materiell hieran nichts, so daß bei einer Verletzung von Nachbarrechten in diesen Fällen grds. ein **Anspruch auf Einschreiten** bestehe.

OVG Bautzen NVwZ 1997, 922, 922; VG München NVwZ 1997, 928, 929; VGH Mannheim BauR 1995, 219, 220: Weil die nachbarliche (Abwehr-)Position durch den Wegfall des präventiven Genehmigungsverfahrens (und der Möglichkeit, sich durch Widerspruchseinlegung zu wehren) entfällt, muß dies durch eine Absenkung der Eingriffsschwelle kompensiert werden; ebenso Uechtritz NVwZ 1996, 640, 643; Ortloff NVwZ 1996, 647, 654; Degenhart NJW 1996, 1433, 1437; ders. SächsVBl 1995, 1, 6.

bb) Nach der Gegenansicht gelten auch hier die allgemeinen Grundsätze. Denn sonst stünde der Bauherr, der keine Baugenehmigung benötigt, schlechter als der sog. Schwarzbauer. Eine Ermessensreduzierung komme nur ausnahmsweise bei einer **schwerwiegenden Gefährdung** wichtiger Rechtsgüter in Betracht.

Simon BayBO Art 70 Rdn 29; Manssen NVwZ 1996, 145, 146; Schmaltz NdsVBl 1995, 241, 247 fordert sogar eine Anhebung der Schwelle für ein Einschreiten, da genehmigungsfreie Vorhaben nach der Intention der LBauO gerade ohne „Einmischung“ der Behörde verwirklicht werden sollen; vgl. auch Brohm § 29 Rdn 24.

Gegen die Argumentation spricht jedoch, daß auch bei rechtswidrigem Bauen ohne Baugenehmigung häufig eine Ermessensreduzierung eingreift (s.u. S. 115 ff).

8.2.4 Rechtsschutz auf Erlaß von Bauordnungsverfügungen

Erstrebt der Nachbar ein bauordnungsbehördliches Einschreiten gegen den Bauherrn, so ist danach zu unterscheiden, ob das Bauvorhaben formell durch eine Baugenehmigung legitimiert ist oder nicht.

I) formell legaler Bau

Beispiel: B errichtet aufgrund einer ihm erteilten Baugenehmigung ein Gebäude innerhalb der Abstandsflächen. Nachbar N erstrebt die Beseitigung des errichteten Baukörpers.

Da die Baugenehmigung den Bau formell legitimiert, muß der Nachbar in diesen Fällen zunächst die ihn belastende Genehmigung durch Widerspruch und **Anfechtungsklage** angreifen. Das Beseitigungsverlangen kann gem. § 113 Abs. 1 S. 2 VwGO als Annex mit dem Anfechtungsantrag verbunden werden.

OVG Saarlouis NVwZ 1983, 685. – **Vorläufigen Rechtsschutz** erlangt N über § 80 a Abs. 1 Nr. 2 iVm Abs. 3 VwGO, der neben der Aussetzung der Vollziehung auch vorläufige Maßnahmen zur Sicherung der Rechte des Dritten vorsieht (zB Verpflichtung der Behörde zur vorläufigen Stillegung). Annexanträge auf Beseitigung sind nach § 80 a Abs. 3 iVm § 80 Abs. 5 S. 3 VwGO möglich.

II) Schwarzbau

Baut der Bauherr ohne die erforderliche Baugenehmigung (sog. Schwarzbau), so kann der Nachbar hier nur ein **behördliches Einschreiten** erstreben (insb. in Form einer Stillegungsverfügung). Es gelten also dieselben Grundsätze wie bei freigestellten bzw. anzeigepflichtigen Vorhaben: Rechtsschutz erlangt der Nachbar durch Antrag auf Einschreiten, Widerspruch gegen die Ablehnung und anschließender **Verpflichtungsklage**. Der vorläufige Rechtsschutz richtet sich nach § 123 VwGO.

Dasselbe gilt, wenn der Bauherr zwar eine Baugenehmigung hat, das Bauvorhaben aber abweichend von der Genehmigung verwirklicht (OVG NW NVwZ 1993, 383, 384). – Zur Frage der Ermessensreduzierung vgl. noch unten Fall 11.

Erläßt die Baubehörde die vom Nachbarn beantragte Ordnungsverfügung, so kann der Bauherr dagegen Widerspruch und Anfechtungsklage erheben (s.o. S. 107). Die Rechtsbehelfe haben grds. aufschiebende Wirkung (§ 80 Abs. 1 VwGO). Der Nachbar kann allerdings nach § 80 a Abs. 2 VwGO die sofortige Vollziehung beantragen (§ 80 Abs. 1 S. 2 Nr. 4 VwGO). Wird dies von der Behörde abgelehnt, kann der Nachbar beim VG die Vollziehungsanordnung erwirken (§ 80 a Abs. 3 VwGO). Hat der Antrag bei der Behörde Erfolg (oder hat die Behörde von sich aus die sofortige Vollziehung angeordnet), so kann der Bauherr nach §§ 80 a Abs. 3, 80 Abs. 5 VwGO die Wiederherstellung der aufschiebenden Wirkung seines Rechtsbehelfs beantragen.

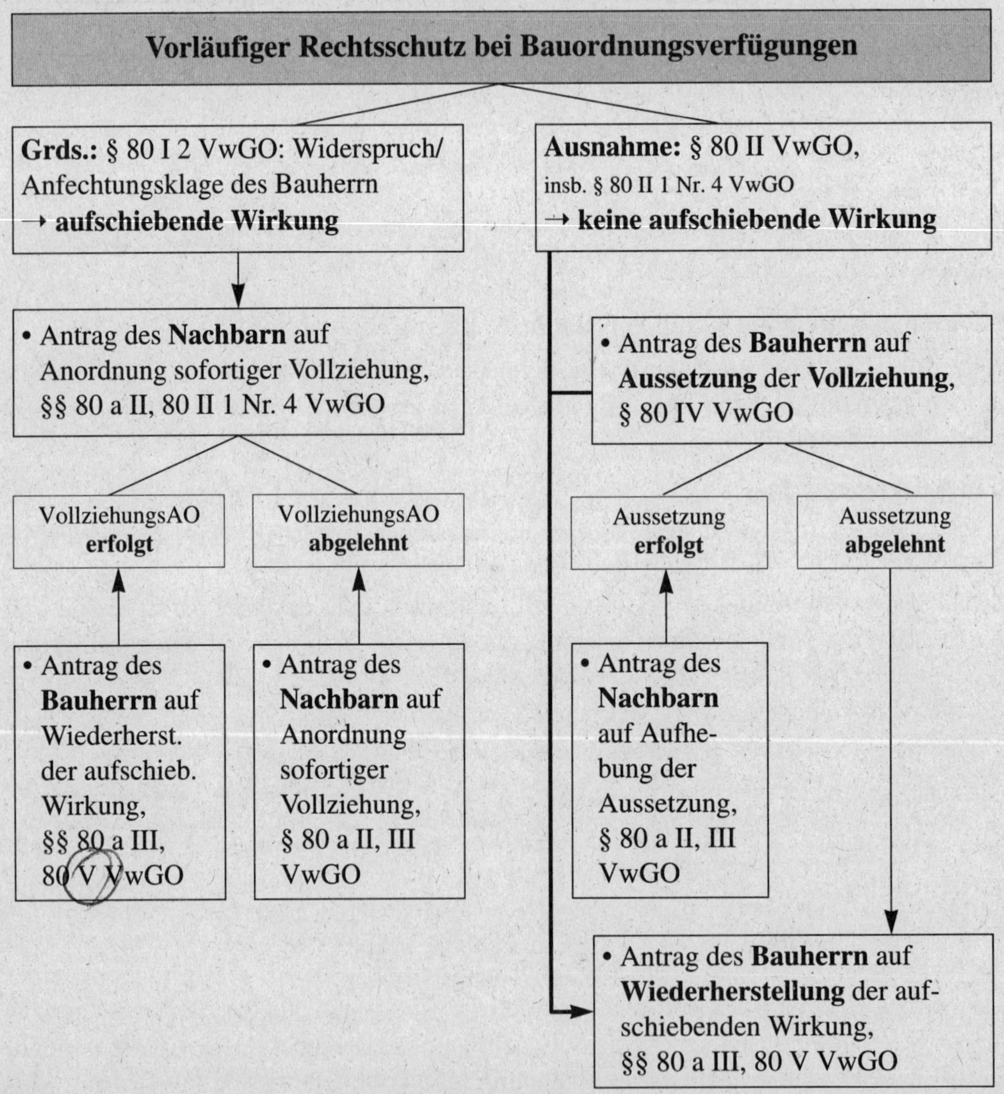

Fall 11: Alles oder nichts

B hat bei der zuständigen Baubehörde für die Errichtung einer Garage mit drei Stellplätzen eine Baugenehmigung beantragt. Obwohl der Nachbar N die Pläne bereits im Vorfeld strikt abgelehnt hatte, erteilte die Behörde die beantragte Genehmigung und gestattete dem B im Wege eines formell ordnungsgemäßen Dispenses, bis auf die Grenze zu bauen. Als B mit dem Bau begann, erhielt N erstmals Kenntnis von der Genehmigung und erhob alsbald erfolglos Widerspruch. Auf die Anfechtungsklage des N hat das Verwaltungsgericht die Baugenehmigung aufgehoben. Der Dispens sei rechtswidrig, da B wegen der Größe seines Grundstücks das Garagengebäude ohne weiteres ohne Inanspruchnahme des Grenzstreifens hätte errichten können. Da das Gebäude zwischenzeitlich fertiggestellt ist und auch fortlaufend genutzt wird, begehrt N nunmehr von der Behörde den Erlaß einer Abrißverfügung gegen B, soweit durch das Gebäude der Grenzstreifen zum Grundstück des N in Anspruch genommen wird. Die Behörde lehnt dies unter Hinweis auf die von B getätigten Investitionen und auf die nur geringfügige Beeinträchtigung ab. Nach erfolglosem Vorverfahren hat N nunmehr Klage vor dem Verwaltungsgericht erhoben. Mit Erfolg?

(A) **Zulässigkeit der Klage**

(I) Der **Verwaltungsrechtsweg** ist gem. § 40 Abs. 1 VwGO gegeben, weil sich die Klage auf Erlaß einer auf die öffentlich-rechtlichen Vorschriften der LBauO gestützten Abrißverfügung richtet.

(II) Der Klageart nach handelt es sich um eine **Verpflichtungsklage** (§ 42 Abs. 1 VwGO), da die Abrißverfügung einen N begünstigenden VA darstellt.

(III) N müßte geltend machen, durch die Baugenehmigung in seinen Rechten verletzt zu sein (**Klagebefugnis**, § 42 Abs. 2 VwGO). Möglicherweise verletzt sind hier die Vorschriften, nach denen ein gewisser Mindestabstand zur seitlichen Grundstücksgrenze einzuhalten ist. Die Regeln über die Abstandsflächen sind typischerweise nachbarschützend. Die Vorschriften über den seitlichen Grenzabstand sollen gewährleisten, daß das Nachbargrundstück genügend Licht, Luft und Sonne erhält. Außerdem sollen sie verhindern, daß ein Feuer von dem einen Gebäude auf das andere übergreift.

OVG NW NWVBl 1994, 419; OVG Saarlouis NVwZ-RR 1992, 404; Ortloff NVwZ 1995, 436, 442; VGH Mannheim NVwZ 1986, 143, 145; Gädtke/Böckenförde/Temme/Heintz BauO NW § 6 Rdn 15 mwN.

Da N somit die Verletzung nachbarschützender Vorschriften geltend machen kann, ist er nach § 42 Abs. 2 VwGO klagebefugt.

(IV) Das **Vorverfahren** in Form des Widerspruchs gem. § 68 Abs. 1 VwGO ist von N erfolglos durchgeführt worden.

Die Klage ist somit zulässig. Da über den Anspruch der von N erstrebten Abrißverfügung gegenüber der Behörde und gegenüber B nur einheitlich entschieden werden kann, ist B in dem Verfahren notwendig beizuladen (§ 65 Abs. 2 VwGO).

N hätte bereits im Anfechtungsverfahren die Möglichkeit gehabt, den Verpflichtungsantrag gem. § 113 Abs. 1 S. 2 VwGO als Annex mit dem Antrag auf Aufhebung der Baugenehmigung zu verbinden (vgl. OVG Saarlouis NVwZ 1983, 685). Dies hätte den Vorteil gehabt, daß er – bei Erfolg – sofort auch einen Vollstreckungstitel bzgl. des Abrisses hätte erwirken können.

(B) **Begründetheit der Klage**

Die Verpflichtungsklage ist begründet, wenn N einen Anspruch auf Erlaß der Abrißverfügung hat (§ 113 Abs. 5 VwGO).

(I) Mit dem Begehren auf Abriß verlangt N Beseitigung von Folgen eines VA, der Baugenehmigung. Es liegt daher nahe, als Anspruchsgrundlage auf den (Vollzugs-)**Folgenbeseitigungsanspruch** (FBA) abzustellen, wonach die rechtswidrigen Folgen eines rechtswidrigen VA zu beseitigen sind.

(1) Dieser gesetzlich nicht geregelte Anspruch wird überwiegend aus dem Rechtsstaatsprinzip (Art 20 Abs. 3 GG: Gesetzmäßigkeit der Verwaltung) oder unmittelbar aus der Abwehrfunktion der Grundrechte hergeleitet. Andere greifen auf den Rechtsgedanken des § 1004 BGB zurück. Diese verschiedenen Begründungen schließen sich jedoch nicht aus, sondern ergänzen sich gegenseitig. Jedenfalls ist der FBA allgemein anerkannt und wird heute als **gewohnheitsrechtlicher Grundsatz** des Verwaltungsrechts qualifiziert.

BVerwG NVwZ 1994, 276; DVBl 1989, 463, 464; BVerwGE 69, 366, 369; VGH Kassel NVwZ 1995, 300, 301; Schoch Jura 1993, 478 ff; VerwArch 1988, 1, 35 ff; Schenke JuS 1990, 370, 372; Maurer § 29 Rdn 5.

(2) Zu beachten ist jedoch, daß N als Folgenbeseitigung den Erlaß eines VA verlangt, der einen Dritten belastet. Zwar kann der FBA auch auf den Erlaß eines VA gerichtet sein,

insoweit unstreitig vgl. Schenke DVBl 1990, 328, 332 mwN,

umstritten ist jedoch, ob der FBA als Grundlage für einen **drittbelastenden VA** ausreicht oder ob hierfür eine spezielle Rechtsgrundlage erforderlich ist.

(a) Nach einem Teil der Rspr ist der FBA in derartigen Fällen keine ausreichende Anspruchsgrundlage, da er als ungeschriebener Anspruch nach dem Grundsatz vom **Vorbehalt des Gesetzes** (Art 20 Abs. 3 GG: Rechtmäßigkeit der Verwaltung) nicht Eingriffsermächtigung gegen den störenden Dritten sein könne. Dies folge auch daraus, daß Ansprüche, die der gestörte Bürger gegen die Behörde hat, nicht weitergehen können als die Eingriffsgrundlage der Behörde gegen den Störer. Ein Anspruch des Nachbarn könne sich daher nur aus der materiellen **Ermächtigungsgrundlage** der Behörde ergeben.

OVG NW NJW 1984, 883; VGH Mannheim NVwZ 1987, 1101; Broß VerwArch 1985, 217, 223; Kopp VwGO § 113 Rdn 42 mwN. Offengelassen von BVerwG NVwZ 1995, 272: „Allerdings bedarf die Bauaufsichtsbehörde für ihr Eingreifen … einer ausreichenden Rechtsgrundlage. Dies ergibt sich – unabhängig von Art 14 Abs. 1 GG – jedenfalls aus Art 2 Abs. 1 iVm Art 20 Abs. 3 GG."

(b) Nach der Gegenansicht ist der rechtswidrige Bau als eine fortdauernde, auf der rechtswidrigen Genehmigung beruhende Beeinträchtigung des Nachbarn anzusehen, deren Beseitigung über den FBA verlangt werden kann. Als gewohnheitsrechtliches Rechtsinstitut, das selbst u.a. aus dem Grundsatz der **Gesetzmäßigkeit der Verwaltung** (Art 20 Abs. 3 GG) abgeleitet werde, entspreche der FBA dem Prinzip vom Vorbehalt des Gesetzes. Die nunmehr erstrebte Belastung ergebe sich als **Kehrseite** aus der ursprünglichen (rechtswidrigen) Begünstigung. Deswegen begründe der FBA auch ein Rechtsverhältnis zwischen der Verwaltung und dem vormals Begünstigten, so daß es eines Rückgriffs auf eine besondere Rechtsgrundlage nicht bedürfe.

Horn DÖV 1989, 976; Schenke DVBl 1990, 328, 331; ders. DVBl 1986, 9, 15; Rüfner in Erichsen § 53 V Rdn 21; Ossenbühl, StaatshaftungsR, § 37, 2, S. 268; Finkelnburg/Jank § 64 Rdn 851 mit FN 9 mwN.

(c) Im Ergebnis dürften kaum Unterschiede zwischen den beiden Auffassungen bestehen. Der FBA setzt einen rechtswidrigen Eingriff in ein subjektives Recht voraus; die baubehördliche Ermächtigungsgrundlage einen Verstoß gegen Bauvorschriften, die dem Nachbarn aber nur dann einen Anspruch auf Einschreiten einräumen, wenn es sich um drittschützende Vorschriften, also um subjektive Rechte handelt. In beiden Fällen ist daher ein **rechtswidriger Eingriff in ein subjektives Recht** erforderlich.

Auch im übrigen besteht eine Wechselwirkung: Ein FBA ist nur gegeben, wenn der Behörde die Folgenbeseitigung **rechtlich möglich** ist, d.h. hier, wenn gegenüber dem Dritten die Voraussetzungen für ein Einschreiten der Behörde vorliegen. Geht man umgekehrt von der behördlichen Eingriffsbefugnis aus, so ist im Rahmen des Ermessens auf die Frage einer Ermessensreduzierung aufgrund der **Folgenbeseitigungslast** einzugehen (s.u.). Mit anderen Worten: Entweder sind (bei Drittbeteiligung) im Rahmen des FBA inzident die Voraussetzungen der behördlichen Ermächtigungsgrundlage oder umgekehrt bei der behördlichen Befugnisnorm inzident der FBA als Grundlage einer etwaigen Folgenbeseitigungslast zu prüfen (so die nachfolgende Darstellung).

(II) Die **Voraussetzungen** für eine Abrißverfügung sind erfüllt: Nach Aufhebung der Baugenehmigung ist die Garage formell illegal. Mangels wirksamen Dispenses verstößt das Bauwerk auch materiell gegen die Vorschriften über die Abstandsfläche.

(III) Nach der baubehördlichen Ermächtigungsgrundlage steht die Verfügung im **Ermessen** der Behörde, d.h. der Dritte hat grds. nur einen **Anspruch auf ermessensfehlerfreie Entscheidung**. Ein unmittelbarer Anspruch des N auf Erlaß einer Abrißverfügung besteht nur, wenn das Entschließungsermessen der Behörde auf Null reduziert ist.

(1) Wann eine solche **Ermessensreduzierung** anzunehmen ist, läßt sich nicht allgemein feststellen, sondern ist stets eine Frage des Einzelfalls.

(a) Im Baurecht wird teilweise davon ausgegangen, daß das Ermessen bei Verletzung nachbarschützender Vorschriften **in der Regel** reduziert sei. Wenn die bauordnungsrechtlichen Eingriffsnormen Nachbarschutz bezweckten, so bewirke dies auch eine zweckbestimmte Ausrichtung des der Behörde eingeräumten Ermessens zur Durchsetzung des Nachbarschutzes.

OVG NW BauR 1994, 746, 749; NVwZ 1991, 1101; NJW 1984, 883, 884; Finkelnburg/Ortloff II § 19 II, S. 259 mwN.

(b) Überwiegend wird demgegenüber davon ausgegangen, daß es nur im **Ausnahmefall** zu einer Ermessensreduzierung kommt, vor allem bei „hoher Intensität der Störung oder Gefährdung“ oder in „besonders schweren Gefahrensfällen“.

BVerwGE 11, 95, 97; BayVGH BRS 48 Nr. 174 u. 175; OVG Berlin NJW 1983, 777, 778; LKV 1991, 108; Geiger JA 1992, 315 mwN; offengelassen von BVerwG NVwZ 1998, 395, da sich die Frage der Ermessensreduzierung grds. nach Landesrecht beurteile.

(2) Für den Erlaß der Abbruchverfügung könnte vorliegend jedoch nicht nur die andauernde Verletzung des Baurechts durch das formell und materiell illegale Bauwerk, sondern auch eine **Folgenbeseitigungslast** der Behörde sprechen.

(a) Teilweise wird die Folgenbeseitigungslast als ermessensreduzierendes Kriterium abgelehnt. Denn sonst werde der Bauherr, der auf eine wenn auch rechtswidrige Baugenehmigung vertraut hat, **schlechter gestellt** als derjenige, der von vornherein ohne erforderliche Baugenehmigung baue (sog. Schwarzbau). Da die Behörde den Schwarzbau nicht verursacht hat, greife in diesen Fällen eine das Ermessen begrenzende Folgenbeseitigungslast nicht ein. Dies müsse erst recht bei zunächst (formell) legaler Errichtung gelten.

OVG NW NJW 1984, 883; Steiner/Oldiges IV D Rdn 359.

(b) Die hM nimmt dagegen aufgrund der Folgenbeseitigungslast regelmäßig eine Ermessensreduzierung an. Die Behörde habe durch Erlaß der rechtswidrigen Genehmigung entscheidend zum jetzigen **Zustand beigetragen**. Für den Betroffenen mache es keinen Unterschied, ob der rechtswidrige Zustand durch die Behörde selbst oder –wie hier – durch einen Dritten auf Veranlassung der Behörde herbeigeführt worden sei.

Horn DÖV 1989, 976, 982; Finkelnburg/Ortloff II § 19 II, S. 259 f; Schenke in Achterberg/Püttner I 2/3 Rdn 621; vgl. auch OVG Saarlouis NVwZ 1983, 685; Ortloff NVwZ 1987, 374, 382. Ähnlich BVerwG NVwZ 1995, 272: Die Behörde „hat – da sie durch die angefochtene Baugenehmigung den entstandenen Zustand mitzuverantworten hat – das ihr Mögliche zu tun, daß dieser entstandene rechtswidrige Zustand zugunsten des Nachbarn beseitigt wird.“

Die Folgenbeseitigungslast stellt keine ungerechtfertigte Begünstigung gegenüber den Fällen des Schwarzbaus dar. Denn die Behörde hat im vorliegenden Fall anders als beim Schwarzbau die Grundrechtsbeeinträchtigung **ermöglicht** und **gefördert**. Diese besondere Beziehung kann und muß zulässigerweise in die Ermessenserwägungen einbezogen werden. Denn dem Bauherrn wird lediglich eine vorher gewährte, rechtswidrige Position wieder entzogen. Darüber hinaus wird auch bei Schwarzbauten, die gegen nachbarschützende Vorschriften verstoßen, in der neueren Rspr zunehmend eine Ermessensreduzierung anerkannt, so daß eine unterschiedliche Behandlung im Ergebnis selten sein wird.

Vgl. dazu OVG NW NVwZ 1991, 1001; Finkelnburg/Ortloff II § 19 II S. 259.

Gegen den Erlaß der Abbruchverfügung spricht auch nicht, daß B das Gebäude im **Vertrauen** auf die ihm erteilte Baugenehmigung errichtet hat. Denn B wußte, daß N durch das Gebäude beeinträchtigt wurde und damit nicht einverstanden war. Er mußte sich daher darauf einstellen, daß N Rechtsbehelfe einlegen und möglicherweise obsiegen würde. Unter diesen Umständen kann B keinen Vertrauensschutz für sich beanspruchen (Rechtsgedanke des § 50 VwVfG).

Damit ist von einer Ermessensreduzierung auszugehen. N hat einen Anspruch auf Erlaß der Beseitigungsverfügung. Seine Verpflichtungsklage ist **begründet**.

Wie bei der Anfechtung der Baugenehmigung kann der Nachbar auch gegenüber nicht genehmigten Vorhaben sein Nachbarabwehrrecht **verwirken**. Treu und Glauben verpflichten den Nachbarn auch bei Schwarzbauten durch ein zumutbares aktives Handeln mitzuwirken, einen wirtschaftlichen Schaden des Bauherrn zu vermeiden oder möglichst gering zu halten.

Beispiel: B baut ohne Baugenehmigung auf der Grenze zu Nachbar N eine baurechtlich unzulässige Garage. Als N sich zwei Jahre später mit B zerstreitet, verlangt er von der Behörde wegen der Garage ein Einschreiten gegen B. – Während die verfahrensrechtliche (prozessuale) Verwirkung voraussetzt, daß zuvor eine (Bau-)Genehmigung erteilt worden ist (oben S. 101), können **materielle** Abwehrrechte des Nachbarn auch gegenüber ungenehmigten Bauvorhaben verwirkt werden (BVerwG NJW 1998, 329; NVwZ 1988, 730. Die Verwirkung betrifft dann die Frage der Begründetheit der Klage (ggf. der Klagebefugnis).

Noch weitgehend ungeklärt ist allerdings, wann die materielle Verwirkung eingreift. Dabei ist anerkannt, daß materielle Abwehrrechte des Nachbarn durchaus zu einem früheren Zeitpunkt verwirkt sein können als entsprechende Verfahrensrechte (BVerwG NVwZ-RR 1991, 111). Jedenfalls ist der für die Verwirkung eines materiellen Rechts maßgebliche Zeitraum der Untätigkeit deutlich länger zu bemessen als ein Monat (BVerwG NVwZ 1991, 1182). Auch bei der materiellen Verwirkung liegt es nahe, jedenfalls im **Regelfall** von einer Frist von **einem Jahr** auszugehen (Rechtsgedanke des § 58 Abs. 2 VwGO). N hat daher im Beispielfall sein Nachbarabwehrrecht verwirkt, sein Anspruch auf Einschreiten ist unbegründet.

– – –

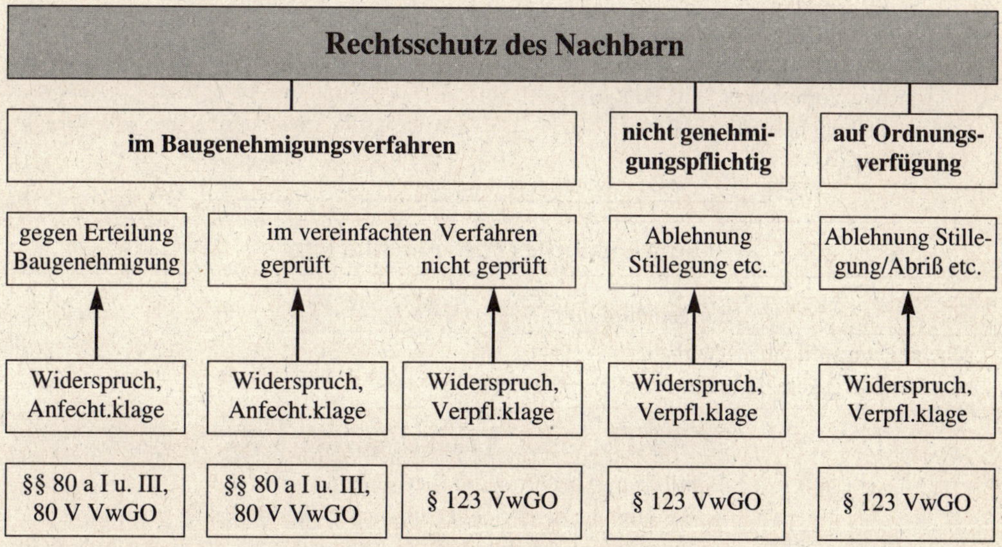

Art 14 GG: Eigentumsschutz

↓

Grundsatz der Baufreiheit

↑

Beschränkungen (Art 14 I 2 GG)

ÖFFENTLICHES BAURECHT

Bauplanungsrecht

❐ **Bauleitplanung**, §§ 1 ff BauGB
- F-Plan, §§ 5 ff BauGB (sui generis): vorbereitender Plan
- BPlan, §§ 8 ff BauGB (Satzung): Detailplan
- Sicherung der Bauleitplanung (Veränderungssperre, Zurückstellung u.a.)
- Verwirklichung des BPlans, insb. durch Umlegung, Enteignung, Erschließung

❐ **planungsrechtliche Zulässigkeit** von Bauvorhaben
- Bebauungsplangebiet
  - qualifizierter BPlan (§ 30 I BauGB)
  - einfacher BPlan (§ 30 III BauGB)
  - vorhabenbez. BPlan (§ 30 II BauGB)
- Innenbereich (§ 34 BauGB)
  - Gebiet nach BauNVO (§ 34 II BauGB)
  - i.ü.: insb. „einfügen" (§ 34 I BauGB)
- Außenbereich (§ 35 BauGB)
  - privilegierte Vorhaben (§ 35 I BauGB)
  - sonstige Vorhaben (§ 35 II BauGB)
- in Aufstellung befindlicher BPlan (§ 33 BauGB)

Bauordnungsrecht

❐ **sicherheitsrechtliche Vorschriften**
- allgemeine Vorschriften
- allg. Anforderungen an Bauausführung
- Bauprodukte, Bauarten
- besondere Bauteile (Wände, Decken, Dächer, Treppen, Rettungswege etc.)
- Stellplätze
- Aufenthaltsräume und Wohnungen
- haustechnische Anlagen

❐ am Bau **Beteiligte**
- Bauherr
- Entwurfsverfasser
- Unternehmer

❐ **Zuständigkeit** und **Verfahren**
- Bauaufsichtsbehörden
- Verwaltungsverfahren
- Baugenehmigungsverfahren
  - Genehmigungspflicht
  - genehmigungsfreie Vorhaben
  - Freistellung, Anzeige etc.
- Eingriffsermächtigungen
- Ordnungswidrigkeiten

baubehördliches Instrumentarium

Baugenehmigung

- genehmigungspflichtiges Vorhaben
- kein Verstoß gegen öffentlich-rechtliche Vorschriften

Bauordnungsverfügungen

- Stillegung: bei formeller Illegalität
- Beseitigung: bei formeller und materieller Illegalität
- Nutzungsuntersagung: bei formeller und (str.) materieller Illegalität
- allg. Bauordnungsverfügung: Verstoß gegen sonstige Bauvorschriften

6. Teil: Planfeststellung

Klausurprobleme im Planfeststellungsrecht

- Erforderlichkeit des Planfeststellungsverfahrens
  - Planfeststellungsbeschluß, Plangenehmigung, Freistellungsverfahren
- formelle und materielle Rechtmäßigkeit eines Planfeststellungsbeschlusses, insb.
  - Ablauf des Planfeststellungsverfahrens
  - Planrechtfertigung und Abwägungsfehler
- prozessuale Abwehr von Planfeststellungsbeschlüssen
- Folgen des Planfeststellungsverfahrens
  - insb. Entschädigungsansprüche bei Lärmsanierung
  - allgemeiner öffentlich-rechtlicher Nachbarausgleichsanspruch

1. Grundzüge der Planfeststellung

Das Planfeststellungsverfahren ist ein besonderes, **streng formalisiertes Verfahren** zur **umfassenden Entscheidung** über die Zulässigkeit **bedeutsamer Vorhaben**. Bereits im Vorbereitungsstadium wird die Vereinbarkeit mit allen von dem Vorhaben berührten öffentlichen und privaten Belangen überprüft. Hierzu dient vor allem die frühzeitige Beteiligung aller Träger öffentlicher Belange und die Bürgerbeteiligung im **Anhörungsverfahren** (§ 73 VwVfG). Die Umweltauswirkungen werden zudem im Wege der **Umweltverträglichkeitsprüfung** (UVP) in einem frühen Verfahrensstadium berücksichtigt.

Hat die Planung erhebliche Auswirkungen auf die Umwelt, ist nach dem UVPG (Sartorius 295) die Umweltverträglichkeit des Vorhabens zu überprüfen. Die UVP ist jedoch kein besonderes Verfahren, sondern ein unselbständiger Teil des verwaltungsbehördlichen Genehmigungsverfahrens. Der UVP unterliegen nach § 3 UVPG nur solche Vorhaben, die in der Anlage zum UVPG aufgeführt sind (zB Planfeststellungen nach § 17 FStrG, § 28 PBefG, § 14 WaStrG, § 8 LuftVG).

Die §§ 5 ff UVPG enthalten im wesentlichen verfahrensrechtliche Regelungen. **Materiell** sieht § 12 UVPG vor, daß die zuständige Behörde bei der Entscheidung über die Zulässigkeit des Vorhabens die Umweltauswirkungen – das Ergebnis der UVP – bewertet und diese Bewertung bei der Entscheidung **„berücksichtigt"**. Das UVPG begründet daher keinen eigenen Entscheidungsmaßstab, sondern verweist insoweit auf die fachgesetzlichen Regelungen. So werden bei Planungsentscheidungen, die auf einer Abwägung beruhen, die Ergebnisse der UVP unmittelbar in die Abwägung eingestellt und dort mit anderen Belangen abgewogen (zu den Besonderheiten bei der Bauleitplanung vgl. oben S. 14).

Das Planfeststellungsverfahren ist in den §§ 72 ff VwVfG sowie teilweise in verschiedenen Fachgesetzen geregelt. Das Verfahren endet mit dem **Planfeststellungsbeschluß** (§§ 74, 75 VwVfG; im folgenden PlanFB), einem VA, der mit der **Anfechtungsklage** angegriffen werden kann. Der PlanFB hat **Konzentrationswirkung**, d.h. er umfaßt und ersetzt alle eventuell erforderlichen Einzelgenehmigungen, Zustimmungen und Erlaubnisse etc. für das festgestellte Vorhaben (§ 75 Abs. 1 VwVfG). Außerdem kann der PlanFB **enteignungsrechtliche Vorwirkung** haben, d.h. der festgestellte Plan ist für ein etwaiges nachfolgendes Enteignungsverfahren bindend (vgl. zB § 19 Abs. 1 FStrG).

2. Das Planfeststellungsverfahren

2.1 Erforderlichkeit des Planfeststellungsverfahrens

2.1.1 Gemäß § 72 Abs. 1 VwVfG findet die Planfeststellung statt, wenn dies durch Rechtsvorschrift angeordnet ist. Einen solchen **Planfeststellungsvorbehalt** enthalten eine Reihe von **Fachgesetzen**.

Beispiele: § 17 Abs. 1 S. 1 FStrG für Bau/Änderung von Bundesfernstraßen (entsprechende Regelungen finden sich für Landesstraßen in den Straßengesetzen der Länder); § 8 Abs. 1 S. 1 LuftVG für Flughäfen; § 14 Abs. 1 S. 1 WaStrG für Ausbau/Neubau von Bundeswasserstraßen; § 31 Abs. 2 S. 1 WHG für Ausbau/Umgestaltung eines Gewässers; § 28 Abs. 1 S. 1 PBefG für Straßenbahnen; § 18 Abs. 1 S. 1 AEG für Bau/Änderung von Schienenwegen der Eisenbahnen (dazu Steenhoff DVBl 1996, 1236 ff); §§ 1, 2 MBPlG für Magnetschwebebahnen (dazu Erbguth NVwZ 1997, 116 ff); § 31 Abs. 2 KrW-/AbfG für Errichtung/Betrieb von Deponien.

2.1.2 In **einfach gelagerten Fällen** tritt an die Stelle der Planfeststellung eine **Plangenehmigung** (§ 74 Abs. 6 VwVfG).

So und im folgenden die bundesgesetzliche Regelung aufgrund des Gesetzes zur Beschleunigung von Genehmigungsverfahren vom 12.09.1996 (BGBl I 1996, 1354). Die Länder haben ihre VwVfGe überwiegend bislang noch nicht angepaßt.

Die gesetzlichen Voraussetzungen für die Plangenehmigung sind unterschiedlich. Während es im Fachplanungsrecht zum Teil ausreicht, daß Rechte anderer nicht „wesentlich" beeinträchtigt werden (vgl. zB § 17 Abs. 1 a FStrG, § 28 Abs. 1 a PBefG), ist die Plangenehmigung in anderen Bereichen nur möglich, wenn Rechte anderer nicht beeinträchtigt werden (so § 74 Abs. 6 S. 1 Nr. 1 VwVfG, ebenso § 18 Abs. 2 AEG, § 14 Abs. 1 a WaStrG, § 8 Abs. 2 LuftVG). Eine **Rechtsbeeinträchtigung** liegt nach hM nur bei einem direkten Zugriff auf fremde Rechte vor (BVerwG NVwZ 1997, 994, 996; Stüer DVBl 1997, 326, 328; Rosenbach DVBl 1997, 1223, 1224; aA Jarass DVBl 1997, 795, 797: bereits dann, wenn bei der Abwägungsentscheidung Belange Dritter zu berücksichtigen sind). Das Plangenehmigungsverfahren ist daher anwendbar, wenn für das Vorhaben Grundeigentum nicht unmittelbar in Anspruch genommen werden muß (oder der Betroffene zustimmt) und die Träger öffentlicher Belange beteiligt worden sind (Stüer aaO, 329).

Auf die Plangenehmigung finden die Vorschriften über das Planfeststellungs**verfahren** keine Anwendung, also vor allem nicht das Anhörungsverfahren nach § 73 VwVfG. Die Plangenehmigung entfaltet jedoch grds. die **gleichen Rechtswirkungen** wie die Planfeststellung (§ 74 Abs. 6 S. 2 VwVfG), hat also insb. auch Konzentrationswirkung (§ 75 Abs. 1 VwVfG).

Dies gilt nach hM jedoch nicht gegenüber Zulassungen, die in einem förmlichen Verfahren ergehen (Jarass DVBl 1997, 795, 796). Die Konzentrationswirkung der Plangenehmigung greift daher nicht gegenüber einer zusätzlichen andereren Planfeststellung oder gegenüber einer Genehmigung im förmlichen Verfahren (zB §§ 4 ff BImSchG). Außerdem hat die Plangenehmigung, anders als der Planfeststellungsbeschluß, keine enteignungsrechtliche Vorwirkung (§ 76 Abs. 6 S. 2 VwVfG; dazu unten S. 123). Die Plangenehmigung ist VA und planerische Entscheidung zugleich (BVerwGE 64, 325, 330) und kann deswegen mit der Anfechtungsklage angefochten werden.

Ausnahmsweise ist eine Planung auch durch Gesetz (sog. **Legalplanung**) möglich (zB im Rahmen der Verkehrsprojekte Deutsche Einheit); dazu BVerfG NJW 1997, 383; Sachs JuS 1998, 364; Blümel DVBl 1997, 205, 210. In den neuen Ländern und Berlin gelten im übrigen die Besonderheiten des Verkehrswegeplanungsbeschleunigungsgesetzes, vgl. insb die Zuständigkeit des BVerwG nach § 5 VerkPBG.

2.1.3 In Fällen von unwesentlicher Bedeutung entfallen sowohl Planfeststellung als auch Plangenehmigung (§ 74 Abs. 7 VwVfG), sog. Zulassungsfreistellung. Ein solcher Fall liegt vor, wenn andere öffentliche Belange nicht berührt sind und Rechte anderer nicht beeinflußt werden.

Eine „Beeinflussung" von Rechten Dritter ist, wie der Vergleich mit § 74 Abs. 6 Nr. 1 VwVfG zeigt, bereits im Vorfeld der „Beeinträchtigung" anzusiedeln. Die Planung beeinflußt bereits dann Rechte Betroffener, wenn sie auf Belange unterhalb der rechtlichen Erheblichkeitsschwelle negativ einwirkt (Kopp VwVfG Nachtrag § 74 Rdn 104).

Nach hM stellt auch die behördliche Entscheidung, in einem Fall von unwesentlicher Bedeutung vom Planungsverfahren abzusehen, einen VA dar (BVerwGE 64, 325, 300; Kopp VwVfG Nachtrag § 74 Rdn 106 mwN). Mit dieser Entscheidung wird das „unbedeutende" Vorhaben zugleich „genehmigt" (Kopp aaO). Die Freistellung hat jedoch keine Konzentrationswirkung, so daß Genehmigungserfordernisse nach anderen Gesetzen fortbestehen (Jarass DVBl 1997, 795, 796).

Planung

Planfeststellungsbeschluß	Plangenehmigung	Freistellung
• fachgesetzlicher Planfeststellungsvorbehalt (zB FStrG, LuftVG, PBefG)	• Rechte Dritter nicht (wesentlich) beeinträchtigt (oder Zustimmung) • Träger öffentlicher Belange beteiligt	• Rechte Dritter nicht beeinflußt (oder Vereinbarung) • öffentliche Belange nicht berührt
↓	↓	↓
• Konzentrationswirkung • enteignungsrechtliche Vorwirkung	• Konzentrationswirkung • keine enteignungsrechtliche Vorwirkung	• schlichte Legalisierung • keine Konzentrationswirkung

2.2 Ablauf des Planfeststellungsverfahrens

- **Planaufstellung**

  Der jeweilige Träger des Vorhabens hat den Plan gem. § 73 Abs. 1 VwVfG bei der Anhörungsbehörde einzureichen. Der Plan muß Zeichnungen und Erläuterungen enthalten, die das Vorhaben, den Anlaß und die betroffenen Grundstücke und Anlagen erkennen lassen (§ 73 Abs. 1 S. 2 VwVfG).

- **Anhörungsverfahren**

  Nach der Einreichung des Planes führt die Anhörungsbehörde das sog. Anhörungsverfahren durch.

  – Innerhalb eines Monats nach Zugang des vollständigen Plans werden die in ihrem Aufgabenbereich betroffenen Behörden zur Stellungnahme aufgefordert (§ 73 Abs. 2 VwVfG). Die Stellungnahmen müssen innerhalb einer zu setzenden Frist erfolgen, die drei Monate nicht überschreiten darf (§ 73 Abs. 3 a VwVfG).

Nach § 29 Abs. 1 Nr. 4 BNatSchG sind anerkannte Naturschutzverbänden am Planfeststellungsverfahren zu beteiligen, wenn das Vorhaben mit Eingriffen in Natur und Landschaft iSd § 8 BNatSchG verbunden ist. Wird das **Beteiligungsrecht** verletzt, kann der Verband die ohne seine Beteiligung getroffene Entscheidung anfechten (BVerwG DVBl 1998, 334; NVwZ 1996, 392; NVwZ 1991, 162). Das Mitwirkungsrecht gilt jedoch nur im Planfeststellungsverfahren, **nicht für Plangenehmigungen**. Die Entscheidung, anstelle eines PlanFB eine Plangenehmigung zu erteilen, bedarf auch nicht der Zustimmung der anerkannten Naturschutzverbände (BVerwG DVBl 1995, 1006).

Ein **Klagerecht** das Naturschutzverbandes gegen die Entscheidung in der Sache besteht nur, soweit das Landesrecht die **Verbandsklage** im Naturschutzrecht vorsieht (nicht Baden-Württemberg, Bayern, Mecklenburg-Vorpommern, NRW; vgl. Wahl/Schütz in Schoch VwGO § 42 Abs. 2 Rdn 236 ff). Die landesrechtlichen Regelungen ermöglichen im übrigen nur Klagen gegen Maßnahmen von Landesbehörden, nicht dagegen von Bundesbehörden (BVerwG DVBl 1997, 1123, 1124; NVwZ 1996, 901, 902).

- Ferner wird die **Auslegung des Planes** in den betroffenen Gemeinden veranlaßt (§ 73 Abs. 2 VwVfG a.E.). Die Gemeinden haben den Plan innerhalb von drei Wochen für die Dauer von einem Monat auszulegen (§ 73 Abs. 3 VwVfG). Die Auslegung ist ortsüblich bekanntzumachen (§ 73 Abs. 5 VwVfG). Auf die Auslegung kann verzichtet werden, wenn nur ein bekannter Kreis Dritter betroffen ist und diesen Gelegenheit gegeben wird, den Plan einzusehen (§ 73 Abs. 3 S. 2 VwVfG).
- Jeder, dessen Belange durch das Vorhaben berührt werden, kann bis zwei Wochen nach Ablauf der Auslegungsfrist **Einwendungen** gegen den Plan erheben (§ 73 Abs. 4 VwVfG).
- Nach Ablauf der Einwendungsfrist hat die Anhörungsbehörde die rechtzeitig erhobenen Einwendungen und die Stellungnahmen der Behörden zu dem Plan mit dem Träger des Vorhabens, den Behörden, den Betroffenen sowie den Einwendern zu erörtern (sog. **Erörterungstermin**, § 73 Abs. 6 VwVfG).

Das Anhörungsverfahren nach § 73 Abs. 3–6 VwVfG ist das **Kernstück** des Planfeststellungsverfahrens und dient der Sammlung aller für die Planentscheidung relevanten Abwägungsmaterialien. Besonders zu beachten ist die **Präklusionswirkung:** Mit Ablauf der Einwendungsfrist sind alle Einwendungen ausgeschlossen, die nicht auf besonderen privatrechtlichen Titeln beruhen (§ 73 Abs. 4 S. 3 VwVfG, für Behörden eingeschränkt in § 73 Abs. 3 a S. 2 VwVfG).

- Soll der Plan **nach der Auslegung geändert** werden, ist Dritten gem. § 73 Abs. 8 VwVfG die Planänderung mitzuteilen, wenn sie durch die Änderung erstmalig beschwert werden oder stärker als bisher betroffen sind.
- Abschließend leitet die Anhörungsbehörde das gesammelte **Abwägungsmaterial** (Plan, Stellungnahmen, Einwendungen) mit einer eigenen **Stellungnahme** der **Planfeststellungsbehörde** zu (§ 73 Abs. 9 VwVfG).

In den Fachgesetzen (vor allem bei der Planung von **Verkehrswegen**) finden sich eine Reihe von abweichenden Regelungen für das Anhörungsverfahren, insb. bzgl. der zu beachtenden Fristen; vgl. zB § 17 Abs. 3 a bis 3 c FStrG, § 29 Abs. 1 a ff PBefG, § 20 Abs. 1 AEG, § 5 MBPlG.

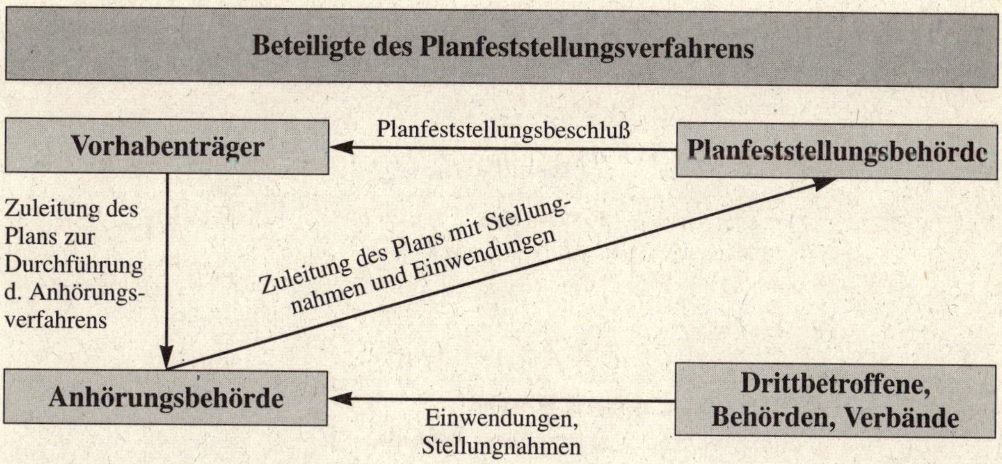

- **Planfeststellungsbeschluß**

Die Planfeststellungsbehörde erläßt darauf den **Planfeststellungsbeschluß** (PlanFB), in dem auch über die Einwendungen entschieden wird, über die im Erörterungstermin keine Einigung erzielt worden ist (§ 74 Abs. 2 VwVfG). Der PlanFB ist seiner Rechtsnatur nach eine besondere Art der Allgemeinverfügung und damit VA (Kopp VwVfG § 74 Rdn 14 mwN).

Im PlanFB entscheidet die Planfeststellungsbehörde über die **Zulässigkeit** des zur Genehmigung gestellten **Vorhabens** einschließlich der notwendigen Folgemaßnahmen an anderen Anlagen im Hinblick auf alle von ihm berührten öffentlichen Belange (§ 75 Abs. 1 S. 1, 1. HS VwVfG). Durch den PlanFB werden **alle öffentlich-rechtlichen Beziehungen** zwischen dem Träger des Vorhabens und den durch den Plan Betroffenen rechtsgestaltend geregelt (§ 75 Abs. 1 S. 2 VwVfG).

Deshalb hat der PlanFB auch **Konzentrationswirkung**, d.h. er ist umfassend und beinhaltet bzw. ersetzt alle anderen öffentlich-rechtlichen Entscheidungen, insb. Genehmigungen, Erlaubnisse, Zustimmungen etc. (§ 75 Abs. 1 S. 1, 2. HS VwVfG).

Der PlanFB kann mit Nebenbestimmungen ergehen (§ 74 Abs. 2 S. 2 VwVfG, zB Schutzauflagen). Er kann nachträglich ergänzt (§ 75 Abs. 2 S. 2 VwVfG) oder geändert werden (§ 76 VwVfG). Wird das Vorhaben endgültig aufgegeben, so hat die Planfeststellungsbehörde den PlanFB aufzuheben (§ 77 VwVfG). In einigen Fällen tritt der PlanFB automatisch außer Kraft, wenn nicht in einer bestimmten Zeit mit der Durchführung des Vorhabens begonnen wird (vgl. zB § 17 Abs. 7 FStrG).

Der PlanFB wirkt über die öffentlich-rechtliche Gestattung hinaus **auch privatrechtlich**. Nach Bestandskraft des PlanFB sind gem. § 75 Abs. 2 VwVfG Ansprüche auf Unterlassung des Vorhabens, auf Beseitigung der Anlagen oder auf Unterlassung der Benutzung (zB gem. § 1004 BGB) ausgeschlossen.

In bestimmten Fällen hat der PlanFB darüber hinaus **enteignungsrechtliche Vorwirkung**, d.h. der festgestellte Plan ist dem Enteignungsverfahren zugrunde zu legen und ist für die Enteignungsbehörde bindend (BVerwG DVBl 1998, 44, 45 zu § 19 FStrG).

Vgl. insb. § 19 Abs. 1 S. 3 FStrG: „Einer weiteren Feststellung der Zulässigkeit der Enteignung bedarf es nicht." – Die Enteignung ist allerdings nur zulässig, wenn sie zur Plandurchführung erforderlich ist (vgl. § 19 Abs. 1 S. 2 FStrG); allgemein BVerfG NJW 1997, 383, 384; Erichsen § 39 Rdn 43; Stüer Rdn 1424: Enteignungsrechtliche Vorwirkung kommt einem PlanFB nur dann zu, wenn die benötigten Flächen eindeutig in dem PlanFB bezeichnet worden sind.

Planfeststellungsverfahren

↓

Planaufstellung

- durch den **Vorhabenträger**
- Einreichung bei der **Anhörungsbehörde**

↓

Anhörungsverfahren

- durch die **Anhörungsbehörde**
- Beteiligung von betroffenen **Behörden**
- Auslegung durch die **Gemeinde**
- **Erörterungstermin** durch Anhörungsbehörde
- Zuleitung des Abwägungsmaterials (Plan, behördliche Stellungnahmen, Einwände) mit Stellungnahme der Anhörungsbehörde an die **Planfeststellungsbehörde**

↓

Planfeststellungsbeschluß

- durch die **Planfeststellungsbehörde**
- Entscheidung über
  - Einwendungen und
  - Zulässigkeit des Vorhabens (ggf. mit Auflagen)
- mit **Konzentrationswirkung**
- und ggf. **enteignungsrechtlicher Vorwirkung**

Der PlanFB ist dem Träger des Vorhabens, den bekannten Betroffenen und denjenigen, über deren Einwendungen entschieden worden ist, **zuzustellen** (§ 74 Abs. 4 S. 1 VwVfG). Falls außer an den Träger des Vorhabens mehr als 50 Zustellungen vorzunehmen sind, kann die Zustellung durch eine **öffentliche Bekanntmachung** ersetzt werden (§ 74 Abs. 5 VwVfG).

In jedem Fall ist eine Ausfertigung des PlanFB mit einer Rechsbehelfsbelehrung versehen zwei Wochen auszulegen; Ort und Zeit der Auslegung sind ortsüblich bekanntzumachen. Mit dem Ende der Auslegungsfrist gilt der Beschluß auch gegenüber den übrigen Betroffenen (also zB den unbekannten Betroffenen) als zugestellt; darauf ist in der Bekanntmachung hinzuweisen (§ 74 Abs. 4 S. 3 VwVfG).

Der PlanFB ist unmittelbar mit der **Anfechtungsklage** angreifbar, ein Widerspruchsverfahren findet nicht statt (§§ 70, 74 Abs. 1 S. 2 VwVfG; für die Plangenehmigung § 74 Abs. 6 S. 3 VwVfG). In den meisten Fällen ist die unmittelbare Zuständigkeit des OVG eröffnet (§ 48 Abs. 1 S. 1 VwGO).

Gemäß § 48 Abs. 1 S. 2 VwGO ist das OVG auch bei entsprechenden Plangenehmigungen zuständig.

In vielen Fällen hat die Anfechtungsklage gegen den PlanFB (bzw. gegen die Plangenehmigung) **keine aufschiebende Wirkung**.

ZB § 17 Abs. 6 S. 1 FStrG, § 20 Abs. 5 S. 1 AEG, § 29 Abs. 6 S. 2 PBefG, § 5 Abs. 5 S. 1 MBPlG.

2.3 Die Rechtmäßigkeit des Planfeststellungsbeschlusses

2.3.1 Formelle Rechtmäßigkeit

Bezüglich der formellen Seite gelten beim PlanFB grds. keine besonderen Anforderungen als bei sonstigen VAen (**Zuständigkeit, Verfahren, Form**). Wegen der großen Bedeutung und Komplexität unterliegt das Verwaltungsverfahren allerdings besonderen Regeln (s.o).

2.3.2 Materielle Rechtmäßigkeit

- In materieller Hinsicht müssen in erster Linie die **Vorgaben der Fachplanungsgesetze** beachtet werden.
- Außerdem bedarf jede Fachplanung einer **Planrechtfertigung**.
- Kern jeder Planungsentscheidung bildet die **Abwägung** der betroffenen Interessen.

Vgl. zB § 17 Abs. 1 S. 2 FStrG: „Bei der Planfeststellung sind die von dem Vorhaben berührten öffentlichen und privaten Belange … im Rahmen der Abwägung zu berücksichtigen."

Die gerichtliche Kontrolle beschränkt sich hierbei – wie im Bauplanungsrecht – darauf, ob die Entscheidung an **Abwägungsfehlern** leidet. Entsprechend der Regelung des § 214 Abs. 3 S. 2 BauGB sind nach dem durch das GenBeschlG 1996 eingefügten § 75 Abs. 1 a VwVfG Mängel in der Abwägung nur **beachtlich**, wenn sie offensichtlich und von Einfluß auf das Abwägungsergebnis gewesen sind.

Gleichartige Regelungen fanden sich bisher schon zB in § 17 Abs. 6 c FStrG, § 19 Abs. 4 WaStrG, § 10 Abs. 8 LuftVG, § 29 Abs. 8 PBefG.

Aus dem Wortlaut des § 75 Abs. 1 a VwVfG ist zu folgern, daß die Einschränkung auch hier, wie in § 214 Abs. 3 S. 2 BauGB, nur für Fehler im **Abwägungsvorgang** gilt und Fehler im **Abwägungsergebnis immer beachtlich** sind (Kopp VwVfG Nachtrag § 75 Rdn 108 ff und oben S. 24).

Des weiteren werden die Folgen von (erheblichen) Abwägungsmängeln dadurch eingeschränkt, daß sie gem. § 75 Abs. 1 a S. 2 VwVfG nur dann zu einer Aufhebung des PlanFB oder der Plangenehmigung führen, wenn sie nicht durch eine **Planergänzung** oder ein **ergänzendes Verfahren** behoben werden können (vgl. auch die ähnliche Regelung in § 215 a Abs. 1 BauGB).

Während § 75 a Abs. 1 S. 2 VwVfG nur für erhebliche Abwägungsfehler gilt, greifen die entsprechenden Regelungen des Fachplanungsrechts (zB § 17 Abs. 6 c S. 2 FStrG) auch bei Form- und Verfahrensfehlern ein; vgl. i.e. Jarass DVBl 1997, 795, 801.

Von der Planergänzung ist die **Planänderung** eines festgestellten Vorhabens zu unterscheiden. Im Planänderungsverfahren ergeht nach § 76 Abs. 1 VwVfG in einem neuen Planfeststellungsverfahren ein eigener Änderungsplanfeststellungsbeschluß, der jedoch im Ergebnis zu nur einem rechtlich **einheitlichen Plan** in der Form des Änderungsbeschlusses führt.

Nach § 76 Abs. 2 VwVfG kann auf die Durchführung eines neuen Planfeststellungsverfahrens verzichtet werden, wenn keine Belange Dritter berührt werden oder diese der Änderung zugestimmt haben. Wird gleichwohl ein erneutes Planfeststellungsverfahren durchgeführt, so bedarf es in den Fällen des § 76 Abs. 2 VwVfG oder in anderen Fällen von unwesentlicher Bedeutung keines erneuten Anhörungsverfahrens und keiner öffentlichen Bekanntgabe des Planfeststellungsbeschlusses (§ 76 Abs. 3 VwVfG); dazu Jarass DVBl 1997, 795, 798 ff.

Fall 12: Die ungeliebte Autobahn

Ein Teilabschnitt der neuen Autobahn A 77, die der Anbindung eines neuen Flughafens an das bestehende Autobahnnetz dient, soll nach der Linienführung über Grundeigentum des E und der Stadt S führen. S wendet sich gegen die Inanspruchnahme ihrer Grundstücke und sieht außerdem Belange des Umweltschutzes nicht ausreichend berücksichtigt. Weiter hat S gegen den Plan im Anhörungsverfahren geltend gemacht, daß sie sich in ihrer Planungshoheit verletzt sehe. Das Vorhaben verhindere die Verwirklichung einer geplanten Wohngebietsausweisung im betroffenen Stadtrandgebiet. Hierzu liege dem Rat bereits ein Entwurf zur Änderung des Flächennutzungsplanes vor. Die Bedenken wurden zurückgewiesen, da die raumbedeutsame Verkehrsplanung nicht auf bloße Planungsabsichten einer Gemeinde Rücksicht nehmen könne. Das Vorhaben sei im Straßenbedarfsplan als vordringlich dargestellt.
E hat im Erörterungstermin eine andere als die nunmehr festgestellte Trassenführung vorgeschlagen. Er macht geltend, daß ein Verlauf der Straße jenseits eines Waldstücks ökologisch sinnvoller sei, da dort die Trasse über landwirtschaftlich bedeutungslose Brachflächen führen würde.
Auch K hat Grundeigentum im Außenbereich der Stadt S und hat ebenfalls sofort gegen den Plan Stellung bezogen. Er wendet ein, der Abstand der geplanten Trasse von seinem mit einem Wohnhaus bebauten Grundstück sei mit 60 m zu gering, so daß sich hieraus für ihn unzumutbare Lärmbeeinträchtigungen ergäben.
Die Planungsbehörde hat die Einwendungen des E und des K mit dem Hinweis zurückgewiesen, daß die geplante Trasse keine vermeidbaren Beeinträchtigungen für den Naturschutz mit sich bringe. Die Plantrasse ermögliche eine kürzere Streckenführung und spare erhebliche Baukosten ein. Außerdem müsse die Alternativtrasse für einen evtl. Bahnanschluß des Flughafens freigehalten werden, der nicht auf anderem Wege realisierbar sei. Eine Verlegung der Trasse komme nicht in Betracht. Den Belangen des K werde zudem durch die Errichtung eines Lärmschutzwalles hinreichend Rechnung getragen, da hierdurch die gem. § 2 der 16. BImSchV zulässigen Grenzwerte eingehalten würden.
Wie wird das OVG über die Klagen des E, des K und der Stadt S entscheiden?

1. Teil: Klage des E

(A) Zulässigkeit der Klage des E

(I) Da die Rechtmäßigkeit eines PlanFB nach öffentlich rechtlichen Vorschriften zu beurteilen ist, liegt eine öffentlich-rechtliche Streitigkeit vor, für die gem. § 40 Abs. 1 VwGO der **Verwaltungsrechtsweg** eröffnet ist.

(II) Richtige **Klageart** gegen den PlanFB als (belastenden) VA ist gem. § 42 Abs. 1 VwGO die Anfechtungsklage.

Das gilt allerdings nur, wenn sich der Kläger gegen den PlanFB als solchen wehrt. Macht der Kläger demgegenüber geltend, daß Schutzauflagen nach § 74 Abs. 2 S. 2 VwVfG unterblieben sind, so geht es ihm um eine Planergänzung, die er grds. mit der **Verpflichtungsklage** durchsetzen muß (Stüer Rdn 2058). Etwas anderes gilt allerdings, wenn das Fehlen einer Auflage „die Ausgewogenheit der Gesamtplanung“ insgesamt beeinträchtigt. Hier kann der Betroffene mit der Anfechtungsklage Aufhebung des gesamten PlanFB erreichen (BVerwGE 56, 110, 133; BVerwG NVwZ 1996, 389, 390; NVwZ 1996, 901, 905).

Ist die Aufhebung eines PlanFB (oder einer Plangenehmigung) nach § 75 Abs. 1 a S. 2 VwVfG ausgeschlossen, handelt es sich dagegen um eine Anfechtungsklage, bei der das Gericht statt der beantragten Aufhebung lediglich die Rechtswidrigkeit des angefochtenen PlanFB und dessen Nichtvollziehbarkeit feststellt, bis der Fehler im ergänzenden Verfahren geheilt wird (BVerwG NVwZ 1996, 1016, 1017).

(III) E muß geltend machen durch den PlanFB in seinen subjektiven Rechten verletzt zu sein (**Klagebefugnis** gem. § 42 Abs. 2 VwGO).

Neben speziellen Verstößen gegen drittschützende planerische **Abwägungsgebote** (zB § 17 Abs. 1 S. 2 FStrG) kommt vor allem eine Verletzung des **Eigentumsrechts** (Art. 14 GG) in Betracht.

(1) Im Planfeststellungsrecht ist allgemein anerkannt, daß der betroffene Bürger bereits dann klagebefugt ist, wenn er geltend machen kann, daß seine Belange in der planerischen Abwägung nicht oder nicht ausreichend berücksichtigt worden sind (**Recht auf ordnungsgemäße Abwägung**).

BVerwGE 82, 17, 18; BVerwG NVwZ 1997, 994, 995; NVwZ 1997, 394; zur umstrittenen Frage im Baurecht s.o. S. 28.

Besonderheiten ergeben sich bei einer **abschnittsweisen Planung** eines Vorhabens. Hier stellt sich die Frage, ob sich ein von der Gesamtplanung Betroffener auch gegen den Abschnitt wenden kann, der ihn nicht unmittelbar berührt. Diese Konstellation tritt häufig im Rahmen der Eisenbahn- und Fernstraßenplanung auf. – **Beispiel:** Die B 512 soll in drei Abschnitten (A–B, B–C und C–D) neu gebaut werden. E wird erst durch den Abschnitt C–D betroffen, möchte sich aber schon gegen den ersten Abschnitt A–B wehren, da er vollendete Tatsachen bei der Linienführung befürchtet. – Hier ist anerkannt, daß der Dritte klagebefugt ist, wenn die Abschnittsbildung einen „Zwangspunkt" für die weitergehende Planung setzt, wenn also zwangsläufig in einem späteren Abschnitt eigene Belange betroffen werden (BVerwG DVBl 1998, 48 ff; NVwZ 1997, 491 u. 493).

(2) Da das Grundeigentum des E durch den Straßenbau in Anspruch genommen werden soll, kann E außerdem eine Verletzung von **Art 14 GG** geltend machen.

Abweichend vom Baurecht (dazu S. 27 und S. 91) und unter Aufgabe seiner bisherigen Rspr (zuletzt BVerwG DVBl 1994, 338, 339) hat das BVerwG (DVBl 1998, 44) nunmehr entschieden, daß wegen der enteignungsrechtlichen Vorwirkung (§ 19 FStrG) auch ein **obligatorisch Berechtigter** (zB Pächter) klagebefugt ist, wenn er sich dagegen zur Wehr setzt, daß sein Pachtgrundstück für ein Straßenbauvorhaben in Anspruch genommen wird.

BVerwG aaO: „Jedenfalls bei der fernstraßenrechtlichen Planfeststellung sind zusätzlich die Konsequenzen in Rechnung zu stellen, die der PlanFB für ein etwaiges sich anschließendes Enteignungsverfahren hat. ... Enteignungsrechtliche Vorwirkungen entfaltet der PlanFB insoweit indes nicht nur für betroffene Eigentümer, sondern in gleicher Weise für Personen, denen ein obligatorisches Recht an einem Grundstück zusteht, auf das sich der Planungsträger den Zugriff sichert."

(IV) Ein **Vorverfahren** findet gegen Planfeststellungsbeschlüsse gem. §§ 74 Abs. 1, 70 VwVfG nicht statt.

(V) **Klagefrist:** Die Klage muß gem. § 74 Abs. 1 S. 2 VwGO innerhalb eines Monats nach Zustellung des PlanFB erhoben werden.

Für den Fall, daß gem. § 74 Abs. 5 VwVfG die Zustellung an die einzelnen Betroffenen durch eine **öffentliche Bekanntmachung** ersetzt wird, gilt der Beschluß den Betroffenen und den Einwendern gegenüber mit Ende der Auslegungsfrist als zugestellt (§ 74 Abs. 5 S. 3 VwVfG). Entsprechends gilt für die **Zustellungsfiktion** nach § 74 Abs. 4 S. 3 VwVfG.

Die Anfechtungsklage des E ist damit zulässig.

Die Klage entfaltet allerdings in den Fällen des § 17 Abs. 6 a S. 1 FStrG **keine aufschiebende Wirkung**, wenn für die Straße ein vordringlicher Bedarf festgestellt worden ist. Soll der Bau der Straße hier vorläufig verhindert werden, muß beim VG gem. § 80 Abs. 5 VwGO Antrag auf Anordnung der aufschiebenden Wirkung gestellt werden. Dabei ist zu beachten, daß im Verkehrsplanungsrecht für den Antrag idR eine **Antragsfrist** von einem Monat ab Zustellung des Planfeststellungsbeschlusses (bzw. der Zustellungsfiktion) besteht (vgl. § 17 Abs. 6 a S. 2 FStrG, § 29 Abs. 6 S. 3 PBefG, § 20 Abs. 5 S. 2 AEG, § 19 Abs. 2 S. 1 WaStrG).

(B) **Begründetheit der Klage des E**

Die Anfechtungsklage ist gem. § 113 Abs. 1 S. 1 VwGO begründet, wenn der PlanFB rechtswidrig und E dadurch in seinen Rechten verletzt ist.

(I) Voraussetzung einer inhaltlichen Überprüfung durch das Gericht ist, daß **keine materielle Einwendungspräklusion** gegeben ist. Eine solche ergibt sich spezialgesetzlich zB aus § 17 Abs. 4 S. 1 FStrG und allgemein aus § 73 Abs. 4 S. 3 VwVfG. Danach sind Einwendungen nach Ablauf der Einwendungsfrist ausgeschlossen, die nicht auf besonderen privatrechtlichen Titeln beruhen. Hierauf ist in der Bekanntmachung der Auslegung oder bei der Bekanntgabe der Einwendungsfrist hinzuweisen. Die Präklusion hat materiellrechtlichen Charakter und ist daher auch im Klageverfahren zu beachten.

BVerwG DVBl 1997, 51; NVwZ 1997, 171, 172 mwN. – Nach hM wird die Klage im Fall der Präklusion ohne Sachprüfung als unbegründet zurückgewiesen, vgl. BVerwG NVwZ 1997, 489; NJW 1997, 142; Kopp VwVfG § 73 Rdn 93; aA BayVGH BayVBl 1979, 626; Jarass BImSchG § 10 Rdn 81 zur vergleichbaren Präklusion nach § 10 Abs. 3 S. 3 BImSchG: **unzulässig** mangels Klage- bzw. Widerspruchsbefugnis. Allgemein zur Präklusion im Verwaltungsverfahren vgl. Brandt NVwZ 1997, 233 ff.

Hier hat K seine Einwendungen bereits vor Ablauf der Einwendungsfrist erhoben, so daß eine Präklusion nicht gegeben ist.

An der **Verfassungsmäßigkeit** einer materiellen Präklusion sind wiederholt Bedenken erhoben worden, da im Verwaltungsverfahren keine hinreichende Belehrung über die Konsequenzen der Fristversäumnis erfolge. Die Hinweise beschränkten sich zumeist auf den Wortlaut des Gesetzes, aus dem aber nicht klar genug hervorgehe, daß der Ausschluß auch für ein späteres verwaltungsgerichtliches Verfahren gelte (so Solveen DVBl 1997, 803, 804).

Demgegenüber sieht die Rspr die Regelungen als verfassungsrechtlich unbedenklich an, da sich sowohl aus dem Wortlaut als auch aus dem Sinn und Zweck der Regelung ergebe, daß diese auch für das verwaltungsgerichtliche Verfahren gelte (BVerfGE 61, 82, 109; BVerwG NVwZ 1997, 489; NVwZ 1997, 171, 172: weder Verstoß gegen Art 19 Abs. 4 GG noch im Hinblick auf die in der Sache betroffenen Grundrechte, insb. Art 14 GG. „Es bestehen triftige öffentliche Interessen daran, Rechtssicherheit in bezug auf das geplante Vorhaben zu erreichen und insoweit den materiellen Bestand des Planfeststellungsbeschlusses in angemessener Frist herbeizuführen. … Eine unzumutbare Verkürzung berechtigter Belange der betroffenen Bürger stellt die auferlegte Mitwirkungslast nicht dar.“

(II) **Ermächtigungsgrundlage** eines Planfeststellungsbeschlusses für Bau oder Änderung einer Bundesautobahn ist § 17 FStrG.

Nach § 17 Abs. 3 BauGB können Bebauungspläne Planfeststellungen nach § 17 Abs. 1 FStrG ersetzen. Die Vorschrift ist zugeschnitten auf die Straßenplanung im innerörtlichen Bereich, wo üblicherweise neben den Festsetzungen der örtlichen Verkehrsflächen (§ 9 Abs. 1 Nr. 11 BauGB) auch die Nutzung der anliegenden Grundstücke geregelt wird. Vgl. BVerwG, Beschl. v. 11.03.1998 – 4 BN 6.98: Ein BPlan, der einen PlanFB ersetzt, hat keine enteignungsrechtliche Vorwirkung.

(III) Formelle Rechtmäßigkeit des Planfeststellungsbeschlusses

Vorliegend sind keine Anhaltspunkte ersichtlich, daß Vorschriften insb. bzgl. der Zuständigkeit der Planfeststellungsbehörde, des Anhörungs- und Beteiligungsverfahrens (§ 73 VwVfG), der Umweltverträglichkeitsprüfung oder der Form verletzt worden sind.

Liegen Verfahrensfehler vor, so können diese nach § 45 VwVfG geheilt werden oder nach § 46 VwVfG unbeachtlich sein (beachte aber BVerwG DVBl 1998, 334, 336: § 46 VwVfG gilt nicht für das Beteiligungsrecht anerkannter Naturschutzverbände nach § 29 BNatSchG). Hierbei ist zu berücksichtigen, daß die §§ 45, 46 VwVfG des Bundes durch das Genehmigungsverfahrensbeschleunigungsgesetz 1996 (BGBl I 1996, 1354) wesentlich geändert worden sind (zB Heilung gem. § 45 Abs. 2 VwVfG noch im gerichtlichen Verfahren, Unbeachtlichkeit nach § 46 VwVfG nicht nur bei gebundenen VAen, sondern uU auch bei Ermessensentscheidungen). Soweit die Länder ihre VwVfGe noch nicht angeglichen haben, ergeben sich hier unterschiedliche Folgen gegenüber dem Bundesrecht (vgl. Stüer DVBl 1997, 326, 330 und AS-Skriptum VerwaltungsR AT 1 [1996], S. 114 ff).

(IV) Materielle Rechtmäßigkeit des Planfeststellungsbeschlusses

§ 17 FStrG (ebenso wie die meisten Planfeststellungsvorschriften) normiert **keine ausdrücklichen gesetzlichen Voraussetzungen** zum Erlaß eines PlanFB. Aufgrund der materiellrechtlichen Wirkungen des PlanFB und der enteignungsrechtlichen Vorwirkung ist er allerdings nur rechtmäßig, wenn die Planfeststellungsbehörde bei der Ausübung des ihr zustehenden Ermessens

- die Vorgaben des jeweiligen Fachplanungsgesetzes und anderer einschlägiger Gesetze beachtet,
- sich mit der Planung im Rahmen der Planrechtfertigung gehalten,
- die gesetzlichen Planungsleitlinien sowie
- gesetzliche Abwägungs- und Optimierungsgebote beachtet hat.

BVerwGE 56, 110, 118; Stüer Rdn 1850 ff mwN.

(1) Das Vorhaben muß den **fachgesetzlichen Vorgaben** entsprechen. Vorliegend bestimmt gem. § 16 Abs. 1 FStrG zunächst der Bundesverkehrsminister im Benehmen mit den Landesplanungsbehörden die Linienführung. Die **Linienbestimmung** gehört jedoch nicht zu den eigentlichen Rechtmäßigkeitsvoraussetzungen des Planfeststellungsverfahrens (BVerwG DVBl 1996, 925, 926). Der Planfeststellungsbeschluß muß **aus sich heraus** den Rechtmäßigkeitsanforderungen genügen. Der Linienführung kommt somit zunächst nur eine **verwaltungsinterne** Bedeutung zu (Kodal/Krämer Kap 33 Rdn 18). Da die Linienführung jedoch an einen zuvor aufgestellten Bedarfsplan für den Straßenausbau gebunden ist (Kodal/Krämer, aaO Rdn 7), wird die Entscheidung der planenden Behörde idR nicht den für sie bindenden Planungsleitsätzen entsprechen, wenn von der vorgegebenen Linienführung abgewichen wird.

Neben dem Fachplanungsgesetz können sich Einschränkungen auch aus anderen Fachgesetzen ergeben. So muß zB ein PlanFB für örtliche Vorhaben die §§ 29 ff BauGB beachten (anders § 38 S. 1 BauGB für Vorhaben von überörtlicher Bedeutung, die von den Vorgaben des Bauplanungsrechts freigestellt sind, wenn die Gemeinde im Planfeststellungsverfahren beteiligt wird).

(2) Jede Fachplanung bedarf einer **Planrechtfertigung**, zumal wenn sie die Grundlage für Eigentumseingriffe schafft. Diese Voraussetzung ist erfüllt, wenn das jeweilige Vorhaben objektiv durch **vernünftige Gründe des Gemeinwohls** gerechtfertigt ist.

BVerwGE 48, 56, 60 f; 56, 110, 118 f; BVerwG NVwZ 1987, 967; NVwZ 1991, 781, 782; Steenhoff DVBl 1996, 1236, 1238; Stüer Rdn 1856: wenn das Vorhaben nach den Zielen des jeweiligen Fachplanungsgesetzes „vernünftigerweise geboten" ist. Insb. im Hinblick auf die enteignungsrechtliche Vorwirkung muß das Vorhaben zum Wohle der Allgemeinheit erforderlich sein (BVerfG DVBl 1997, 42, 44).

Vorliegend finden sich die allgemein verfolgten Ziele der Planung, zu deren Verwirklichung das konkrete Projekt erforderlich sein muß, im FStrG. Gem. § 1 Abs. 1 FStrG dienen Bundesfernstraßen dem weiträumigen Verkehr in einem zusammenhängenden Verkehrsnetz. Nach § 1 Abs. 3 FStrG sind Bundesautobahnen solche Bundesfernstraßen, die nur für den Schnellverkehr bestimmt sind. Die A 77 ist zur Anbindung des neuen Flughafens an das bestehende BAB-Netz erforderlich, um eine wirtschaftliche Nutzung des Flughafens zu ermöglichen. Das Vorhaben ist daher auch im Bedarfsplan für Bundesfernstraßen aufgenommen worden. Es erfüllt somit Aufgaben zum Wohl der Allgemeinheit und ist iSd Planrechtfertigung objektiv geboten.

BVerwG NVwZ 1997, 711, 712; NVwZ 1996, 381, 382: Mit der Aufnahme in den Bedarfsplan für Bundesfernstraßen konkretisiert der Bundesgesetzgeber mit bindender Wirkung auch für die Verwaltungsgerichte die sog. Planrechtfertigung.

(3) Die einschlägigen **Planungsleitlinien** müssen berücksichtigt worden sein.

Planungsleitlinien ergeben sich zB im Straßenplanungsrecht aus § 1 Abs. 1, Abs. 3 S. 1, §§ 10–12, 16 FStrG sowie der VerkehrslärmschutzVO (16. BImSchV).

(4) Wesentlich für jede Planung ist, daß eine umfassende **Abwägung** der betroffenen Belange zu erfolgen hat (vgl. § 17 Abs. 1 S. 2 FStrG). Hierbei ist – wie im Bauplanungsrecht – sowohl der Abwägungsvorgang als auch das Abwägungsergebnis auf **Abwägungsfehler** zu überprüfen, und zwar, ob

- eine sachgerechte Abwägung bzgl. der einzustellenden öffentlichen und privaten Belange stattgefunden hat (sonst **Abwägungsausfall**),
- alle zu beachtenden Belange von der Planfeststellungsbehörde in den Abwägungsvorgang eingestellt worden sind (sonst **Abwägungsdefizit**),
- die Bedeutung der abwägungsrelevanten öffentlichen und privaten Belange richtig erkannt worden ist (sonst **Abwägungsfehleinschätzung**),
- der Ausgleich zwischen den einzelnen Belangen in einem richtigen Verhältnis zu ihrem Gewicht zueinander vorgenommen worden ist (sonst **Abwägungsdisproportionalität**).

BVerwGE 48, 56, 63, 64; BVerwG NVwZ 1995, 905, 906; Hoppe DVBl 1992, 853, 856, 857 im Sinne einer noch weitergehenden Differenzierung.

Fraglich ist hier, ob die von E vorgeschlagene **alternative Trassenführung** im Rahmen der Abwägung hinreichend bedacht worden ist. Gem. § 17 Abs. 1 S. 2 FStrG ist bei der Planfeststellung auch die Umweltverträglichkeit bei der Abwägung zu berücksichtigen (zur Umweltverträglichkeitsprüfung, siehe S. 119). Hierdurch werden zwar nur öffentliche Belange betroffen. Jedoch ist anerkannt, daß ein privater Eigentümer eines Grundstücks, das für das Vorhaben in Anspruch genommen wird, die Gesetzmäßigkeit des PlanFB unter Berufung auch auf **öffentliche Belange** überprüfen lassen kann. Denn der Eingriff in sein Grundrecht aus Art 14 GG kann nur rechtmäßig sein, wenn die Maßnahme unter **allen** Gesichtspunkten rechtmäßig ist.

BVerwGE 67, 74; BVerwG DVBl 1996, 914; NVwZ 1997, 914 mwN.

Vgl. aber BVerwG NVwZ 1996, 1011, 1012: „Liegt (nur) die Beeinträchtigung eines öffentlichen Belangs vor, etwa des Landschaftsschutzes, so ist dieser Mangel dann für den Eigentumsschutz des Kl. unerheblich, wenn auch die Beachtung dieses Belangs nicht zu einem Absehen von der Maßnahme insgesamt oder zu einer Veränderung der Trassenführung im Bereich des klägerischen Grundstücks führen würde."

(a) Die Behörde hat eine Verlegung der Trasse abgelehnt, obwohl die alternative Trassenführung eine **ökologisch weniger einschneidende Maßnahme** wäre. Sie hat dazu als Begründung ausgeführt, daß die geplante Trasse eine erheblich kürzere Streckenführung ermöglicht und somit Baukosten einspart.

(b) Diese Begründung könnte gegen das **naturschutzrechtliche Vermeidungsgebot** nach § 8 Abs. 2 BNatSchG verstoßen.

(aa) Aus § 8 Abs. 2 S. 1 BNatSchG ergibt sich jedoch keine generelle Verpflichtung, stets die ökologisch günstigste Trasse zu wählen. Eine Prüfungspflicht bzgl. möglicher Standortalternativen kann sich jeweils nur aus dem einschlägigen Fachplanungsgesetz ergeben. § 8 Abs. 2 BNatSchG stellt selbst keine Voraussetzungen für die Zulässigkeit eines Vorhabens auf. Er setzt für seine Anwendbarkeit vielmehr die Zulässigkeit des Vorhabens als solche voraus und legt dem Verursacher eines Eingriffs die **zusätzliche** Verpflichtung auf, diejenigen Beeinträchtigungen von Natur und Landschaft zu unterlassen, die vermeidbar sind.

BVerwG NVwZ 1997, 914 ff: „§ 8 Abs. 2 S. 1 BNatSchG zwingt die Planbehörde nicht zur Wahl der ökologisch günstigsten Planungsalternative ... Ob ein Vorhaben an einem bestimmten Standort zulässig ist, richtet sich auch in naturschutzrechtlicher Hinsicht nach den materiellen Vorgaben des Fachrechts. ... Auch die Belange des Naturschutzes und der Landschaftspflege unterliegen im bundesfernstraßenrechtlichen Planungsrecht dem Abwägungsvorbehalt des § 17 Abs. 1 S. 2 FStrG."

(bb) Ziel der Norm ist somit nicht die generelle Vermeidbarkeit von Beeinträchtigungen an einem bestimmten Standort, sondern die **Reduzierung** der naturgemäß bei jedem Vorhaben entstehenden Beeinträchtigungen auf das unbedingt erforderliche Maß. Die Standortfrage stellt sich somit nur im Rahmen des § 17 Abs. 1 S. 2 FStrG, der auch die Einbeziehung der Umweltauswirkungen in die Abwägung der Belange ausdrücklich fordert.

BVerwG DVBl 1997, 1115, 1116: „Die Belange von Natur und Landschaft haben in der fernstraßenrechtlichen Abwägung einen hohen Rang ... Die naturschutzrechtliche Eingriffsregelung nach § 8 BNatSchG ist eine Folgenbewältigungsregelung. Ihre Anwendung setzt eine dem Abwägungsgebot gerecht werdende und damit auch das besagte Integritätsinteresse berücksichtigende Fachplanung voraus." Daher hat das BVerwG angenommen, daß im Rahmen der Abwägung auch zu berücksichtigen sei, ob unüberwindliche Belange dazu nötigen, von der Planung ganz Abstand zu nehmen (sog. „Null-Variante").

Aus der Begründung (Einsparung von Baukosten, kürzere Streckenführung) ergibt sich, daß die Planbehörde bei der Abwägung auch die Standortalternative berücksichtigt hat. Die kürzere Streckenführung spart neben Baukosten auch Fahrwege ein und stellt einen sachlichen Grund dar, die Linienführung beizubehalten. Außerdem würde die Alternativtrasse mit einem evtl. späteren Bahnlinienanschluß des Flughafens kollidieren. Diese Überlegungen begründen eine ordnungsgemäße Abwägung der widerstreitenden Interessen. Es liegt daher kein Verstoß gegen das Abwägungsgebot vor.

Zur Berücksichtigung von Standortalternativen vgl. auch BVerwG NVwZ 1997, 908 ff; NVwZ 1997, 914 ff; im einzelnen Stüer Rdn 1819 f.

Der PlanFB ist damit rechtmäßig. Das OVG wird die Klage des E als unbegründet abweisen.

2. Teil: Klage des K

(A) Zulässigkeit der Klage des K

Auch K kann gegen den planfeststellenden VA **Anfechtungsklage** erheben, für die grds. dasselbe wie im Falle des E gilt. Besonderheiten bestehen jedoch bei der **Klagebefugnis** (§ 42 Abs. 2 VwGO). Mangels Grundrechtseingriffs kann K nur geltend machen, daß seine Belange im Rahmen der Abwägung (§ 17 Abs. 1 S. 2 FStrG) nicht oder nicht ausreichend berücksichtigt worden sind.

(B) Begründetheit der Klage des K

Die Anfechtungsklage des K ist gem. § 113 Abs. 1 VwGO begründet, wenn der PlanFB rechtswidrig ist und subjektive Rechte des K verletzt. Insoweit ist zu beachten, daß K – im Unterschied zu dem grundrechtsbetroffenen E – **keinen allgemeinen Gesetzesvollziehungsanspruch** hat. Als lediglich mittelbar Betroffener kann K den PlanFB nicht insgesamt auf seine Rechtmäßigkeit überprüfen lassen, sondern nur im Rahmen der individualschützenden Aussage des § 17 Abs. 1 S. 2 FStrG.

Zur Unterscheidung:

- Folgt das **Abwehrrecht** des Klägers aus der Verfassung (zB Art 14 GG), ist der staatliche Eingriff **in vollem Umfang** auf seine Rechtmäßigkeit zu überprüfen, da der Eingriff nur bei voller Gesetzmäßigkeit Ausdruck der Schranken des Grundrechts sein kann.

Beispiel: Der enteignungsbetroffene E kann verlangen, daß nicht nur seine Belange beachtet werden, sondern jeden Verstoß gegen das Gesetz geltend machen. Der PlanFB ist deshalb in vollem Umfang auf seine Rechtmäßigkeit zu überprüfen.

- Bei **einfachgesetzlichem Abwehrrecht** (zB Verstoß gegen das Abwägungsgebot gem. § 17 Abs. 1 S. 2 FStrG) kann die Gesetzeswidrigkeit des angefochtenen PlanFB dagegen nur im Rahmen der individualrechtlichen Schutzaussage der möglicherweise verletzten Norm geltend gemacht werden.

Beispiel: Der durch den zu befürchtenden Lärm betroffene K hat nur dann einen grundrechtlichen Abwehranspruch aus Art 14 GG, wenn sein Eigentum ausnahmsweise „schwer und unerträglich" betroffen ist, also praktisch mit enteignender Wirkung entwertet wird. Im Normalfall kann er nur geltend machen, daß das einfachgesetzliche Abwägungsgebot (§ 17 Abs. 1 S. 2 FStrG) verletzt ist. Er kann dann nur eine Überprüfung verlangen, soweit seine subjektiven Belange betroffen sind.

Insoweit könnte wegen der Lärmbeeinträchtigung ein **Abwägungsdefizit** oder eine **Abwägungsfehleinschätzung** vorliegen. Nach § 50 BImSchG gilt das Gebot zur Vermeidung von Immissionskonflikten. Abwägungsrelevant war hier die Frage, ob sich aus der geplanten Trassenführung **vermeidbare bzw. unzumutbare Lärmbeeinträchtigungen** für K ergeben. Hierfür sind grds. maßgeblich die in § 2 der 16. BImSchV („Verkehrslärmschutzverordnung") normierten Werte (s.u. S. 136).

Die Behörde hat sich im Rahmen der Abwägung mit dem Einwand des K beschäftigt. Zur Konfliktlösung hat sie den Bau einer Lärmschutzmauer beschlossen (**aktiver Lärmschutz**, § 74 Abs. 2 S. 2 VwVfG), so daß die in § 2 der 16. BImSchV normierten Lärmgrenzwerte eingehalten werden. Der private Belang des K ist also hinreichend in den Abwägungsvorgang eingestellt worden. Die widerstreitenden Belange der Notwendigkeit des Vorhabens und der Schutzbedürftigkeit des K sind gegeneinander abgewogen worden, und es ist durch geeignete Maßnahmen ein gerechter Ausgleich geschaffen worden. Ein Verstoß gegen die drittschützende Aussage des Abwägungsgebotes ist danach nicht gegeben.

Die Klage des K ist ebenfalls unbegründet.

Weitere Möglichkeiten sind zB auch der Einbau von Isolierglasfenstern als Maßnahme des **passiven Lärmschutzes** (s.u. S. 136) oder Geschwindigkeitsbeschränkungen zu Nachtzeiten. Zum Lärmschutz bei straßenrechtlichen Bauvorhaben vgl. allgemein BVerwG NVwZ 1996, 1003 ff.

3. Teil: Klage der Stadt S

(A) Zulässigkeit der Klage der Stadt S

Auch die Stadt S kann gegen den planfeststellenden VA **Anfechtungsklage** erheben, für die grds. dasselbe wie im Falle des E gilt. Besonderheiten bestehen jedoch auch hier bei der **Klagebefugnis** (§ 42 Abs. 2 VwGO).

(I) Anders als der Bürger kann sich eine Gemeinde nicht auf **Grundrechte** und damit auch nicht auf Art 14 GG berufen. Bei Verwaltungsträgern fehlt es an der für das Verhältnis Bürger – Staat charakteristischen **„grundrechtstypischen Gefährdungslage"**. Danach ist die Gemeinde generell nicht grundrechtsfähig und kann daher – selbst wenn ihr Eigentum in Anspruch genommen wird – keine Verletzung von Art 14 GG geltend machen.

BVerfGE 61, 82, 105 (Sasbach-Entscheidung); BVerwG DVBl 1991, 491, 492; Bethge/Rozek Jura 1993, 545, 548 mwN; aA Erlenkämper NVwZ 1985, 785, 792; Broß Verw Arch 77 (1986), 65, 73; zur Gesamtproblematik Bleckmann/Helm DVBl 1992, 9, 14.

(II) Werden durch das Vorhaben Grundstücke der Gemeinde in Anspruch genommen, kann die Gemeinde allerdings – wie jeder private Eigentümer – rügen, ihre **Nutzungsinteressen** seien nicht oder nicht mit dem ihnen gebührenden Gewicht in die Abwägung (§ 17 Abs. 1 S. 2 FStrG) eingestellt worden.

BVerwGE 97, 143, 151; BVerwG NVwZ 1997, 904, 905. Zum subjektiven Recht auf ordnungsgemäße Abwägung vgl. oben S. 127.

(III) Im übrigen kann die Gemeinde gegen staatliche Planung idR nur eine Verletzung ihres **Selbstverwaltungsrechts** (Art 28 Abs. 2 GG) geltend machen. Teil des Selbstverwaltungsrechts ist die sog. **Planungshoheit**.

(B) **Begründetheit der Klage der Stadt S**

Die Anfechtungsklage der Stadt S ist gem. § 113 Abs. 1 VwGO begründet, wenn der PlanFB rechtswidrig ist und subjektive Rechte der S verletzt.

(I) Als Hoheitsträgerin kann die Stadt den PlanFB – anders als E – nicht wegen seiner **enteigungsrechtlichen Vorwirkung** mit der Begründung angreifen, sie sei in anderen Belangen als ihrer Planungshoheit verletzt. Das Recht Privater, eine umfassende gerichtliche Überprüfung eines PlanFB mit enteignungsrechtlicher Vorwirkung zu verlangen, folgt aus der Eigentumsgarantie des Art. 14 GG. Art 14 Abs. 3 S. 1 GG bestimmt, daß eine Enteignung nur zum Wohle der Allgemeinheit zulässig ist. Aufgrund der für das Enteignungsverfahren bindenden Vorwirkung des PlanFB ist zum verfassungsrechtlich gebotenen Schutz des Grundrechtsträgers eine umfassende Rechtmäßigkeitsprüfung erforderlich (s.o. S. 129 ff). Die Gemeinde ist jedoch nicht Grundrechtsträgerin und kann sich daher auch nicht auf den Schutz des Art 14 Abs. 3 S. 1 GG berufen (s.o).

Die Gemeinde kann daher eine Überprüfung des PlanFB nicht mit der Begründung verlangen, daß öffentliche, nicht ihre Planungshoheit schützende Belange, wie zB solche des Umweltschutzes, nicht ordnungsgemäß in der Abwägung berücksichtigt worden sind.

BVerwG NVwZ 1997, 904, 905; DVBl 1996, 914, 916; DVBl 1995, 238, 242.

(II) In Betracht kommt jedoch, daß der PlanFB die durch Art 28 Abs. 2 GG geschützte **Planungshoheit** der S verletzt.

(1) Das Selbstverwaltungsrecht umfaßt die Befugnis der Gemeinde, die eigenen Angelegenheiten nicht nur von Fall zu Fall wahrzunehmen, sondern auch durch Planung einzelnen Vorgängen Rahmen und Ziel zuzuweisen (auch **Selbstgestaltungsrecht** der Gemeinde genannt).

(2) Hierbei handelt es sich allerdings um einen besonders empfindlichen Bereich. Es liegt im Wesen der örtlichen Planung, daß sie sich mit überörtlichen Gesichtspunkten überschneidet (vgl. zB § 1 Abs. 4 BauGB). Eine Verletzung der Planungshoheit kommt daher nach hM erst dann in Betracht, wenn eine **hinreichend konkrete örtliche Planung** vorliegt und diese durch die überörtliche Planung **nachhaltig gestört** wird. Darüber hinaus kann eine Verletzung der Planungshoheit vorliegen, wenn wesentliche Teile des Gemeindegebietes einer durchsetzbaren **Planung entzogen** werden.

BVerfGE 56, 298, 317; BVerwGE 84, 209, 220; BVerwG DVBl 1996, 914, 915; NVwZ 1994, 371; DVBl 1992, 1233; VerfGH NW NVwZ 1996, 262; NVwZ 1992, 875; NWVBl 1991, 371, 372; VGH Mannheim NVwZ 1990, 487, 488.

(3) Vorliegend hat die Stadt S lediglich Planungsabsichten gegen die Fachplanung ins Feld geführt und vorgetragen, daß dem Rat ein Entwurf zur Änderung des F-Plans zur Entscheidung vorliege. Hierin ist noch keine verfestigte oder gar konkrete Planung zu sehen. Bloße planerische Erschwernisse oder planerischer Anpassungsbedarf für die Bauleitplanung ist ebenso wie mögliche Reduzierungen der als Wohnbauland geeigneten Fläche von der Gemeinde grds. hinzunehmen (BVerwG DVBl 1996, 914, 915).

(III) Aus den gleichen Gründen stehen der Planungsentscheidung daher auch keine im Rahmen der Abwägung nach § 17 Abs. 1 S. 2 FStrG **vorrangigen Nutzungsinteressen** der Stadt entgegen.

Die Stadt S ist somit durch den PlanFB nicht in eigenen Rechten verletzt. Das OVG wird auch die Klage der S als unbegründet abweisen.

– – –

Rechtmäßigkeit eines Planfeststellungsbeschlusses

Ermächtigungsgrundlage nach Fachgesetz

I. formelle Rechtmäßigkeit des PlanFB

1. **Zuständigkeit** der PlanFBehörde (nach Spezialgesetz)
2. **Verfahren** (nach Spezialgesetz, ergänzend VwVfG)
   a) Planaufstellung und Einreichung bei der Anhörungsbehörde
   b) Anhörungsverfahren (§ 73 VwVfG, ggf. Spezialgesetz)
   c) Planfeststellungsbeschluß (§ 74 VwVfG)
3. **Form** (§ 74 VwVfG)

II. materielle Rechtmäßigkeit des PlanFB

1. Voraussetzungen des jeweiligen Fachplanungsgesetzes
2. Planrechtfertigung
3. Beachtung der gesetzlichen Planungsgrundsätze und -leitlinien
4. ordnungsgemäße Abwägung
   a) **Abwägungsfehler:**
   – Abwägungsausfall: Abwägung fehlt ganz
   – Abwägungsdefizit: wesentliche Belange nicht berücksichtigt oder unzutreffende sachwidrige Belange berücksichtigt
   – Abwägungsfehleinschätzung: Verkennung der Bedeutung einzelner Belange
   – Abwägungsdisproportionalität: Interessenausgleich unverhältnismäßig
   b) Beachtlichkeit (§ 75 Abs. 1 a VwVfG) nur, wenn offensichtlich und auf das Abwägungsergebnis von Einfluß

3. Folgen des Planfeststellungsverfahrens

Fall 13: Unruhige Nacht

K ist Eigentümer eines Grundstücks in einem allgemeinen Wohngebiet in der Gemeinde G, das er 1980 mit einem Einfamilienhaus bebaut hat. Bei Fertigstellung des Hauses betrug der Verkehrslärm von der angrenzenden Straße 60 dB(A) am Tag und nachts 50 dB(A). 1997 baute die Gemeinde aufgrund eines (bestandskräftigen) Planfeststellungsbeschlusses die Straße vierspurig aus. Seit dieser Zeit liegt der durchschnittliche Dauerschallpegel bei 73/67 dB(A) am Tag/nachts. K verlangt nunmehr von der Gemeinde Übernahme der Kosten für den Einbau von Schallschutzfenstern sowie Entschädigung für die Beinträchtigung des Wohnwertes, da er nicht mehr die Ruhe in seinem Garten genießen könne und der Verkehrswert des Grundstücks erheblich beeinträchtigt sei. Wie ist die Rechslage, wenn eine Verminderung der Immissionswerte durch eine Lärmschutzwand o.ä. nicht möglich ist?

(I) Nach **§ 41 Abs. 1 BImSchG** besteht bei dem Bau oder einer wesentlichen Änderung einer öffentlichen Straße ein Anspruch auf aktiven wie auch auf passiven Lärmschutz. Es ist unbeschadet des § 50 BImSchG sicherzustellen, daß durch diese baulichen Maßnahmen keine schädlichen Umwelteinwirkungen durch Verkehrsgeräusche hervorgerufen werden, die nach dem Stand der Technik vermeidbar sind. Hierzu bestimmt die 16. BImSchV (sog. VerkehrslärmschutzVO) Grenzwerte und das Verfahren zur Ermittlung der Immissionen. Werden die Grenzwerte überschritten, so ist nach § **42 Abs. 1 u. 2 BImSchG** eine angemessene Entschädigung für Schallschutzmaßnahmen „an den baulichen Anlagen" (zB Isolierverglasung an den betroffenen Gebäuden, sog. **passiver Lärmschutz**) zu leisten.

Umstritten ist allerdings, ob die 16. BImSchV als RechtsVO iSd § 43 Abs. 1 S. 1 BImSchG anzusehen ist (so i.E. BVerwG NVwZ 1996, 1003; OLG Braunschweig NVwZ 1997, 415; Alexander NVwZ 1991, 318, 320) oder nur die Regelung des § 41 BImSchG konkretisiert (so Engelhardt/Schlicht BImSchG § 42 Rdn 2; Jarass DVBl 1995, 589, 594; ders. BImSchG § 42 Rdn 5).

Nach § 1 Abs. 2 16. BImschV liegt eine **wesentliche Änderung** vor, wenn – wie hier – ein Fahrstreifen hinzugefügt wird oder der Lärm um mindestens 3 dB(A) zunimmt oder am Tage auf mindestens 70 dB(A) oder auf 60 dB(A) bei Nacht erhöht wird. Nach § 2 16. BImSchV betragen in einem allgemeinen Wohngebiet die **Immissionsgrenzwerte** 59/49 dB(A). Da diese Werte hier überschritten werden, hat K Anspruch auf Kostenersatz für die Schallschutzfenster. Anspruchsverpflichtet ist der Träger der Straßenbaulast, hier also die Gemeinde. Die Beeinträchtigung des Verkehrswertes wird dagegen von § 42 Abs. 2 BImSchG nicht erfaßt.

Jarass BImSchG § 42 Rdn 11 a mwN. § 42 Abs. 2 BImSchG gewährleistet daher keinen umfassenden finanziellen Ausgleich für Lärmimmissionen, vgl. auch § 42 Abs. 2 S. 2 BImSchG, wonach weitergehende Vorschriften unberührt bleiben.

(II) Nach **§ 74 Abs. 2 S. 2 VwVfG** sind im PlanFB Vorkehrungen zu treffen, die zur Vermeidung nachteiliger Wirkungen auf Rechte anderer erforderlich sind. Dazu gehören zB auch Maßnahmen des **aktiven Lärmschutzes**, zB Errichtung einer Lärmschutzwand. Unterbleiben entsprechende Anordnungen, kann der Betroffene im Wege der Verpflichtungsklage einen **Planergänzungsanspruch** durchsetzen. Sind solche Vorkehrungen oder Anlagen untunlich oder mit dem Vorhaben unvereinbar, so hat der Betroffene Anspruch auf **angemessene Entschädigung** (§ 74 Abs. 2 S. 3 VwVfG).

(1) Soweit § 42 Abs. 2 Anspruch auf Ersatz für die Kosten passiver Schallschutzmaßnahmen gewährt, schließt dies die gleichzeitige Anwendung des § 74 Abs. 2 S. 2 u. 3 VwVfG aus. Soweit dagegen § 42 BImSchG die geltend gemachten Nachteile nicht erfaßt (wie hier zB den Ausgleich der Beeinträchtigung des Wohn- und Verkehrswertes), bleibt § 74 VwVfG – wegen § 42 Abs. 2 S. 2 BImSchG – anwendbar.

Vgl. BVerwG DVBl 1995, 750, 751; Jarass BImSchG § 42 Rdn 11 a mwN.

(2) Bedenken bestehen, ob die Regelung des § 74 Abs. 2 S. 3 VwVfG der Junctimklausel des Art 14 Abs. 3 S. 2 GG entspricht. Als Enteignung iSd Art 14 Abs. 3 GG ist jedoch nur der zielgerichtete staatliche Zugriff auf das Eigentum des einzelnen zu qualifizieren, der auf eine vollständige oder teilweise Entziehung einer konkreten Rechtsposition iSd Art 14 Abs. 1 GG gerichtet ist.

So der verfassungsrechtliche (formale) Enteignungsbegriff; vgl. grundlegend BVerfGE 58, 300, 331 (Naßauskiesungsbeschluß); ebenso BVerfGE 70, 191, 199; 71, 137, 143; 74, 264, 280; BVerfG NJW 1998, 367; vHeinegg/Haltern JuS 1993, 121, 124; Lege NJW 1993, 2565 ff; nunmehr auch BVerwG DVBl 1993, 1141; NVwZ 1993, 772, 773; BGH DVBl 1993, 430, 431; DVBl 1993, 1085, 1087; DVBl 1993, 1092, 1093 unter Aufgabe ihrer früheren Rspr, die einen materiellen Enteignungsbegriff zugrunde legte.

Vorliegend geht es nicht um den Entzug einer Eigentumsposition, sondern (nur) darum, welches Ausmaß von Verkehrslärm der Eigentümer eines Grundstücks hinnehmen muß. Das ist eine Frage der Inhalts- und Schrankenbestimmung iSd Art 14 Abs. 1 S. 2 GG. § 74 VwVfG gewährt im übrigen Entschädigung schon bei unzumutbaren Beeinträchtigungen unterhalb der Enteignungsschwelle. Selbst wenn im konkreten Einzelfall der Verkehrslärm das Grundstück entwertet, also „enteignend" wirkt, stellt dies keine Enteignung iSd Art 14 Abs. 3 GG dar. Allein die Intensität des Eingriffs kann aus einer Inhaltsbestimmung keine Enteignung machen.

Grundlegend BVerfGE 58, 300, 320; 83, 201, 212; BVerfG NJW 1998, 367, 368; BVerwG DVBl 1993, 1141, 1143; BGH NJW 1994, 3283, 3284; Schoch Jura 1989, 113, 120 u. 529, 532; Lege NJW 1990, 864, 865; JZ 1994, 431, 432.

Anders die frühere Rspr des BGH (grundlegend BGHZ 6, 270, 280), der die Enteignung von der Inhaltsbestimmung nicht nach Form und Zielrichtung, sondern nach Intensität und Qualität des Eingriffs abgrenzte (sog. materieller Enteignungsbegriff). Innerhalb dieses weit gefaßten Enteignungsbegriffs unterschied der BGH zwischen der (rechtmäßigen) Enteignung iSd Art 14 Abs. 3 GG, dem (rechtswidrigen) enteignungsgleichen Eingriff und dem (rechtmäßigen) enteignenden Eingriff, der die unzumutbaren – meist atypischen und unvorhergesehenen – Nebenfolgen eines an sich rechtmäßigen Eingriffs erfaßte.

Da Verkehrslärm sich nach Form und Zielrichtung nie als förmliche Enteignung darstellt, ist auch § 74 Abs. 2 S. 3 VwVfG nicht an Art 14 Abs. 3 GG zu messen. Die Vorschrift regelt keine Enteignungsentschädigung, sondern eine ausgleichspflichtige Inhaltsbestimmung iSd Art 14 Abs. 1 S. 2 GG.

BVerfG NJW 1989, 1271, 1272; BVerwG NJW 1997, 142, 143; NVwZ 1996, 1003, 1006; DVBl 1993, 1141, 1143; DVBl 1991, 1142, 1150; Kopp VwVfG § 74 Rdn 48 mwN.

Exkurs: Belastet eine Inhaltsbestimmung iSd Art 14 Abs. 1 S. 2 GG den Betroffenen in so hohem Maße, daß sie auch unter Berücksichtigung der Sozialpflichtigkeit des Eigentums nicht zumutbar ist, so ist die Inhaltsbestimmung unverhältnismäßig und damit verfassungswidrig. Sie bleibt gleichwohl Inhaltsbestimmung und schlägt nicht in eine Enteignung um.

Der Gesetzgeber kann die Unverhältnismäßigkeit auf zwei Wegen vermeiden:
- Er kann entweder die **Intensität** der Belastung verringern, oder
- er kann dem Betroffenen zum Ausgleich der Belastung eine **Entschädigung** gewähren.

Bei dieser Entschädigung handelt es sich dann nicht um eine Enteignungsentschädigung im Sinne von Art 14 Abs. 3 GG, sondern um einen Ausgleichsanspruch zur Abmilderung der Belastung gem. Art 14 Abs. 1 S. 2 GG (grundlegend BVerfGE 58, 137, 144 – Pflichtexemplarentscheidung). Im Regelungsbereich des Art 14 Abs. 1 S. 2 GG kann der Gesetzgeber daher in unterschiedlicher Weise Ausgleichsansprüche vorsehen.
- Er kann einerseits derartige Ansprüche gewähren, ohne hierzu verfassungsrechtlich verpflichtet zu sein, zB in § 74 Abs. 2 S. 3 VwVfG, soweit die nachteiligen Wirkungen die „Enteignungsschwelle" nicht erreichen.
- Andererseits kann für den Gesetzgeber eine verfassungsrechtliche Pflicht zur Gewährung eines Ausgleichsanspruchs bestehen, um aus Gründen der Verhältnismäßigkeit die Belastungen einer aus öffentlichen Gründen gebotenen Inhalts- und Schrankenbestimmung abzumildern.

(2) § 74 Abs. 2 S. 2 VwVfG bestimmt nicht näher, wann eine Maßnahme „erforderlich" ist, und legt auch die **Zumutbarkeitsschwelle** für Straßenlärm nicht fest. Die in der Verkehrslärmschutzverordnung (16. BImSchV) festgelegten Werte sind – wegen ihres immissionsrechtlichen Ansatzes – nicht unmittelbar anwendbar. Daher hängt die Beurteilung der Zumutbarkeit stets von den Umständen des Einzelfalls ab (BVerwG NVwZ 1995, 907, 909). Allerdings können die Grenzwerte der 16. BImSchV als Orientierungsrahmen dienen. Da diese Werte hier extrem überschritten werden und Maßnahmen des aktiven Lärmschutzes nach dem Sachverhalt unmöglich sind, sind die Voraussetzungen des § 74 Abs. 2 S. 3 VwVfG erfüllt.

(3) Seiner **Rechtsfolge** nach ist der Anspruch gerichtet auf Entschädigung für die Minderung des Verkehrswertes und des sog. Außenwohnwertes, wie sie hier von K geltend gemacht werden.

Zum Entschädigungsumfang BVerwG DVBl 1998, 330, 331; DVBl 1994, 338, 339 für Beeinträchtigungen der „Wohnnutzung im Freien"; DVBl 1991, 1142, 1150; aber einschränkend BVerwG NJW 1997, 142, 143: keine Entschädigung für bloße Lagenachteile.

(4) Die Ansprüche aus § 74 Abs. 2 VwVfG können allerdings **nur bis zur Unanfechtbarkeit** des PlanFB geltend gemacht werden, da über den Anspruch zumindest dem Grunde nach im PlanFB zu entscheiden ist.

BVerwGE 71, 166, 174; 77, 295, 297; BVerwG DVBl 1988, 1167, 1170; Kopp VwVfG § 74 Rdn 51; Stelkens/Bonk/Sachs VwVfG § 74 Rdn 105 u. 107; offengelassen von BGHZ 86, 356, 359; 90, 17, 23; 95, 28, 35; allgemein zu entschädigungsrechtlichen Auflagen im PlanFB vgl. Bauer NVwZ 1993, 441 ff.

Sieht der PlanFB keine Entschädigung vor, so muß der Planbetroffene Verpflichtungsklage auf **Planergänzung** erheben (BVerwG DVBl 1994, 338, 339). Versäumt er dies, sind die Ansprüche nach § 74 Abs. 2 VwVfG präkludiert. Einen Anspruch nach § 74 Abs. 2 S. 3 VwVfG kann K daher nicht mehr durchsetzen, da der zugrundeliegende PlanFB bereits bestandskräftig ist.

Ist der PlanFB bestandskräftig, so kommt nur ein **Anspruch auf Planänderung** nach § 75 Abs. 2 S. 2 VwVfG, hilfsweise auf Entschädigung nach § 75 Abs. 2 S. 4 VwVfG in Betracht, der allerdings voraussetzt, daß **nicht voraussehbare Wirkungen** des Vorhabens **nachträglich** aufgetreten sind. Insoweit gilt ein objektiver Maßstab und nicht die subjektive Erkenntnisfähigkeit des Betroffenen (BVerwG NVwZ 1996, 1125, 1127).

(III) Der BGH hat unabhängig von § 74 Abs. 2 S. 3 VwVfG einen Anspruch aus Aufopferung wegen enteignendem Eingriff zuerkannt, wenn durch Verkehrslärm die enteignungsrechtliche Zumutbarkeitsgrenze überschritten ist.

Der Anspruch aus enteignendem Eingriff greift anders als §§ 41, 42 BImSchG nicht nur beim Bau oder einer wesentlichen Änderung von Verkehrswegen ein und – anders als § 74 VwVfG – unabhängig davon, ob ein Planfeststellungsverfahren stattgefunden hat, also insb. auch bei seit langem bestehenden Straßen (Jarass BImSchG § 42 Rdn 16 mwN).

Die Schwelle eines solchen „schweren und unerträglichen" und damit wie eine Enteignung wirkenden Eingriffs ist höher anzusetzen als die Unzumutbarkeit iSd § 74 VwVfG. In allgemeinen Wohngebieten wird sie üblicherweise bei 70–75 dB(A) tags und 60–65 dB(A) nachts angenommen.

BGHZ 64, 220, 222; 87, 114, 116; BGH NJW 1986, 2421; NJW 1988, 900; NVwZ 1989, 285; NJW 1993, 1700, 1701; Jarass BImSchG § 42 Rdn 17; Nüßgens/Boujong Rdn 248 mwN.

Problematisch ist das Verhältnis dieser Anspruchsgrundlagen zueinander.

(1) Nach Auffassung des BGH gewährt § 74 Abs. 2 S. 3 VwVfG eine einfachgesetzliche Billigkeitsentschädigung im Vorfeld enteignender Eingriffe, d.h. nur für solche nachteiligen Einwirkungen, die unterhalb der enteignungsrechtlichen Zumutbarkeitsschwelle bleiben. Werde diese überschritten, sei auf den enteignenden Eingriff zurückzugreifen. Demzufolge sei zu unterscheiden zwischen der fachplanungsrechtlichen Zumutbarkeitgrenze, deren Überschreitung einen Anspruch aus § 74 Abs. 2 S. 3 VwVfG auslöst (der gem. § 40 Abs. 1 VwGO vor den Verwaltungsgerichten zu verfolgen sei), und der enteignungsrechtlichen Unzumutbarkeit, die einen Anspruch wegen enteignendem Eingriffs begründe (für den gem. § 40 Abs. 2 S. 1 VwGO die Zivilgerichte zuständig sind).

BGH NJW 1993, 1700, 1701; BGHZ 97, 114, 119 (zu § 17 Abs. 4 S. 2 FStrG); Engelhardt/Schlicht BImSchG § 42 Rdn 7 u. 8; Jarass BImSchG § 42 Rdn 17; Peine DÖV 1988, 937, 946; Wellmann DÖV 1991, 1011, 1017; Krohn/Schwager WM 1991, 33, 47 mwN.

(2) Das BVerwG und die hLit. lehnen diese Differenzierung ab. Vielmehr stelle § 74 Abs. 2 S. 3 VwVfG eine **einheitliche Anspruchsgrundlage** für unzumutbare Immissionen dar, unabhängig davon, ob sie unterhalb oder oberhalb der Enteignungsschwelle liegen.

BVerwG NJW 1987, 2884, 2885; NJW 1989, 467, 469; NJW 1990, 925; Ossenbühl § 32, 2, S. 237; Kopp VwVfG § 73 Rdn 48; Stelkens/Bonk/Sachs VwVfG § 74 Rdn 105; Kühling DVBl 1989, 221, 230; Papier NWVBl 1990, 397, 403.

Nach dieser Auffassung schließen die §§ 74, 75 VwVfG das allgemeine Rechtsinstitut des enteignenden Eingriffs aus. Wegen der Minderung des Verkehrswertes kommt nur ein Anspruch nach § 74 Abs. 2 S. 3 VwVfG in Betracht, der vor dem Verwaltungsgericht verfolgt werden muß.

Ossenbühl § 32, 3, S. 238; Maurer DVBl 1991, 781, 783; Kopp VwVfG § 74 Rdn 50; Stelkens/Bonk/Sachs VwVfG § 74 Rdn 35 mwN.

Da der Anspruch aus § 74 Abs. 2 S. 3 VwVfG hier nach Bestandskraft des PlanFB ausgeschlossen ist, hat K danach keinen Anspruch wegen der Minderung des Verkehrswertes. Nach § 42 Abs. 2 BImSchG kann er nur einen Anspruch auf Kostenersatz für Schallschutzfenster geltend machen.

Vgl. auch allgemein die Streitfrage bzgl. des Rechtsweges bei ausgleichspflichtigen Inhaltsbestimmungen, bei denen der BGH die Zuständigkeit der Zivilgerichte gem. § 40 Abs. 2 S. 1 VwGO bejaht (BGH NJW 1995, 964; NJW 1994, 3283; ebenso Rinne DVBl 1994, 23, 25; Schenke NJW 1995, 3145 ff mwN), während das BVerwG von der Zuständigkeit der VGe ausgeht (BVerwG DVBl 1993, 1141, 1143; DVBl 1988, 1167, 1169; NJW 1987, 2884, 2885; Lege NJW 1995, 2745, 2747; Schoch JZ 1995, 768, 772 mwN).

Vom BVerwG wird allerdings in Fällen „schwerer und unerträglicher" Lärmbelästigungen analog § 74 VwVfG ein **Anspruch auf Übernahme** des Grundstücks erwogen, wenn die Beeinträchtigungen faktisch ein derartiges Gewicht haben, daß jede weitere Nutzung als unzumutbar erscheinen muß (BVerwG NJW 1997, 142, 143; NVwZ 1996, 1003, 1006).

– – –

4. Allgemeiner öffentlich-rechtlicher Nachbarausgleichsanspruch

Fall 14: Feuerwehrsirene

K bewohnt ein Einfamilienhaus in der Stadt S. Schräg gegenüber seinem Haus ist auf dem Dach eines Feuerwehrgerätehauses in einem Abstand von 15 m eine Feueralarmsirene angebracht. Sie liegt in etwa gleicher Höhe wie die Fenster des Wohnzimmers, des Schlafzimmers und des Kinderzimmers. Bei Alarm erzeugt die Sirene einen Lärm von bis zu 110 dB(A). Eine Klage des K vor dem Verwaltungsgericht auf Verlegung der Sirene blieb erfolglos. Das Gericht wies darauf hin, daß eine Verlegung aus brandschutzorganisatorischen Gründen ausscheide und die Einrichtung eines sog. stillen Alarms technisch nicht möglich sei. Das Urteil ist rechtskräftig geworden. K verlangt nunmehr von der Stadt zumindest Ersatz der Kosten für den Einbau von Schallschutzfenstern. Zu Recht?

(A) Ein Anspruch auf **Enteignungsentschädigung** (Art 14 Abs. 3 S. 2 GG iVm Spezialgesetz) kommt nicht in Betracht. Eine (klassische) Enteignung verlangt den finalen Zugriff auf das Eigentum des einzelnen (s.o. S. 137). Durch den Betrieb der Sirene werden lediglich faktische Beeinträchtigungen bewirkt. Dies stellt keine Enteignung im Rechtssinne dar.

(B) **§ 42 Abs. 2 BImSchG** greift nur beim Bau oder der wesentlichen Änderung öffentlicher Straßen, Eisenbahnen etc. ein (s.o. Fall 13).

(C) Ein Anspruch auf **Billigkeitsentschädigung** gem. § 74 Abs. 2 S. 3, § 75 Abs. 2 S. 4 VwVfG scheidet ebenfalls aus, da der Errichtung und dem Betrieb der Sirene kein Planfeststellungsbeschluß zugrunde liegt.

(D) Im **privaten Nachbarrecht** sieht **§ 906 Abs. 2 S. 2 BGB** einen Ausgleichsanspruch vor, wenn durch wesentliche, unvermeidbare Immissionen die ortsübliche Benutzung des gestörten Grundstücks unzumutbar beeinträchtigt wird.

- Nach § 906 Abs. 1 BGB besteht eine (entschädigungslose) **Duldungspflicht** bei einer unwesentlichen Beeinträchtigung durch unwägbare Stoffe (sog. Imponderabilien). Eine unwesentliche Beeinträchtigung liegt in der Regel vor, wenn die in Gesetzen und RechtsVOen festgelegten Grenz- oder Richtwerte nicht überschritten werden. Gleiches gilt für Werte in allgemeinen Verwaltungsvorschriften, die nach § 48 BImSchG erlassen worden sind und den Stand der Technik wiedergeben (§ 906 Abs. 1 S. 2 u. 3 BGB); dazu unten S. 153 ff.
- § 906 Abs. 2 S. 1 BGB erweitert die Duldungspflicht auf wesentliche Beeinträchtigungen, die auf einer ortsüblichen Nutzung des Nachbargrundstücks beruhen und unvermeidbar sind. Wird hierdurch die ortsübliche Nutzung des gestörten Grundstücks beeinträchtigt, so folgt daraus ein **Ausgleichsanspruch aus § 906 Abs. 2 S. 2 BGB**.

- Von der Rspr wird außerdem eine über § 906 BGB hinausgehende (erweiterte) Duldungspflicht anerkannt, wenn die Beeinträchtigung zwar nicht auf einer ortsüblichen Nutzung des störenden Grundstücks beruht (also § 906 Abs. 2 S. 1 BGB nicht vorliegt), der Eigentümer des gestörten Grundstücks aber aus besonderen rechtlichen oder tatsächlichen Gründen zur Duldung verpflichtet ist, insb. weil ein überwiegendes öffentliches Interesse besteht (BGH NJW 1995, 714; NJW 1991, 1671; NJW 1990, 1910). Hat der Betroffene aber nach § 906 Abs. 2 S. 2 BGB schon bei ortsüblichen Störungen einen Entschädigungsanspruch, so muß ein solcher erst recht bestehen, wenn (ortsunübliche) Störungen ausnahmsweise geduldet werden müssen (sog. **bürgerlich-rechtlicher Aufopferungsanspruch**).

Wertung des § 906 BGB im Privatrecht und im Öffentlichen Recht

Duldungspflicht	Entschädigung privatrechtlich	Entschädigung öffentlich-rechtlich
• § 906 Abs. 1 BGB: **unwesentliche** Beeinträchtigungen	keine	keine
• § 906 Abs. 2 S. 1 BGB: **wesentliche** ortsübliche, **unvermeidbare** Beeinträchtigung	§ 906 II 2 BGB	• ör Nachbarausgleichsanspruch • enteignender Eingriff
• erweiterte Duldungspflicht, wenn Störungen im **überwiegenden öffentlichen Interesse**	privatrechtliche Aufopferung	• ör Nachbarausgleichsanspruch • enteignender Eingriff

Die Immissionen stehen hier im Sachzusammenhang mit den öffentlichen Aufgaben des Feuerschutzes, auf die die privatrechtlichen Vorschriften nicht unmittelbar anwendbar sind.

Zur umstrittenen Frage der Anwendbarkeit des § 906 BGB im öffentlichen Recht vgl. S. 186.

(E) Das **BVerwG** hat jedoch aus § 74 Abs. 2 S. 3 VwVfG in Rechtsanalogie mit § 42 Abs. 2 BImSchG, § 906 Abs. 2 S. 2 BGB einen **allgemeinen öffentlich-rechtlichen Ausgleichsanspruch** für unzumutbare Beeinträchtigungen entwickelt.

(I) Danach ist in **allen öffentlich-rechtlichen Nachbarschaftsverhältnissen** für einen Ausgleich zwischen störender und gestörter Nutzung zu sorgen (also unabhängig von der Störungsquelle und unabhängig davon, ob die Anlage gerade in Form einer Planfeststellung zugelassen wird). Der Ausgleich erfolgt primär durch **Schutzvorkehrungen** (arg e § 74 Abs. 2 S. 2 VwVfG). Sind solche nicht oder nur mit unverhältnismäßigem Aufwand möglich, so hat der Betroffene zum Ausgleich der ihm auferlegten Duldungspflicht Anspruch auf **angemessene Entschädigung**. Dieser Anspruch ist **öffentlich-rechtlicher Natur** und greift als einheitlicher Anspruch unabhängig davon ein, ob durch die Immissionen die enteignungsrechtliche Zumutbarkeitsgrenze überschritten ist oder nicht.

So BVerwGE 79, 254, 262; BVerwG DVBl 1988, 1167; NJW 1989, 1291; kritisch Sproll JuS 1996, 313, 318 (de facto „vorweggenommener“ Folgenbeseitigungsanspruch).

(II) **Voraussetzungen** des allgemeinen öffentlich-rechtlichen (Nachbar-)Ausgleichsanspruchs

(1) Es müssen von einem öffentlichen Vorhaben **unzumutbare Beeinträchtigungen** ausgehen. Das ist bei Immissionen von 110 dB(A) in einem Wohngebiet unzweifelhaft der Fall.

(2) Aktive **Schutzvorkehrungen** müssen nicht oder nur mit unverhältnismäßigem Aufwand möglich oder mit dem Vorhaben unvereinbar sein (Rechtsgedanke des § 74 Abs. 2 S. 2 VwVfG). Eine Verlegung der Sirene ist hier ebenso wie die Einführung eines „stillen" Alarms nach rechtskräftiger Feststellung des VG ausgeschlossen. Sonstige Schallschutzmaßnahmen stehen der Funktion einer Feueralarmsirene entgegen.

(III) **Rechtsfolge:** K hat einen Ausgleichsanspruch in Geld, der aufgrund seiner öffentlich-rechtlichen Natur vor dem VG zu verfolgen ist.

BVerwG DVBl 1989, 1167, 1170: „Für die Bemessung des Anspruchs stellt die Höhe der Kosten, die dem immissionsbetroffenen Nachbarn aus der Durchführung der erforderlichen Schallschutzmaßnahmen am Gebäude erwachsen, neben anderen Gesichtspunkten – wie etwa die Beeinträchtigung des Außenwohnbereichs – einen maßgeblichen Richtpunkt dar."

(F) Der **BGH** hält dagegen auch in diesem Zusammenhang an seiner überkommenen Auffassung fest, daß bei „schweren und unerträglichen" Einwirkungen im öffentlichen Nachbarrechtsverhältnis ein **Aufopferungsanspruch wegen enteignendem Eingriff** besteht, für den die Zivilgerichte zuständig sind (§ 40 Abs. 2 S. 1 VwGO).

BGH DVBl 1995, 739; NJW 1993, 1700 (für Fluglärmimmissionen); NVwZ 1992, 915 (für Verkehrsimmissionen); NVwZ 1992, 404; zustimmend Sproll JuS 1996, 313, 318.

– – –

Entschädigung im öffentlichen Recht bei Eigentumsbeeinträchtigungen

Enteignung/Aufopferung

- **bei klassischer Enteignung:** Enteignungsentschädigung gem. Spezialgesetz iVm Art 14 III GG
- **bei rechswidriger faktischer Eigentumsbeeinträchtigung:** enteignungsgleicher Eingriff kraft Spezialgesetz oder gewohnheitsrechtlicher Aufopferung (§§ 74, 75 EALR)
- **bei atypischen, unvorhergesehenen Nebenfolgen einer an sich rechtmäßigen Maßnahme:** enteignender Eingriff kraft Spezialgesetz oder gewohnheitsrechtlicher Aufopferung (§§ 74, 75 EALR)

Billigkeitsentschädigung

- **ausgleichspflichtige Inhaltsbestimmung kraft Gesetzes:** um einen an sich unverhältnismäßigen Eingriff abzumildern, zB salvatorische Entschädigungsregeln
- **echte Billigkeitsentschädigung (unterhalb der Enteignungsschwelle, str.):**
  - zB § 74 II 3 VwVfG
  - allg. öffentlich-rechtlicher Ausgleichsanspruch bei unzumutbaren Beeinträchtigungen, wenn Schutzvorkehrungen nicht möglich oder untunlich

7. Teil: Immissionsschutzrecht

1. Überblick zum Umwelt(schutz)recht

Das Immissionsschutzrecht ist der älteste und nach wie vor wichtigste Bereich des Umweltrechtes. Das Umwelt(schutz)recht im herkömmlichen Sinne ist **kein einheitliches Rechtsgebiet**, sondern in einer Vielzahl von unterschiedlichen Gesetzen geregelt. Es hat sich im wesentlichen erst in den letzten 30 Jahren entwickelt, nachdem Ende der sechziger Jahre festgestellt wurde, daß die Umwelt auch rechtlich vor nachteiligen Veränderungen geschützt werden muß.

Vgl. grundlegend das Umweltprogramm der Bundesregierung vom 14.10.1971 (BT-Drs. VI/2710).

Der Umweltschutz und damit das Umweltschutzrecht betrifft vor allem **drei Bereiche:**

- Die Umwelt soll vor **nachteiligen Wirkungen** menschlicher Eingriffe **geschützt** werden,
- **ökologische Schäden** sollen **beseitigt** werden, und
- es soll eine **lebenswerte Umwelt erhalten** werden.

Dabei ist der Begriff **„Umwelt“** in einem weiten Sinne zu verstehen und umfaßt Menschen, Tiere und Pflanzen, den Boden, das Wasser, die Atmosphäre, das Klima, die Landschaft sowie Kultur- und sonstige Sachgüter (vgl. zB § 1 BImSchG).

Gesetzessystematisch wurde ursprünglich an bestimmte **Schutzgüter** oder bestimmte **Gefahren** angeknüpft und für den jeweiligen Bereich ein **spezifisches Gesetz** erlassen.

Beispiele: Bundesimmissionsschutzgesetz (BImSchG) zum Schutz vor schädlichen Umwelteinwirkungen, Wasserhaushaltsgesetz (WHG) zum Schutz von Gewässern einschl. dem Grundwasser, das Tierschutzgesetz (TierSchG), das Bundesnaturschutzgesetz (BNatSchG) und das Bundeswaldgesetz (BWaldG) zum Schutz von Pflanzen und Tieren sowie allgemein das Atomgesetz (AtG), das Gentechnikgesetz (GenTG), das Kreislaufwirtschafts- und Abfallgesetz (KrW-/AbfG), das Bundes-Bodenschutzgesetz (BBodSchG) u.a.

Diese unterschiedlichen (Bundes-)Gesetze werden ergänzt durch einen regelrechten **„Vorschriftendschungel“** völker-, europa- und landesrechtlicher Natur (Kloepfer/Durner DVBl 1997, 1081), die nicht nur eine uneinheitliche Terminologie, sondern auch inhaltliche Unstimmigkeiten aufweisen. Um das Umweltrecht zu harmonisieren und zu systematisieren haben seit 1988 zunächst zwei von der Bundesregierung beauftragte Professorenkommissionen ein aus zwei Bänden (AT u. BT) bestehendes einheitliches Umweltgesetzbuch (UGB) erarbeitet. 1992 wurde außerdem eine Sachverständigenkommission berufen, die im Juli 1997 einen eigenständigen Entwurf vorgelegt hat (SK-UGB).

Der Entwurf der Sachverständigenkommission umfaßt 17 Kapitel mit insgesamt 775 Paragraphen. Er soll als Grundlage für einen Gesetzentwurf der Bundesregierung dienen, der jedoch frühestens 1999 vorliegen wird (vgl. Kloepfer/Durner DVBl 1997, 1082, 1083). Zunächst bleibt es daher bei der derzeitigen Rechtszersplitterung.

Im Examen und in der Praxis stehen das **Immissionsschutzrecht** und das **Abfallrecht** im Vordergrund. Besondere Bedeutung wird allerdings auch das neue **Bodenschutzgesetz** des Bundes erlangen. Diese Bereiche werden daher in den folgenden Abschnitten behandelt.

2. Anlagenbezogener Immissionsschutz

Bereits die §§ 16 ff GewO a.F. enthielten Regelungen für bestimmte überwachungsbedürftige Anlagen. Obwohl die Vorschriften mehrfach novelliert und der technischen Entwicklung angepaßt wurden, reichten sie angesichts der zunehmenden Technisierung schon bald nicht mehr aus. Deshalb wurde 1974 durch das BImSchG ein eigenständiges Gesetzeswerk geschaffen.

Mit Erlaß des BImSchG hat der Bund von seiner konkurrierenden Gesetzgebungsbefugnis vor allem nach Art 74 Abs. 1 Nr. 11 u. 24 GG umfassend Gebrauch gemacht. Für Immissionen, die von genehmigungsbedürftigen Anlagen ausgehen, ist das **BImSchG** daher **abschließend** (vgl. § 1 BImSchG). Auch die Verordnungsermächtigungen und Verwaltungsvorschriften nach § 48 BImSchG sperren die Landesgesetzgebung (Dolde/Vetter NVwZ 1995, 943, 944 f). Bei nicht genehmigungsbedürftigen Anlagen eröffnet § 22 Abs. 2 BImSchG dem Landesgesetzgeber eine beschränkte Regelungskompetenz (dazu unten S. 177 ff). Im übrigen verbleibt dem Landesgesetzgeber Raum zur Regelung **verhaltensbezogener Immissionen**.

Klausurprobleme im Immissionsschutzrecht

- Anspruch auf Erteilung einer immissionsschutzrechtlichen Genehmigung
  - im förmlichen Verfahren
  - im vereinfachten Verfahren
- Nachbarklage gegen die immissionsschutzrechtliche Genehmigung
- behördliches Eingriffsinstrumentarium
  - nachträgliche Anordnungen (§ 17 BImSchG)
  - Betriebsuntersagung (§ 20 BImSchG)
  - Aufhebung der Genehmigung (§ 21 BImSchG)
- Überwachung nicht genehmigungsbedürftiger Anlagen

2.1 Genehmigungsbedürftige Anlagen

2.1.1 Das Genehmigungsverfahren

Fall 15: Go-Kart

Der Unternehmer U plant den Betrieb einer Go-Kart-Bahn. Dabei möchte U eine Freiluftanlage auf einem Grundstück errichten, das im Gewerbegebiet der kreisfreien Stadt S liegt. Einmal im Jahr soll der Bahnmeister gekürt werden, ansonsten soll die Bahn Interessierten zum „freien Training" zur Verfügung stehen. Um auch umweltbewußte, dem Motorsport kritisch gegenüberstehende Kunden anzusprechen, will U neuartige leistungsstarke Elektrofahrzeuge einsetzen. Dadurch werden die Grenzwerte der sog. TA Lärm deutlich unterschritten.

U beantragt bei der zuständigen Behörde die Erteilung einer Genehmigung nach dem BImSchG. Um seine Investitionsaufwendungen zu schützen, legt U Wert darauf, daß seine Nachbarn nach erfolgter Genehmigungserteilung „nichts mehr gegen die Bahn unternehmen können". Als die Behörde 9 Monate nach Einreichung der erforderlichen Unterlagen immer noch nicht über den Antrag entschieden hat, überlegt U, ob er Klage erheben soll.

(A) **Zulässigkeit einer Klage**

(I) Für die Klage auf Erteilung einer Anlagengenehmigung nach den öffentlich-rechtlichen Vorschriften des BImSchG ist der **Verwaltungsrechtsweg** nach § 40 Abs. 1 VwGO eröffnet.

(II) Die Klage des U ist auf Verpflichtung der Behörde zur Erteilung einer Genehmigung als begünstigenden VA gerichtet und damit als **Verpflichtungsklage** statthaft (§§ 40, 42 Abs. 1 VwGO).

(III) Die **Klagebefugnis** (§ 42 Abs. 2 VwGO) folgt aus § 6 Abs. 1 BImSchG, wonach die immissionsrechtliche Genehmigung unter bestimmten Voraussetzungen zu erteilen **„ist"**, der Antragsteller also einen **Anspruch** auf die beantragte Genehmigung hat.

(IV) Zwar hat U kein **Widerspruchsverfahren** durchgeführt, das Vorverfahren könnte jedoch **entbehrlich** sein.

(1) Die Sonderregelung über die **vereinfachte Klageerhebung** nach § 14 a BImSchG ist nicht einschlägig, da U mangels Bescheidung seines Antrags gar keinen Widerspruch einlegen konnte.

§ 14 a BImSchG eröffnet den sofortigen Klageweg nur, wenn Widerspruch erhoben worden ist und hierüber nicht innerhalb von drei Monaten entschieden worden ist (vgl. BT-Drs. 13/3996, S. 9 u. 13; Hansmann NVwZ 1997, 105, 110).

(2) Das Vorverfahren ist jedoch nach **§ 75 VwGO** entbehrlich, da über den Antrag des U ohne zureichenden Grund in angemessener Frist sachlich nicht entschieden worden ist. In der Regel kann nach Ablauf von drei Monaten **Untätigkeitsklage** erhoben werden (vgl. § 75 S. 2 VwGO).

Beachte den **Unterschied** zwischen § 14 a BImSchG und § 75 S. 1 VwGO:

§ 14 a BImSchG erfaßt nur die Untätigkeitsklage des Antragstellers, während nach § 75 VwGO jeder Verfahrensbeteiligte Untätigkeitsklage erheben kann (also zB auch Dritte, wie der Nachbar). Gegenüber der Untätigkeitsklage eines Dritten kann sich die Behörde jedoch nach § 75 S. 3 VwGO auf das Vorliegen eines sachlichen Grundes für die Verzögerung berufen, während ihr diese Möglichkeit bei der Verpflichtungsklage des Antragstellers im Falle des § 14 a BImSchG nicht zusteht.

(V) Dem U würde das **Rechtsschutzbedürfnis** für die Klage fehlen, wenn er aufgrund Fristablaufs bereits über eine fingierte Genehmigung verfügt. Gemäß § 10 Abs. 6 a BImSchG darf das Genehmigungsverfahren höchstens 7 Monate dauern. Diese Frist ist zwar überschritten, aber eine **Fiktion der Genehmigung** als Sanktion (vgl. zB § 15 Abs. 1 S. 5 PBefG, § 36 Abs. 2 S. 2 BauGB, § 48 a Abs. 1 S. 4 BImSchG) ist hier nicht vorgesehen (dazu Schäfer NVwZ 1997, 526, 527).

Damit ist die Klage des U zulässig.

(B) **Begründetheit der Klage**

Die Klage ist begründet, wenn U einen **Anspruch** auf die begehrte Genehmigung hat (§ 113 Abs. 5 S. 1 VwGO). Ein solcher Anspruch besteht, wenn die Tatbestandsvoraussetzungen des § 6 Abs. 1 BImSchG erfüllt sind **(präventives Verbot mit Erlaubnisvorbehalt)**.

(I) Dann müßte es sich zunächst überhaupt um eine nach § 4 BImSchG **genehmigungsbedürftige Anlage** handeln.

(1) Der Begriff der **Anlage** wird in § 3 Abs. 5 BImSchG definiert:

Anlagen iSd BImSchG
• **Betriebsstätten** und sonstige **ortsfeste Einrichtungen**
• **Maschinen**, Geräte und sonstige **ortsveränderliche** technische **Einrichtungen** (Fahrzeuge –> §§ 38 ff BImSchG)
• **Grundstücke**, auf denen Stoffe gelagert oder abgelagert oder emissionsträchtige Arbeiten durchgeführt werden

- Nr. 1: Betriebsstätten und sonstige **ortsfeste Einrichtungen**,

  Beispiele: Gewerbebetriebe, Fabriken, Gaststätten (BVerwG DVBl 1996, 1201, 1202), Schießstände, Viehställe etc.

- Nr. 2: Maschinen, Geräte und sonstige **ortsveränderliche** technische **Einrichtungen** und bestimmte **Fahrzeuge**.

  Fahrzeuge fallen nur dann unter den Anlagenbegriff des § 3 Abs. 5 Nr. 2 BImSchG, soweit sie nicht dem § 38 BImSchG unterliegen. Fahrzeuge iSd § 38 BImSchG sind solche, die zur Teilnahme am öffentlichen Verkehr zugelassen sind (zB Autos, Eisenbahnen, Flugzeuge, Schiffe). Für Emissionen, die durch die Teilnahme am Verkehr verursacht werden, gelten (nur) die Spezialvorschriften der §§ 38–43 BImSchG. **Verkehrsimmissionen** sind damit vom allgemeinen Immissionsschutzrecht **ausgenommen** (Jarass BImSchG § 3 Rdn 62, § 38 Rdn 2 ff; Kutscheid in Landmann/Rohmer, Umweltrecht I, § 2 Rdn 5). Sofern ein Fahrzeug aber noch **andere als Verkehrsfunktionen** hat (zB Transportbetonmischer, Bagger etc.), greift insoweit ergänzend der anlagebezogene Immissionsschutz ein.

  Der Schutz gegen Emissionen, die von Straßen und Schienenwegen ausgehen, ist in den §§ 40–43 BImSchG geregelt, für Gefahrenlagen zudem in § 45 Abs. 1 S. 2 Nr. 3 StVO; dazu Jarass DVBl 1995, 589 ff; Bürgel NJW 1996, 1804; BVerwG DVBl 1996, 916 ff.

  § 40 BImSchG regelt **Verkehrsbeschränkungen** bei **austauscharmer Wetterlage**, die typischerweise in den Wintermonaten auftritt (sog. Wintersmog). Die Verkehrsverbote nach § 40 a–e BImSchG greifen bei erhöhter **Ozonkonzentrationen** ein, die regelmäßig im Sommer auftreten (sog. Sommersmog); zur Unterscheidung Schmehl/Karthaus NVwZ 1995, 1171 ff; allgemein zu den Ozonschutzvorschriften Wedekind NJW 1998, 265, 268; Schlette JZ 1996, 327 ff; Kutscheid NJW 1995, 3153 ff; Jarass DVBl 1995, 589, 593 mwN.

  §§ 41–43 BImSchG enthalten Regelungen zum Schallschutz und zur Entschädigung bei Verkehrsimmissionen (dazu oben Fall 13).

- Nr. 3: **Grundstücke**, auf denen Stoffe gelagert oder abgelagert oder emissionsträchtige Arbeiten durchgeführt werden.

  Diese Aktivitäten müssen allerdings wesentlicher Inhalt der Zweckbestimmung des Grundstücks sein, weil das BImSchG sonst alle verhaltensbedingten Emissionen erfassen würde (Kutscheid in Landmann/Rohmer, Umweltrecht I, § 3 Rdn 28; Jarass BImSchG § 3 Rdn 63: „Die Grundstücksnutzung muß mit dem Charakter des Grundstücks zusammenhängen. Könnte sie auf jedem anderen Grundstück ebenfalls erfolgen, handelt es sich nicht um ein Grundstück iSd Nr. 3.“).

Die Go-Kart-Bahn könnte eine ortsfeste Einrichtung (§ 3 Abs. 5 Nr. 1 BImSchG) oder ein emissionsträchtiges Grundstück (§ 3 Abs. 5 Nr. 3 BImSchG) sein. Nr. 1 BImSchG setzt in Abgrenzung zu Nr. 3 **bauliche** bzw. **technische Anlagen** voraus. Hier soll mit der Go-Kart-Bahn eine bauliche Anlage im weiteren Sinne entstehen. Sie ist also eine **ortsfeste Einrichtung** im Sinne des § 3 Abs. 5 Nr. 1 BImSchG und damit eine Anlage iSd BImSchG.

Zum immissionsschutzrechtlichen Anlagenbegriff vgl. ausführlich Jarass NVwZ 1995, 529; Henkel, Der Anlagenbegriff des Bundes-Immissionsschutzgesetzes (1989).

(2) Die Anwendbarkeit des § 6 BImSchG setzt weiter voraus, daß die Anlage **genehmigungsbedürftig** ist.

(a) Welche Anlagen genehmigungsbedürftig sind, umschreibt abstrakt **§ 4 Abs. 1 S. 1 BImSchG**. Konkretisiert wird die Genehmigungsbedürftigkeit nach § 4 Abs. 1 S. 3 BImSchG durch die **4. BImSchV** (Sartorius 296 a). Nur die in dem Anhang der 4. BImSchV abschließend aufgeführten Anlagen sind genehmigungspflichtig (§ 1 Abs. 1 4. BImSchV). Diese Festlegungen sind für das Genehmigungserfordernis **konstitutiv** („bestimmt", § 4 Abs. 1 S. 3 BImSchG). Andere als dort aufgeführte Anlagen sind selbst dann nicht genehmigungsbedürftig, wenn sie mit erheblichen Emissionen verbunden sind.

Jarass NVwZ 1995, 529, 530; ders. BImSchG § 4 Rdn 3; Schmidt/Müller, Umweltrecht § 3 Rdn 4; Kloepfer Umweltrecht, § 7 Rdn 44; Hansmann in Landmann/Rohmer, Umweltrecht II, 4. BImSchV vor § 1 Rdn 1.

Die Genehmigungspflicht umfaßt die **Errichtung**, den **Betrieb** (§ 4 Abs. 1 S. 1 BImSchG) und die **wesentliche Änderung** (§ 16 Abs. 1 BImSchG) der Anlage.

Unwesentliche Änderungen sind dagegen nach § 15 BImSchG nur anzeigepflichtig (zur Abgrenzung Jarass NJW 1998, 1097 ff; Hansmann NVwZ 1997, 105, 107 ff; DVBl 1997, 1421 ff; Zöttl NVwZ 1998, 235 ff).

Ist die Anlage nach der 4. BImSchV genehmigungsbedürftig, so gelten die §§ 4 bis 21 BImSchG; ist die Anlage im Anhang der 4. BImSchV nicht aufgeführt, gelten nur die §§ 22 bis 25 BImSchG für nicht genehmigungsbedürftige Anlagen (dazu unten 2.2).

(b) Nach Nr. 10.17 Spalte 2 des Anhangs der 4. BImSchV sind **Motorsportanlagen genehmigungsbedürftig**, wenn der Sport auf ihnen wenigstens fünf Tage im Jahr betrieben wird. Das ist vorliegend der Fall. Die Go-Kart-Bahn ist somit grds. genehmigungsbedürftig.

Anlagen, die **nicht gewerblichen Zwecken** dienen und nicht im Rahmen wirtschaftlicher Unternehmungen Verwendung finden (zB Anlagen für kulturelle, religiöse oder pädagogische Zwecke), sind nach § 4 Abs. 1 S. 2 BImSchG nur genehmigungsbedürftig, wenn von ihnen schädliche Umwelteinwirkungen durch Luftverunreinigungen oder Geräusche hervorgerufen werden (dazu Ule in Ule/Laubinger BImSchG § 4 Rdn 5). – Vgl. auch § 22 Abs. 1 S. 3 BImSchG, der eine entsprechende Einschränkung bei nicht genehmigungsbedürftigen Anlagen enthält.

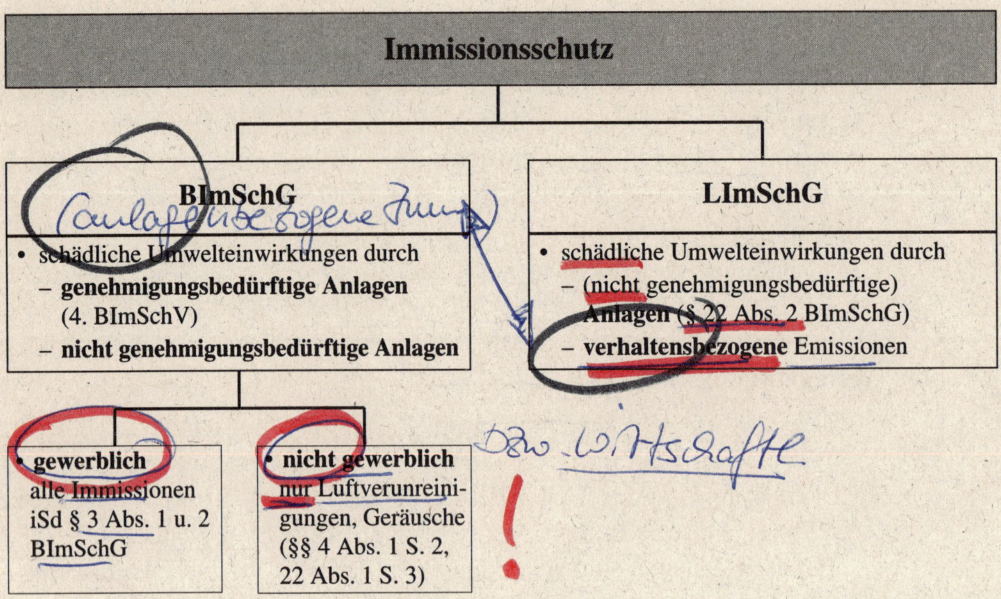

(II) Die Genehmigung ist zu erteilen, wenn die formellen und materiellen **Voraussetzungen** des § 6 Abs. 1 BImSchG erfüllt sind.

(1) **Formelle Voraussetzungen**

(a) Das Genehmigungsverfahren setzt einen **schriftlichen Antrag** voraus, dem die zur Prüfung erforderlichen Zeichnungen, Erläuterungen und sonstigen Unterlagen beizufügen sind (§ 10 Abs. 1 BImSchG). U hat einen vollständigen und ordnungsgemäßen Antrag vorgelegt.

Einzelheiten über den Antragsinhalt und die Antragsunterlagen regelt gem. § 10 Abs. 10 BImSchG die 9. BImSchV (Sartorius 296 b), vgl. dort die §§ 2, 3 ff.

(b) Das BImSchG unterscheidet **zwei Arten** von Genehmigungsverfahren:

- das förmliche Verfahren (§ 10 BImSchG) und
- das vereinfachte Verfahren (§ 19 BImSchG).

Welches Verfahren durchgeführt wird, richtet sich nach §§ 10, 19 Abs. 1 BImSchG iVm § 2 Abs. 1 4. BImSchV. Konkret bedeutet dies, daß über die Anlagen, die im Anhang der 4. BImSchV in **Spalte 1** aufgeführt sind, im **förmlichen Verfahren** entschieden wird und über die Anlagen der **Spalte 2 im vereinfachten Verfahren**.

Das förmliche Verfahren ist dem Planfeststellungsverfahren vergleichbar: öffentliche Bekanntmachung des Vorhabens, Auslegung der Antragsunterlagen sowie die für jedermann (nicht nur für Betroffene) bestehende Möglichkeit, innerhalb einer bestimmten Frist Einwendungen zu erheben (§ 10 Abs. 3 BImSchG) und die Beteiligung anderer Behörden (§ 10 Abs. 5 BImSchG). Der Verfahrensgang im einzelnen ist in der **9. BImSchV** geregelt. Außerdem ist die **Umweltverträglichkeitsprüfung** (UVP) **unselbständiger Teil** des Genehmigungsverfahrens, wenn die Anlage UVP-pflichtig nach Nr. 1 der Anlage zu § 3 UVPG (Sartorius 295) ist (§ 1 Abs. 2 9. BImSchV); dazu Moench/Spoer NVwZ 1996, 631; Hien NVwZ 1997, 442.

Bedeutsam ist die Unterscheidung wegen der weitreichenden **Wirkungen** des abgeschlossenen **förmlichen Verfahrens**: Es präkludiert Einwendungen und schließt privatrechtliche Ansprüche auf Einstellung des genehmigten Anlagebetriebs aus.

(aa) Nach § 10 Abs. 3 S. 3 BImSchG werden im förmlichen Verfahren **Einwendungen**, die nicht auf besonderen privatrechtlichen Titel beruhen, nach Ablauf der Einwendungsfrist **ausgeschlossen**. Dies gilt zum einen für das Genehmigungsverfahren, in dem der verfristete Einwender nicht zum Erörterungstermin (§ 10 Abs. 6 BImSchG) zugelassen wird. Zum anderen sind die Einwendungen aber auch im anschließenden Widerspruchs- und Gerichtsverfahren ausgeschlossen **(materielle Präklusion)**.

Jarass BImSchG § 10 Rdn 74; Kutscheid in Landmann/Rohmer, Umweltrecht I, § 10 Rdn 152; BVerwGE 60, 277, 301 ff zum Atomrecht; Stober AöR 106 (1981) 41, 62; Kloepfer Umweltrecht § 7 Rdn 73; Schmidt/Müller Umweltrecht § 3 Rdn 8; Engelhardt/Schlicht BImSchG § 10 Rdn 15; Eiermann/Göck JuS 1995, 671, 673.

Bedenken wegen eines möglichen Verstoßes gegen Art. 19 Abs. 4 GG bestehen nicht, da die Präklusion die Kehrseite der Verfahrensteilhabe ist (vgl. BVerfGE 61, 82, 109 ff; BVerwGE 60, 297, 307). Umstritten ist allerdings, ob die Rechtsbehelfe bereits unzulässig (Engelhardt/Schlicht BImSchG § 10 Rdn 15; Jarass BImSchG § 10 Rdn 81) oder unbegründet sind (Stober AöR 106 (1980) 41, 69; Papier NJW 1980, 313, 317); vgl. auch oben S. 128.

Die **Präklusion** setzt allerdings voraus, daß der Einwender im Bekanntmachungsbereich wohnte. Neu hinzugezogene Nachbarn sind mit einer Klage wegen Gesundheitsverletzungen damit nicht präkludiert (OVG Lüneburg NVwZ 1986, 671). Bezüglich Eigentumsverletzungen greift die Präklusion dagegen auch bei „neuen" Nachbarn ein, wenn der Voreigentümer Einwendungen nicht (rechtzeitig) erhoben hat (Jarass BImSchG § 10 Rdn 79; Kutscheid in Landmann/Rohmer, Umweltrecht I, § 10 Rdn 179).

(bb) Gemäß § 14 S. 1 BImSchG entfaltet die im **förmlichen Verfahren** erteilte Genehmigung auch **privatrechtsgestaltende Wirkung:**

- Kann sich der Inhaber eines privatrechtlichen Anspruchs **nicht** auf einen **besonderen Titel** berufen,
- ist die **Genehmigung** ihm gegenüber **unanfechtbar** geworden
- und entspricht die Anlage dem Genehmigungsbescheid **(genehmigungskonformer Betrieb)**,

so kann der Nachbar weder nach BGB (§§ 823, 858 ff, 1004) noch nach Landesnachbarrecht die Einstellung des Anlagebetriebs verlangen.

Der vor der Genehmigung bestehende privatrechtliche Abwehranspruch wandelt sich in einen **Anspruch auf Schutzvorkehrungen** um, § 14 S. 1, 2. HS BImSchG. Sind diese technisch nicht durchführbar oder wirtschaftlich unvertretbar, so kommt ein (privatrechtlicher und damit vor den Zivilgerichten einzuklagender [BGHZ 102, 350, 352]) Schadensersatzanspruch als Surrogat des Abwehranspruchs in Betracht, § 14 S. 2 BImSchG.

Auf **besonderen privatrechtlichen Titeln** beruhen zB alle vertraglichen Ansprüche sowie dingliche Rechte am Betriebsgrundstück, zB Eigentum. Solche Ansprüche läßt § 14 BImSchG unberührt.

(c) Motorsportanlagen sind in der **Spalte 2** des Anhangs der 4. BImSchV aufgeführt, so daß für sie eigentlich das **vereinfachte Genehmigungsverfahren** nach § 19 BImSchG durchgeführt wird. Ausweislich des § 19 Abs. 2 BImSchG wirkt die im vereinfachten Verfahren erteilte Genehmigung aber weder präkludierend noch privatrechtsgestaltend. Auf diese Wirkungen kommt es U jedoch gerade an. Nach **§ 19 Abs. 3 BImSchG** kann der **Antragsteller** aber auch in diesen Fällen die Durchführung eines förmlichen Verfahrens verlangen, um die begehrten Rechtsfolgen zu erzielen (Option des förmlichen Verfahrens).

Die Entscheidung hierüber steht allerdings im Ermessen der Behörde (Jarass BImSchG § 19 Rdn 6 mwN).

Wird das Verfahren fehlerfrei durchgeführt, sind die formellen Genehmigungsvoraussetzungen erfüllt.

(2) **Materielle Genehmigungsvoraussetzungen**

Materiell ist nach § 6 Abs. 1 BImSchG erforderlich, daß

- die **Betreiberpflichten** des § 5 BImSchG eingehalten werden und
- andere **anlagebezogene Vorschriften** des öffentlichen Rechts nicht entgegenstehen.

Weiterhin müssen gemäß § 6 Abs. 1 Nr. 1 iVm § 7 BImSchG die Anforderungen verschiedener Durchführungsverordnungen eingehalten werden, vgl. insb. die 12., 13. und 17. BImSchV (Störfall, Großfeuerungsanlagen, Abfallverbrennungsanlagen).

(a) Gemäß § 5 Abs. 1 Nr. 1 BImSchG dürfen von der Anlage **keine schädlichen Umwelteinwirkungen**, sonstige Gefahren, erhebliche Nachteile und erhebliche Belästigungen für die Allgemeinheit und die Nachbarschaft hervorgerufen werden. Dieses Verbot beschreibt den im Mittelpunkt des BImSchG stehenden **Schutzgrundsatz**.

(aa) Nach § 3 Abs. 1 BImSchG sind **schädliche Umwelteinwirkungen** Immissionen, die nach Art, Ausmaß oder Dauer geeignet sind, Gefahren, erhebliche Nachteile oder erhebliche Belästigungen für die Allgemeinheit oder die Nachbarschaft herbeizuführen.

Zur Verwirrung trägt die phonetische Ähnlichkeit der Begriffe Emission/Immission bei. Gleichwohl ist wegen der unterschiedlichen Rechtsfolgen stets eine genaue Bezeichnung und Unterscheidung erforderlich:

Emissionen sind Erscheinungen, wie Luftverunreinigungen, Geräusche, Erschütterungen, Licht, Wärme, Strahlen und ähnliche Erscheinungen, die von einer (bestimmten) **Anlage ausgehen** (§ 3 Abs. 3 BImSchG). Gemessen werden Emissionen am Austrittsort.

Immissionen setzten demgegenüber voraus, daß die Erscheinungen auf bestimmte Schutzgüter (Menschen, Tiere, Pflanzen, Boden, Wasser usw.) **einwirken**, § 3 Abs. 2 BImSchG. Gemessen werden Immissionen am Einwirkungsort. Außerdem kommt es bei ihnen auf die Gesamteinwirkungen aller Emissionsquellen an.

Engelhardt/Schlicht BImSchG § 3 Rdn 3 f; Kloepfer Umweltrecht § 7 Rdn 25. Streitig ist, ob für das Vorliegen einer Immission ein Auftreffen genügt (Jarass BImSchG § 3 Rdn 8 mwN) oder ob physiologische Veränderungen notwendig sind (Determann NJW 1997, 647, 649).

Immissionen iSd BImSchG sind im übrigen nur **physische Einwirkungen** durch **unwägbare Stoffe**. Nicht vom BImSchG erfaßt werden daher immaterielle oder ideelle Einwirkungen ebenso nicht wägbare Gegenstände, wie Kugeln von einem Schießstand, Bälle von einem Golfplatz, Steine aus einem Steinbruch. Auch die Einwirkung durch **Tiere** unterfällt nicht dem BImSchG, sondern allenfalls dem LImSchG. Des weiteren sind auch bloß **negative Einwirkungen** keine Immissionen iSd § 3 Abs. 2 BImSchG (zB Behinderung des Zutritts von Luft und Licht); vgl. Jarass BImSchG § 3 Rdn 54 ff.

Von der Go-Kart-Bahn gehen Motoren- und Abrollgeräusche, also Emissionen aus. Daß die von der Bahn ausgehenden Emissionen auf die in § 3 Abs. 2 BImSchG genannten Schutzgüter **einwirken**, ist offensichtlich. Von der Anlage werden daher **Immissionen** verursacht.

Die Immissionen müssen nicht sicher auftreten, es genügt die hinreichende Wahrscheinlichkeit („können", § 5 Abs. 1 Nr. 1 BImSchG; vgl. Jarass BImSchG § 5 Rdn 10).

(bb) Die Umwelteinwirkungen in Form von Immissionen müssen weiterhin **schädlich** sein. Dies kann zum einen spezialgesetzlich festgelegt werden.

Derartige Festlegungen über Grenz- bzw Richtwerte finden sich zB in der 13. BImSchV (GroßfeuerungsanlagenVO), der 22. BImSchV (Verordnung über Immissionswerte), insb. aber auch für nicht genehmigungsbedürftige Anlagen, zB in der 8. BImSchV (RasenmäherlärmVO), 18. BImSchV (SportanlagenlärmschutzVO); dazu BVerwG DVBl 1995, 514.

Im übrigen sind Umwelteinwirkungen schädlich, wenn sie zu **negativen Effekten** führen, die als **erheblich** eingestuft werden können.

[1] Als **negative Effekte** nennen § 3 und § 5 Abs. 1 BImSchG Gefahren, erhebliche Nachteile und erhebliche Belästigungen.

- Eine **Gefahr** liegt bei der **hinreichenden Wahrscheinlichkeit** vor, daß eines der Schutzgüter des § 1 BImSchG einen **Schaden** erleidet.
- Für eine **Belästigung** muß das (körperliche oder seelische) Wohlbefinden eines Menschen beeinträchtigt sein, ohne daß darin schon eine Beeinträchtigung der Gesundheit liegt.
- **Nachteile** sind alle sonstigen negativen Auswirkungen (zB Vermögenseinbußen infolge erhöhter Aufwendungen).

Jarass BImSchG § 3 Rdn 13 ff; Schmidt/Müller Umweltrecht § 3 Rdn 14; Kutscheid in Landmann/Rohmer, Umweltrecht I, § 3 Rdn 10–13; Hoppe/Beckmann, Umweltrecht, § 25 Rdn 11–17.

Beachte: § 5 Abs. 1 Nr. 1 BImSchG bezieht sich einerseits auf schädliche Umwelteinwirkungen und andererseits auf „sonstige Gefahren, erhebliche Nachteile und erhebliche Belästigungen“, statuiert also an sich zwei **selbständige** Schutzpflichten. Da aber die Definition der schädlichen Umwelteinwirkungen in § 3 Abs. 1 BImSchG bereits „erhebliche Nachteile“ und „erhebliche Belästigungen“ erfaßt, stimmen die beiden Schutzpflichten in § 5 Abs. 1 Nr. 1 BImSchG vollständig überein, nur die Schadensquellen sind unterschiedlich. Während für § 5 Abs. 1 Nr. 1, **1. Alt.** BImSchG **Immissionen** geeignet sein müssen, Gefahren, erhebliche Nachteile oder erhebliche Belästigungen herbeizuführen, erfaßt die **2. Alt. sonstige Gefahrenquellen** (Jarass BImSchG § 5 Rdn 29).

[2] Die Frage der **Erheblichkeit** beurteilt sich danach, ob die negativen Effekte das der Allgemeinheit oder den Nachbarn nach **Art, Intensität und Dauer** zumutbare Maß überschreiten. Erheblichkeit und Zumutbarkeit sind also identisch.

BVerwGE 50, 49, 55; 69, 37, 43; 90, 53, 56; BVerwG NVwZ 1997, 276, 277; NVwZ 1996, 1001, 1002; BayVGH NJW 1997, 1181, 1182; VGH Kassel NVwZ 1993, 1004, 1005; OVG Lüneburg NJW 1995, 900: „Die Frage der Erheblichkeit von Lärmbelästigungen iS des § 3 Abs. 1 BImSchG und damit ihrer Zumutbarkeit für die Nachbarschaft wird einerseits entscheidend durch die bebauungsrechtliche Situation bestimmt, in der sich störende und gestörte Nutzung befinden. Zum anderen sind für die Beurteilung der belästigenden Wirkung von Geräuschen nicht nur physikalische Eigenschaften wie Schalldruck und Frequenz, sondern auch wertende Elemente wie Gesichtspunkte der Herkömmlichkeit, der sozialen Adäquanz und einer allgemeinen Akzeptanz in der Bevölkerung zu berücksichtigen.“ Kritisch Classen JZ 1993, 1042 ff.

Beurteilungsgrundlagen sind die **Vorbelastung** der Umgebung, die **zusätzliche Belastung** durch die Anlage und die **Gesamtbelastung** des Gebietes. Abzustellen ist auf das Empfinden eines „Durchschnittsmenschen“, nicht auf das subjektive Empfinden des konkret Betroffenen.

BVerwG NVwZ 1997, 276, 277; DVBl 1996, 1193, 1194; BVerwGE 68, 62, 67; Eiermann/Göck JuS 1995, 671, 672; Schmidt/Müller Umweltrecht § 3 Rdn 15; Jarass BImSchG § 3 Rdn 39.

Gesundheitsschäden sind grds. immer erheblich (BVerwGE 88, 210, 216; einschränkend Jarass JZ 1993, 601, 604 f). Was **Nachteile** und **Belästigungen** angeht, kommt es auf die Schutzwürdigkeit und -bedürftigkeit des Gebietes an (BVerwGE 90, 53, 56); das gilt vor allem für Geräusche. Wichtige Anhaltspunkte geben BPläne und die BauNVO (vgl. BVerwGE 88, 143, 145; VGH Kassel NVwZ 1993, 1005). Fehlen rechtliche Vorgaben (zB im Außenbereich), ist die Ortsüblichkeit entscheidend (BVerwG DVBl 1991, 881; Jarass BImSchG § 3 Rdn 42).

Insgesamt kommt es auf eine Beurteilung der **Umstände des Einzelfalles** an. Dabei liegt die einfachgesetzliche Schädlichkeitsgrenze aber weit unter dem verfassungsrechtlich gebotenen Mindestschutz vor „schweren und unerträglichen“ Situationsänderungen (Art 2 Abs. 2 S. 1, 14 Abs. 1 GG).

BGHZ 122, 76, 78 f mwN und oben S. 139.

[3] Bei der Konkretisierung des **unbestimmten Rechtsbegriffs** der „schädlichen Umwelteinwirkungen" spielen **Verwaltungsvorschriften** eine bedeutende Rolle. In erster Linie geht es um die Technischen Anleitungen zur Reinhaltung der Luft **(TA Luft)** und zum Schutz gegen Lärm **(TA Lärm)**.

Während die TA Luft vom 27.02.1986 stammt, (GMBl 1986, 95 u. 202), galt bislang gem. § 66 Abs. 2 BImSchG noch die TA Lärm idF vom 16.07.1968 (Beilage BAnz Nr. 137). Diese hatte aufgrund zwischenzeitlicher Erkenntnisfortschritte nur noch die Bedeutung eines groben Anhalts (Jarass BImSchG § 48 Rdn 15; Engelhardt/Schlicht BImSchG § 48 Rdn 12). Daher hat die Bundesregierung im März 1998 eine neue TA Lärm verabschiedet, die nach Billigung durch den Bundesrat im Sommer 1998 in Kraft treten soll.

Wichtigste Neuregelung ist, daß künftig auf die **Gesamtbelastung** mit Lärm und nicht mehr allein auf die Emissionen der einzelnen Anlage abgestellt wird. Im Gegensatz zu den bislang geltenden Regelungen darf künftig die Summe aller Lärmimmissionen von Industrie- und Gewerbebetrieben zB zu einem benachbarten Wohnhaus bestimmte Grenzwerte nicht mehr überschreiten. Beibehalten wurde die Staffelung der Werte nach der Gebietsnutzung (zB reines Wohngebiet und allgemeines Wohngebiet).

Als Verwaltungsvorschriften haben sie eigentlich nur **verwaltungsinterne** Bedeutung. Aus der besonderen Ermächtigung in § 48 BImSchG wird allerdings deren prinzipielle Außenverbindlichkeit abgeleitet. Ursprünglich wurden sie als **„antezipierte Sachverständigengutachten"** qualifiziert, die vom Gericht in typischen Fällen zwecks Konkretisierung des unbestimmten Gesetzesbegriffes der „schädlichen Umwelteinwirkungen" herangezogen wurden.

BVerwGE 55, 250, 256; NVwZ 1988, 824, 825; Frotscher JuS 1983, 775, 779 mwN.

Da sich die Grenze zwischen schädlichen und nicht schädlichen Umwelteinwirkungen aber abstrakt nicht bestimmen läßt, ist dies auch durch (antezipierte) Sachverständigengutachten an sich nicht möglich. So werden heute vielfältige Umwelteinwirkungen als schädlich beurteilt, die vor einigen Jahren ohne jede Bedenken als sozialadäquat eingestuft wurden. Deshalb spricht man heute den TAen normkonkretisierende Wirkung zu. **Normkonkretisierende Verwaltungsvorschriften** nehmen die Subsumtion von typisierbaren Teilbereichen auch gegenüber dem Bürger vorweg.

BVerwGE 72, 300, 302; BVerwG DVBl 1995, 516, 517; OVG NW NVwZ 1988, 173; OVG Lüneburg DVBl 1985, 1322, 1323: Die Immissionsgrenzwerte legen normkonkretisierend „innerhalb einer Bandbreite unter Umständen denkbarer Entscheidungen trennscharf fest, welche Umwelteinwirkungen dem einzelnen noch zuzumuten sind, welches verbleibende Risiko er mithin zu tragen hat; dabei handelt es sich nach Abwägung und Wertung letztlich um eine politische Willensentscheidung."

Das BVerwG hat Verwaltungsvorschriften bislang nur im atomrechtlichen Verfahren eine normkonkretisierende Wirkung zuerkannt (vgl. BVerwGE 72, 300, 302; BVerwG DVBl 1995, 516, 517). Zur TA Luft hat es das BVerwG (NVwZ 1988, 824, 825) ausdrücklich offengelassen, ob und inwieweit mit der Bezeichnung als „antezipiertes Sachverständigengutachten" oder als „normkonkretisierende Verwaltungsvorschriften" unterschiedliche rechtliche Bewertungen verbunden sind und welche Folgerungen dies ggf. für den Umfang und die Maßstäbe der gerichtlichen Überprüfung hätte.

Im Ergebnis ist man sich – unabhängig von der konkreten Einordnung – jedenfalls einig, daß in diesen Fällen grds. auch das **Gericht** an die in den TAen zum Ausdruck kommenden Wertungen **gebunden** ist und nur in besonders gelagerten Einzelfällen eine Abweichung von den Werten der TAen zulässig ist. Zur Begründung wird auf das eine besondere demokratische Legitimation vermittelnde Verfahren (Bundesregierung, Anhörung, Bundesratszustimmung) oder auf eine Standardisierungsermächtigung der Verwaltung verwiesen.

OVG NW DVBl 1988, 152, 153: Die Standardisierungsermächtigung in §§ 48, 51 BImSchG verleiht TAen als normkonkretisierende Verwaltungsvorschriften eine eingeschränkte Außenwirkung; OVG Lüneburg DVBl 1985, 1322, 1323; Breuer NVwZ 1988, 105, 110 ff; ähnlich Jarass NJW 1987, 1225, 1229: gerichtlich nur beschränkt überprüfbarer Beurteilungsspielraum der Vewaltung.

Die gerichtliche Kontrolle beschränkt sich daher darauf, ob

- die Immissions- und Emissionswerte in den Verwaltungsvorschriften den **gesetzlichen Anforderungen** und Wertungen entsprechen,
- nicht durch **Erkenntnisfortschritte** und die technische Entwicklung überholt sind und
- **kein atypischer Sachverhalt** vorliegt.

Zur Verbindlichkeit der TAen allgemein BVerwG NVwZ 1997, 497, 498; NVwZ 1995, 994; BayVGH DVBl 1997, 70, 71; OVG NW NVwZ 1991, 1200; VGH München NVwZ-RR 1991, 472, 472 f; Feldhaus NVwZ 1995, 963, 968; Sendler UPR 1993, 332, 325; ders. FS Helmrich (1994), S. 1025, 1033 ff; Jarass BImSchG § 48 Rdn 12 ff.; Schmidt/Müller Umweltrecht § 3 Rdn 15; Kloepfer Umweltrecht § 7 Rdn 32 ff.

Zur fehlenden Verbindlichkeit **privater Regelwerke** (zB der sog. VDI-Richtlinien) vgl. dagegen BVerwGE 81, 179, 202 f; 88, 143, 148 ff; OVG Bremen UPR 1993, 354, 355.

Ergänzung: Der **EuGH** erkennt die (feinen) Unterschiede in der (Un-)Verbindlichkeit verschiedenartiger Verwaltungsvorschriften nicht an und verlangt bei der Umsetzung der entsprechenden Umweltschutzrichtlinien der EG, daß

1. gesetzliche Vorschriften erlassen werden,
2. die Vorschriften für alle Anlagen gelten, nicht nur für genehmigungsbedürftige und
3. die Einhaltung der Grenzwerte vom Bürger einklagbar ist.

Im Ergebnis bedeutet dies, daß Verwaltungsvorschriften zur innerstaatlichen Umsetzung von EG-Recht nicht ausreichen (EuGH DVBl 1991, 863 u. 869; dazu Guttenberg JuS 1993, 1006 ff). Auf der Grundlage des § 48 a BImSchG wurde daher die 22. BImSchV erlassen, die Immissionsgrenzwerte für bestimmte Luftverunreinigungen enthält und den Anforderungen des EuGH genügt. Nach § 5 der 22. BImSchV bleibt die TA Luft daneben anwendbar. Das bedeutet, daß genehmigungsbedürftige Anlagen beide Grenzwertvorschriften einhalten müssen, während bei nicht genehmigungsbedürftigen Anlagen nur die 22. BImSchV unmittelbar gilt. Die TA Luft kann nur als Interpretationshilfe des § 22 BImSchG hergezogen werden (Hansmann in Landmann/Rohmer, Umweltrecht II, § 5 22. BImSchV Rdn 4 f; vgl. noch unten Fall 19).

[4] Maßstab für die Beurteilung der Frage, ob von den Motoren Geräusche in der Weise ausgehen, daß der Schutzgrundsatz des § 5 Abs. 1 Nr. 1 BImSchG verletzt ist, ist damit die TA Lärm. Deren Grenzwerte werden nicht überschritten. Hinweise auf unberücksichtigte Erkenntnisfortschritte oder eine atypische Fallgestaltung liegen nicht vor. Daher ist davon auszugehen, daß **schädliche Umwelteinwirkungen** iSd §§ 5 Abs. 1 Nr. 1, 3 Abs. 1 BImschG **nicht hervorgerufen** werden.

schädliche Umwelteinwirkungen (§ 3 Abs. 1 BImSchG)

Emissionen (§ 3 Abs. 3)
- Luftverunreinigungen (Rauch, Ruß, Staub, Gase, Aerosole, Dämpfe, Geruchsstoffe), § 3 Abs. 4
- Geräusche (Lärm)
- Erschütterungen
- Licht, Wärme, Strahlen
- ähnliche Erscheinungen

→ Einwirkungen auf
- Menschen
- Tiere
- Pflanzen
- Sachen

Immissionen (§ 3 Abs. 2)
- Luftverunreinigungen (Rauch, Ruß, Staub, Gase, Aerosole, Dämpfe, Geruchsstoffe), § 3 Abs. 4
- Geräusche (Lärm)
- Erschütterungen
- Licht, Wärme, Strahlen
- ähnliche Umwelteinwirkungen

↓

schädlich
- ❐ Grenzwerte, Richtwerte in Gesetz, RechtsVO
- ❐ erhebliche negative Auswirkungen
  - **negative Effekte**
    - Gefahren
    - Nachteile
    - Belästigungen
  - **Erheblichkeit** = Unzumutbarkeit nach Art, Intensität und Dauer
    - Vorbelastung, zusätzliche Belastung, Gesamtbelastung
    - normkonkretisierende Verwaltungsvorschriften (zB TA Luft, TA Lärm)

(b) Weiterhin muß Vorsorge gegen schädliche Umwelteinwirkungen getroffen werden, § 5 Abs. 1 Nr. 2 BImSchG **(Vorsorgegrundsatz)**.

Im Unterschied zur Schutzpflicht geht es hier nicht um die Abwehr belegbarer, sondern **potentiell schädlicher Umwelteinwirkungen**. Ziel der Vorsorge ist es, eine Sicherheitszone **unterhalb der Gefahrenschwelle** zu schaffen. Dem Entstehen schädlicher Umwelteinwirkungen soll generell vorgebeugt werden. Das Maß der Vorsorge, also regelmäßig die technischen Anforderungen, wird aber seinerseits durch den Grundsatz der Verhältnismäßig beschränkt. Es besteht **keine unbegrenzte Minimierungspflicht**.

BVerwG NVwZ 1997, 497, 499; Eiermann/Göck JuS 1995, 671, 672; Decker JuS 1995, 342, 347; Kloepfer Umweltrecht § 7 Rdn 52 ff.; Hoppe/Beckmann Umweltrecht § 25 Rdn 35 ff.

(c) Nach dem **Entsorgungsgrundsatz** des § 5 Abs. 1 Nr. 3 BImSchG sind Abfälle zu vermeiden, mindestens schadlos zu verwerten. Der Abfallbegriff entspricht dem des § 3 KrW-/AbfG, allerdings ohne die Ausnahmen des § 2 Abs. 2 KrW-/AbfG. Das immissionsschutzrechtliche Abfallrecht genießt gegenüber dem allgemeinen Abfallrecht Anwendungsvorrang, § 9 S. 1 KrW-/AbfG.

Jarass BImSchG § 5 Rdn 61; Rebentisch NVwZ 1997, 417; Fluck DVBl 1997, 463.

(d) Das **Abwärmenutzungsgebot** des § 5 Abs. 1 Nr. 4 BImSchG gilt nach § 5 Abs. 2 BImSchG nur für besonders festgelegte Anlagen. Das sind bislang nur Abfallverbrennungsanlagen (§ 8 der 17. BImSchV).

(e) § 5 Abs. 3 BImSchG verpflichtet den Betreiber darüber hinaus zur **Nachsorge**. Die Schutz- und Entsorgungspflichten gelten über die Betriebseinstellung hinaus. Um die Erfüllung dieser Pflichten zu gewährleisten, sind schon Auflagen im Genehmigungsverfahren möglich. Dies wird durch die Neufassung des § 5 Abs. 3 BImSchG ausdrücklich klargestellt, wonach der Betreiber nicht nur „sicherzustellen" hat, daß die Pflichten erfüllt werden (so § 5 Abs. 3 BImSchG a.F.), sondern die Errichtung und der Betrieb der Anlage selbst von der Erfüllung der Pflichten abhängig ist.

So die Neufassung des § 5 Abs. 3 BImSchG durch Art 3 Nr. 1 des Gesetzes zum Schutz des Bodens vom 17.03.1998 (BGBl I 1998, 502, 510) und bislang schon hM, vgl. Jarass BImSchG § 5 Rdn 101; aA Hansmann NVwZ 1993, 921, 925.

Aus § 17 Abs. 4 a BImSchG ergibt sich, daß nachträgliche Anordnungen zur Durchsetzung der Nachsorgepflichten nur **innerhalb eines Jahres nach der Betriebseinstellung** getroffen werden können.

So die Neufassung durch Art 3 Nr. 2 des Gesetzes zum Schutz des Bodens vom 17.03. 1998 (BGBl I 1998, 502, 510), wodurch die bisherige Frist von 10 Jahren in § 17 Abs. 4 a BImSchG auf ein Jahr verringert wurde.

Schwierigkeiten bei der Bestimmung des Nachsorgepflichtigen ergeben sich, wenn die Anlage nacheinander von verschiedenen Personen betrieben wurde. Nach zutreffender Auffassung ist jeder Betreiber für die Nachsorge verantwortlich. Der frühere Betreiber bleibt als Verhaltensstörer für die von ihm verursachten Risiken verantwortlich. Der neue Betreiber ist als Zustandsstörer für die Anlage und das Anlagegrundstück verantwortlich, sofern seine Inanspruchnahme verhältnismäßig ist. Das ist insb. der Fall, wenn er bei Erwerb die Belastung kennen mußte. Unverhältnismäßig wäre die Haftung des Zustandsstörers zB, wenn der Verhaltensstörer bekannt und zur Pflichterfüllung in der Lage ist.

Hansmann NVwZ 1993, 921, 923 ff; Jarass BImSchG § 5 Rdn 95 f; Schmidt/Müller Umweltrecht § 3 Rdn 20; Sellner NVwZ 1991, 205, 309; aA Vallendar UPR 1991, 91, 95: nur der letzte Betreiber; Fluck BB 1991, 1797, 1799; Dienes NWVBl 1990, 404, 406: nur der Verursacher; vgl. auch unten S. 212 ff. – Ist der Anlagenbetreiber in Konkurs gefallen, treffen die Nachsorgepflichten den Konkursverwalter (OVG Lüneburg NJW 1998, 398: „Der Konkursverwalter kann sich seiner Verantwortlichkeit auch nicht durch eine isolierte Freigabe der Reststoffe entledigen"; vgl. auch OVG Greifswald DVBl 1998, 98).

Bedenken im Hinblick auf die Pflichten nach § 5 Abs. 1 Nr 2–4 und Abs. 3 BImSchG bestehen bzgl. der Go-Kart-Bahn wegen der emissionsarmen Elektroantriebe nicht. Die **immissionsrechtlichen Anforderungen** nach § 6 Abs. 1 Nr. 1 BImSchG werden daher eingehalten.

(3) Außerdem dürfen gemäß **§ 6 Abs. 1 Nr. 2 BImSchG** andere öffentlich-rechtliche Vorschriften sowie Arbeitsschutzbelange der Errichtung und dem Betrieb der Anlage nicht entgegenstehen. Über § 6 Abs. 1 Nr. 2 BImSchG findet daher das **gesamte übrige öffentliche Recht** Eingang in das immissionsschutzrechtliche Genehmigungsverfahren. Die Behörde muß außer den Vorschriften des BImSchG insb. auch die baurechtlichen, aber zB auch die naturschutzrechtlichen Vorschriften beachten.

Die immissionsrechtliche Genehmigung ist daher gem. § 6 Abs. 1 Nr. 2 BImSchG iVm § 34 Abs. 1 BauGB zB zu versagen, wenn sich das Vorhaben nicht in die Eigenart der näheren Umgebung einfügt.

Dieser **umfassenden öffentlich-rechtlichen Prüfung** korrespondiert die **Konzentrationswirkung** der immissionsschutzrechtlichen Genehmigung (§ 13 BImSchG). Sie schließt alle anderen anlagebezogenen (nicht betreiberbezogenen) öffentlich-rechtlichen Zulassungsentscheidungen ein, insb. die Baugenehmigung (Ausnahmen gelten für berg-, atom- und bestimmte wasserrechtliche Entscheidungen sowie Planfeststellungen).

Die Konzentrationswirkung gilt auch für Genehmigungen, die im vereinfachten Verfahren erteilt werden (vgl. § 19 Abs. 2 BImSchG; dazu Jarass BImSchG § 19 Rdn 14).

(a) Besondere Bedeutung kommt hier dem **Bauplanungsrecht** einschl. der BauNVO zu. Wenn eine Anlage nach dem BImSchG genehmigungspflichtig ist, hat sie ein **hohes Umweltgefährdungspotential**. Bauplanungsrechtlich hat das BVerwG hieraus früher die Konsequenz gezogen, daß solche Anlagen unabhängig vom Einzelfall nur in Industriegebieten (§ 9 BauNVO) oder – mit Dispens – in Gewerbegebieten (§ 8 BauNVO) zulässig sein können **(Typisierungslehre)**.

BVerwG DÖV 1975, 92, 98; DVBl 1977, 194, 196; NVwZ 1987, 884, 885.

Nach Einfügung des § 15 Abs. 3 BauNVO ist jedoch nicht allein die Genehmigungspflicht nach dem BImSchG ausschlaggebend, sondern die städtebauliche Perspektive, d.h. der **konkrete Störungsgrad** der Anlage. Die immissionsschutzrechtliche Einordnung der Anlage liefert aber weiterhin gewichtige Anhaltspunkte.

BVerwG DÖV 1993, 253, 253 f; Fickert/Fieseler BauNVO § 15 Rdn 33.

Im übrigen muß das Vorhaben alle Anforderungen des materiellen Baurechts erfüllen.

Eiermann/Göck JuS 1995, 671, 673; Kloepfer Umweltrecht § 9 Rdn 52; Jarass BImSchG § 6 Rdn 12; Feldhaus NVwZ 1995, 963, 966.

(b) Die Go-Kart-Bahn soll in einem **Gewerbegebiet** entstehen. Die immissionsschutzrechtliche Genehmigungsbedürftigkeit der Bahn ist ein Indiz dafür, daß sie dort ggf. nur im Wege einer Befreiung nach § 31 Abs. 2 BauGB zulässig ist. Andererseits sind nach § 8 Abs. 2 Nr. 4 BauNVO Anlagen für sportliche Zwecke sowie nach dessen Nr. 1 Gewerbebetriebe aller Art zulässig. Ob Anlagen für sportliche Zwecke auch generell solche des Motorsports umfassen, erscheint angesichts des unterschiedlichen Störungspotentials zweifelhaft. Jedenfalls ist wegen der Elektromotoren eine atypische Fallgestaltung gegeben, da der Regelung in Nr. 10.17 der Anlage zur 4. BImSchV offensichtlich die Vorstellung zugrunde liegt, daß, anders als hier, Verbrennungsmotoren eingesetzt werden. Da die Bahn die Grenzwerte der TA Lärm nicht überschreitet, ist sie jedenfalls als nicht erheblich belästigender Gewerbebetrieb (§ 8 Abs. 1 BauNVO) auch baurechtlich zulässig.

Vgl. Hansmann in Landmann/Rohmer, Umweltrecht II, Anh. Nr. 10 4. BImSchV Rdn 17 ff.

Damit stehen der Anlage auch keine baurechtlichen oder sonstigen Vorschriften iSd § 6 Abs. 1 Nr. 2 BImSchG entgegen.

Ergebnis:

Die materiellen Genehmigungsvoraussetzungen des § 6 Abs. 1 BImSchG sind erfüllt. Die Unterlassung der Genehmigungserteilung ist daher rechtswidrig.

Bei der Entscheidung nach § 6 BImSchG handelt es sich um eine **gebundene Entscheidung** („ist zu erteilen"). Die Genehmigung kann jedoch nach § 12 BImSchG unter **Bedingungen** erteilt und mit **Auflagen** verbunden werden, soweit dies erforderlich ist, um die Erfüllung der in § 6 BImSchG genannten Genehmigungsvoraussetzungen sicherzustellen (§ 12 Abs. 1 BImSchG). Ein **Auflagenvorbehalt** ist nach § 12 Abs. 2 a BImSchG mit Einverständnis des Antragstellers zulässig, um bestehende Anforderungen später zu konkretisieren. Ein **Widerrufsvorbehalt** ist nur zulässig bei Teilgenehmigungen bis zur abschließenden Entscheidung über die Genehmigung (§ 12 Abs. 3 BImSchG) und bei Anlagen zu Erprobungszwecken (§ 12 Abs. 2 S. 2 BImSchG).

Das Gericht kann jedoch das förmliche Verfahren nicht selbst durchführen. Mangels Spruchreife ergeht ein **Bescheidungsurteil** (§ 113 Abs. 5 S. 2 VwGO).

Wenn die Behörde die Bescheidung schuldhaft unterlassen hat, kann U einen Anspruch auf Schadensersatz nach Art 34 GG, § 839 BGB haben (vgl. BGH NVwZ 1993, 299).

Anspruch auf Erteilung einer Anlagegenehmigung nach BImSchG

Anspruchsgrundlage: § 6 Abs. 1 BImSchG

I. Vorliegen einer genehmigungsbedürftigen Anlage

1. **Anlage** iSd § 3 Abs. 5 BImSchG
   - Betriebsstätten und sonstige ortsfeste Einrichtungen
   - Maschinen, Geräte und sonstige ortsveränderliche technische Einrichtungen (Fahrzeuge –> §§ 38 ff BImSchG)
   - Grundstücke, auf denen Stoffe gelagert oder abgelagert oder emissionsträchtige Arbeiten durchgeführt werden
2. **genehmigungsbedürftig** gem. § 4 BImSchG iVm 4. BImSchV
3. Errichtung, Betrieb (§ 4 BImSchG), wesentliche Änderung (§ 16 BImSchG)

II. Formelle Voraussetzungen

1. schriftlicher **Antrag**, § 10 Abs. 1 BImSchG, §§ 2 ff 9. BImSchV
2. **Genehmigungsverfahren**

a) **förmliches Verfahren**
§ 10 Abs. 2 ff BImSchG iVm 9. BImSchV

aa) **Anwendbarkeit**
- zwingend gem. § 2 4. BImSchV iVm Anhang Spalte 1
- i.ü. auf Antrag gem. § 19 Abs. 3 BImSchG

bb) **Verfahrensablauf**
- Beteiligung anderer Behörden
- ggf. UVP
- öffentliche Bekanntmachung
- Auslegung Antragsunterlagen
- Einwendungsfrist: 2 Wochen nach Ablauf Auslegungsfrist
- Erörterungstermin

cc) **Rechtsfolgen**

(1) **materielle Rügepräklusion**, § 10 Abs. 3 S. 3 BImSchG

(2) **privatrechtsgestaltende Wirkung:** Ausschluß von Ansprüchen auf Betriebseinstellung (§ 14 BImSchG)
- Anspruch auf Schutzvorkehrungen (§ 14 S. 1, 2. HS)
- subsidiär: Schadensersatz, § 14 S. 2 BImSchG

b) **vereinfachtes Verfahren**
§ 19 BImSchG iVm 9. BImSchV

aa) **Anwendbarkeit**
- Anlage gem. § 2 4. BImSchV iVm Anhang Spalte 2
- soweit kein besonderer Antrag gem. § 19 Abs. 3 BImSchG

bb) **Verfahrensablauf**
- Beteiligung anderer Behörden (§§ 19 Abs. 2, 10 Abs. 5 BImSchG)
- Beteiligung Dritter nach allgemeinen Vorschriften (insb. § 13 VwVfG)
- i. ü. § 24 9. BImSchV

cc) **Rechtsfolgen**
keine Besonderheiten, insb. § 10 Abs. 3 S. 3, § 14 BImSchG gelten **nicht** (§ 19 Abs. 2 BImSchG)
- keine Rügepräklusion
- keine privatrechtsgestaltende Wirkung

III. Materielle Voraussetzungen, § 6 BImSchG

1. Einhaltung der **immissionsrechtlichen Pflichten**, § 6 Abs. 1 BImSchG
   a) **Betreiberpflichten** nach § 5 BImSchG
      aa) **Schutzpflicht**, § 5 Abs. 1 Nr. 1 BImSchG
      - **keine schädlichen Umwelteinwirkungen** iSd § 3 Abs. 1 BImSchG
        - Grenzwerte, Richtwerte in Gesetz, RechtsVO
        - erhebliche negative Auswirkungen
          - **negative Effekte**
            – Gefahren
            – Nachteile
            – Belästigungen
          - **Erheblichkeit** = Unzumutbarkeit
            nach Art, Intensität und Dauer
            – Vorbelastung, zusätzliche Belastung, Gesamtbelastung
            – normkonkretisierende Verwaltungsvorschriften (zB TA Luft, TA Lärm)
      - keine sonstigen Gefahren, erhebliche Nachteile und erhebliche Belästigungen hervorrufen

      bb) **Vorsorgepflicht**, § 5 Abs. 1 Nr. 2 BImSchG
      Vorsorge gegen schädliche Umwelteinwirkungen treffen, insb. die dem Stand der Technik entsprechenden Maßnahmen zur Emissionsbegrenzung

      cc) **Abfallpflichten**, § 5 Abs. 1 Nr. 3 BImSchG
      Abfälle vermeiden, ordnungsgemäß und schadlos verwerten bzw ohne Beeinträchtigung des Wohls der Allgemeinheit beseitigen

      dd) **Abwärmenutzungsgebot**, § 5 Abs. 1 Nr. 4 BImSchG
      nur für bestimmte Anlagen, § 5 Abs. 2 BImSchG iVm § 8 17. BImSchV

      ee) **Nachsorgepflicht**, § 5 Abs. 3 BImSchG

   b) **sonstige Pflichten** nach § 7 BImSchG iVm RechtsVO

2. **andere öffentlich-rechtliche Vorschriften** stehen nicht entgegen, § 6 Abs. 1 Nr. 2 BImSchG iVm
   - BauO, BauGB
   - KrW-/AbfG
   - Wasserrecht
   - Naturschutzrecht u.a.

IV. Rechtsfolge

1. **gebundene** Entscheidung (vgl. § 6 Abs. 1 BImSchG: „ist zu erteilen“)
2. **Nebenbestimmungen** nach § 12 BImSchG
3. **Konzentrationswirkung** (§ 13 BImSchG) ◄

alleinl. (–) z.B. §§ 7, 8 WHG

Fall 16: Abwandlung zu Fall 15

Nachbar N befürchtet, daß er durch den von der Go-Kart-Bahn ausgehenden Lärm beeinträchtigt wird. Er ist der Auffassung, daß die Geräuschimmissionen auch bei Einhaltung der Grenzwerte der TA Lärm durch Schallschutzmaßnahmen weiter vermindert werden könnten. N hat daher gegen die Genehmigung Widerspruch erhoben, der als unzulässig zurückgewiesen wurde. N überlegt, ob er Klage erheben soll.

Die Klage müßte zulässig sein.

(I) Für die Klage ist gem. § 40 Abs. 1 VwGO der **Verwaltungsrechtsweg** eröffnet, da streitentscheidend die öffentlich-rechtlichen Vorschriften der §§ 4 ff BImSchG sind.

(II) Statthaft ist eine **Anfechtungsklage** (§ 42 Abs. 1 VwGO) gegen den Genehmigungsbescheid als den N belastenden VA.

(III) N ist nur **klagebefugt** (§ 42 Abs. 2 VwGO), wenn er geltend machen kann, daß die Genehmigung gegen nachbarschützende Vorschriften verstößt.

(1) Nach § 6 Abs. 1 Nr. 1 BImSchG ist hierbei zunächst auf die **Betreiberpflichten** des § 5 BImSchG zurückzugreifen.

(a) Unstreitig drittschützend ist der **Schutzgrundsatz** nach § 5 Abs. 1 **Nr. 1** BImSchG, da bereits nach dem Wortlaut auf den Schutz der „Nachbarschaft" abgestellt wird (ebenso § 3 Abs. 1 BImSchG).

BVerwGE 65, 313, 320; 68, 58, 59; BVerwG NJW 1984, 2174, 2175; OVG NW NuR 1990, 328, 329; Engelhardt/Schlicht BImSchG § 5 Rdn 28; Jarass BImSchG § 5 Rdn 107 mwN. – Entsprechendes gilt für die Nachsorgepflicht nach § 5 Abs. 3 Nr. 1 („Nachbarschaft"); vgl. Jarass aaO, Rdn 111 mwN.

(b) Demgegenüber entfaltet der **Vorsorgegrundsatz** des § 5 Abs. 1 **Nr. 2** BImSchG **keine drittschützende Wirkung**. Die Vorsorge vor künftigen Schädigungen dient nicht den Interessen des Nachbarn, sondern lediglich der Allgemeinheit. Gegen einen drittschützenden Charakter spricht im übrigen der im Vorsorgegrundsatz enthaltene planende Aspekt.

BVerwG DVBl 1997, 70, 71; BVerwGE 65, 313, 320; OVG NW DVBl 1987, 344; OVG Lüneburg NVwZ 1985, 359; Jarass BImSchG § 5 Rdn 108; Engelhardt/Schlicht BImSchG § 5 Rdn 28 mwN; aA früher OVG NW DVBl 1976, 793.

(c) § 5 Abs. 1 **Nr. 3** u. **Nr. 4** BImSchG sind ebenfalls **nicht drittschützend**. Vermeidung und Verwertung von Abfällen und Nutzung der Abwärme berühren keine Interessen konkreter Nachbarn, sondern dienen nur dem Allgemeininteresse.

OVG NW NuR 1990, 328, 329; NVwZ 1987, 146, 148; Jarass, BImSchG § 5 Rdn 110 mwN.

(2) Über **§ 6 Abs. 1 Nr. 2 BImSchG** kann sich das Nachbarabwehrrecht auch aus anderen öffentlich-rechtlichen Vorschriften ergeben (s.o.).

Der Nachbar kann zB geltend machen, daß die Anlage gegen das Rücksichtnahmegebot als Bestandteil des „Einfügens" gem. § 6 Abs. 1 Nr. 2 BImSchG iVm § 34 Abs. 1 BauGB oder gegen § 15 Abs. 1 S. 2 BauNVO verstößt. Ebenso sind im Rahmen des § 6 Abs. 1 Nr. 2 BImSchG die Vorschriften über die Abstandsflächenregelung nach der BauO nachbarschützend (s.o. S. 99).

(3) Da ein Verstoß gegen § 5 Abs. 1 Nr. 1 BImSchG bei Einhaltung der Grenzwerte der TA Lärm mangels atypischer Umstände des Einzelfalls offensichtlich ausscheidet, kann N nur einen Verstoß gegen den **Vorsorgegrundsatz** des § 5 Abs. 1 Nr. 2 BImSchG geltend machen. Dieser dient jedoch nicht den Interessen des Nachbarn, sondern ausschließlich dem Interesse der **Allgemeinheit**, das Immissionsmaß auf das technisch mögliche zu begrenzen. N kann daher unter Berufung auf § 5 Abs. 1 Nr. 2 BImSchG nicht geltend machen, daß die Genehmigung seine subjektiven Rechte verletzt.

Mangels Klagebefugnis wäre seine Klage **unzulässig**.

Vertretbar wäre es auch, im Rahmen der Klagebefugnis auf die „Möglichkeit" einer Verletzung des § 5 Abs. 1 Nr. 1 BImSchG abzustellen und die tatsächliche Verletzung dann im Rahmen der Begründetheit abzulehnen. Ob die Genehmigung gegen den (nicht nachbarschützenden) § 5 Abs. 1 Nr. 2 BImSchG verstößt, darf dann allerdings nicht mehr geprüft werden, da der Nachbar keinen allgemeinen Gesetzesvollziehungsanspruch hat, sondern eine Überprüfung nur im Rahmen seiner subjektiven Rechte erfolgt. Die Klage des N wäre danach jedenfalls unbegründet.

– – –

subjektive Nachbarrechte im Immissionsschutzrecht

Betreiberpflichten, § 5 BImSchG			**sonstiges öffentl. Recht**
Schutzgrundsatz, § 5 Abs. 1 Nr. 1 BImSchG	**Vorsorgegrundsatz, § 5 Abs. 1 Nr. 2 BImSchG**	**§ 5 Abs. 1 Nr. 3 u. Nr. 4 BImSchG**	
(+) vgl. Wortlaut „Nachbarschaft" und Definition der schädl. Umwelteinwirkungen in § 3 Abs. 1 BImSchG („Nachbarschaft")	(–) nur Interesse der Allgemeinheit an Verhinderung künftiger Schäden	(–) Entsorgung, Abwärmenutzung berührt keine Interessen konkreter Nachbarn	iVm nachbarschützenden Vorschriften des Baurechts, Wasserrechts etc., zB § 15 Abs. 1 S. 2 BauNVO, § 34 BauGB iVm **Rücksichtnahmegebot**

2.1.2 Nachträgliche Anordnungen

§ 17 BImSchG ermächtigt die zuständige Behörde, zur Erfüllung der immissionsrechtlichen Pflichten auch noch nach Erteilung der Genehmigung **nachträgliche Anordnungen** zu treffen. Während das allgemeine Verwaltungsrecht insoweit nur die Aufhebung (§§ 48, 49 VwVfG) und den Auflagenvorbehalt (§ 36 Abs. 2 Nr. 5 VwVfG) ermöglicht, stellt § 17 BImSchG der Behörde eine zusätzliche Möglichkeit zur Verfügung, einmal ergangene Verwaltungsakte nachträglich abzuändern. Daraus folgt der **„dynamische Charakter“** der Grundpflichten aus § 5 BImSchG, die nicht nur im Zeitpunkt der Genehmigungserteilung, sondern während des Betriebs der Anlage **auf Dauer** erfüllt werden müssen. Dabei hat jedoch ein Ausgleich zwischen dem öffentlichen Interesse an der Durchsetzung der Grundpflichten und dem Bestandsschutz des Betreibers (Art 14 GG) zu erfolgen.

Fall 17: Fisch-Parfum

F stellt seit mehreren Jahren im Gewerbegebiet der kreisfreien Stadt S Fischöl her. Die Anlage ist immissionsschutzrechtlich genehmigt. Die zunehmende Anreicherung der Fische mit Schwermetallen führt jedoch nach neuesten wissenschaftlichen Erkenntnissen vermehrt zu allergischen Reaktionen in der Umgebung von Produktionsanlagen für Fischmehl und -öl.
Nachbar N, der seit Betriebsbeginn – insbesondere beim häufigen Westwind – unter dem „tranigen Fischgestank“ leidet, sieht in dieser Entwicklung eine Möglichkeit, gegen F vorzugehen. Er hat erfahren, daß eine neuartige Filtertechnik es ermöglicht, sowohl die Geruchsstoffe als auch die Allergene in den Dämpfen vollständig zurückzuhalten. Da er an sich selbst erste typische allergische Reaktionen feststellt, verlangt er von der zuständigen Behörde, daß sie gegen F einschreitet und ihm den Einbau der neuen Filter aufgibt. Die Behörde lehnt dies unter Hinweis auf die hohe Kostenbelastung des F und der damit einhergehenden Gefährdung der Arbeitsplätze ab. N erhebt nach erfolglosem Widerspruchsverfahren Klage. Mit Erfolg?

Die Klage des N ist erfolgreich, soweit sie zulässig und begründet ist.

(A) **Zulässigkeit der Klage**

(I) Die entscheidungserheblichen öffentlich-rechtlichen Vorschriften des BImSchG eröffnen gemäß § 40 Abs. 1 S. 1 VwGO den **Verwaltungsrechtsweg**.

(II) N begehrt den Erlaß einer nachträglichen Anordnung – einen VA – gemäß § 17 Abs. 1 BImSchG, so daß die **Verpflichtungsklage** nach § 42 Abs. 1 VwGO die statthafte Klageart ist.

(III) N ist gemäß § 42 Abs. 2 VwGO nur **klagebefugt**, wenn er geltend machen kann, daß die Ablehnung der nachträglichen Anordnung ihn in seinen **Rechten verletzt**. Das ist der Fall, wenn es möglich ist, daß N einen **Anspruch** gegen die Behörde **auf Einschreiten** gegen F hat. Die an die Behörde gerichtete Ermächtigungsnorm des § 17 Abs. 1 BImSchG gibt N nur einen Anspruch, wenn sie auch seinen Interessen zu dienen bestimmt ist (**Schutznormtheorie**).

§ 17 Abs. 1 BImSchG selbst ist nicht unmittelbar drittschützend. Etwas anderes gilt nur, wenn die Pflichten, deren Durchsetzung die nachträgliche Anordnung dient, ihrerseits drittschützend sind. Dies ist vor allem bei Vorliegen der Tatbestandsvoraussetzungen des § 17 Abs. 1 S. 2 BImSchG der Fall, welcher auf eine Verletzung der **Schutzpflicht** des § 5 Abs. 1 Nr. 1 BImSchG abstellt. Da die Möglichkeit besteht, daß die Fischölherstellung gegen § 5 Abs. 1 Nr. 1 BImSchG verstößt und damit § 17 Abs. 1 S. 2 BImSchG Anwendung finden kann, entfaltet § 17 Abs. 1 BImSchG auch gegenüber dem Nachbar N drittschützende Wirkung.

Jarass BImSchG § 17 Rdn 51; Eiermann/Göck JuS 1995, 671, 675; Pache Jura 1996, 648, 649; Himmelmann in Himmelmann/Pohl/Tünnesen-Harms, Handbuch des Umweltrechts (1996), B1 Rdn 102; Schmidt/ Müller Umweltrecht § 3 Rdn 44; Ule in Ule/Laubinger BImSchG § 17 Rdn 9 f.

Ein Anspruch des N (zumindest auf ermessensfehlerfreie Entscheidung) erscheint damit als möglich, die Ablehnung des VA kann N in eigenen Rechten verletzen. Er ist damit klagebefugt nach § 42 Abs. 2 VwGO.

(IV) Das gemäß §§ 68 ff VwGO erforderliche **Vorverfahren** ist durchgeführt.

In **Bayern** entfällt für Entscheidungen nach dem BImSchG das Vorverfahren gem. § 80 Abs. 1 S. 1 Nr 3 VwGO iVm Art 15 Nr 2 Bay AGVwGO (vgl. Verwaltungsreformgesetz vom 26.07.1997, GVBl 1997, 311, 312).

(V) Beklagter ist gemäß § 78 Abs. 1 Nr. 1 VwGO die Stadt bzw. nach § 78 Abs. 1 Nr. 2 VwGO iVm Landesrecht die erlassende Behörde.

Die Klage des N ist damit zulässig. Gemäß § 65 Abs. 2 VwGO ist F notwendig beizuladen.

(B) **Begründetheit**

Die Verpflichtungsklage des N ist gemäß § 113 Abs. 5 S. 1 VwGO begründet, soweit ihm ein **Anspruch** auf Erlaß der nachträglichen Anordnung zusteht. Dieser kann sich nur aus **§ 17 Abs. 1 BImSchG** ergeben.

(I) Nachträgliche Anordnungen können nur ergehen bei **genehmigungsbedürftigen und genehmigten Anlagen** (vgl. „nach Erteilung der Genehmigung").

Die Anlage (§ 3 Abs. 5 Nr. 1 BImSchG) zur Fischölherstellung ist gemäß § 4 BImSchG iVm Nr. 7.16 des Anhangs zur 4. BImSchV genehmigungsbedürftig. Die erforderliche Genehmigung ist auch erteilt worden.

Im Rahmen des § 17 BImSchG muß es sich um eine **genehmigte Anlage** handeln. Fehlt einer genehmigungsbedürftigen Anlage die Erlaubnis, muß die Behörde nach § 20 Abs. 2 BImSchG (Stillegung/Beseitigung) vorgehen.

(II) Weiterhin muß der Anlagenbetreiber eine **Betreiberpflicht verletzen** bzw. es muß die Verletzung einer Pflicht drohen, die sich aus dem BImSchG oder einer darauf gestützten Rechtsverordnung ergibt. Hierunter fallen vor allem die **Grundpflichten des § 5 BImSchG** sowie die Pflichten aufgrund einer nach §§ 7, 49 BImSchG erlassenen RechtsVO.

Beispiele: Nach Genehmigungserteilung stellt sich die bislang unbekannte Gesundheitsschädlichkeit eines Stoffes heraus (§ 5 Abs. 1 Nr. 1 BImSchG). Aufgrund der Weiterentwicklung des Standes der Technik wird der Vorsorgegrundsatz (§ 5 Abs. 1 Nr. 2 BImSchG) nicht mehr eingehalten.

F könnte durch die Freisetzung allergieauslösender Stoffe gegen die Schutzvorschrift des § 5 Abs. 1 Nr. 1 BImSchG verstoßen. Bei den Geruchsstoffen und allergieauslösenden Dämpfen handelt es sich um Emissionen (§ 3 Abs. 3

BImSchG) in Form von Luftverunreinigungen (§ 3 Abs. 4 BImSchG). Sie haben sowohl erhebliche Belästigungen für die Nachbarschaft als auch Gesundheitsgefahren zur Folge und sind damit Immissionen iSd § 3 Abs. 2 BImSchG. Die Luftverunreinigungen sind daher zu verhindernde schädliche Umwelteinwirkungen im Sinne des § 5 Abs. 1 Nr. 1 BImSchG.

Zu unterscheiden sind hiervon die Pflichten nach § 5 Abs. 1 Nr. 2–4 BImSchG. Diese sind nicht drittschützend (s.o. S. 161); die Behörde kann nach Ermessen gemäß § 17 Abs. 1 S. 1 BImSchG ihre Einhaltung durchsetzen. Der Nachbar hat mangels Drittschutz nicht einmal einen Anspruch auf ermessensfehlerfreie Entscheidung.

Welche **Ursache** der Pflichtverstoß hat (Fortschritt der Technik, heranrückende Wohnbebauung etc.), ist unerheblich. Besteht der Pflichtverstoß in einer wesentlichen Änderung der Anlage oder ihres Betriebes, kann keine nachträgliche Anordnung ergehen, sondern es muß eine Änderungsgenehmigung (§ 16 BImSchG) eingeholt werden, damit die Rechte Dritter im Genehmigungsverfahren gewahrt werden. Für unwesentliche Änderungen, d.h. solche, die keine oder nur geringe nachteilige Auswirkungen auf die Schutzgüter des § 1 BImSchG haben, besteht nur eine Anzeigepflicht (§ 15 BImSchG). Dies kann die Behörde dann ggf. zum Anlaß nehmen, nachträgliche Anordnungen nach § 17 Abs. 1 BImSchG zu treffen.

Nicht durchsetzen kann die Behörde mit einer nachträglichen Anordnung die Pflichten aus § 6 Abs. 1 Nr. 2 BImSchG. § 13 BImSchG konzentriert zwar die Genehmigungserteilung, nicht aber deren Vollzug und Überwachung. Insoweit ist auf die Ermächtigung der anderen Gesetze zurückzugreifen (Jarass BImSchG § 17 Rdn 10 mwN).

(III) Die Anordnung muß dem **Bestimmtheitsgebot** genügen. Dazu kann sie das anzuwendende Mittel nennen oder lediglich das zu erreichende Ziel angeben (Jarass BImSchG § 17 Rdn 17). Begrifflich setzt die Anordnung voraus, daß die Anlage weiterbetrieben werden kann. Der Betrieb darf als Ganzes nicht objektiv unmöglich werden. Ist dies der Fall, kommen als Ermächtigungsgrundlage nur die §§ 20, 21 BImSchG in Frage (OVG NW DVBl 1988, 152, 153).

Im übrigen kann Inhalt einer nachträglichen Anordnung alles sein, was zum Gegenstand einer Nebenbestimmung nach § 12 BImSchG gemacht werden kann, zB Beschaffenheit der Anlage, Einschränkung der Betriebszeit, Umstellung der Befeuerung der Anlage, Durchführung regelmäßiger Messungen, Einholung eines Gutachtens über geeignete Abhilfemaßnahmen etc.

(IV) Sind die Voraussetzungen erfüllt, so hat die Behörde nach § 17 Abs. 1 S. 1 BImSchG **Ermessen**. Das Ermessen ist allerdings gemäß § 17 Abs. 1 S. 2 BImSchG eingeschränkt („soll ... Anordnung treffen"), wenn gegen die Schutzpflicht des § 5 Abs. 1 Nr. 1 BImSchG verstoßen wird. Denn liegen keine Umstände vor, die einen Fall als atypisch erscheinen lassen, bedeutet „soll" „muß".

BVerwGE 64, 318, 323; 90, 88, 93; Jarass BImSchG § 17 Rdn 38 mwN.

Zusammengefaßt stehen Vorsorgeanordnungen im freien Ermessen der Behörde (§ 17 Abs. 1 S. 1 BImSchG), während Gefahrenanordnungen (§ 5 Abs. 1 Nr. 1, Abs. 3 Nr. 1 BImSchG) regelmäßig ergehen müssen (§ 17 Abs. 1 S. 2 BImSchG), sofern die schädliche Umwelteinwirkung bzw. die sonstige Gefahr konkret belegbar ist.

F verletzt durch seine Fischöl-Herstellung § 5 Abs. 1 Nr. 1 BImSchG. Hinweise auf eine Atypik der Umstände (zB Einwilligung der Nachbarn; Stillegung steht kurz bevor) gibt es nicht.

(V) Demzufolge ist die Behörde gemäß § 17 Abs. 1 S. 2 BImSchG grds. **verpflichtet**, die nachträgliche Anordnung zu erlassen, wenn nicht § 17 Abse. 2–3 a BImSchG entgegenstehen.

(1) § 17 Abs. 2 S. 1 BImSchG stellt die nachträgliche Anordnung ausdrücklich unter den Vorbehalt der **Verhältnismäßigkeit**. An der Geeignetheit und Erforderlichkeit der Filteranlagen zur Gefahrbeseitigung bestehen keine Zweifel. In Frage steht allein die **Angemessenheit**, die durch § 17 Abs. 2 S. 1, 2. HS BImSchG exemplarisch in ökonomischer Hinsicht **konkretisiert** wird (Kloepfer Umweltrecht § 7 Rdn 96). Dabei sind die Belastungen für den Anlagenbetreiber mit dem angestrebten Erfolg abzuwägen.

Zu berücksichtigen sind dabei insb. einerseits Art, Menge und Gefährlichkeit der von der Anlage ausgehenden Emissionen und der von ihr verursachten Immissionen sowie andererseits die Nutzungsdauer und technische Besonderheiten der Anlage (§ 17 Abs. 2 S. 1, 2. HS BImSchG).

(a) Der Einbau der modernen Filteranlage bedeutet für F einen **erheblichen finanziellen Aufwand**. Eine unmittelbare Existenzgefährdung für den Betrieb oder die mit ihm verbundenen Arbeitsplätze ist jedoch nicht ersichtlich. Das Fischöl kann, wenn auch zeitweise mit reduziertem Ertrag, weiterhin hergestellt werden.

(b) Die Abwägung wird vor allem davon beeinflußt, ob es sich um eine **Anordnung zur Gefahrenabwehr** (§ 5 Abs. 1 Nr. 1 BImSchG) oder zur Vorsorge (§ 5 Abs. 1 Nr. 2 BImSchG) handelt. Anordnungen zur Abwehr konkreter Gesundheitsgefahren sind generell verhältnismäßig, selbst wenn sie im Ergebnis zur Aufgabe des Betriebes aus wirtschaftlichen Gründen führen können

Jarass BImSchG § 17 Rdn 29; Kloepfer Umweltrecht § 7 Rdn 99; Hansmann in Landmann/Rohmer, Umweltrecht I, § 17 Rdn 94; Dolde NVwZ 1986, 873, 882.

Im Gegensatz dazu sind reine **Vorsorgeanordnungen** in der Regel unverhältnismäßig, wenn sich hierdurch die Ertragslage derart verschlechtert, daß eine Betriebsaufgabe unumgänglich wird (Jarass BImSchG § 17 Rdn 29).

Vorliegend geht es in erster Linie um die Abwehr von gesundheitlichen Gefahren für die Nachbarn. Die Durchsetzung der Schutzpflicht rechtfertigt auch schwere finanzielle Belastungen des Anlagebetreibers. Der verursachte Aufwand für F steht damit nicht außer Verhältnis zum angestrebten Erfolg; er ist angemessen.

Ergibt die Prüfung, daß die Anordnung unverhältnismäßig ist, soll die Behörde statt dessen die erteilte Genehmigung unter den Voraussetzungen des § 21 Abs. 1 Nr. 3–5 BImSchG widerrufen (§ 17 Abs. 2 S. 2 BImSchG). Dieser Widerruf löst nach § 21 Abs. 4 BImSchG **Entschädigungsansprüche** aus. Im Gegenschluß dazu bedeutet dies, daß verhältnismäßige nachträgliche Anordnungen keinerlei Ansprüche auslösen. Aus der Regelung des § 17 Abs. 2 S. 2 BImSchG ergibt sich zudem, daß die nachträgliche Anordnung im Verhältnis zum Widerruf das mildere Mittel ist.

(2) Sind Vorsorgemaßnahmen iSd § 5 Abs. 1 Nr. 2 BImSchG durch RechtsVO **abschließend festgelegt**, dürfen durch nachträgliche Anordnungen **keine weitergehenden Anforderungen** zur Vorsorge gegen schädliche Umwelteinwirkungen gestellt werden (§ 17 Abs. 3 BImSchG).

(3) Eine weitere Ermessensbeschränkung enthält § 17 Abs. 3 a BImSchG. Danach „soll" die Behörde von nachträglichen Anordnungen absehen, wenn die Umwelteinwirkungen anderweitig **kompensiert** werden.

§ 17 Abs. 3 a BImSchG ermöglicht aus marktwirtschaftlichen Gründen eine Emissionskompensation: Bei der „begünstigten" Anlage kann auf eine nachträgliche Anordnung verzichtet werden, sofern an einer anderen Anlage (der „belasteten" Anlage) über die gesetzlichen Anforderungen hinaus Emissionen vermieden werden.

(4) Der begehrten nachträglichen Anordnung könnten schließlich die Grundsätze des **Bestandsschutzes** entgegenstehen. Bestandsschutz bezeichnet die durch Art 14 Abs. 1 S. 1 GG gesicherte Rechtsposition, eine einmal genehmigte Anlage auch dann weiterbetreiben zu können, wenn sie infolge einer Rechtsänderung inzwischen materiell rechtswidrig geworden ist (s.o. S. 68 ff u. 80 ff).

Im übrigen garantiert der Bestandsschutz die Sicherung dessen, was durch die Eigentumsausübung geschaffen worden ist. Darunter fällt regelmäßig die Reparatur der Anlage oder die zum Weiterbetrieb nötige Erneuerung einer Teilanlage (BVerwGE 50, 49, 50).

Inhalt und Schranken des Eigentums werden jedoch durch einfache Gesetze bestimmt (Art 14 Abs. 1 S. 2 GG); für den Bestandsschutz kommt es daher auf das BImSchG selbst an. Anders als im Baurecht ist eine immissionsschutzrechtliche Genehmigung hinsichtlich ihres Inhalts durch die dynamischen Betreiberpflichten des § 5 Abs. 1 BImSchG sowie durch die Möglichkeiten der Stillegung, Untersagung, Beseitigung (§ 20 BImSchG) und der nachträglichen Anordnung (§ 17 BImSchG) von vornherein beschränkt. Der Anlagenbetreiber kann daher nicht in schutzwürdiger Weise darauf vertrauen, die Genehmigung unverändert und ohne Rücksicht auf technischen Fortschritt unbegrenzt ausnutzen zu können.

BVerwGE 65, 313, 317; Hoppe/Beckmann, Umweltrecht, § 25 Rdn 93; Schmidt/Müller, Umweltrecht, § 3 Rdn 45; Pache Jura 1996, 648, 652; Röckinghausen UPR 1996, 50, 51; Jarass BImSchG § 5 Rdn 2, § 6 Rdn 26. Umstritten ist allerdings, ob die sich wandelnden Betreiberpflichten stets behördlich zu konkretisieren sind (Sendler WiVerw 1993, 235, 278; Röckinghausen UPR 1996, 50, 52) oder ob der Anlagenbetreiber die veränderten Pflichtigen auch ohne behördliche Anweisung kraft Gesetzes beachten muß (Jarass BImSchG § 5 Rdn 2; Engelhardt/Schlicht BImSchG § 5 Rdn 2).

Auf Bestandsschutz kann F sich mithin nicht berufen.

Ergebnis: Die Behörde ist nach § 17 Abs. 1 S. 2 BImSchG grds. verpflichtet, gegenüber F den Einbau der modernen Filteranlage anzuordnen. Da hiermit die nachbarschützende Schutzpflicht des § 5 Abs. 1 Nr. 1 BImSchG durchgesetzt wird, korrespondiert der behördlichen Handlungspflicht auch ein Anspruch des N. Die Klage des N ist begründet.

Fall 18: Abwandlung zu Fall 17

Auf das die Klage des N stattgebende Urteil des Verwaltungsgerichts erläßt die Behörde die Anordnung an F, die neuen Filteranlagen einzubauen. Dieser weigert sich jedoch, der Anordnung Folge zu leisten, da ihm die finanziellen Mittel fehlen. Die Behörde überlegt, welche Sanktionsmittel ihr zur Verfügung stehen.

(I) Hält F sich nicht an die nachträgliche (betriebsbezogene) Anordnung und ist sie vollziehbar (bestandskräftig oder sofort vollziehbar), kann die Behörde gemäß § 20 Abs. 1 BImSchG den **Betrieb** der Anlage bis zur Erfüllung der Anordnung ganz oder teilweise **untersagen**.

Gleiches gilt für den Verstoß gegen eine Auflage. Gemeint sind aber nur **echte Auflagen** im Sinne des § 12 BImSchG, nicht modifizierende Auflagen oder Inhaltsbestimmungen. Letztere legen die Reichweite der Genehmigung fest und fallen daher unter § 20 Abs. 2 BImSchG: Wird gegen eine Inhaltsbestimmung verstoßen, wird die Anlage illegal betrieben.

Unerheblich ist, ob die (vollziehbare) Auflage dem Immissionsschutz oder der Erfüllung anderer öffentlich-rechtlicher Vorschriften iSd § 6 Abs. 1 Nr. 2 BImSchG dient (Eiermann/Göck JuS 1995, 671, 675; Jarass BImSchG § 20 Rdn 8). Umstritten ist allerdings, ob neben § 20 Abs. 1 BImSchG die **ordnungsbehördliche Generalklausel** anwendbar ist (bejahend: BVerwGE 55, 118, 120 ff; Hansmann in Landmann/Rohmer, Umweltrecht I, § 20 Rdn 14). Gegen deren Anwendbarkeit spricht vor allem das differenzierte Eingriffsinstrumentarium der §§ 17, 20, 21 BImSchG, das bei Verstößen gegen das BImSchG nicht durch den Rückgriff auf die Generalklausel unterlaufen werden darf (Jarass BImSchG § 20 Rdn 2).

(II) Als **ultima ratio** hat die Behörde die Möglichkeit, die erteilte (rechtmäßige) **Genehmigung** unter den Voraussetzungen des § 21 Abs. 1 BImSchG zu **widerrufen**.

§ 21 BImSchG verdrängt § 49 VwVfG (nicht § 48 VwVfG, vgl. „rechtmäßige Genehmigung"). Der Widerruf zielt auf die endgültige Stillegung der Anlage, denn eine genehmigungsbedürftige Anlage ohne Genehmigung ist gemäß § 20 Abs. 2 S. 1 BImSchG regelmäßig stillzulegen.

(1) Der Widerrufsgrund des § 21 Abs. 1 Nr. 2 BImSchG erfaßt nur die Nichterfüllung einer **Auflage** nach § 12 BImSchG, aufgrund des eindeutigen Wortlauts nicht die Nichterfüllung einer **nachträglichen Anordnung** gem. § 17 BImSchG.

Jarass BImSchG § 21 Rdn 8; Hansmann in Landmann/Rohmer I, § 21 Rdn 28 mwN.

(2) In Betracht kommt allenfalls ein Widerruf nach § 21 Abs. 1 Nr. 3 BImSchG.

(a) Eine **Tatsachenänderung** iS der Vorschrift liegt auch vor, wenn sich neue wissenschaftliche Erkenntnisse über die Umweltbelastung bestimmter Stoffe ergeben (Jarass BImSchG § 21 Rdn 11 mwN).

(b) Da hier ein Verstoß gegen die Schutzpflicht nach § 5 Abs. 1 Nr. 1 BImSchG vorliegt, wäre die Behörde berechtigt, die **Genehmigung** nach § 6 Abs. 1 Nr. 1 BImSchG **zu versagen**.

(c) Ohne den Widerruf müßte das **öffentliche Interesse gefährdet** werden. Der Widerruf muß notwendig sein, um einen konkret drohenden Schaden der Allgemeinheit oder an Individualrechtsgütern zu verhindern. Insoweit ist der Erlaß einer nachträglichen Anordnung und deren Durchsetzung (zB nach § 20 Abs. 1 BImSchG) vorrangig. Ein Widerruf scheidet jedenfalls zur Zeit aus.

Soweit die Anlage gegen die Schutzpflicht verstößt, ist § 21 Abs. 1 Nr. 3 iVm §§ 6 Abs. 1 Nr. 1, 5 Abs. 1 Nr. 1 BImSchG nachbarschützend (OVG Münster DVBl 1988, 152, 153; Jarass BImSchG § 21 Rdn 27).

Ein wichtiger Anwendungsfall von § 21 Abs. 1 Nr. 3 BImSchG ist die heranrückende Wohnbebauung. Hierbei ist jedoch zu beachten, daß die Zumutbarkeitsschwelle und damit die Grenze zur Schädlichkeit höher liegen kann, wenn die Wohnnutzung bereits früher eine Vorbelastung aufwies (Jarass BImSchG § 21 Rdn 13 mwN).

Wird die Genehmigung nach § 21 Abs. 1 Nr. 3–5 BImSchG widerrufen, so hat der Betroffene einen **Entschädigungsanspruch** nach § 21 Abs. 4 BImSchG. Der Anspruch ist innerhalb eines Jahres (§ 21 Abs. 4 S. 4 BImSchG) geltend zu machen. Für Streitigkeiten über die Entschädigung ist der ordentliche Rechtsweg gegeben (§ 21 Abs. 6 BImSchG). Der Anspruch geht nur auf den **Vertrauensschaden** (negatives Interesse) und wird durch das positive Interesse begrenzt (vgl. das Berechnungsbeispiel in LG Detmold NVwZ 1989, 291).

(III) Anlagen, die **ohne Genehmigung** oder nicht in der genehmigten Art und Weise betrieben werden, sind **formell illegal**. Um vollendete Tatsachen zu verhindern, **soll** die Behörde solche Anlagen **stillegen** oder **beseitigen** (§ 20 Abs. 2 S. 1 BImSchG). Anders als im Baurecht kommt es nicht auf die materielle Genehmigungsfähigkeit an, sondern die **formelle Rechtswidrigkeit** genügt. § 20 Abs. 2 BImSchG soll verhindern, daß ohne behördliche Prüfung in einem Genehmigungsverfahren vollendete Tatsachen geschaffen werden.

BVerwG NVwZ 1984, 305; Jarass BImSchG § 20 Rdn 23 mwN. Ist die Anlage jedoch offensichtlich **materiell genehmigungsfähig**, kann allerdings ein atypischer Fall vorliegen, der die Stillegungsentscheidung ausnahmsweise ins behördliche Ermessen stellt (BVerwGE 84, 220, 233; Eiermann/Göck JuS 1995, 671, 675).

Rechtsbehelfe eines Dritten gegen die Genehmigung rechtfertigen allein nicht die Stillegung. Die aufschiebende Wirkung (§ 80 Abs. 1 S. 2 VwGO) hindert nicht die Wirksamkeit, sondern nur die Vollziehbarkeit der Genehmigung (BVerwG NVwZ 1992, 570; Engelhardt/Schlicht BImSchG § 20 Rdn 6; aA Hansmann in Landmann/Rohmer, Umweltrecht I, § 20 Rdn 44).

Die Entscheidung zwischen Stillegung und Beseitigung ist nach dem Grundsatz der **Verhältnismäßigkeit** zu treffen. Während § 20 Abs. 2 S. 1 BImSchG der Behörde ein – wenn auch gebundenes („soll") – Ermessen einräumt, ist sie nach § 20 Abs. 2 S. 2 BImSchG zum Erlaß einer Beseitigungsverfügung verpflichtet, wenn anders kein ausreichender Schutz zu gewährleisten ist.

§ 20 Abs. 3 BImSchG enthält eine Sondervorschrift für die Untersagung wegen **Unzuverlässigkeit**. Die Vorschrift ist eigentlich ein Fremdkörper in diesem Teil des BImSchG, da sie personen- und nicht anlagebezogen ist. § 35 GewO findet daneben Anwendung, weil § 20 Abs. 3 BImSchG sich nur auf den Betrieb einer Anlage bezieht, nicht aber allgemein auf eine gewerbliche Betätigung (vgl. AS Skriptum Verwaltungsrecht BT 1 [1997], S. 79).

Die Unzuverlässigkeit nach § 20 Abs. 3 BImSchG erstreckt sich nur auf das BImSchG. Sie liegt vor, wenn nicht gewährleistet ist, daß der Betreiber die Anlage künftig entsprechend den geltenden Vorschriften des BImSchG betreiben wird (Jarass BImSchG § 20 Rdn 31 ff; Hansmann in Landmann/Rohmer, Umweltrecht I, § 20 BImSchG Rdn 55 ff).

Ergebnis:

Die Behörde kann die nachträgliche Anordnung (§ 17 BImSchG) mit den Mitteln des (allgemeinen) Verwaltungszwangs durchsetzen (insb. Zwangsgeld, Ersatzvornahme). Außerdem kann sie gemäß § 20 Abs. 1 BImSchG die Fischölherstellung bis zur Erfüllung der Anordnung untersagen. Stillegung, Beseitigung oder Widerruf der Genehmigung kommen derzeit (noch) nicht in Betracht.

– – –

Behördliches Instrumentarium bei genehmigungsbedürftigen Anlagen

- Anlage iSd § 3 Abs. 5 BImSchG
- im Anhang zur 4. BImSchV aufgeführt

Genehmigung, § 6 BImSchG

- **Genehmigungsvoraussetzungen**, § 6 BImSchG
  - immissionsschutzrechtlich:
    - Betreiberpflichten, § 5
    - sonstige Pflichten, § 7 iVm RechtsVO
  - andere öffentlich-rechtliche Vorschriften stehen nicht entgegen
- **Rechtsfolgen**
  - gebundene Entscheidung
  - Nebenbestimmungen, § 12 BImSchG
  - Konzentrationswirkung, § 13 BImSchG
  - nur im förmlichen Verfahren:
    - materieller ör Einwendungsverlust, § 10 Abs. 3 S. 3 BImSchG
    - privatrechtlicher Anspruchsverlust, § 14 BImSchG

nachträgliche Anordnungen, § 17 BImschG

- **Voraussetzungen**
  - genehmigte Anlage
  - Verstoß gegen Betreiberpflichten
    - nach BImSchG, insb. Betreiberpflichten nach § 5 BImSchG
    - oder RechtsVO
- **Rechtsfolgen**
  - grds. **Ermessen** (§ 17 Abs. 1 S. 1)
  - Ausn.: „soll" (§ 17 Abs. 1 S. 2)
  - **Einschränkungen:**
    - Verhältnismäßigkeit, § 17 Abs. 2
    - abschließende Festlegung durch RechtsVO, § 17 Abs. 3
    - anderweitige Kompensation, § 17 Abs. 3 a

↓

Aufhebung der Genehmigung

- **Widerruf einer rechtmäßigen Genehmigung, § 21 BImSchG**
  - Widerrufsgrund nach § 21 Abs. 1
  - Rechtsfolge: Ermessen
  - ggf. Entschädigung, § 21 Abs. 4
- **Rücknahme einer rechtswidrigen Genehmigung, § 48 VwVfG**

(vorläufige) Untersagung, § 20 Abs. 1 BImSchG

- **Voraussetzungen**
  - vollziehbare nachträgliche Anordnung oder Auflage nicht erfüllt
  - Verstoß gegen abschließend bestimmte Pflicht nach § 7 iVm RechtsVO
  - betr. Beschaffenheit, Betrieb der Anlage
- **Rechtsfolge: Ermessen** (§ 20 Abs. 1)

↓

Stillegung, § 20 Abs. 2 BImSchG | Beseitigung, § 20 Abs. 2 BImSchG

- **Voraussetzung**

  Betrieb einer genehmigungsbedürftigen Anlage ohne Genehmigung (formelle Illegalität)
- **Rechtsfolge:**
  - gebundenes Ermessen („soll"), § 20 Abs. 2 S. 1 BImSchG
  - Pflicht zum Erlaß einer Beseitigungsanordnung, wenn anders kein ausreichender Schutz (§ 20 Abs. 2 S. 2 BImSchG)

2.2 Nicht genehmigungsbedürftige Anlagen

Ist die Anlage nicht im Anhang zur 4. BImSchV aufgeführt, so unterfällt sie nicht der Genehmigungspflicht nach § 4 Abs. 1 BImSchG, der Betreiber muß aber gleichwohl bestimmte **Grundpflichten** erfüllen (§§ 22, 23 BImSchG). Diese Pflichten können durch **Anordnungen** im Einzelfall (§ 24 BImSchG) und als ultima ratio mittels **Untersagung** (§ 25 BImSchG) durchgesetzt werden.

Nach § 23 Abs. 1 a BImSchG kann für bestimmte nicht genehmigungsbedürftige Anlagen durch RechtsVO vorgeschrieben werden, daß auf **Antrag des Vorhabenträgers** ein Genehmigungsverfahren durchzuführen ist. In diesem Fall gelten für die Anlage die Vorschriften über genehmigungsbedürftige Anlagen. Diese durch Gesetz vom 09.10.1996 (BGBl I 1996, 1498) eingeführte Regelung legt die Entscheidung über die Durchführung eines Genehmigungsverfahrens und über die Anwendung der materiellen Vorschriften damit in die Hand des Antragstellers. Ziel der Gesetzesänderung ist es, einen Teil der jetzt noch genehmigungsbedürftigen Anlagen aus Spalte 2 des Anhangs zur 4. BImSchV zu streichen und gem. § 23 Abs. 1 Nr. 4 BImSchG nur noch eine Anzeigepflicht vorzusehen (vgl. Hansmann NVwZ 1997, 105, 109; kritisch dazu Knitsch ZUR 1996, 247).

Im übrigen ist die Anlage **nur** von der **immissionsrechtlichen Genehmigungspflicht** freigestellt. Nach anderen Vorschriften erforderliche Genehmigungen, Erlaubnisse etc. (zB eine Baugenehmigung) bleiben davon unberührt.

Beispiel: Ist die immissionsrechtlich nicht genehmigungsbedürftige Anlage nach der LBauO baugenehmigungspflichtig, so darf sie nur errichtet und betrieben werden, wenn die erforderliche Baugenehmigung vorliegt. Die Baugenehmigung ist zu erteilen, wenn dem Vorhaben „öffentlich-rechtliche" Vorschriften nicht entgegenstehen. Zu den öffentlich-rechtlichen Vorschriften gehören auch die §§ 22, 23 BImSchG.

2.2.1 Überwachung nicht genehmigungsbedürftiger Anlagen

Fall 19: Lärm um Mitternacht

T betreibt im unbeplanten Innenbereich der Stadt S eine Tankstelle. Er öffnet um 5 Uhr und schließt um 24 Uhr. Nachbar N, dessen Schlafzimmerfenster zur Tankstelle weist, fühlt sich von den frühmorgens und nachts verkehrenden Fahrzeugen erheblich gestört. Er verlangt von der zuständigen Behörde, den Tankstellenbetrieb in der Zeit von 22 bis 6 Uhr zu untersagen. Zutreffend trägt er vor, daß an seinem Schlafzimmerfenster die Richtwerte der TA Lärm durch Hupen, Türenschlagen und quietschende Bremsen in den beanstandeten Zeiten überschritten werden. Dies führe bei ihm zu Schlafstörungen und damit zu Gesundheitsbeeinträchtigungen.
T weist bei der Anhörung durch die Behörde unter anderem darauf hin, daß das Schlafzimmerfenster des N baurechtlich weder genehmigt noch genehmigungsfähig ist. Die Behörde lehnt daraufhin den Erlaß der von N begehrten Verfügung ab. Im Widerspruchsverfahren begründet sie ihre Entscheidung gegenüber N damit, daß der Betrieb des T baurechtlich genehmigt sei. Im Rahmen des von ihr auszuübenden Ermessens habe sie zudem berücksichtigt, daß T bei einer Betriebseinschränkung empfindliche Einkommenseinbußen würde hinnehmen müssen. Außerdem sei N der einzige Nachbar, der sich gestört fühle. Er könne auf dem Zivilrechtsweg gegen T vorgehen. Hat die von N daraufhin vor dem Verwaltungsgericht erhobene Klage Erfolg?

Auszug aus dem Landesimmissionsschutzgesetz (LImSchG):

§ 9

(1) Von 22 bis 6 Uhr sind Betätigungen verboten, welche die Nachtruhe zu stören geeignet sind.

(2) Das Verbot nach Abs. 1 gilt nicht für den Betrieb von Anlagen, die aufgrund einer Genehmigung nach dem Bundes-Immissionsschutzgesetz betrieben werden.

§ 15 Die zuständigen Behörden können anordnen, daß Zustände beseitigt werden, die diesem Gesetz oder den auf Grund dieses Gesetzes erlassenen Rechtsvorschriften widersprechen.

Die Klage des N hat Erfolg, soweit sie zulässig und begründet ist.

(A) **Zulässigkeit der Klage**

(I) Die Klage des N ist auf die Verpflichtung der Behörde zum Erlaß einer Anordnung nach dem öffentlichen Immissionsschutzrecht gerichtet und damit als **Verpflichtungsklage** (§ 42 Abs. 1 VwGO) vor dem **Verwaltungsgericht** (§ 40 Abs. 1 S. 1 VwGO) statthaft.

(II) N ist gemäß § 42 Abs. 2 VwGO **klagebefugt**, wenn die Möglichkeit besteht, daß ihn die Ablehnung des begehrten VA in seinen Rechten verletzt. Dies ist der Fall, wenn er geltend machen kann, daß er einen Anspruch auf die beantragte Anordnung hat. Anspruchsgrundlage nur die behördliche Ermächtigungsgrundlage sein, allerdings nur, wenn sie auch dem Schutz des Nachbarn zu dienen bestimmt ist (Schutznormtheorie). In Betracht kommen hier die §§ 24, 25 BImSchG, da es sich bei der Tankstelle nicht um eine Anlage handelt, die im Anhang der 4. BImSchV aufgeführt und daher gemäß § 4 Abs. 1 S. 3 BImSchG auch nicht genehmigungsbedürftig ist.

(1) **§ 25 Abs. 2 BImSchG** erwähnt ausdrücklich die Nachbarschaft, ist also drittschützend, soweit die Untersagung auch dem Schutz des Nachbarn dient.

Hansmann in Landmann/Rohmer, Umweltrecht I, § 25 Rdn 38; Eiermann/Göck JuS 1995, 671, 675.

(2) **§ 24 S. 1 BImSchG** hat unmittelbar keine nachbarschützende Funktion. Er erlangt jedoch mittelbar nachbarschützende Wirkung, soweit der Dritte geltend macht, die Anordnung sei erforderlich, um der Verletzung von Vorschriften abzuhelfen, die **ihrerseits drittschützend** sind. Solche sind etwa § 22 Abs. 1 S. 1 Nr. 1 u. 2 BImSchG in Verbindung mit der nachbarbezogenen Legaldefinition der schädlichen Umwelteinwirkungen in § 3 Abs. 1 BImSchG.

BVerwGE 79, 254, 257; 74, 315, 327; OVG Berlin NVwZ 1996, 926; Hansmann in Landmann/Rohmer, Umweltrecht I, § 24 Rdn 37; Jarass BImSchG § 22 Rdn 46, § 24 Rdn 20. Vgl. auch BGH DVBl 1997, 424: Wegen der drittschützenden Wirkung des § 22 Abs. 1 S. 1 Nr. 1 u. 2 BImSchG handelt es sich um Schutzgesetze iSd § 823 Abs. 2 BGB.

Da N geltend machen kann, der Tankstellenbetrieb beeinträchtige seine Gesundheit und verstoße damit gegen § 22 Abs. 1 S. 1 Nr. 1 u. 2 iVm § 3 Abs. 1 BImSchG, ist er klagebefugt.

(III) Das **Widerspruchsverfahren** (§ 68 Abs. 2 VwGO) hat N erfolglos durchgeführt. Somit ist seine Klage zulässig.

(B) **Begründetheit der Klage**

Die Klage des N ist begründet, soweit die Ablehnung der Verfügung rechtswidrig und N dadurch in seinen Rechten verletzt ist, § 113 Abs. 5 S. 1 VwGO. Das ist der Fall, wenn N einen **Anspruch** auf Erlaß des begehrten VA hat.

(I) Einer einschränkenden Verfügung in bezug auf den Tankstellenbetrieb könnte entgegenstehen, daß der Betrieb **baurechtlich genehmigt** ist. Die **Betreiberpflichten** für (immissionsschutzrechtlich) nicht genehmigungsbedürftige Anlagen sind jedoch, wie bei genehmigungsbedürftigen Anlagen (dazu oben S. 163) **dynamisch**. Es handelt sich um Dauerpflichten, die nicht nur bei der Errichtung der Anlage, sondern während der gesamten Dauer des Betriebes beachtet werden müssen.

Der (baurechtliche) Bestandsschutz einer baurechtlich genehmigten Anlage wird daher durch die §§ 22 bis 25 BImSchG eingeschränkt. Sofern die Baugenehmigung die Immissionen nicht ausdrücklich legalisiert, steht sie einer Maßnahme nach dem BImSchG nicht entgegen.

BVerwG NVwZ 1989, 257; DVBl 1988, 541; Jarass BImSchG § 22 Rdn 33; Engelhardt/Schlicht BImSchG § 24 Rdn 7; Kloepfer Umweltrecht § 7 Rdn 114. Dies gilt selbst dann, wenn es möglich gewesen wäre, bereits im Rahmen der Baugenehmigung eine entsprechende Auflage zu erteilen (BVerwG NJW 1993, 342, 344).

(II) Als **Anspruchsgrundlage** kommt § 24 S. 1 iVm § 22 Abs. 1 S. 1 Nr. 1, 2 BImSchG sowie § 25 Abs. 2 BImSchG in Betracht.

(1) Nach § 24 S. 1 BImSchG kann die Behörde im Einzelfall die zur Durchführung des § 22 und der auf § 23 BImSchG gestützten RechtsVOen erforderliche **Anordnungen** treffen.

Kommt der Betreiber der Anordnung nicht nach, so kann die zuständige Behörde gem. § 25 Abs. 1 BImSchG den Betrieb der Anlage ganz oder teilweise bis zur Erfüllung der Anordnung **untersagen**.

Eine Anordnung nach § 24 S. 1 BImSchG ist **anlagebezogen** und geht daher auf den Rechtsnachfolger über (VGH Kassel NVwZ-RR 1993, 22; Jarass BImSchG § 24 Rdn 18). Sie wird mit Mitteln des Verwaltungszwangs oder durch zeitweilige Untersagung des Betriebs nach § 25 Abs. 1 BImSchG durchgesetzt. Daher hat § 25 Abs. 1 BImSchG vorwiegend Sanktionscharakter.

(2) Nach § 25 Abs. 2 BImSchG soll die Behörde die Errichtung oder den Betrieb der Anlage ganz oder teilweise untersagen,

- wenn die von der Anlage hervorgerufenen **schädlichen Umwelteinwirkungen**
- das **Leben** oder die **Gesundheit** von Menschen oder **bedeutende Sachwerte gefährden**,
- soweit die Allgemeinheit oder die Nachbarschaft **nicht auf andere Weise** ausreichend geschützt werden kann.

Anders als § 25 Abs. 1 ist § 25 Abs. 2 BImSchG eine eigenständige Untersagungsermächtigung, auf die unter anderem auch ein Errichtungsverbot gestützt werden kann. Für eine Beseitigungsverfügung muß jedoch auf andere Rechtsgrundlagen – vorwiegend aus dem Bauordnungsrecht – zurückgegriffen werden.

Ist eine Untersagungsverfügung ausnahmsweise unverhältnismäßig (zB wegen Art 14 GG) muß sie grds. unterbleiben, es sei denn, es wird als Ausgleich eine Entschädigung analog § 21 Abs. 4 BImSchG gewährt (dazu Jarass BImSchG § 25 Rdn 10; Schenke in Steiner II Rdn 162; Zitzelsberger GewArch 1990, 271, 272).

(3) Die hier begehrte Betriebszeitverkürzung läßt sich begrifflich sowohl als Anordnung nach § 24 S. 1 BImSchG als auch als teilweise Untersagung iSd § 25 Abs. 2 BImSchG fassen. Damit stellt sich die Frage, in welchem **Verhältnis** die beiden Normen zueinander stehen. Nach Auffassung des BVerwG ist hierbei nicht nach der Rechtsfolge, also der Art der Maßnahme (Anordnung im Einzelfall – Untersagung) zu differenzieren, sondern nach dem Gefährdungsgrad. § 25 Abs. 2 BImSchG soll nicht die Kompetenz der Behörde zur (Teil-)Stillegung nach § 24 BImSchG einschränken, sondern die Behörde zum Einschreiten verpflichten („soll"). Eine (teilweise) Betriebsuntersagung, wie auch eine andere minderschwere Maßnahme, kann damit – je nach dem Gefährdungsgrad – auf der Grundlage des § 25 Abs. 2 BImSchG oder des § 24 S. 1 BImSchG ergehen.

BVerwG NJW 1993, 342, 342: „§ 25 Abs. 2 BImSchG ... sieht für diesen Fall als Regelsanktion die Betriebsuntersagung vor, wenn auf andere Weise ein ausreichender Schutz nicht gewährleistet werden kann. Soweit Maßnahmen unterhalb der Schwelle der Betriebsuntersagung ausreichen, *soll* die Behörde nach § 25 Abs. 2 BImSchG folglich ebenfalls einschreiten. ... Bei Gesundheitsgefahren ist das Ermessen zum Einschreiten stets eingeschränkt." Ebenso schon BVerwG NJW 1989, 1291, 1294.

Durch den von der Tankstelle ausgehenden Lärm wird die Gesundheit des N durch Schlafstörungen gefährdet. Damit kommt wegen des Gefährdungsgrades als Anspruchsgrundlage **§ 25 Abs. 2 BImSchG** in Betracht.

Liegen dessen Tatbestandsvoraussetzungen vor, ist das Ermessen der Behörde dahingehend reduziert, daß sie den begehrten VA erlassen muß, sofern nicht atypische Umstände erkennbar sind („soll ... untersagen"; vgl. oben Fall 17).

Eine umfassende Ermessensbetätigung ist nur im Rahmen des § 24 S. 1 BImSchG möglich. Zulässige ermessensleitende Gründe können hier die finanziellen Folgen der begehrten Verfügung sowie der Verweis auf die Rechtsschutzmöglichkeit durch Zivilgerichte sein (Schmidt/Müller Umweltrecht § 3 Rdn 59).

(4) Es müßten die **Voraussetzungen** des § 25 Abs. 2 BImSchG erfüllt sein.

(a) Bei der Tankstelle muß es sich um eine **nicht genehmigungsbedürftige Anlage** handeln (vgl. Überschrift vor § 22 BImSchG). Als Betriebsstätte ist die Tankstelle eine **Anlage** im Sinne des § 3 Abs. 5 Nr. 1 BImSchG. Sie findet sich nicht im Anhang der 4. BImSchV und ist daher gemäß § 4 Abs. 1 S. 3 BImSchG auch **nicht genehmigungsbedürftig**.

Weitere Beispiele für nicht genehmigungsbedürftige Anlagen: Sportplätze, Kinderspielplätze, Schulhöfe, Kirchenglocken, Kirchturmuhr, Feuersirenen, Gaststätten, Diskotheken, Biergärten, Getränkeautomaten, Baustellen, Baumaschinen, Grillplätze, Gartengrillgeräte, Kamine, Rasenmäher, Kegelbahnen, Kfz-Stellplätze, Tiefgaragen, Feuerungsanlagen, Speditionen, Schrottplätze, Zirkusveranstaltungen, Altglas- und Altpapiercontainer.

Zu den nicht genehmigungsbedürftigen Anlagen zählen auch solche, die elektromagnetische Felder verursachen (**„Elektro-Smog"**), beispielsweise Mobilfunkanlagen oder Hochspannungsleitungen. Während bislang umstritten war, ab welchem Grenzwert schädliche Umwelteinwirkungen iSd § 3 Abs. 1 BImSchG vorliegen, wird dies nunmehr durch die 26. BImSchV (BGBl I 1996, 1966) verbindlich festgelegt (VGH Mannheim NVwZ 1998, 416, 418; BayVGH NVw/ 1998, 419, 420; VG Schleswig NVwZ 1998, 434; differenzierend Kirchberg NVwZ 1998, 375 ff).

Der Elektro-Smog hat zwar quantitativ die Verwaltungsgerichte in der Vergangenheit viel beschäftigt, es ging aber stets nur um die tatrichterliche Frage, ob schädliche Umwelteinwirkungen vorliegen. Diese Zweifel beseitigt ganz überwiegend die 26. BImSchV. Die vorhergehenden Entscheidungen sind daher überholt (vgl. zB BVerwG DVBl 1996, 682 ff; VGH Mannheim NVwZ 1997, 704 f; OVG Lüneburg NVwZ 1995, 917; vgl. auch BVerfG NJW 1997, 2509). Ansonsten treten gegenüber anderen genehmigungsfreien Anlagen keine Besonderheiten auf. Zur Neuregelung vgl. ausführlich Kremser DVBl 1997, 1360 ff.

(aa) Für nicht genehmigungsbedürftige Anlagen gilt vor allem **§ 22 Abs. 1 BImSchG**, der ebenso wie § 5 BImSchG dynamische **Betreiberpflichten** aufstellt. Danach müssen genehmigungsbedürftige Anlagen so errichtet und betrieben werden, daß

- **schädliche Umwelteinwirkungen verhindert** werden, die nach dem Stand der Technik **vermeidbar** sind,
- nach dem Stand der Technik **unvermeidbare schädliche Umwelteinwirkungen** auf ein Mindestmaß **beschränkt** werden und
- die beim Betrieb der Anlagen entstehenden **Abfälle ordnungsgemäß beseitigt** werden können.

Vorsorgepflichten werden – anders als im Rahmen des § 5 Abs. 1 Nr. 2 BImSchG – durch § 22 BImSchG nicht begründet.

OVG Lüneburg DVBl 1994, 297, 298; NVwZ 1985, 434, 435; BayVGH NVwZ 1988, 175; Jarass BImSchG § 22 Rdn 19 mwN.

(bb) Darüber hinaus ermächtigt **§ 23 Abs. 1 BImSchG** die Bundesregierung und – soweit sie von der Ermächtigung keinen Gebrauch macht – die Landesregierungen (§ 23 Abs. 2 BImSchG), durch RechtsVO vorzuschreiben, daß die Errichtung, die Beschaffenheit und der Betrieb nicht genehmigungsbedürftiger Anlagen bestimmten Anforderungen zum Schutz der Allgemeinheit und der Nachbarschaft vor schädlichen Umwelteinwirkungen genügen müssen. Anders als im Rahmen des § 22 Abs. 1 BImSchG sind nach § 23 BImSchG ausdrücklich auch Anforderungen für **Vorsorgemaßnahmen** zulässig.

Auf der Grundlage des § 23 Abs. 1 BImSchG sind zB erlassen worden: VO für Kleinfeuerungsanlagen (zB Kamine, § 1 BImSchV), die RasenmäherlärmVO (8. BImSchV), SportanlagenlärmschutzVO (18. BImSchV), VO über elektromagnetische Felder (26. BImSchV), VO über Anlagen zur Feuerbestattung (27. BImSchV).

(b) Voraussetzung des § 25 Abs. 2 BImSchG ist, daß von der Anlage **schädliche Umwelteinwirkungen** hervorgerufen werden. Die von dem Tankstellenbetrieb ausgehenden Geräusche sind auf N einwirkende **Immissionen** iSd § 3 Abs. 2 BImSchG. Zwar geht der Lärm unmittelbar von Kraftfahrzeugen aus, aber unabhängig von der für diese geltenden Spezialregelung des § 38 BImSchG sind die Geräusche der Betriebsstätte zuzurechnen, in deren funktionalem Zusammenhang sie stehen. Das ist vorliegend die Tankstelle.

Vgl. VGH Kassel NVwZ 1993, 1004, 1005; OVG NW GewArch 1978, 393; Engelhardt/Schlicht BImSchG § 22 Rdn 1. Vgl. auch BVerwG DVBl 1996, 1192, 1195: Dem Betrieb einer Gaststätte ist auch der durch Gäste auf dem Weg von und zu der Gaststätte verursachte Lärm zuzurechnen. Dazu gehört auch der Verkehrslärm, solange die Gäste nicht mehr bzw. noch nicht in den allgemeinen Straßenverkehr eingegliedert sind (zB Parksuchverkehr oder Verlassen des Gaststättenparkplatzes).

(aa) Bei der Frage, ob Immissionen als schädliche Umwelteinwirkungen iSd § 3 Abs. 1 BImSchG zu qualifizieren sind, bestehen teilweise ausdrückliche **normative Festlegungen** der Zumutbarkeitsschwelle (zB die 18. BImSchV – SportanlagenlärmschutzVO). Im übrigen kann nach hM auch bei nicht genehmigungsbedürftigen Anlagen auf die Werte der **Technischen Anleitungen** zurückgegriffen werden. Zwar betreffen die TAen an sich nur genehmigungsbedürftige Anlagen im Sinne von § 4 BImSchG. Die in ihr niedergelegten Ermittlungs- und Bewertungsgrundsätze sind aber – bei Immissionen vergleichbarer Art – auch für Geräusche nicht genehmigungsbedürftiger Anlagen zumindest als **Indiz** bedeutsam.

Grundlegend BVerwG NJW 1993, 342; DVBl 1992, 1234, 1235; allerdings keine starre Anwendbarkeit: BVerwG NVwZ 1996, 1001, 1002; BVerwGE 81, 197, 203; OVG Koblenz NVwZ 1989, 275; Haaß Jura 1993, 302, 306; einschränkend Vieweg/Röthel DVBl 1996, 1171, 1174.

Privaten Regelwerke (wie VDI-Richtlinien oder DIN-Normen) kann dagegen kaum mehr als ein „grober Anhalt" beigemessen werden (BVerwGE 81, 179, 202; 88, 143, 148; BayVGH NVwZ 1993, 1006, 1007 „Orientierungsrahmen"; BayVGH NJW 1997, 1181, 1182 für die „Hinweise zur Beurteilung von Freizeitlärm" (abgedruckt in NVwZ 1988, 135).

Die Vergleichbarkeit ist jedenfalls dann gegeben, wenn es sich – wie bei Tankstellenlärm – um **gewerbliche** Geräuschentwicklung handelt. Da die Richtwerte der TA Lärm täglich mehrfach überschritten werden, sind die von der Tankstelle verursachten Immissionen als erheblich und damit grundsätzlich als **schädliche Umwelteinwirkungen** (§ 3 Abs. 1 BImSchG) einzustufen.

(bb) Ruhestörender Lärm zur Nachtzeit ist grds. auch geeignet, die betroffenen Nachbarn nicht nur zu belästigen, sondern auch in ihrer **Gesundheit** iSd § 25 Abs. 2 BImSchG zu **gefährden** (OVG Koblenz NVwZ 1989, 275, 276).

(cc) Die Voraussetzungen für ein behördliches Einschreiten wären danach an sich erfüllt. Fraglich ist jedoch, ob sich daraus für N ein Anspruch ableiten läßt, da das Fenster, durch das die Geräusche eindringen, **baurechtlich** weder genehmigt noch genehmigungsfähig ist. Denn eine baurechtswidrige Nutzung ist gegenüber Immissionen einer in der Nachbarschaft rechtmäßig betriebenen Anlage – die Tankstelle ist baurechtlich zulässig – grds. nicht schutzwürdig.

BVerwG NJW 1993, 342, 343; DVBl 1992, 1170, 1171 f.

Das gilt nicht nur, wenn die Nutzung insgesamt nicht genehmigt ist, sondern auch, wenn die Immissionen, wie hier, die Wohnräume nur durch ein ungenehmigtes und auch nicht genehmigungsfähiges Fenster erreichen. In diesem Fall sind die eindringenden Geräusche keine schädlichen Umwelteinwirkungen im Sinne des § 3 Abs. 1 BImSchG, so daß bereits die **tatbestandlichen Voraussetzungen** der Eingriffsnorm **entfallen** (BVerwG NJW 1993, 342, 343).

(c) Die durch das baurechtswidrige Fenster eindringenden Geräusche sind daher keine schädlichen Umwelteinwirkungen, so daß sich aus § 25 Abs. 2 BImSchG kein Anspruch des N ergibt.

(III) Aus dem gleichen Grund ist auch der Rückgriff auf die allgemeine Vorschrift des **§ 24 S. 1 BImSchG** versperrt, da dieser der Durchsetzung der Pflichten des § 22 BImSchG dient, welche ihrerseits **schädliche Umwelteinwirkungen** voraussetzen (§ 22 Abs. 1 S. 1 Nr. 1 u. 2 BImSchG).

Andere Vorschriften als § 22 BImSchG – mit Ausnahme der auf § 23 BImSchG beruhenden Rechtsverordnungen – können mit Anordnungen nach § 24 S. 1 BImSchG nicht durchgesetzt werden. In Frage kommt allenfalls eine analoge Anwendung (Jarass BImSchG § 24 Rdn 6; Hansmann in Landmann/Rohmer, Umweltrecht I, § 24 Rdn 14).

(IV) Der Anspruch des N könnte sich jedoch aus **§ 15 iVm § 9 Abs. 1 LImSchG** ergeben, der generell Betätigungen verbietet, welche die Nachtruhe zu stören geeignet sind.

Da die Lärmschutzvorschriften drittschützend sind (OVG Münster NVwZ 1988, 178; Boiserée/Oels/Hansmann/Schmitt, Immissionsschutzrecht, § 9 NWImSchG Erl. 1.1) könnte aus ihnen in Verbindung mit der Eingriffsermächtigung auch ein Anspruch auf Erlaß der begehrten Beschränkungsverfügung folgen.

(1) Fraglich ist jedoch, ob der **Rückgriff** auf das LImSchG überhaupt **zulässig** ist. Wegen der strengen Anforderungen des § 25 BImSchG könnte die Regelung – ggf. iVm § 24 BImSchG – abschließend sein.

(a) Im Verhältnis zum Landesrecht gilt der Grundsatz, daß Bundesrecht, also das BImSchG, das jeweilige Landesrecht, also das LImSchG, verdrängt (Art 31 GG).

(b) Eine Ausnahme könnte sich jedoch aus **§ 22 Abs. 2 BImSchG** ergeben, sofern unter die dort genannten „weitergehenden" öffentlich-rechtlichen Vorschriften auch das LImSchG fällt. Damit hängt die weitere Frage zusammen, ob die Länder aufgrund dieser Vorschrift auch **anlagebezogenen Immissionsschutz** regeln dürfen.

(aa) Teilweise wird angenommen, § 22 Abs. 2 BImSchG stelle lediglich klar, daß andere **bundesrechtliche** Vorschriften von § 22 Abs. 1 BImSchG nicht berührt werden. So könnten sich Begrenzungen zB aus dem BauGB iVm der BauNVO ergeben, ebenso ist das Gewerberecht uneingeschränkt neben den §§ 22 ff BImSchG anwendbar (vgl. zB § 5 Abs. 1 Nr. 3 GaststG).

Die Regelungskompetenz der Länder bezieht sich nach dieser Auffassung grds. nur auf **verhaltensbezogenene Immissionen.** Bei immissionsrechtlichen **Anlagen** iSd § 3 Abs. 5 BImSchG seien die Länder nur im Rahmen des § 23 Abs. 2 BImSchG ermächtigt, **weitergehende Vorschriften** zu erlassen.

VGH Mannheim DÖV 1997, 646; BayVGH GewArch 1986, 69, 70; Henkel, Der Anlagenbegriff des BImSchG (1989), S. 20 ff.; Martens DVBl 1981, 597, 607; Schmidt/Müller, Umweltrecht, § 3 Rdn 62; Sellner/Löwer WiVerw 1980, 221, 227.

(bb) Nach hM soll § 22 Abs. 2 BImSchG dagegen auch dem Landesgesetzgeber die Möglichkeit geben, allgemein **weitergehende, also strengere Regelungen** zu erlassen.

BayObLG UPR 1997, 336 f; OVG NW DVBl 1979, 317, 318 f; im Ergebnis auch OVG Koblenz DÖV 1989, 778; Hansmann in Landmann/Rohmer, Umweltrecht I, vor § 22 BImSchG Rdn 31–33; Hoppe/Beckmann Umweltrecht § 26 Rdn 28; Ule in Ule/Laubinger BImSchG § 22 Rdn 8; Pestlozza WiVerw 1984, 245, 256 ff; Boisserée/Oels/Hansmann/Schmitt, Immissionsschutzrecht (3. Aufl.), B II 1.1 Vorb zum NW ImSchG Erl. 2 a.E.; Jarass BImSchG § 22 Rdn 14; Engelhardt/Schlicht BImSchG § 22 Rdn 10.

Das BImSchG ist danach nur insoweit abschließend, als die Länder die in § 22 Abs. 1 BImSchG bestimmten **Grundpflichten nicht verringern** dürfen (Mindeststandard). Im übrigen fehle aber den §§ 22 ff BImSchG der abschließende Charakter. Deshalb können zB die Länder den in § 25 Abs. 2 BImSchG vorausgesetzten Gefahrenbegriff konkretisieren, vor allem durch das Verbot ruhestörenden Lärms zur Nachtzeit. Diese Regelungen gehen schon deshalb über § 22 Abs. 1 BImSchG hinaus, weil sie sich nicht auf das nach dem Stand der Technik Vermeidbare beschränken. Ihre Rechtsgrundlage finden sie damit nicht in § 23 Abs. 2 BImSchG, sondern unmittelbar im Landesrecht.

Dennoch läuft § 23 Abs. 2 BImSchG nicht leer. Denn die ansonsten umfassende Befugnis der Länder zum Erlaß weitergehender Vorschriften erfährt durch ihn insofern eine Einschränkung, als diese Befugnis erlischt, soweit der Bund von seiner Verordnungsermächtigung gem. § 23 Abs. 1 BImSchG abschließend Gebrauch gemacht hat (so Kutscheidt NVwZ 1983, 65, 69 f).

Dafür spricht, daß § 22 Abs. 2 BImSchG nicht nach bundes- oder landesrechtlichen Regelungen differenziert. Mit der hM ist daher grds. von einer unbeschränkten Länderkompetenz für **Verschärfungen** auch des anlagebezogenen Immissionsschutzes auszugehen. Eine Ausnahme gilt nur dann, wenn der Bund von seiner Verordnungsermächtigung in § 23 Abs. 1 BImSchG Gebrauch gemacht hat.

Während im Rahmen des § 22 Abs. 1 BImSchG anerkannt ist, daß der Landesgesetzgeber den dort geregelten **„Mindeststandard“ nicht unterschreiten** darf, ist dies für die Verordnungsermächtigung in § 23 BImSchG nicht eindeutig.

Beispiel: Die Bayerische Biergarten-NutzungszeitenVO (GVBl 1995, 311) gibt vor, daß zu bestimmten Zeiten von Biergärten generell keine schädlichen Umwelteinwirkungen iSd BImSchG ausgehen (vgl. zuvor BayVGH NVwZ 1995, 1021). Da das GaststG in §§ 4 Abs. 1 Nr. 3, 5 Abs. 1 Nr. 3 ausdrücklich auf schädliche Umwelteinwirkungen iSd BImSchG Bezug nimmt, schließt das GaststG die Anwendung der §§ 22 ff BImSchG auf Gaststätten nicht aus (BVerwG DVBl 1996, 1201, 1202; BayVGH NVwZ 1996, 483; aA Jahn JuS 1996, 976, 978; Vieweg/Röthel DVBl 1996, 1171, 1177 mwN).

Nach Auffassung des BayVGH (NVwZ 1996, 483) können auf § 23 BImSchG gestützte Verordnungen auch **hinter dem Mindestschutz** des § 22 BImSchG zurückbleiben. Danach ist der Verordnungsgeber berechtigt, auf der Grundlage des § 23 BImSchG das Schutzniveau – hier zum Nachteil der vom Biergartenlärm nachteilig betroffenen Nachbarn – abzusenken, wenn dies auf einer „gerechten Abwägung" der betroffenen Interessen beruht (ebenso Bay VGH, Beschl. v. 07.08.1997 – 22 N 95.2532 u.a.).

Dagegen spricht jedoch, daß eine Regelung, die das Fehlen schädlicher Umwelteinwirkungen unwiderlegbar fingiert, schon vom Wortsinn nicht mehr als Regelung zum „Schutz" der Allgemeinheit und der Nachbarschaft aufgefaßt werden kann. Dem Landesgesetzgeber ist es daher sowohl nach § 22 BImSchG als auch nach § 23 BImSchG verwehrt, hinter dem bundesrechtlich garantierten Mindestschutz zurückzubleiben (so Jahn JuS 1996, 976, 979; Vieweg/Röthel DVBl 1996, 1171, 1178; offengelassen von BVerwG DVBl 1996, 1201, 1202).

(c) Bezüglich der **Konsequenzen**, die sich aus der Anwendbarkeit des Landesrechts ergeben, ist zu unterscheiden:

(aa) Enthält das Landesrecht **nur eine Verbotsnorm** ohne eine spezielle landesrechtliche Ermächtigungsgrundlage, stützt sich die Anordnung auf § 24 S. 1 BImSchG, der auch Anordnungen erfaßt, die erforderlich sind zur Durchführung des § 22 Abs. 2 BImSchG.

So OVG Koblenz DÖV 1989, 778. Vertretbar erscheint allerdings auch ein Rückgriff auf die ordnungsbehördliche Generalklausel des Landesrechts, die ebenfalls neben den §§ 22–25 BImSchG anwendbar bleibt (BVerwGE 55, 118, 122; Hansmann in Landmann/Rohmer, Umweltrecht I, § 25 Rdn 8; Jarass BImSchG § 25 Rdn 11; aA Götz, Allgemeines Polizei- und Ordnungsrecht (12. Aufl. 1995), Rdn 589; Kutscheid NVwZ 1983, 65, 71.

(bb) Enthält das LImSchG bzw. die landesrechtliche LärmschutzVO dagegen nicht nur eine Verbotsnorm, sondern auch eine Ermächtigungsgrundlage, braucht nicht auf die §§ 22, 24 BImSchG abgestellt werden, sondern es gilt unmittelbar die **landesrechtliche Ermächtigungsgrundlage**, hier also § 15 LImSchG.

(2) Bei der Frage, ob das Betreiben der Tankstelle eine Betätigung darstellt, die geeignet ist, die Nachtruhe iSd § 9 LImSchG zu stören, gelten hier jedoch dieselben Erwägungen wie zu §§ 24, 25 BImSchG. Die baurechtswidrige Nutzung läßt die Schutzwürdigkeit des N entfallen. Die Geräusche, die von der Tankstelle ausgehen, sind demnach nicht als die Nachtruhe störender Lärm zu qualifizieren. Anhaltspunkte dafür, daß außer N auch andere gestört werden, sind nicht ersichtlich. Damit kann N sich auch nicht auf landesrechtliche Vorschriften stützen.

Im Ergebnis hat N **keinen Anspruch** gegen die Behörde auf Einschreiten. Da die Voraussetzungen der in Betracht kommenden Normen nicht erfüllt sind, besteht nicht einmal ein Anspruch auf ermessensfehlerfreie Entscheidung. N wird durch die Ablehnung der begehrten Verfügung nicht in seinen Rechten verletzt. Seine Klage ist zwar zulässig, aber unbegründet.

– – –

Behördliches Instrumentarium bei nicht genehmigungsbedürftigen Anlagen

- Anlage iSd § 3 Abs. 5 BImSchG
- nicht in der Anlage zur 4. BImSchV aufgeführt

(nachträgliche) Anordnung, § 24 BImSchG

- **Betreiberpflichten gem. § 22 BImSchG**
  – Verhinderung vermeidbarer schädlicher Umwelteinwirkungen iSd § 3 Abs. 1 BImSchG
  – Beschränkung unvermeidbarer schädlicher Umwelteinwirkungen
  – ordnungsgemäße Abfallbeseitigung
  – weitergehende ör Pflichten (§ 22 Abs. 2 BImSchG) – auch nach Landesrecht
- **Betreiberpflichten gem. § 23 BImSchG iVm RechtsVO** (auch Vorsorgepflichten)
  – des Bundes, § 23 Abs. 1 BImSchG
  – des Landes, § 23 Abs. 2 BImSchG: auch unterhalb des Mindeststandards (str.)

Untersagung, § 25 BImSchG

- **zeitweise** (§ 25 Abs. 1 BImSchG)
- **endgültig** (§ 25 Abs. 2 BImSchG)
  – schädliche Umwelteinwirkungen
  – Leben, Gesundheit, bedeutende Sachwert gefährdet
  – kein anderweitiger ausreichender Schutz

Anordnung → zeitweise Untersagung: zur Durchsetzung

endgültige Untersagung → Anordnung: idR Ermessensreduzierung („soll")

2.2.2 Immissionen durch Hoheitsträger

Fall 20: Unruhige Nachbarn

E bewohnt ein Einfamilienhaus in der Gemeinde G. Unmittelbar an sein Grundstück grenzt ein von der Gemeinde errichteter Kinderspielplatz. E, der es gewohnt ist, in der Mittagszeit ein kleines Schläfchen zu genießen, kommt in den letzten Wochen nicht zur Ruhe. Er begehrt daher von der G die Schließung des Spielplatzes in der Zeit von 12.00 bis 15.00 h. Als die Gemeinde dies ablehnt, klagt E vor dem VG. Wie ist über die Klage zu entscheiden, wenn es E unterlassen hat, die für den Spielplatz erteilte Baugenehmigung rechtzeitig anzufechten?

(A) **Zulässigkeit der Klage**

(I) Der **Verwaltungsrechtsweg** ist nach § 40 Abs. 1 VwGO eröffnet, wenn es sich um eine **öffentlich-rechtliche Streitigkeit** handelt. Das wäre nicht der Fall, wenn E einen privatrechtlichen Abwehranspruch aus § 1004 BGB geltend machen würde. Die Rechtsnatur des geltend gemachten Anspruchs richtet sich nach der **Rechtsnatur des abzuwehrenden Verwaltungshandelns**. Die Emissionen sind ihrer Rechtsnatur nach an sich neutral. Ihren hoheitlichen Charakter erhalten sie jedoch durch den Sachzusammenhang mit einer öffentlich-rechtlichen Tätigkeit: Der Betrieb des Kinderspielplatzes erfolgt im Rahmen der **öffentlichen Daseinsvorsorge**. Da Hinweise auf eine privatrechtliche Ausgestaltung fehlen, ist der Betrieb öffentlich-rechtlich zu qualifizieren.

Weitere Beispiele: Als Teil der Daseinsvorsorge sind öffentlich-rechtlich einzuordnen: Emissionen einer kommunalen Kläranlage (BGH NJW 1986, 2309, 2310); Lichtemmissionen gemeindlicher Straßenleuchten (BayVGH NJW 1991, 2660); der Betrieb eines gemeindlichen Sportplatzes (BVerwG NJW 1989, 1291; LKV 1991, 441) oder Bolzplatzes (BayVGH NVwZ 1993, 1006), das Aufstellen von Altglas- und Altpapiercontainer (VG Köln NVwZ 1993, 401) sowie sonstige ör Einrichtungen, deren Benutzung nicht ausdrücklich privatrechtlich geregelt ist (Schmitz NVwZ 1991, 1126, 1127; Pielow Jura 1994, 158, 159 mwN; aA BGH NJW 1993, 1656: ör nur, wenn für öffentlich-rechtliche Zwecke gewidmet oder schlicht hoheitlich betrieben).

Beachte auch BGH NJW 1997, 744: Für eine Immissionsabwehrklage gegen die DB AG ist nach der Privatisierung der Bahn der Zivilrechtsweg eröffnet, auch wenn sie eine Aufgabe der öffentlichen Daseinsvorsorge erfüllt (differenzierend BayVGH NVwZ-RR 1997, 159).

(II) Statthafte Klageart ist die **Leistungsklage** in Form der **Unterlassungsklage**, da E das zeitweise Unterlassen des Betriebs des Sportplatzes begehrt.

Verlangt der Kläger dagegen Unterlassen des Betriebes **insgesamt**, so ist sein Begehren auf Entwidmung der öffentlichen Einrichtung gerichtet. Da diese durch VA erfolgt (§ 35 S. 2 VwVfG), ist dann die Verpflichtungsklage statthaft (Erichsen JK 88 VwGO § 40/18; aA BayVGH NVwZ 1989, 269). Mit einer bloßen Leistungsklage, zB auf Entfernung der Spielgeräte, kann die weitere Nutzung des Grundstücks als Spielplatz hier rechtlich nicht verhindert werden.

(III) Die nach hM analog § 42 Abs. 2 VwGO auch bei der Leistungsklage erforderliche **Klagebefugnis** folgt aus einer möglichen Verletzung von Art 2 Abs. 2, 14 GG.

(B) Die Leistungsklage ist **begründet**, wenn E einen Anspruch auf (zeitweises) Unterlassen des Betriebs des Kinderspielplatzes hat.

(I) Als **Anspruchsgrundlage** kommt **§ 22 BImSchG** in Betracht, da es um die Abwehr von Lärmimmissionen einer nicht genehmigungsbedürftigen Anlage (§ 3 Abs. 5 Nr. 3 BImSchG) geht. Auf der Grundlage von BVerwGE 68, 62 wurde diese Norm teilweise als selbständige Anspruchsgrundlage für einen subjektiven Abwehranspruch im Nachbarschaftsverhältnis gewertet. § 22 BImSchG habe über den Begriff der „schädlichen Umwelteinwirkungen" (§ 3 Abs. 1 BImSchG) drittschützende Wirkung und damit anspruchsbegründenden Charakter. Die Gemeinde sei als störender Hoheitsträger unmittelbar an das Ordnungsrecht gebunden.

OVG NW DÖV 1983, 1020; BayVGH BayVBl 1986, 690; VGH Mannhheim DVBl 1984, 881; vgl. auch Sachs NVwZ 1988, 127 mwN sowie BayVGH NJW 1991, 2660, 2661.

Dagegen spricht jedoch, daß das Ordnungsrecht nicht **unmittelbar zwischen Störer und Gestörtem** gilt, unabhängig davon, ob es sich um einen privaten Störer oder einen störenden Hoheitsträger handelt. Die ordnungsrechtlichen Vorschriften begründen daher **keine selbständigen Abwehransprüche gegen den Störer**. Im Verhältnis zum privaten Störer besteht die Möglichkeit eines

Anspruchs auf Einschreiten nach §§ 24, 25 BImSchG, im Verhältnis zum hoheitlichen Störer ist auf den allgemeinen öffentlich-rechtlichen Abwehranspruch zurückzugreifen.

BVerwG DVBl 1988, 967; DÖV 1989, 675, 679; OVG Lüneburg NVwZ 1991, 801; OVG Berlin NVwZ-RR 1989, 125, 126; VG Köln NVwZ 1993, 401; Laubinger VerwArch 1989, 261, 265; Köckerbauer/Büllesbach JuS 1991, 373, 374; Pielow Jura 1994, 158, 159 mwN.

(II) In Betracht kommt daher nur der **allgemeine öffentlich-rechtliche Abwehr- und Unterlassungsanspruch**.

Zur Terminologie: Wehrt sich der Bürger gegen einen andauernden hoheitlichen Eingriff, so spricht man vom (schlichten) **öffentlich-rechtlichen Abwehr- und Unterlassungsanspruch**. Wendet sich der Bürger dagegen nicht gegen den Eingriff, sondern dessen Folgen, so handelt es sich um den sog. **Folgenbeseitigungsanspruch**. Zeitlich vorgelagert ist der **vorbeugende Unterlassungsanspruch**, mit dem bereits der Eingriff verhindert werden soll.

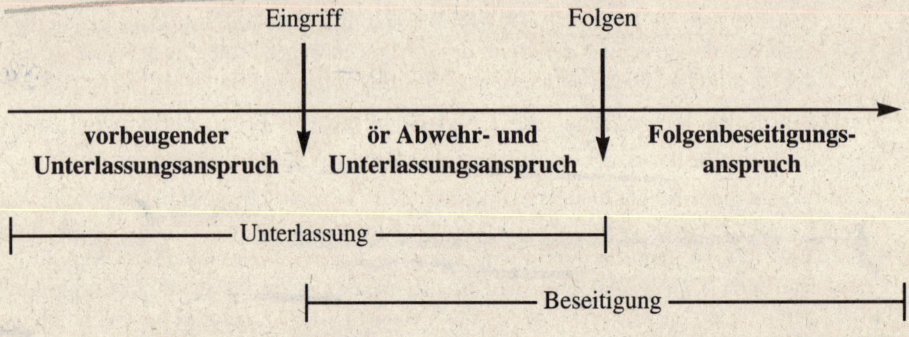

(1) Die **dogmatische Herleitung** eines solchen Anspruchs ist – ähnlich wie beim sog. Folgenbeseitigungsanspruch – in Rspr und Lit. umstritten. Überwiegend wird auf die **Abwehrfunktion der Grundrechte** abgestellt. Diese umfaßt nicht nur die Verpflichtung des Staates, rechtswidrige Folgen von Amtshandlungen wieder zu beseitigen, sondern schließt auch ein, künftig zu besorgende, rechtswidrige Eingriffe in subjektive Rechte zu unterlassen.

OVG NW NVwZ 1985, 123; NJW 1986, 2783; VGH Mannheim NJW 1986, 340; OVG Koblenz NJW 1986, 953; Ossenbühl § 35, 4, S. 251; Schoch VerwArch 1988, 1, 38 mwN in FN 218.

Allerdings ist der öffentlich-rechtliche Abwehr- und Unterlassungsanspruch seiner Grundstruktur dem zivilrechtlichen Beseitigungs- und Unterlassungsanspruch ähnlich, so daß teilweise in Rspr und Lit. auf eine **analoge Anwendung des § 1004 BGB** abgestellt wird.

BayVGH NVwZ 1997, 96; NJW 1991, 2660; VGH Mannheim NVwZ 1991, 184, 185; OVG Koblenz NVwZ 1990, 279; OVG NW NVwZ 1985, 123; VGH Kassel NJW 1988, 1683; Laubinger VerwArch 1989, 261, 291 mwN.

Beide Begründungen schließen sich nicht aus, sondern ergänzen sich gegenseitig. Im Ergebnis ist jedenfalls **gewohnheitsrechtlich** anerkannt, daß der Staat rechtswidrige hoheitliche Eingriffe in subjektive Rechte unterlassen muß. Deshalb läßt die Rspr in neuerer Zeit ausdrücklich offen, woraus der Anspruch abzuleiten ist, da die Anspruchsvoraussetzungen in jedem Fall dieselben sind.

BVerwG DVBl 1989, 463, 464; DVBl 1988, 967, 968: „Der Senat kann offenlassen, welches die Grundlage eines nachbarlichen Abwehranspruches ist: der grundrechtliche Abwehranspruch aus Art 2 Abs. 2 S. 1 und Art 14 Abs. 1 S. 1 GG oder die §§ 1004, 906 BGB oder gar ein öffentlich-rechtlicher Folgenbeseitigungsanspruch." Ebenso BayVGH NJW 1997, 1181; OVG Schleswig NVwZ 1995, 1019; OVG NW NVwZ 1994, 1018; VGH Kassel NJW 1993, 3088, 3089; VG Köln NVwZ 1993, 401; VGH Mannheim NVwZ 1994, 920; dagegen Pielow Jura 1994, 158, 159: FBA, Grundrechte und § 1004 BGB analog sind parallel zu prüfen.

allgemeiner ör Abwehr- und Unterlassungsanspruch

I. **Rechtsgrundlage**
Grundrechte, § 1004 BGB analog, Gewohnheitsrecht

II. **Voraussetzungen**
1. Eingriff in ein subjektives öffentliches Recht
2. durch hoheitliches Handeln
3. Eingriff dauert an
4. Eingriff rechtswidrig (keine Duldungspflicht)

III. **Rechtsfolge:** Beendigung des Eingriffs durch
- Unterlassen
- positives Tun

IV. kein Ausschluß

(2) **Voraussetzungen**

(a) Es muß ein **Eingriff in ein subjektives Recht** vorliegen (bzw. beim vorbeugenden Unterlassungsanspruch bevorstehen).

Je nach dem **Zeitpunkt** des hoheitlichen Handelns lassen sich unterscheiden:

- der Unterlassungsanspruch als Folge eines Beseitigungsanspruchs **(schlichter Unterlassungsanspruch)**, wenn es um die Abwehr einer bereits eingetretenen Störung geht (zB Unterlassen des Betriebs einer emittierenden Anlage),
- der **vorbeugende Unterlassungsanspruch**, wenn künftiges Verwaltungshandeln abgewehrt werden soll (zB Unterlassen künftiger VAe oder ehrbeeinträchtigender Äußerungen).

Beachte: Richtet sich der vorbeugende Unterlassungsanspruch auf die Verhinderung künftiger VAe, so fehlt es prozessual idR am **Rechtsschutzbedürfnis**. Der Betroffene kann gegen den erlassenen VA Widerspruch und Anfechtungsklage erheben und ist durch die gem. § 80 Abs. 1 VwGO grds. eintretende aufschiebende Wirkung ausreichend geschützt. Nur ausnahmsweise ist auch gegenüber VAen eine vorbeugende Unterlassungsklage zulässig, wenn die Verweisung auf den erst nach Erlaß des VA möglichen Rechtsschutz **unzumutbar** ist (zB bei Eintritt irreparabler Nachteile); vgl. AS-Skriptum VerwaltungsR AT 2 (1997), S. 333 ff.

E ist jedenfalls in seinem Eigentumsrecht aus Art 14 GG betroffen. Da möglicherweise auch Gesundheitsstörungen drohen, kann er sich auch auf Art 2 Abs. 2 GG berufen.

(b) Der Eingriff muß auf einem **hoheitlichen Handeln** beruhen. Dies ist hier der Betrieb des Kinderspielplatzes als Teil der öffentlichen Daseinsvorsorge (s.o.). Zwar wird der „Lärm" unmittelbar durch die spielenden Kinder verursacht. Dem Staat sind jedoch Störungen durch private Dritte **zuzurechnen**, wenn der Hoheitsträger das Verhalten des unmittelbaren Störers steuert oder durch sein Verhalten eine **typische Gefährdungssituation** für die subjektiven Rechte des Betroffenen schafft.

Beispiele: Immissionen bei der Benutzung von Sport- und Spielplätzen (BVerwGE 81, 197); Lärmbelästigungen durch Benutzer einer öffentlichen Einrichtung (BayVGH NVwZ 1997, 96: Jugendzentrum; OVG Berlin NVwZ 1988, 16: Benutzung eines Badesees; OVG NW DVBl 1986, 697: Benutzung einer Parkbank durch Stadtstreicher); Geräusche bei der Benutzung von Altglascontainern (BayVGH BayVBl 1996, 243; VG Köln NVwZ 1993, 401).

In diesen Fällen sind dem Hoheitsträger grds. alle Störungen zuzurechnen, die sich aus der **bestimmungsgemäßen Benutzung** ergeben. Keine Zurechnung erfolgt dagegen beim Mißbrauch der Sachen oder Exzessen einzelner. In diesem Fall sind allein die privaten Störer und nicht der Hoheitsträger verantwortlich.

BayVGH NVwZ 1997, 96; OVG NW DVBl 1986, 697, 698; OVG Berlin NVwZ-RR 1988, 16, 17; BayVGH BayVBl 1992, 153, 155; NVwZ 1989, 269, 272; VG Münster NJW 1989, 1820, 1821; VG Würzburg NVwZ 1992, 507, 508; Spindler/Spindler NVwZ 1993, 225, 227; aA VG Köln NVwZ 1993, 401, 403.

Hat der Betreiber allerdings **zumutbare Vorkehrungen** gegen mißbräuchliche Nutzungen nicht getroffen, so ist ihm auch dieser Lärm zuzurechnen (BVerwG NVwZ 1990, 858; VGH Mannheim NVwZ 1994, 920, 922; Spindler/Spindler NVwZ 1993, 225, 227).

Hier geht es um die bestimmungsgemäße Nutzung des Spielplatzes. Der „Lärm", der durch spielende Kinder verursacht wird, ist dem Hoheitsträger zuzurechnen und beruht damit auf der hoheitlichen Einrichtung des Kinderspielplatzes.

(c) Der Eingriff kann nur abgewehrt werden, wenn er **andauert** (oder bevorsteht). Insoweit bestehen hier keine Bedenken, da es sich um eine fortdauernde Beeinträchtigung handelt.

Ist der Eingriff abgeschlossen, so kommt (nur) der Folgenbeseitigungsanspruch in Betracht, wenn die Folgen des Eingriffs andauern, ansonsten ggf. Schadensersatz- oder Entschädigungsansprüche.

(d) Die Rechtsbeeinträchtigung muß in Ermangelung einer Duldungspflicht **rechtswidrig** sein.

(aa) Die Rechtswidrigkeit könnte hier schon deswegen ausgeschlossen sein, weil den E aus der unanfechtbaren **Baugenehmigung** eine Duldungspflicht trifft.

[1] Teilweise ist ausdrücklich geregelt, daß Ansprüche auf Unterlassung, Beseitigung oder Änderung ausgeschlossen sind, wenn der zugrundeliegende VA **unanfechtbar** geworden ist (vgl. zB § 75 Abs. 2 S. 1 VwVfG, § 14 S. 1 BImSchG).

§ 14 BImSchG gilt für öffentlich-rechtliche Ansprüche analog (Laubinger VerwArch 1989, 261, 295). Zu den privatrechtsgestaltenden Genehmigungen vgl. auch oben S. 123 und S. 149.

[2] Dies gilt allerdings nicht für alle VAe, insb. nicht für die Baugenehmigung, die ausdrücklich **„unbeschadet privater Rechte Dritter“** ergeht. Die Baugenehmigung deckt nur die Errichtung und die Nutzung des Spielplatzes. Welches Maß an Störungen damit verbunden sein darf, beurteilt sich dagegen nach anderen Kriterien.

VGH Kassel NJW 1993, 3088, 3089; Brügelmann/Dürr BauGB § 30 Rdn 30; Laubinger VerwArch 1989, 261, 296 mwN; aA Dolderer DVBl 1998, 19, 25. – Umgekehrt kann auch das Fehlen einer Baugenehmigung nicht automatisch einen öffentlich-rechtlichen Abwehranspruch begründen, wenn die Nutzung möglicherweise baurechtlich genehmigungsfähig ist (VGH Kassel aaO, 3090).

(bb) Da der Betrieb des Spielplatzes zum Bereich des schlichten Verwaltungshandelns zählt, kommt es auf die dafür geltenden **Rechtmäßigkeitsanforderungen** an.

[1] Da der Grundsatz vom Vorbehalt des Gesetzes (Art 20 Abs. 3 GG) nicht nur für Rechtsakte (VA, RechtsVO, Satzung) gilt, sondern auch für Realakte, kann auch für schlichtes Verwaltungshandeln eine **Rechtsgrundlage** erforderlich sein.

BVerwG DVBl 1985, 857; NVwZ 1987, 315; DVBl 1989, 997; näher AS-Skriptum VerwaltungsR AT 1 (1996), S. 23 ff und AT 2 (1997), S. 231 ff.

Der Betrieb des Kinderspielplatzes stellt für sich gesehen jedoch weder eine Belastung des Bürgers noch eine „wesentliche“ Entscheidung dar, so daß es einer ausdrücklichen gesetzlichen Rechtsgrundlage nicht bedarf.

[2] Das bedeutet allerdings nicht, daß sonstiges schlichtes Verwaltungshandeln uneingeschränkt zulässig ist und vom Betroffenen stets hingenommen werden muß. Auch dann, wenn eine gesetzliche Ermächtigungsgrundlage nicht erforderlich ist, muß für das (schlichte) Verwaltungshandeln zumindest eine irgendwie geartete **Legitimation** vorhanden sein. Eine solche Legitimation kann sich aus dem Sachzusammenhang des Verwaltungshandelns mit einer Aufgabe der Behörde ergeben, die dieser durch öffentlich-rechtlichen Rechtssatz zugewiesen ist.

Die Legitimation für den Betrieb des Spielplatzes ergibt sich hier aus der Pflicht der Gemeinde, Einrichtungen der öffentlichen Daseinsvorsorge bereitzuhalten.

(cc) Die sonstigen Rechtmäßigkeitsanforderungen schlichten Verwaltungshandelns lassen sich angesichts der Vielfalt seiner Erscheinungsformen nicht einheitlich erfassen. Das BVerwG verwendet überwiegend die Formel, daß das „Handeln der Behörde **verhältnismäßig**“ sein muß „und nicht aus sonstigen Gründen rechtswidrig“ sein darf.

[1] Immissionen sind jedenfalls rechtswidrig, wenn die Beeinträchtigungen **schwer** und **unerträglich** sind und damit enteignende Wirkung haben (BVerwG DVBl 1988, 967, 968). Zwar handelt es sich hier um erhebliche Belästigungen, doch sind die Voraussetzungen einer die Enteignungsschwelle überschreitenden schweren, unerträglichen Beeinträchtigung nicht erfüllt (s.o. S. 139).

[2] Aber auch bei Immissionen unterhalb dieser Intensität kommt ein Unterlassungsanspruch in Betracht. Zu den von der Behörde zu beachtenden gesetzlichen Vorschriften gehören auch die §§ 3 und 22 BImSchG (bzw. die Regelungen des LImSchG). Es dürfen daher auch durch hoheitliches Handeln **keine schädlichen Umwelteinwirkungen** iSd § 3 Abs. 1 BImSchG hervorgerufen werden.

BVerwG DVBl 1992, 1234, 1235; DÖV 1992, 709; NJW 1992, 1779, 1780; DÖV 1989, 675, 679; DVBl 1988, 967; OVG Schleswig NVwZ 1995, 1019; OVG NW NVwZ 1994, 1018; VGH Mannheim NVwZ 1994, 920, 921; BayVGH NVwZ 1993, 1006; Pielow Jura 1994, 158, 161 mwN.

Inwieweit daneben die **Maßstäbe des privaten Nachbarrechts** gelten, wird uneinheitlich beurteilt. Teilweise wird § 906 BGB analog herangezogen. Denn was der Betroffene gegenüber einem Privatmann zu dulden habe, müsse er sich in gleicher Weise von der hoheitlich handelnden Verwaltung gefallen lassen (OVG NW DÖV 1983, 1020; VGH Mannheim DVBl 1984, 881). Nach der Gegenansicht ist § 906 BGB nicht analog anwendbar, da das bürgerliche Nachbarrecht lediglich dem Ausgleich privater Interessen diene und daher nicht geeignet sei, öffentlich-rechtliches, am Gemeinwohl orientiertes Handeln zu beurteilen (Peine JuS 1987, 169, 176 ff; Erichsen § 31 II Rdn 9).

In der Praxis ergeben sich allerdings keine Unterschiede, da nach der Rspr der Maßstab in §§ 3, 22 BImSchG mit dem des § 906 BGB **identisch** ist (BVerwG NVwZ 1991, 886, 887; BGH NJW 1995, 132, 133; NJW 1993, 925, 926; OLG Schleswig NVwZ 1995, 1019; BayVGH NVwZ 1993, 1006; Vieweg/Röthel DVBl 1996, 1171, 1172 f; Dolderer DVBl 1998, 19, 24).

Dies bestätigt auch die seit 1994 geltende Neufassung des § 906 Abs. 1 S. 2 BGB (dazu Kregel NJW 1994, 2599 ff; Fritz NJW 1996, 573 ff). Danach liegt eine unwesentliche Beeinträchtigung „in der Regel“ vor, wenn gesetzliche Grenz- oder Richtwerte nicht überschritten werden. Nach § 906 Abs. 1 S. 3 BGB gilt dasselbe für Verwaltungsvorschriften iSd § 48 BImSchG (zB TA Luft und TA Lärm).

[3] Damit besteht keine Duldungspflicht des K, wenn die vom Spielplatz ausgehenden Immissionen als **schädliche Umwelteinwirkungen** iSd §§ 3, 22 BImSchG zu qualifizieren sind.

Das ist dann der Fall, wenn sie erheblich und damit unzumutbar sind. Die Grenze der Zumutbarkeit ist durch eine **situationsbedingte Abwägung** der widerstreitenden Interessen zu bestimmen (s.o. S. 152).

BayVGH NVwZ 1993, 1006, 1007: „Ob Immissionen in diesem Sinne erheblich sind, ist in einer wertenden Gesamtbetrachtung aller maßgeblichen Umstände der konkreten Situation zu würdigen, wobei die Gebietsart, die tatsächlichen Verhältnisse und die bestehenden rechtlichen Vorschriften die Schutzwürdigkeit wie Schutzbedürftigkeit mitbestimmen. Soweit nicht normative Regelungen erlassen sind, sind technische Regelwerke ... als Orientierungsrahmen mit heranzuziehen."

OVG Schleswig NVwZ 1995, 1019, 1019: „Die Erheblichkeit von Lärmbelästigungen iS von § 3 Abs. 1 BImSchG und damit die Frage ihrer Zumutbarkeit für die Nachbarschaft wird entscheidend durch die bebauungsrechtliche Situation bestimmt, in der sich störende und gestörte Nutzung befinden. Das Bau(planungs)recht als Bodenrecht bestimmt einerseits, welche Nutzungen – auch im Hinblick auf Beeinträchtigungen der Nachbarschaft – an bestimmten Standorten zulässig sind, andererseits welchen Schutz vor Beeinträchtigungen andere Nutzungen ... beanspruchen können."

Im vorliegenden Fall ist zu berücksichtigen, daß Spielplätze in Wohngebieten nicht nur zulässig (vgl. § 3 Abs. 3 Nr. 2, § 4 Abs. 2 Nr. 3 BauNVO), sondern sogar geboten sind, um gefahrlose Spielmöglichkeiten in zumutbarer Entfernung von den Wohnungen zu schaffen. Der Lärm, den spielende Kinder verursachen, mag zwar manchmal schwer erträglich sein, ist als Lebensäußerung aber unvermeidbar und muß von den Nachbarn grds. hingenommen werden.

BVerwG NJW 1992, 1779; BayVGH NVwZ 1989, 269; OVG Bremen NVwZ 1989, 272; VGH Mannheim NVwZ-RR 1989, 173; VGH Kassel NVwZ-RR 1989, 175 u. 177; VG Braunschweig NVwZ 1991, 1211; Broß VerwArch 1989, 395, 405. Zu den Abwägungskriterien Köckerbauer/Büllesbach JuS 1991, 373, 377.

Die Emissionen bewirken daher keine schädlichen Umwelteinwirkungen. Ein Unterlassungsanspruch besteht somit nicht. Die Klage des K ist **unbegründet**.

Dagegen sind sog. Abenteuer- und Bolzplätze in einem Wohngebiet nicht ohne weiteres zulässig (BVerwG DÖV 1992, 709; OVG Schleswig NVwZ 1995, 1019, 1020; BayVGH NVwZ 1993, 1006, 1007; OVG NW BauR 1987, 46; BauR 1984, 152; Pielow Jura 1994, 158 ff).

Weitere Beispiele: Klage gegen den Lärm einer Feueralarmsirene (BVerwG NJW 1988, 2396); gegen Glockengeläut (BVerwG NVwZ 1997, 390, 391; NJW 1984, 989; OVG Lüneburg NVwZ 1991, 801); gegen das Schlagen einer Kirchturmuhr (BVerwG NJW 1992, 2779; OVG Saarlouis NVwZ 1992, 72; Haaß Jura 1993, 302); gegen Schießlärm (BVerwG NVwZ 1991, 887); gegen Lärmbeeinträchtigungen von Sportplätzen (BVerwG NJW 1989, 1291; NVwZ 1991, 885; vgl. nunmehr die 18. BImSchV; dazu Spindler/Spindler NVwZ 1993, 225 ff).

– – –

8. Teil: Abfallrecht

1. Grundlagen des Abfallrechts

In der Bundesrepublik fallen jährlich fast 200 Mio. Tonnen Abfälle an. Gleichwohl gab es bis 1970 in diesem Bereich nur geringe rechtliche Vorgaben. In verschiedenen Gesetzen existierten zwar Einzelregelungen, die aber lediglich Teilaspekte der Abfallbeseitigung erfaßten. Erst **1972** wurde das Abfallrecht in einem eigenen Gesetz (**Abfallbeseitigungsgesetz**) zusammengefaßt, insb. um wilde Müllkippen zu verhindern. Das Abfallbeseitigungsgesetz begründete eine Pflicht, Abfälle den öffentlich-rechtlichen Entsorgungskörperschaften (idR den Kommunen) zu überlassen, die dann für die ordnungsgemäße Beseitigung zu sorgen hatten. Eine Beseitigungspflicht Privater bestand nur, wenn deren Abfälle nicht mit den in Haushalten anfallenden Abfällen entsorgt werden konnten.

Das **Abfallgesetz** von **1986** regelte dann neben der Beseitigung von Abfällen erstmalig auch die Verwertung und ansatzweise die Vermeidung von Abfällen. Entsorgungspflichtig blieben aber nach wie vor die öffentlich-rechtlichen Körperschaften. Ziel des Abfallgesetzes war es, vor allem die Abfallentsorgung so zu regeln, daß das Wohl der Allgemeinheit nicht beeinträchtigt wurde (§ 2 AbfG). Dieses Ziel verfolgte das Gesetz mit **ordnungsrechtlichen** Mitteln, die einerseits die privatwirtschaftliche Produktion abfallrechtlich reglementierten und andererseits die Abfallentsorgung durch öffentlich-rechtliche Träger sicherstellen sollten. Aufgrund dieser Trennung zwischen privatwirtschaftlicher Produktion und öffentlicher Entsorgung fehlte es jedoch an Anreizen zur Abfallvermeidung.

Ein erster Schritt zur Änderung der gesetzlichen Grundkonzeption erfolgte dann allerdings durch die auf § 14 AbfG gestützte VerpackungsVO (v. 12.06.1991 – BGBl I 1234), nach der die Hersteller und Vertreiber von Verpackungen für deren Verwertung selbst veranwortlich waren. Verpackungen sollten im Wirtschaftskreislauf verbleiben und nicht den öffentlich-rechtlichen Körperschaften zur Entsorgung überlassen werden.

Seit dem 07.10.1996 gilt nun für das Abfallrecht das neue **Kreislaufwirtschafts- und Abfallgesetz** (KrW-/AbfG). Es löst sich von den ordnungsrechtlichen Strukturen des AbfG und will durch eine Stärkung des Verursacherprinzips als wichtigstes und vorrangiges Ziel Anreize zur **Abfallvermeidung** schaffen. So soll die Pflicht zur eigenverantwortlichen Abfallentsorgung sowie ein wesentlich erweiterter Abfallbegriff Vermeidungsdruck aufbauen und Anreize schaffen, durch kreislaufgerechte Produktgestaltung Abfälle bereits im Vorfeld ihrer Entstehung zu verhindern, so daß letztlich möglichst wenig Abfallstoffe dauerhaft beseitigt werden müssen.

Vgl. dazu die Begründung zum Entwurf des KrW-/AbfG in BT-Drs. 12/5672, S. 2 sowie Versteyl/Wendenburg NVwZ 1994, 833 ff. Ergänzt wird das Gesetz durch mehrere Rechtsverordnungen und eine Richtlinie (vgl. dazu Petersen/Kracht DVBl 1996, 1161 ff).

Abfälle sind in erster Linie zu **vermeiden**, in zweiter Linie stofflich zu **verwerten** oder zur Gewinnung von Energie zu nutzen (energetische Verwertung), § 4 KrW-/AbfG. Abfälle, die nicht verwertet werden, sind dauerhaft von der Kreislaufwirtschaft auszuschließen und zur Wahrung des Wohls der Allgemeinheit zu **beseitigen** (§ 10 KrW-/

AbfG). Die primäre Verantwortlichkeit liegt nicht mehr bei den öffentlich-rechtlichen Körperschaften, sondern bei den Herstellern von Erzeugnissen und bei den Erzeugern und Besitzern von Abfällen. Die Hersteller trifft zur Abfallvermeidung eine besondere **Produktverantwortung** (§§ 22 ff KrW-/AbfG). Abfallerzeuger und Abfallbesitzer sind nach § 5 Abs. 2 KrW-/AbfG bzw. § 11 Abs. 1 KrW-/AbfG verpflichtet, Abfälle grds. **selbst** zu verwerten bzw. zu beseitigen.

Abfallbesitzer ist jeder, der die tatsächliche Sachherrschaft über Abfälle hat (§ 3 Abs. 6 KrW-/AbfG). Dazu zählt zB auch der Eigentümer eines Grundstücks, auf das Abfälle durch Hochwasser angeschwemmt werden (BVerwG NJW 1998, 1004, 1006; abweichend BVerwG NVwZ 1984, 40 zu § 3 Abs. 1 AbfG a.F.).

tats. Sachherrschaft

Klausurprobleme im Abfallrecht

- Abfallbegriff
- Ermächtigungsgrundlagen im Abfallrecht
- Grundpflichten des Abfallerzeugers und Abfallbesitzers
  - Abfallvermeidungspflicht
  - Abfallverwertungspflicht
  - Abfallbeseitigungspflicht
- Pflichten der Anlagenbetreiber – Verhältnis KrW-/AbfG und BImSchG
- Überwachung

2. Abfallbegriff und Ermächtigungsgrundlagen im Abfallrecht

Fall 21: Reifenservice

A betreibt in der Stadt S einen Reifenhandel, in dem er neben der Montage von Neureifen auch die anfallenden Altreifen lagert und teilweise runderneuert. Bei der Runderneuerung verwendet A Vulkanisierungsmittel, die zwar rechtlich zulässig sind, aufgrund ihrer chemischen Beschaffenheit jedoch das spätere Recycling des Reifengummis erheblich erschweren. Andere umweltgerechtere Mittel sind verfügbar und technisch bei A auch einsetzbar.

Am 11.01.1998 erhält die zuständige Abfallbehörde Kenntnis von diesen Vorgängen. Nach Anhörung des A ergeht daraufhin am 20.02.1998 ein Bescheid, in dem dem A aufgegeben wird, die Altreifen der Abfallbeseitigungs-GmbH der Stadt S als dem zuständigen Entsorgungsträger zu überlassen. Außerdem wird A aufgefordert, zur Vermeidung künftiger Abfälle im Rahmen der ihm obliegenden Produktverantwortung die Runderneuerungen bis zum 30.06.1998 kreislaufgerecht, d.h. mit bei späterer Entsorgung schadlosen und umweltgerechten Mitteln vorzunehmen.

A ist außer sich und erhebt sofort gegen die Verfügung Widerspruch. Man wolle ihn wirtschaftlich erdrosseln, dabei beabsichtige er doch, die Altreifen teilweise der Runderneuerung zuzuführen und den Rest in Kürze als „Gebrauchte" ins Ausland zu verbringen, wo „weniger strenge Anforderungen" gelten würden. A legt als Beweis einen Kaufvertrag „über alle im Besitz des A befindlichen, als Gebrauchtreifen tauglichen Altreifen" mit dem Georgier G vor. Wie ist über den Widerspruch zu entscheiden, wenn nach Auskunft eines von der Behörde hinzugezogenen Sachverständigen ein Teil der Reifen erheblich beschädigt und daher unverkäuflich ist?

(A) Der Widerspruch des A ist als **Anfechtungswiderspruch** nach § 68 Abs. 1 VwGO statthaft und auch im übrigen zulässig, insb. frist- und formgerecht erhoben (§ 70 VwGO).

(B) Der Widerspruch ist – von Zweckmäßigkeitsgesichtspunkten abgesehen – begründet, wenn die Verfügung rechtswidrig in Rechte des A eingreift.

(I) **Überlassungspflicht**

(1) Als **Ermächtigungsgrundlage** für die Überlassungsverfügung kommt § 21 Abs. 1 KrW-/AbfG in Betracht. Anders als das AbfG, das im wesentlichen nur Verhaltenspflichten normierte, zu deren Durchsetzung auf die ordnungsrechtliche Generalklausel zurückgegriffen werden mußte, enthält **§ 21 Abs. 1 KrW-/AbfG** eine generelle Ermächtigungsnorm für die zuständigen Abfallbehörden, die abfallrechtlichen Pflichten durchzusetzen.

OVG Greifswald NVwZ 1997, 1027; VGH Mannheim NVwZ-RR 1997, 679, 681; VG Regensburg NVwZ 1998, 431, 432; Fluck KrW-/AbfG § 21 Rdn 44; Frenz KrW-/AbfG § 21 Rdn 3; aA VG Bremen NVwZ 1997, 1029: Ermächtigungsgrundlage sei entsprechend dem früheren § 4 AbfG nunmehr § 27 Abs. 1 KrW-/AbfG. Dabei wird allerdings übersehen, daß § 27 KrW-/AbfG lediglich eine Verhaltenspflicht begründet, während § 21 KrW-/AbfG sich auf alle Pflichten des zweiten Teil des Gesetzes bezieht.

§ 21 KrW-/AbfG verdrängt damit als Spezialregelung das sonstige allgemeine und besondere Ordnungsrecht. Auf andere Gesetze können Anordnungen im Abfallbereich nur gestützt werden, wenn Anknüpfungspunkt nicht ein abfallrechtswidriger Zustand ist (zB Abwehr baurechtswidriger Zustände nach der LBauO, wasserrechtlicher Gefahren nach dem LWG); vgl. zur bisherigen Rechtslage BVerwGE 89, 138, 141; BVerwG DÖV 1994, 267, 268.

(2) Nach dem Sachverhalt hat die zuständige Abfallbehörde gehandelt (§ 63 KrW-/AbfG). A ist gem. § 28 VwVfG angehört worden. Anhaltspunkte für sonstige **formelle** Fehler bestehen nicht.

Da der Vollzug des KrW-/AbfG durch die Länder erfolgt, bestimmen diese nach § 63 KrW-/AbfG auch die behörlichen Zuständigkeiten (zumeist in den LAbfGen; vgl. die Übersicht bei Frenz KrW-/AbfG § 63 Rdn 2).

(3) § 21 Abs. 1 KrW-/AbfG räumt der Behörde die Befugnis ein, **abfallrechtliche Pflichten** mittels VA durchzusetzen. Eine Verpflichtung des A zur Überlassung der Altreifen könnte sich aus **§ 13 Abs. 1 KrW-/AbfG** ergeben. Abweichend von der eigenverantwortlichen Abfallbeseitigung nach § 11 KrW-/AbfG sind Erzeuger oder Besitzer von Abfällen unter den Voraussetzungen des § 13 KrW-/AbfG verpflichtet, diese den nach Landesrecht zur Entsorgung verpflichteten juristischen Personen (öffentlich-rechtliche Entsorgungsträger) zu überlassen.

(a) Dann müßte es sich bei den Altreifen überhaupt um **Abfall** iS des KrW-/AbfG handeln. Die Legaldefinition des § 3 Abs. 1 KrW-/AbfG regelt hierbei drei Tatbestände. Abfälle sind alle

- **beweglichen Sachen**,
- die unter die im **Anhang I** aufgeführten Gruppen fallen und
- deren sich ihr Besitzer entledigt, entledigen will oder entledigen muß.

Nach § 1 Abs. 1 S. 1 AbfG waren nur diejenigen Stoffe Abfall, deren sich der Besitzer entledigen wollte (sog. subjektiver Abfallbegriff) oder deren geordnete Entsorgung zur Wahrung des Wohls der Allgemeinheit, insb. des Schutzes der Umwelt geboten war (sog. objektiver Abfallbegriff). Demgegenüber hat § 3 KrW-/AbfG die weitergehende Begriffsdefinition des Art. 1 a der EG-Abfallrichtlinie übernommen (dazu EuGH NVwZ 1998, 385; vgl. auch die Verordnung zur Einführung des Europäischen Abfallkataloges [BGBl I 1996, 1428]; dazu Versteyl/Wendenburg NVwZ 1996, 938, 939). Allgemein zum neuen Abfallbegriff Kunig NVwZ 1997, 209 ff; ders. Jura 1997, 494, 495 f.

(aa) Sowohl nach dem alten wie nach dem neuen Abfallbegriff muß es sich bei den fraglichen Stoffen um **bewegliche Sachen** handeln.

So sind zB in den Erdboden versickerte Stoffe (zB Altlasten) gem. §§ 946, 93, 94 BGB keine beweglichen Sachen und damit keine Abfälle, sondern werden es allenfalls mit späterem Ausbaggern (OVG Lüneburg NVwZ 1990, 1001).

(bb) Der Voraussetzung der Zugehörigkeit der Sache zum **Anhang I** zum KrW-/AbfG kommt **keine selbständige Bedeutung** zu, sondern dient insb. wegen der Auffanggruppe Q 16 im Anhang I („Stoffe oder Produkte aller Art, die nicht einer der oben erwähnten Gruppen angehören") lediglich der Klarstellung.

Versteyl/Wendenburg NVwZ 1996, 938, 939; Petersen/Rid NJW 1995, 8; Seibert DVBl 1994, 229, 230; ders. UPR 1994, 415, 416. Nach hM müssen deshalb die Voraussetzungen des § 3 Abs. 1 KrW-/AbfG kummulativ erfüllt sein; aA Kersting DVBl 1992, 343, 345; Schröder DÖV 1991, 910, 914, wonach der Anhang I der Festschreibung eines objektiven Abfallbegriffs diene.

(cc) Konkretisiert wird der Abfallbegriff insb. durch die **drei Entledigungstatbestände** des § 3 Abs. 1 S. 1 KrW-/AbfG.

[1] Abfälle sind danach zunächst Sachen, deren sich ihr Besitzer **entledigt (subjektiver Abfallbegriff)**. Eine Entledigung liegt nach § 3 Abs. 2 KrW-/AbfG vor, wenn der Besitzer

- die Sachen einer **Verwertung** iSd Anhangs II B oder
- einer **Beseitigung** im Sinne des Anhangs II A zuführt oder
- die tatsächliche Sachherrschaft über sie unter Wegfall jeder weiteren Zweckbestimmung aufgibt.

Aus den ersten Alternative ergibt sich eine wesentliche **Erweiterung** des bisherigen Abfallbegriffs, da nunmehr auch Stoffe erfaßt werden, die einem Verwertungsverfahren zugeführt werden. BVerwG NVwZ 1996, 1010: Speisereste aus privaten Haushaltungen bleiben auch dann Abfall, wenn der Besitzer sich ihrer durch (ordnungsgemäße und schadlose) Eigenkompostierung entledigt; dazu Billig NVwZ 1997, 978 f.

[2] Abfall liegt des weiteren vor, wenn der Besitzer sich der Sachen **entledigen will**. Dabei kommt es jedoch nicht nur auf den subjektiven Willen an, sondern § 3 Abs. 3 KrW-/AbfG verobjektiviert den Entledigungswillen **(verobjektivierter subjektiver Abfallbegriff):**

– Nach § 3 Abs. 3 S. 1 **Nr. 1** KrW-/AbfG ist der Wille zur Entledigung anzunehmen, wenn bei (Produktions-)Vorgängen bewegliche Sachen anfallen, ohne daß dies **bezweckt** ist.

Beispiele: Abfälle sind zB Reststoffe bei der Energieumwandlung; Arbeitsabfälle; Bauschutt beim Abriß, da seine Entstehung nicht Abrißzweck ist.

§ 3 Abs. 3 S. 1 Nr. 1 KrW-/AbfG führt zur Abgrenzung zwischen Abfall und **Produkt**. Produkte und damit kein Abfall sind solche Stoffe, die entweder **zielgerichtet** (auch als Nebenzweck) hergestellt werden (§ 3 Abs. 3 S. 1 Nr. 1, 2. HS KrW-/AbfG) oder für die ein **Markt** vorhanden ist (arg e § 5 Abs. 4 S. 1 KrW-/AbfG). Auch Vor-, Neben- und Zwischenprodukte sind kein Abfall.

Vgl. Frenz KrW-/AbfG § 3 Rdn 23: „Maßgebliche Elemente der Verkehrsanschauung sind der Markwert eines Stoffes sowie dessen Übereinstimmung mit Produktnormen. Fehlt es daran, kann das Produkt schwerlich veräußert und damit weiter verwendet werden." Vgl. auch Kunig Jura 1997, 494, 496; Wolfers NVwZ 1998, 225 ff

– Nach **Nr. 2** wird der Entledigungswille vermutet, wenn die ursprüngliche Zweckbestimmung der Sache entfällt oder aufgegeben wird (Entwidmung), ohne daß ein neuer Verwendungszweck unmittelbar an deren Stelle tritt (keine Neuwidmung).

Für die Beurteilung der Zweckbestimmung ist die Auffassung des Erzeugers/Besitzers unter Berücksichtigung der **Verkehrsanschauung** zugrunde zu legen (§ 3 Abs. 3 S. 2 KrW-/AbfG).

Beispiel: Bei Kraftfahrzeugen oder Anhängern ist nach der Verkehrsanschauung davon auszugehen, daß ihre ursprüngliche Zweckbestimmung entfallen und eine neue nicht unmittelbar an deren Stelle getreten ist, wenn sie ohne gültige amtliche Kennzeichen auf öffentlichen Flächen abgestellt werden und keine Anhaltspunkte für deren Entwendung oder bestimmungsgemäße Nutzung bestehen (vgl. § 15 Abs. 4 KrW-/AbfG).

[3] Als Auffangtatbestand fungiert der **objektive Abfallbegriff** des § 3 Abs. 4 KrW-/AbfG. Danach **muß** sich der Besitzer beweglicher Sachen entledigen, wenn diese

– entsprechend ihrer ursprünglichen Zweckbestimmung nicht mehr verwendet werden,
– aufgrund ihres konkreten Zustandes geeignet sind, gegenwärtig oder künftig das **Wohl der Allgemeinheit**, insb. die Umwelt zu gefährden, und
– deren **Gefährdungspotential** nur durch eine ordnungsgemäße und schadlose Verwertung oder gemeinwohlverträgliche Beseitigung nach den abfallrechtlichen Vorschriften ausgeschlossen werden kann (sog. **Zwangsabfall**).

Vgl. BayObLG NVwZ 1997, 1038, 1039; VG Bremen NVwZ 1997, 1029, 1031 zur Abfalleigenschaft von Autowracks.

ABFALL		
subjektiver Abfallbegriff § 3 II KrW-/AbfG	**verobjektivierter, subjektiver** Abfallbegriff, § 3 III KrW-/AbfG	**objektiver** Abfallbegriff § 3 IV KrW-/AbfG
• **bewegliche Sache** • **Entledigung**: – Verwertung – Beseitigung – Aufgabe der Sachherrschaft unter Wegfall der Zweckbestimmung	• **bewegliche Sache** • **verobjektivierter Entledigungswille** – Entledigungsabsicht – nicht bezweckter Reststoff (Nr. 1) – Entwidmung (Nr. 2)	• **bewegliche Sache** • **Zwangsabfall** – Wegfall ursprüngl. Zweckbestimmung – abstraktes Gefährdungspotential – nur durch Entsorgung abzuwehren

(b) A will einen Teil der Altreifen in seinem Betrieb runderneuern, sie also nach Anhang II B (R 2 und R 4) zum KrW-/AbfG einem Verwertungsverfahren zuführen. Damit wird zwar zunächst gem. § 3 Abs. 2, 1. Alt. KrW-/AbfG die Abfalleigenschaft begründet. Allerdings unterscheidet das Gesetz zwischen Abfällen zur **Verwertung** und Abfällen zur **Beseitigung** (§ 3 Abs. 1 S. 2 KrW-/AbfG). Was als Verwertung iSd Gesetzes anzusehen ist, ergibt sich aus § 4 Abs. 3 u. 4 KrW-/AbfG.

VGH Kassel DVBl 1998, 347; vgl auch die Kontroverse zwischen Dolde/Vetter NVwZ 1997, 937 u. NVwZ 1998, 378 und Weidemann NVwZ 1998, 258 ff.

Die Unterscheidung hat insb. Auswirkungen auf Art und Umfang der Überlassungspflicht nach § 13 KrW-/AbfG hat.

(aa) Für **private Haushaltungen** besteht abweichend von §§ 5 Abs. 2, 11 Abs. 1 KrW-/AbfG eine generelle Überlassungspflicht für solche Abfälle, zu deren Verwertung sie nicht in der Lage sind oder die sie nicht verwerten wollen (§ 13 Abs. 1 S. 1 KrW-/AbfG).

Beispiele: Keine Überlassungspflicht besteht daher zB bei der Eigenkompostierung (Schink NVwZ 1997, 435, 437; Billig NVwZ 1997, 978, 979). – Abfälle, die der Bürger nicht verwertet, also Abfälle zur Beseitigung sind dagegen stets zu überlassen, also dem öffentlichen Entsorgungsträger zur Verfügung zu stellen.

(bb) Verwertbare Abfälle aus **anderen Herkunftsbereichen** unterfallen grds. keiner Überlassungspflicht, vielmehr müssen die Abfälle nach § 5 Abs. 2 KrW-/AbfG eigenverantwortlich verwertet bzw. nach § 11 Abs. 1 KrW-/AbfG beseitigt werden. Eine Überlassungspflicht besteht nach § 13 Abs. 1 S. 2 KrW-/AbfG nur bei **Abfällen zur Beseitigung**, soweit die Erzeuger und Besitzer diese nicht in eigenen Anlagen beseitigen oder überwiegende öffentliche Interessen eine Überlassung erfordern.

Soweit A die Altreifen **runderneuern** will, sind sie zwar Abfall nach § 3 Abs. 2, 1. Alt. KrW-/AbfG, da sie der Verwertung zugeführt werden sollen. Bei Abfällen zur Verwertung aus anderen Herkunftsbereichen als Haushaltungen besteht nach § 13 Abs. 1 S. 2 KrW-/ AbfG keine Überlassungspflicht. Die Verfügung ist **insoweit rechtswidrig**.

Werden Abfälle zur Verwertung mit Abfällen zur Beseitigung vermischt (zB Bauschutt), so besteht die Überlassungspflicht nach § 13 Abs. 1 KrW-/AbfG für das gesamte Abfallgemisch (VG Sigmaringen NVwZ 1998, 429, 431; VG Regensburg NVwZ 1998, 431, 433; VG Berlin NVwZ 1997, 1032, 1034; kritisch Weidemann NVwZ 1997, 973 ff; abweichend VG Schleswig NVwZ 1998, 313, 314).

Verwertungs- und Beseitigungspflichten bei Abfällen

aus **privaten Haushaltungen**		aus **anderen Herkunftsbereichen**	
zur **Verwertung**	zur **Beseitigung**	zur **Verwertung**	zur **Beseitigung**
Überlassungspflicht, wenn – zur Verwertung nicht in der Lage oder – Verwertung nicht beabsichtigt § 13 Abs. 1 S. 1 KrW-/AbfG	**generelle Überlassungspflicht**, arg e § 13 Abs. 1 S. 1 KrW-/AbfG	**grds. eigene Verwertungspflicht**, § 5 Abs. 2–6 KrW-/AbfG	• grds. eigene **Beseitigungspflicht** • **Überlassungspflicht**, wenn – keine Beseitigung in eigener Anlage – überwiegende öffentliche Interessen Überlassung erfordern § 13 Abs. 1 S. 2 KrW-/AbfG

Die Einteilung in Abfälle zur Verwertung und Abfälle zur Beseitigung hat nicht nur Bedeutung für die Überlassungspflicht, sondern vor allem für die Frage der abfallbehördlichen **Überwachungsbedürftigkeit** gem. §§ 40 ff KrW-/AbfG.

(c) Überlassungspflichtiger Abfall könnten jedoch die **nicht zur Runderneuerung** vorgesehenen Reifen sein.

(aa) Diese Reifen will A aber weder einem der in § 3 Abs. 2, 1. u. 2. Alt. KrW-/AbfG genannten Entsorgungsverfahren (Verwertung oder Beseitigung) zuführen, noch hat er seinen Sachherrschaftswillen iSd § 3 Abs. 2, 3. Alt. KrW-/AbfG aufgegeben. Die Reifen unterfallen daher nicht dem subjektiven Abfallbegriff iSd **§ 3 Abs. 2 KrW-/AbfG**.

(bb) Die Reifen könnten jedoch als Abfall nach **§ 3 Abs. 3 KrW-/AbfG** zu qualifizieren sein. Da die Reifen kein (unbeabsichtigtes) Nebenprodukt iSd Nr. 1 sind, kommt nur Nr. 2 in Betracht, wenn der ursprüngliche Verwendungszweck der Reifen entfallen ist, ohne daß ein neuer Zweck unmittelbar an dessen Stelle getreten ist.

Soweit A die Reifen als **Gebrauchtreifen** verkaufen kann, sollen sie alsbald einer anderen Verwendung zugeführt werden. Dabei ist eine vorübergehende Lagerung unschädlich, wenn schon zu deren Beginn ein neuer Zweck feststeht. Außerdem wird die Produktverwendung durch die Vorlage des Kaufvertrages belegt. Der verkäufliche Teil der Altreifen ist daher kein Abfall iSd § 3 Abs. 3 KrW-/ AbfG.

Eine längere Lagerung kann dagegen ein Indiz für das Vorliegen von Abfall sein (BVerwGE 92, 359; Frenz KrW-/AbfG § 3 Rdn 23).

(cc) Es könnte jedoch der **objektive Abfallbegriff** des § 3 Abs. 4 KrW-/ AbfG eingreifen. Die Vorschrift beschreibt als Auffangtatbestand das rein nach objektiven Kriterien zu beurteilende „sich entledigen müssen“, den sog. Zwangsabfall. Werden danach Stoffe nicht mehr ihrer ursprünglichen Zweckbestimmung nach gebraucht und rufen sie aufgrund ihres Zustandes auch nur abstrakt Gefahren für die Umwelt hervor, muß der Besitzer sich ihrer entledigen.

Der ersatzlose Wegfall der ursprünglichen Zweckbestimmung rechtfertigt generell die Besorgnis, es werde mangels eines Gebrauchsinteresses mit dem Gegenstand unsachgemäß, insb. umweltgefährdend umgegangen. Aufgegriffen wurden hierdurch die Tendenzen der neueren Rspr, vgl. BVerwGE 93, 353 ff; dazu Seibert DVBl 1994, 229, 234.

Da der objektive Abfallbegriff stets voraussetzt, daß der ursprüngliche Verwendungszweck entfallen ist, die verkaufsfähigen Altreifen aber noch entsprechend ihrer Zweckbestimmung weiter benutzt werden können, handelt es sich dabei auch nicht um Abfall iSd § 3 Abs. 4 KrW-/AbfG.

Ebenso BVerwG NVwZ 1993, 990 zur bisherigen Rechtslage. – Stehen die fraglichen Sachen noch im Gebrauch, kann den aus ihrem Betrieb entstehenden Gefahren nicht abfallrechtlich, sondern nur nach allgemeinem oder sonstigem Ordnungsrecht begegnet werden. Gleiches gilt, wenn die Gefahr auch ohne Verwertung oder Beseitigung der Sache ausgeräumt werden kann. § 3 Abs. 4 KrW-/AbfG hat daher als Auffangtatbestand auch die Funktion der Abgrenzung des Abfallrechts zum allgemeinen Ordnungsrecht.

Der **verkaufsfähige Teil der Altreifen** ist daher **kein Abfall** nach § 3 KrW-/AbfG und unterliegt damit keiner Überlassungspflicht nach § 13 KrW-/AbfG. Die Verfügung ist daher auch insoweit rechtswidrig.

(dd) Den übrigen, **erheblich beschädigten Altreifen** fehlt dagegen die Eigenschaft als Produkt bzw. Wirtschaftsgut iSd § 3 Abs. 3 KrW-/ AbfG. Sie besitzen keinen Markwert, da sie für eine Weiterverwendung als Reifen unbrauchbar sind. Auch unterliegen sie keiner anderen, neuen Zweckbestimmung. Sie sind daher **Abfall** nach dem verobjektivierten, subjektiven Abfallbegriff gem. § 3 Abs. 3 KrW-/AbfG. Da A die Reifen nicht anderweitig verwerten kann, sind sie damit **Abfälle zur Beseitigung** aus anderen Herkunftsbereichen als privaten Haushaltungen.

(d) Eine Überlassungspflicht besteht für derartige Abfälle nach § 13 Abs. 1 S. 2 KrW-/AbfG nur, soweit die Abfallerzeuger und -besitzer die Abfälle **nicht in eigenen Anlagen** beseitigen oder überwiegende **öffentliche Interessen** eine Überlassung erfordern. Diese Ausschlußtatbestände sind hier nicht gegeben.

Die Überlassungspflicht entfällt außerdem, wenn die Entsorgungspflichten nach §§ 16 ff KrW-/AbfG Dritten oder privaten Entsorgungsträgern übertragen worden sind (§ 13 Abs. 2 KrW-/AbfG) oder bei Rücknahme- und Rückgabepflichten und Sammlungen (§ 13 Abs. 3 KrW-/AbfG); dazu Schink NVwZ 1997, 435, 438 ff.

(e) A ist als Erzeuger und Besitzer der Abfälle iSd § 3 Abs. 5 u. 6 KrW-/AbfG auch **richtiger Adressat** der Verfügung. Als solchen trifft ihn die Pflicht zur eigenverantwortlichen Abfallverwertung und -beseitigung nach §§ 5 Abs. 2, 11 Abs. 1 KrW-/AbfG bzw. hier abweichend davon die Abfallüberlassungspflicht nach § 13 Abs. 1 S. 2 KrW-/AbfG.

A hat somit nur die nicht zur Runderneuerung vorgesehenen und nicht mehr als Gebrauchtreifen verkäuflichen Altreifen gem. § 13 Abs. 1 S. 2 KrW-/AbfG dem zuständigen öffentlich-rechtlichen Entsorgungsträger (kostenpflichtig) zu überlassen. Im übrigen ist die Verfügung hinsichtlich der Altreifen rechtswidrig und verletzt den A in seinem Grundrecht aus Art 14 GG.

(II) **Pflicht zur Abfallvermeidung**

Als Grundlage für die Abfallvermeidungsverfügung kommt die in § 22 Abs. 1 KrW-/AbfG statuierte **Produktverantwortung** in Betracht. Danach ist derjenige, der Erzeugnisse entwickelt, herstellt, be- und verarbeitet oder vertreibt, dazu verpflichtet, die Erzeugnisse möglichst so zu gestalten, daß bei Herstellung und Gebrauch das Entstehen von Abfällen vermindert wird und die umweltverträgliche Verwertung und Beseitigung der nach Gebrauch entstandenen Abfälle sichergestellt ist (§ 22 Abs. 1 S. 2 KrW-/AbfG).

Aus § 22 Abs. 4 KrW-/AbfG folgt jedoch, daß die Verpflichtungen zur Produktverantwortung **durch RechtsVO** nach §§ 23, 24 KrW-/AbfG festgelegt werden. § 22 Abs. 1 KrW-/AbfG hat lediglich eine **Appellfunktion**, die dazu aufruft, in eigener Verantwortung Abfall zu vermeiden. Durch behördliche Anordnung nach § 21 KrW-/AbfG kann daher eine Vermeidung nicht erzwungen werden, die nicht durch RechtsVO konkretisiert ist.

Frenz KrW-/AbfG § 21 Rdn 3; Schrader NVwZ 1997, 943, 944; Beckmann UPR 1996, 41, 45; allgemein zur Produktverantwortung Hoffmann DVBl 1996, 347; Petersen/Ried NJW 1995, 10; Weidemann NVwZ 1995, 634; Versteyl/Wendenburg NVwZ 1994, 837.

Die Produktverantwortung wird durch RechtsVO nach §§ 23, 24 KrW-/AbfG konkretisiert, zB durch Produktverbote, Beschränkungen, Kennzeichnungspflichten sowie Rücknahmepflichten (vgl. zB die am 01.04.1998 in Kraft getretene Verordnung über die Verwertung von **Altautos** [BGBl I 1997, 1666]; dazu Kopp NJW 1997, 3292).

Die Vermeidungsverfügung ist mangels Ermächtigungsgrundlage **rechtswidrig**. Der Widerspruch des A ist daher im wesentlichen begründet, nur hinsichtlich der Überlassung der nicht mehr verkaufsfähigen und nicht erneuerungsfähigen Altreifen ist der Widerspruch unbegründet.

– – –

3. Die hierarchischen Grundpflichten des Abfallerzeugers oder -besitzers

Nach dem KrW-/AbfG ist – wie im Fall 21 dargestellt – jeder Erzeuger oder Besitzer von Abfällen Adressat hierarchisch gegliederter gesetzlicher Grundpflichten.

- **Abfallvermeidungspflicht**

  Nach §§ 4 Abs. 1 Nr. 1, 5 Abs. 1 KrW-/AbfG sind Abfälle in erster Linie zu vermeiden, insb. durch die Verminderung ihrer Menge und Schädlichkeit. Die Pflichten zur Abfallvermeidung richten sich nach § 9 KrW-/AbfG sowie den aufgrund der §§ 23, 24 KrW-/AbfG im Rahmen der **Produktverantwortung** erlassenen RechtsVOen.

  Die Abfallvermeidung ist **abschließend** im KrW-/AbfG und den darauf beruhenden RechtsVOen (zB in der VerpackungsVO) geregelt. Länder und Gemeinden haben daher keine Kompetenz darüber hinaus selbständig Lenkungsmaßnahmen zu ergreifen (BVerwG DVBl 1997, 1118: Die einem Gastwirt erteilte Sondernutzungserlaubnis darf nicht mit der Auflage versehen werden, Mehrweggeschirr zu benutzen).

  Vgl. auch BVerfG, Urt. v. 07.05.1998 (2 BvR 1991/95 u.a.): Eine kommunale Verpackungsteuer läuft dem (bundes-)gesetzlichen Kooperationsmodell der Abfallvermeidung nach dem KrW-/AbfG zuwider und ist deshalb verfassungswidrig. „Mit dieser konkreten sanktionsbewehrten Verhaltenslenkung widerspricht sie der Entscheidung des (Bundes-)Gesetzgebers, die Konkretisierung des Ziels, Verpackungsabfälle zu vermeiden, und die Auswahl der dafür geeigneten Mittel den „beteiligten Kreisen" mit ihrer besonderen Sachkenntnis und -nähe zu überlassen." Entsprechendes gilt für Lenkungsabgaben zur Abfallvermeidung in den Landesabfallgesetzen (2 BvR 1876/91 u.a.)

- **Abfallverwertungspflicht**

  Unvermeidbare Abfälle sind stofflich zu verwerten oder zur Gewinnung von Energie zu nutzen (energetische Verwertung), §§ 4 Abs. 1 Nr. 2, 5 Abs. 2–4 KrW-/AbfG. Die Pflicht zur Verwertung trifft unmittelbar die Abfallerzeuger und -besitzer (§ 5 Abs. 2 S. 1 KrW-/AbfG). Dies gilt uneingeschränkt allerdings nur für gewerbliche Abfälle. Erzeuger und Besitzer von Abfällen aus **privaten Haushaltungen** können verwerten, müssen es aber nicht. Soweit sie zu einer Verwertung nicht in der Lage sind oder diese nicht beabsichtigen, sind sie verpflichtet, die Abfälle den öffentlich-rechtlichen Entsorgungsträgern zu überlassen (§ 13 Abs. 1 S. 1 KrW-/AbfG).

  Die Verwertung von Abfällen hat grds. Vorrang vor deren Beseitigung (§ 5 Abs. 2 S. 2 KrW-/AbfG). Der Vorrang der Verwertung entfällt, wenn die Beseitigung der Abfälle die umweltverträglichere Lösung darstellt (§ 5 Abs. 5 KrW-/AbfG). Die Verwertung hat **ordnungsgemäß** und **schadlos** zu erfolgen (§ 5 Abs. 3 KrW-/AbfG). Die Pflicht zur Verwertung ist einzuhalten, soweit dies technisch möglich und wirtschaftlich zumutbar ist (§ 5 Abs. 4 KrW-/AbfG).

- **Abfallbeseitigungspflicht**

  Abfälle, die nicht verwertet werden, sind dauerhaft von der Kreislaufwirtschaft auszuschließen und zur Wahrung des Wohls der Allgemeinheit zu beseitigen (§ 10 Abs. 1 KrW-/AbfG). Die Abfallbeseitigung umfaßt das Bereitstellen, Überlassen, Einsammeln, die Beförderung, die Behandlung, die Lagerung und die Ablagerung von Abfällen zur Beseitigung (§ 10 Abs. 2 S. 1 KrW-/AbfG). Abfälle sind grds. im Inland (§ 10 Abs. 3 KrW-/AbfG) und so zu beseitigen, daß das **Wohl der Allgemeinheit** nicht beeinträchtigt wird (§ 10 Abs. 4 KrW-/AbfG mit Regelbeispielen). Die Anforderungen an die Abfallbeseitigung werden nach § 12 KrW-/AbfG im einzelnen in einer RechtsVO konkretisiert.

Die Beseitigungspflicht trifft grds. den **Abfallerzeuger** oder **-besitzer** (§ 11 Abs. 2 KrW-/AbfG). Bei Abfällen zur Beseitigung aus privaten Haushaltungen besteht nach § 13 Abs. 1 S. 1 KrW-/AbfG jedoch lediglich eine Überlassungspflicht. Erzeuger und Besitzer von Abfällen zur Beseitigung aus anderen Herkunftsbereichen sind dagegen nur zur Überlassung verpflichtet, soweit sie diese nicht in eigenen Anlagen beseitigen oder überwiegende öffentliche Interessen eine Überlassung erfordern (§ 13 Abs. 1 S. 2 KrW-/AbfG).

Grundpflichten nach dem KrW-/AbfG	
Abfallvermeidung	• **Produktverantwortung,** §§ 22 ff KrW-/AbfG – § 22 Abs. 1 KrW-/AbfG enthält keine materielle Rechtspflicht – nur nach Maßgabe der §§ 23, 24 KrW-/AbfG iVm RechtsVO • **anlagenbezogene Vermeidungspflicht** gem. § 9 KrW-/AbfG, § 5 Abs. 1 Nr. 3 BImSchG
Abfallverwertung	• **Vorrang der Verwertung** vor der Beseitigung (§ 5 Abs. 2 S. 2 KrW-/AbfG) – Ausnahmen: – Beseitigung ist umweltverträglicher (§ 5 Abs. 5 KrW-/AbfG) – in Forschung und Entwicklung (§ 5 Abs. 6 KrW-/AbfG) • **stoffliche** oder **energetische** Verwertung (§ 4 Abs. 3 u. 4) • **Anforderungen** an der Verwertung – Programmsatz: möglichst hochwertig (§ 5 Abs. 2 S. 3 KrW-/AbfG) – Art und Weise, § 5 Abs. 3 u. 4 KrW-/AbfG ▫ **ordnungsgemäß:** im Einklang mit KrW-/AbfG und anderen öffentlich-rechtlichen Vorschriften ▫ **schadlos:** Beeinträchtigung des Wohls der Allgemeinheit nicht zu erwarten ▫ **technisch möglich:** Verwertung realisierbar, auch wenn Vorbehandlung erforderlich (§ 5 Abs. 4 S. 2 KrW-/AbfG) ▫ **wirtschaftlich zumutbar:** Kosten der Verwertung nicht außer Verhältnis zu Kosten der Beseitigung – bei energetischer Verwertung zusätzl. § 6 Abs. 2 KrW-/AbfG • **anlagenbezogene Verwertungspflichten**, § 5 Abs. 1 Nr. 3 BImSchG • **keine** eigenverantwortliche Verwertung bei **Überlassungspflicht** nach §§ 13 ff KrW-/AbfG
Abfallbeseitigung	• nur soweit **keine vorrangige Verwertungspflicht** besteht • Abfallbeseitigung: Bereitstellen, Überlassen, Einsammeln, Beförderung, Behandlung, Lagerung und Ablagerung • Art und Weise: keine Beeinträchtigung des Wohls der Allgemeinheit (§ 10 Abs. 4 KrW-/AbfG) • Anforderungen im einzelnen nach § 12 KrW-/AbfG iVm RechtsVO • **keine** eigenverantwortliche Beseitigung bei **Überlassungspflicht** nach §§ 13 ff KrW-/AbfG

4. Planungsverantwortung

Der vierte Teil des KrW-/AbfG regelt in den §§ 27–29 KrW-/AbfG die Ordnung und Planung der **Abfallbeseitigung** und in den §§ 30–36 KrW-/AbfG die Zulassung von **Abfallbeseitigungsanlagen**.

4.1 Ordnung und Durchführung der Abfallbeseitigung

Abfälle dürfen zum Zwecke der Beseitigung nur in den dafür zugelassenen Anlagen oder Einrichtungen **(Abfallbeseitigungsanlagen)** behandelt, gelagert oder abgelagert werden (§ 27 Abs. 1 S. 1 KrW-/AbfG). Davon bestehen **vier Ausnahmen**: Abfälle zur Beseitigung dürfen

- auch in solchen Anlagen **behandelt** werden, die überwiegend einem anderen Zweck als der Abfallbeseitigung dienen und die einer Genehmigung nach § 4 BImSchG bedürfen (§ 27 Abs. 1 S. 2 KrW-/AbfG),
- in diesen Zwecken dienenden Anlagen **gelagert** oder **behandelt** werden, soweit diese als unbedeutende Anlagen nach dem BImSchG keiner Genehmigung bedürfen und keine abweichende Regelung besteht (§ 27 Abs. 1 S. 3 KrW-/AbfG),

auch außerhalb dafür zugelassener Anlagen oder Einrichtungen **beseitigt** werden,

- soweit die zuständige Behörde im Einzelfall Ausnahmen vom Anlagenzwang zugelassen hat (§ 27 Abs. 2 KrW-/AbfG) oder
- durch landesrechtliche RechtsVO Ausnahmen für bestimmte Abfälle oder bestimmte Mengen dieser Abfälle zugelassen sind (§ 27 Abs. 3 KrW-/AbfG).

§ 28 KrW-/AbfG regelt die **Durchführung der Abfallbeseitigung** (Benutzung, Mitbenutzung von Abfallbeseitigungsanlagen, Übertragung der Beseitigung). Nach § 29 KrW-AbfG sind die Länder verpflichtet, **Abfallwirtschaftspläne** mit einem gesetzlichen Mindestinhalt zu erlassen, um so eine vorausschauende Planung zu ermöglichen. Die Abfallwirtschaftspläne weisen die zugelassenen Abfallbeseitigungsanlagen aus sowie geeignete Flächen für Deponien und sonstige Abfallbeseitigungsanlagen.

4.2 Zulassung von Abfallbeseitigungsanlagen

Die Zulassung von Abfallbeseitigungsanlagen richtet sich teilweise nach dem KrW-/AbfG und teilweise nach dem BImSchG:

- Die Errichtung, der Betrieb und die wesentliche Änderung von ortsfesten Anlagen zur **Lagerung** oder **Behandlung** von Abfällen zur Beseitigung bedürfen lediglich der Genehmigung nach dem BImSchG, eine weitere Zulassung nach dem KrW-/AbfG ist nicht erforderlich (§ 31 Abs. 1 KrW-/AbfG).
- Für die Errichtung, den Betrieb und die wesentliche Änderung von **Deponien** (Anlagen zur **Endlagerung**, vgl. § 29 Abs. 1 S. 3 Nr. 2 KrW-/AbfG) ist dagegen grds. ein Planfeststellungsverfahren oder eine Plangenehmigung nach dem KrW-/AbfG erforderlich (§ 31 Abs. 2 u. Abs. 3 KrW-/AbfG).

Für das **Planfeststellungsverfahren** gelten die §§ 72 ff VwVfG (§ 34 KrW-/AbfG), eine Plangenehmigung darf jedoch abweichend von § 74 Abs. 6 VwVfG nur in bestimmten Ausnahmefällen ergehen (§ 31 Abs. 3 KrW-/AbfG).

Der Planfeststellungsbeschluß oder die Plangenehmigung dürfen nach § 32 Abs. 1 KrW-/AbfG nur erteilt werden, wenn

– sichergestellt ist, daß das **Wohl der Allgemeinheit nicht beeinträchtigt** wird, insb. keine **Gefahren** für die Schutzgüter des § 10 Abs. 4 KrW-/AbfG hervorgerufen werden können und **Vorsorge** gegen die Beeinträchtigung der Schutzgüter getroffen wird,
– keine Bedenken gegen die **Zuverlässigkeit** der für die Deponie verantwortlichen Personen bestehen,
– keine nachteiligen Wirkungen auf **Rechte Dritter** zu erwarten sind und
– die für verbindlich erklärten **Festsetzungen** eines **Abfallwirtschaftsplanes** dem Vorhaben nicht entgegenstehen.

Der Planfeststellungsbeschluß und die Plangenehmigung können nach § 32 Abs. 4 KrW-/AbfG unter Bedingungen erteilt, mit Auflagen verbunden und befristet werden, soweit dies zur Wahrung des Wohls der Allgemeinheit erforderlich ist. Auflagen können auch noch nachträglich erlassen, geändert oder ergänzt werden.

Wird eine Deponie **stillgelegt**, so bestehen nach § 36 KrW-/AbfG eine Reihe von **Nachsorgepflichten** (insb. Rekultivierung, Schutzmaßnahmen).

Zur Begrenzung von Nachsorgeanordnungen vgl. BVerwG NVwZ 1997, 1000, 1001.

5. Überwachung

Gemäß § 40 Abs. 1 KrW-/AbfG unterliegen Vermeidung, Verwertung und Beseitigung von Abfällen der Überwachung durch die zuständige Behörde. Aufgrund der Ermächtigung in § 42 Abs. 1 KrW-/AbfG **kann** die zuständige **Behörde** anordnen, daß Besitzer von Abfällen, die nicht mit Haushaltsabfällen beseitigt werden, Nachweis über deren Beseitigung sowie ein Nachweisbuch zu führen, Belege einzubehalten und diese der Behörde zur Nachprüfung vorzulegen haben **(fakultatives Nachweisverfahren)**. Entsprechendes gilt gemäß § 45 Abs. 1 KrW-/AbfG für die Verwertung von Abfällen.

Kraft Gesetzes **(obligatorisches Nachweisverfahren)** bestehen gem. §§ 43, 46 KrW-/AbfG Nachweispflichten für Beseitigung und Verwertung **besonders überwachungsbedürftiger Abfälle**. Zur Ausführung sind eine Reihe von speziellen RechtsVOen erlassen worden (vgl. insb. die Ermächtigungen in §§ 41, 48 KrW-/AbfG).

Vgl. die Verordnung zur Bestimmung von besonders überwachungsbedürftigen Abfällen (BGBl I 1996, 1366), die Verordnung zur Bestimmung von überwachungsbedürftigen Abfällen zur Verwertung (BGBl I 1996, 1377) und die Verordnung über Verwertungs- und Beseitigungsnachweise (Nachweisverordnung, BGBl I 1996, 1382).

Die behördliche Überwachung wird ergänzt durch eine **innerbetriebliche Überwachung** durch Bestellung eines Betriebsbeauftragten für Abfall (§§ 54, 55 KrW-/AbfG).

9. Teil: Bodenschutzrecht

1. Überblick

Das Bodenschutzrecht hat sich erst spät als eigenständige Rechtsmaterie entwickelt. Vor allem in den 70iger Jahren wurden verstärkt Bodenkontaminationen festgestellt, insb. im Zusammenhang mit sog. **Altlasten**, zB stillgelegten Abfallbeseitigungsanlagen (Deponien) und Grundstücken, auf denen in der Vergangenheit mit umweltgefährdenden Stoffen umgegangen worden ist. Die Bodenveränderungen führten nicht nur häufig zu einer Gefahr für das Grundwasser, sondern beeinträchtigten auch die natürliche Funktion des Bodens als Lebensgrundlage und Lebensraum für Menschen, Tiere und Pflanzen und als Bestandteil des Naturhaushalts. Deshalb stand in der rechtlichen Praxis die **Sanierung** kontaminierter Böden im Vordergrund. Als **Rechtsgrundlage** kamen hier vor allem Vorschriften des Wasserrechts, des Abfallrechts und des Immissionsschutzrechts in Betracht. Da diese Vorschriften jedoch eine andere Zielrichtung hatten, konnten sie nur einen kleinen Bereich der durch Kontaminationen hervorgerufenen Probleme lösen. Deshalb haben eine Reihe von Ländern in der Folgezeit spezielle Bodenschutzgesetze erlassen (zB Baden-Württemberg, Sachsen). Im Bereich der Altlasten gab es in unterschiedlicher Regelungsdichte Vorschriften in den Abfallgesetzen der Länder. Ergänzend mußte auf die ordnungsrechtliche Generalklausel zurückgegriffen werden.

Vgl. zur bisherigen Rechtslage AS-Skriptum POR (1995), S. 146 ff.

Da in den letzten Jahren jedoch immer mehr Schädigungen des Bodens festgestellt wurden, insb. durch Altlasten in den neuen Ländern, mußte das rechtliche Instrumentarium zum Bodenschutz vereinheitlicht und wirkungsvoller gestaltet werden. Anfang 1998 hat daher nunmehr der Bundesgesetzgeber das **Bundesbodenschutzgesetz** (BBodSchG) verabschiedet, das in den wesentlichen Teilen am **01.03.1999** in Kraft tritt. Das Gesetz enthält erstmals bundeseinheitliche Bodenschutzpflichten und Rechtsgrundlagen für

- Anordnungen zur Abwehr von **schädlichen Bodenveränderungen**,
- die Sanierung von **Altlasten**
- einschließlich **Gewässerverunreinigungen**.

Gesetz zum Schutz des Bodens vom 17.03.1998 (BGBl I 1998, 502); zur Gesetzesbegründung vgl. BT-Drs. 13/6701, 13/9637 u. BR-Drs. 422/97, 90/98; dazu Vierhaus NJW 1998, 1262; zum Gesetzentwurf vgl. auch Peine DVBl 1998, 157 ff.

2. Gesetzgebungskompetenz des Bundes

Lange Zeit war umstritten, ob dem Bund im Bereich der Gefahrenabwehr überhaupt eine umfassende **Gesetzgebungskompetenz** für das Bodenschutzrecht zusteht.

Bejahend Breuer DVBl 1994, 890, 897; Papier JZ 1994, 810, 811; Rid/Petersen NVwZ 1994, 844, 845; kritisch Degenhart ZRP 1997, 397 ff; Oerder NJW 1994, 2181, 2182.

Überwiegend wird heute darauf abgestellt, daß die die Nutzung des Bodens und Altlasten betreffenden Vorschriften Teil des **„Bodenrechts"** iSd Art 74 Abs. 1 Nr. 18 GG sind.

Zur Materie Bodenrecht gehören alle Vorschriften, die unmittelbar den Grund und Boden betreffen, also die rechtlichen Beziehungen des Menschen zum Grund und Boden regeln (BVerfGE 3, 407, 424; 34, 139, 144; einschränkend Degenhart ZRP 1997, 397, 399).

Soweit schädliche Bodenveränderungen erfaßt werden, die auf einer wirtschaftlichen Tätigkeit beruhen, handelt es sich außerdem um **„Recht der Wirtschaft“** iSd Art 74 Abs. 1 Nr. 11 GG. Soweit ein Zusammenhang mit der **Abfallbeseitigung** besteht, greift ergänzend Art 74 Abs. 1 Nr. 24 GG ein.

Zum Recht der Wirtschaft gehören alle Normen, die das wirtschaftliche Leben und die wirtschaftliche Betätigung (BVerfGE 55, 274, 308; 68, 310, 330) bzw. die Steuerung und Lenkung des Wirtschaftslebens insgesamt regeln (BVerfGE 11, 105, 110; 67, 256, 275).

Umstritten war vor allem die Regelung der **Grundwassersanierung** durch den Bund, da hier nach Art 75 Abs. 1 Nr. 4 GG (Wasserhaushalt) nur eine Rahmengesetzgebungskompetenz besteht. Allerdings dürfen Rahmenvorschriften in Ausnahmefällen nach Art 75 Abs. 2 GG auch in Einzelheiten gehende und unmittelbar gegenüber dem Bürger geltende Regelungen enthalten.

BT-Drs. 13/6701, S. 18: „Die vorgesehenen Regelungen sind für eine sachgerechte Sanierung zwingend erforderlich. Andernfalls müßten neben dem vom Bundes-Bodenschutzgesetz zur Sanierung von Böden und Altlasten vorgesehenen Instrumentarium zur Sanierung von Verunreinigungen von Gewässern zusätzlich die heterogenen landesrechtlichen Vorschriften angewandt werden.“ Verfassungsrechtliche Bedenken bei Vierhaus NJW 1998, 1262, 1266.

3. Grundstruktur des Bundes-Bodenschutzgesetzes (BBodSchG)

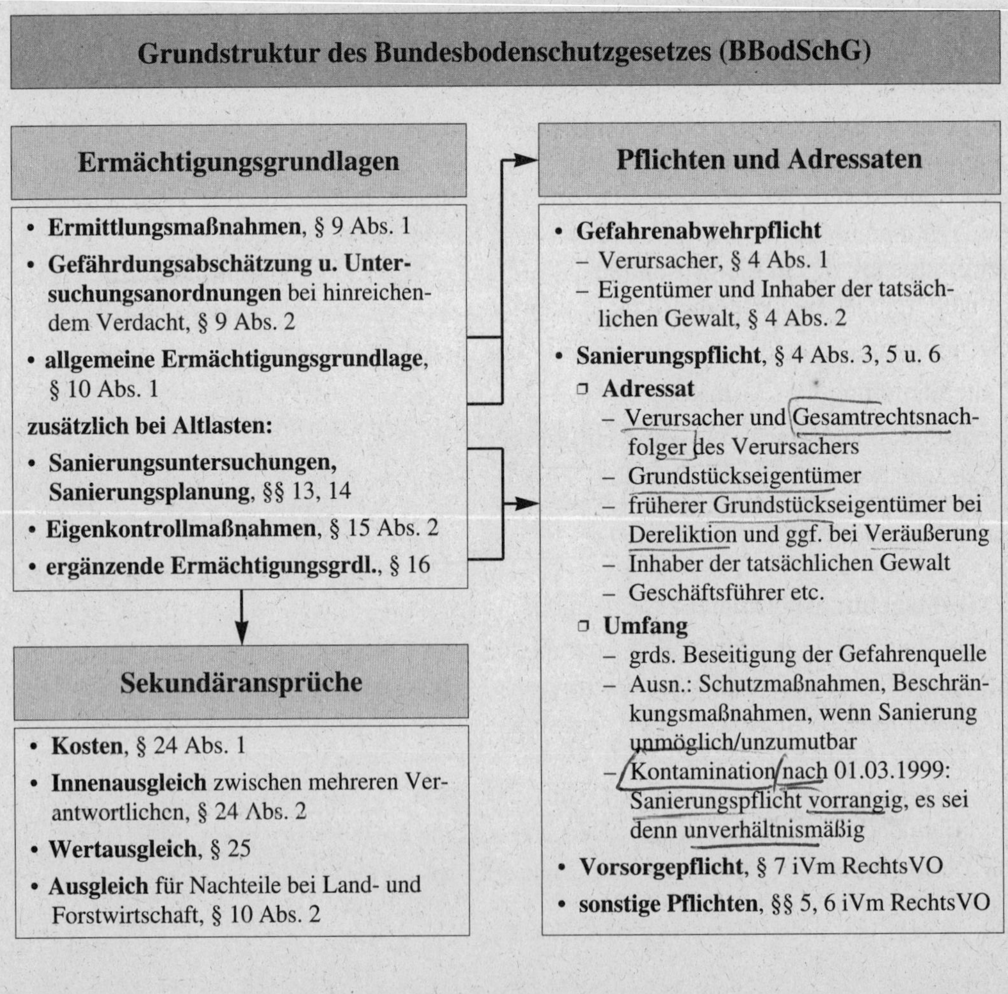

3.1 Ermächtigungsgrundlagen

3.1.1 Behördliche Anordnungen zum Bodenschutz und zur Altlastensanierung

Mit den in §§ 10, 16 BBodSchG vorgesehenen **behördlichen Anordnungen** sollen die zum Bodenschutz, zur Altlasten- und Grundwassersanierung begründeten Pflichten **bundesweit einheitlich** durchgesetzt werden. Mit Inkrafttreten des BBodSchG treten daher die bisherigen landesrechtlichen Regelungen außer Kraft (Art 31 GG).

Vgl. Vierhaus NJW 1998, 1262, 1269. Die Befugnis des Bundes zum Erlaß derartiger Ermächtigungsgrundlagen ergibt sich aus einer Annexkompetenz zum Bodenrecht und zum Recht der Wirtschaft. Denn Normen zur Ordnungsgewalt der Behörden sind ein Annex des zu regelnden Sachgebietes (BVerfGE 3, 407, 433). – Weitergehende landesrechtliche Regelungen sind nur noch im Rahmen des § 21 BBodSchG zulässig (zB für Verfahrensregelung, Altlastenkataster, Bodenbelastungsgebiete und Bodeninformationssysteme).

- Nach **§ 10 Abs. 1 S. 1 BBodSchG** kann die zuständige Behörde allgemein die notwendigen Maßnahmen treffen, die zur Erfüllung der Pflichten nach dem BBodSchG erforderlich sind, insb. Sanierungsverfügungen erlassen.

Beispiele: Anordnung an den Verursacher oder den Eigentümer zur Sanierung eines kontaminierten Grundstücks (§ 4 Abs. 3 S. 1 BBodSchG), auf Beschränkung der Nutzung eines Grundstücks (§ 4 Abs. 3 S. 3 BBodSchG) oder auf Durchführung von Sicherungsmaßnahmen.

- Für Altlasten gilt **ergänzend § 16 Abs. 1 BBodSchG** für Anordnungen zur Durchsetzung der speziellen altlastenbezogenen Pflichten in den §§ 11 ff BBodSchG.

3.1.2 Untersuchungs- und Vorbereitungsanordnungen

Der Vorbereitung von Anordnungen nach den §§ 10, 16 BBodSchG dienen die in den §§ 9 und 11–15 BBodSchG geregelten Maßnahmen:

- § 9 BBodSchG enthält Regelungen zur **Gefahrerforschung** und differenziert danach, wann die Behörde den Sachverhalt selbst ermitteln soll oder einen Dritten hierzu verpflichten darf.
  - Nach § 9 Abs. 1 S. 1 BBodSchG „soll" die Behörde die zur Ermittlung des Sachverhaltes geeigneten Maßnahmen ergreifen, wenn **Anhaltspunkte** für eine schädliche Bodenveränderung oder Altlast vorliegen. Dies gilt insbesondere, wenn sog. Prüfwerte überschritten werden (§ 9 Abs. 1 S. 2 BBodSchG).
  - Besteht auf Grund konkreter Anhaltspunkte bereits der **hinreichende Verdacht** einer schädlichen Bodenveränderung oder einer Altlast, kann die Behörde nach § 9 Abs. 2 BBodSchG anordnen, daß die verantwortlichen Personen (s. u. 3.2) die notwendigen Untersuchungen zur Gefährdungsabschätzung selbst durchzuführen haben.

§ 9 BBodSchG konkretisiert den Amtsermittlungsgrundsatz des § 24 VwVfG. Grundsätzlich muß die Behörde den Sachverhalt von Amts wegen ermitteln (§ 9 Abs. 1 BBodSchG). Besteht aber bereits ein hinreichender Gefahrenverdacht, so hat die Behörde die Möglichkeit, den Verantwortlichen zur Gefahrerforschung heranzuziehen (§ 9 Abs. 2 BBodSchG), der dann grds. auch die Kosten der Gefahrerforschung tragen muß (§ 24 Abs. 1 S. 1 BBodSchG), zur Ausnahme nach § 24 Abs. 1 S. 2 BBodSchG, wenn sich der Verdacht nicht bestätigt, vgl. unten Fall 23.

- Für **Altlasten** (§ 2 Abs. 5 BBodSchG) enthält das Gesetz wegen des besonderen Gefahrenpotentials in §§ 11 ff BBodSchG **ergänzende Rechtsgrundlagen** (die allgemeinen Vorschriften, insb. §§ 4, 9 und 10 BBodSchG bleiben daneben anwendbar):

Rechtsgrundlage für Sanierungsanordnungen ist daher auch bei Altlasten § 10 Abs. 1 BBodSchG. § 16 Abs. 2 BBodSchG erweitert die Wirkungen solcher Anordnungen durch die Konzentration bestimmter behördlicher Entscheidungen.

- Bei Altlasten, bei denen wegen der Verschiedenartigkeit der erforderlichen Maßnahmen ein abgestimmtes Vorgehen notwendig ist, soll die Behörde nach **§ 13 BBodSchG** vom Verantwortlichen die notwendigen Untersuchungen zur Entscheidung über Art und Umfang der erforderlichen Maßnahmen (**Sanierungsuntersuchungen**) sowie die Vorlage eines **Sanierungsplans** verlangen. Unter den Voraussetzungen des § 14 BBodSchG kann die Behörde den Sanierungsplan selbst erstellen oder ergänzen oder dies einem Sachverständigen übertragen.

  Der Sanierungsplan kann von der Behörde für verbindlich erklärt werden und hat dann eine eingeschränkte Konzentrationswirkung (§ 13 Abs. 6 BBodSchG).

- Bei Altlasten kann die Behörde von dem Verantwortlichen außerdem die Durchführung von **Eigenkontrollmaßnahmen**, insb. Boden- und Wasseruntersuchungen sowie die Einrichtung und den Betrieb von Meßstellen verlangen (§ 15 Abs. 2 BBodSchG).

Im übrigen können nach § 11 BBodSchG altlastenverdächtige Flächen erfaßt werden, um das Gefährdungspotential abzuschätzen. Art und Umfang der **Erfassung** regeln die Länder. Nach § 12 BBodSchG besteht eine Pflicht des zur Untersuchung oder zur Sanierung einer Altlast Verpflichteten, die Eigentümer der betroffenen Grundstücke und andere Betroffene zu **informieren**.

3.2 Bodenschutzrechtliche Pflichten und Adressaten

§ 4 und § 7 BBodSchG regeln allgemein die **Pflichten** und die **Adressaten** für Anordnungen nach den vorgenannten Ermächtigungsgrundlagen. Nach § 8 BBodSchG werden die Pflichten durch RechtsVO konkretisiert, insb. durch Festlegung von **Grenzwerten** (sog. Prüfwerten und Maßnahmenwerten).

3.2.1 Gefahrenabwehrpflicht

In erster Linie besteht eine Pflicht zur **Abwehr schädlicher Bodenveränderungen**, und zwar für den Verhaltensverantwortlichen (§ 4 Abs. 1 BBodSchG) sowie den Grundstückseigentümer und den Inhaber der tatsächlichen Gewalt (§ 4 Abs. 2 BBodSchG).

Nach § 4 Abs. 1 BBodSchG hat sich jeder, der auf den Boden einwirkt (insb. durch Nutzung des Bodens oder durch den Betrieb von Anlagen), so zu verhalten, daß schädliche Bodenveränderungen nicht hervorgerufen werden (**Verhaltenshaftung**). Wie im allgemeinen Polizeirecht gilt hierbei die Unmittelbarkeitstheorie: Verursacher ist, wer bei rechtlich wertender Betrachtung die **Gefahrenschwelle überschreitet**.

Vgl. BT-Drs. 13/6701: „Unter Berücksichtigung des Verhältnismäßigkeitsgrundsatzes kann nur ein bodenschutzrechtlich relevanter Verursachungsbeitrag dem Verpflichteten zugerechnet werden. Nicht jeder unwesentliche Verursachungsbeitrag soll dem Verpflichteten als rechtlich relevante Ursache zugerechnet werden. Auch bei Überschreiten der die Gefahrengrenze markierenden Bodenwerte können bodenbezogene Nutzungen durchgeführt und Industrieanlagen weiterhin betrieben werden, wenn ihre Einwirkung auf den Boden so geringfügig ist, daß sie das Gefährdungspotential nicht relevant erhöhen."

§ 4 Abs. 2 BBodSchG erfaßt die **Zustandshaftung**. Besteht zB aufgrund von Korrosionserscheinungen an Anlagenteilen oder Rohrleitungen die Gefahr, daß umweltgefährdende Stoffe in den Boden gelangen, so müssen der Grundstückseigentümer und der Inhaber der tatsächlichen Gewalt über das Grundstück die geeigneten Maßnahmen zur Abwehr der Gefahr ergreifen (zB Abdichten oder Ersetzen bestimmter Anlagen[teile]).

3.2.2 Sanierungspflicht

Während § 4 Abs. 1 u. 2 BBodSchG die Verantwortlichen verpflichtet, schädliche Bodenveränderungen zu verhindern, regelt § 4 Abs. 3 BBodSchG die Pflicht, bereits eingetretene **Störungen zu beseitigen.**

- § 4 Abs. 3, 5 und 6 BBodSchG regeln, **abweichend von der allgemeinen Polizeipflicht**, eine umfassende Verantwortlichkeit. Verantwortlich sind:
  - der **Verursacher** einer schädlichen Bodenveränderung oder Altlast,
  - der **Gesamtrechtsnachfolger des Verursachers,**
  - der **Grundstückseigentümer,**
  - der **frühere Eigentümer eines Grundstücks,**
    - nach der Neuregelung des § 4 Abs. 6 BBodSchG, wenn er sein Eigentum nach dem 01.03.1999 übertragen hat und die schädliche Bodenveränderung oder Altlast hierbei kannte oder kennen mußte. Dies gilt nicht für denjenigen, der beim Erwerb des Grundstücks gutgläubig war und dessen Vertrauen schutzwürdig ist.
    - Im übrigen haftet der „frühere Eigentümer", wenn die Übertragung des Eigentums wegen Verstoßes gegen § 138 Abs. 1 BGB nichtig ist. – **Beispiel:** Die Veräußerung eines Altlastengrundstücks kann sittenwidrig sein, wenn die Übertragung (zB auf eine mittellose Gesellschaft) ausschließlich dazu dient, die Kosten der Erkundung und Sanierung auf die Allgemeinheit abzuwälzen (VGH Mannheim, Urt. v. 20.01.1998 – 10 S 233/97; VGH Mannheim VBlBW 1995, 486);
  - wer das Eigentum an einem kontaminierten Grundstück aufgibt **(Dereliktion)**,
  - der **Inhaber der tatsächlichen Gewalt** über das Grundstück,
  - bei juristischen Personen, wer aus handels- oder gesellschaftsrechtlichen Gründen für die juristische Person einzustehen hat.

  In Betracht kommen hier insb. Fälle gesellschaftsrechtlicher Durchgriffshaftung wegen Unterkapitalisierung oder qualifizierter Konzernabhängigkeit. – **Beispiel:** Durch eine Unternehmensaufspaltung oder -veräußerung verbleiben der Gesellschaft als wesentliche Vermögenswerte nur kontaminierte Grundstücke. Durch die Unterkapitalisierung ist das Unternehmen außerstande, seinen Sanierungspflichten nach § 4 Abs. 3 S. 1 BBodSchG nachzukommen. Im Wege des Durchgriffs nach § 4 Abs. 3 S. 4 BBodSchG sind dann die Gesellschafter der unterkapitalisierten Gesellschaft selbst ordnungspflichtig (vgl. Vierhaus NJW 1998, 1262, 1265).

- In den Störervorschriften des § 4 Abs. 3 u. 5 BBodSchG ist gleichfalls der **Umfang der Sanierungspflicht** festgelegt:
  - Vorrangig besteht eine **Beseitigungspflicht**. Hierzu zählen neben Dekontaminations- auch Sicherungsmaßnahmen, die eine Ausbreitung der Schadstoffe langfristig verhindern (§ 4 Abs. 3 S. 1 u. 2 BBodSchG).
  - Sind diese Maßnahmen nicht möglich oder unzumutbar, sind sonstige **Schutz- und Beschränkungsmaßnahmen** (zB Nutzungsbeschränkungen, vgl. § 2 Abs. 8 BBodSchG) durchzuführen (§ 4 Abs. 3 S. 3 BBodSchG).

- Für **nach Inkrafttreten des Gesetzes** (01.03.1999) eintretende Bodenbelastungen gilt grds. der **Vorrang der Dekontamination** (§ 4 Abs. 5 BBodSchG), d.h. Schadstoffe sind grds. zu beseitigen, soweit dies im Hinblick auf die Vorbelastung des Bodens verhältnismäßig ist. Die vorrangige Sanierungspflicht besteht nicht für denjenigen, der zum **Zeitpunkt der Verursachung gutgläubig** war und dessen Vertrauen unter Berücksichtigung der Umstände des Einzelfalles schutzwürdig ist.

3.2.3 Vorsorgepflicht

§ 7 BBodSchG regelt eine spezifische bodenrechtliche Vorsorgepflicht. Bodeneinwirkungen sind zu vermeiden oder zu vermindern, soweit dies auch im Hinblick auf den Zweck der Nutzung des Grundstücks verhältnismäßig ist. Da die Vorsorgepflicht abstrakt gehalten ist, bedarf sie der Konkretisierung durch eine RechtsVO (§ 7 S. 3, § 10 Abs. 1 S. 3 BBodSchG).

3.2.4 Entsiegelung, Auf- und Einbringen von Materialien

Durch RechtsVO können außerdem Pflichten zur Entsiegelung von Bodenflächen (§ 5 BBodSchG) sowie zum Auf- und Einbringen von Materialien auf oder in den Boden (§ 6 BBodSchG) geregelt werden.

4. Sekundäransprüche

4.1 Kostenpflicht für Untersuchungs- und Sanierungsmaßnahmen

§ 24 BBodSchG regelt die Kostenpflicht für Maßnahmen nach den §§ 9 ff BBodSchG. Kostenpflichtig ist generell derjenige, der die angeordnete Maßnahme durchzuführen hat. Bei Gefahrerforschungsmaßnahmen tritt die Kostenpflicht nicht ein, wenn sich der Verdacht nicht verifiziert und der Herangezogene die den Verdacht begründenden Umstände nicht zu vertreten hat (§ 24 Abs. 1 S. 2 BBodSchG). Besonderheiten gelten für land- und forstwirtschaftlich genutzte Grundstücke (vgl. auch 4.3).

4.2 Ausgleichsansprüche zwischen mehreren Verantwortlichen

Da die Rspr bislang Ausgleichsansprüche zwischen mehreren Verantwortlichen abgelehnt hat, sieht § 24 Abs. 2 BBodSchG nunmehr unabhängig von der Heranziehung ausdrücklich einen Ausgleichsanspruch vor, dessen Höhe vom Umfang der Verursachungsbeiträge abhängt (vgl. Fall 22).

4.3 Wertausgleich

Nach § 25 BBodSchG hat der Grundstückseigentümer einen Wertausgleich in Höhe der maßnahmebedingten **Wertsteigerung** zu leisten, soweit die nach dem Gesetz notwendige Sanierung des Grundstücks auf Kosten der öffentlichen Hand durchgeführt wurde und sich der Verkehrswert des Grundstücks dadurch nicht nur unwesentlich erhöht hat. Im Einzelfall kann von der Erhebung des Ausgleichsbetrages abgesehen werden, wenn dies im öffentlichen Interesse oder zur Vermeidung unbilliger Härten geboten ist.

Eine Ausgleichspflicht **zugunsten des Betroffenen** für wirtschaftliche Nachteile sieht § 10 Abs. 2 BBodSchG vor, wenn eine **land- und forstwirtschaftliche Bodennutzung** gegenüber dem Grundstückseigentümer oder dem Inhaber der tatsächlichen Gewalt beschränkt wird, wenn diese nicht Verursacher der schädlichen Bodenveränderungen sind, und wenn die Nutzungsbeschränkung andernfalls zu einer über die damit verbundene allgemeine Belastung erheblich hinausgehende **besondere Härte** führen würde.

Fall 22: Altlast

E ist Eigentümer eines großflächigen Grundstücks, von dem er 1995 einen Teil an N veräußert hat. Früher wurde auf dem Gesamtgrundstück von M ein Metallveredelungsbetrieb unterhalten, der 1983 in Konkurs gefallen war. E hatte das Eigentum an dem Grundstück nach Stillegung des Betriebes im Jahre 1985 erworben. Vor kurzem wurde bei Untersuchungen auf einem Nachbargrundstück des X im Grundwasser ein erhöhter Gehalt an chlorierten Kohlenwasserstoffen (CKW) festgestellt. Daraufhin fand eine nähere Untersuchung statt, bei der sich herausstellte, daß sich im Erdreich des Grundstücks des E beträchtliche Mengen der im Grundwasser festgestellten Schadstoffe befinden. Dies ist wahrscheinlich auf eine unsachgemäße Ablagerung von Roh- und Betriebsstoffen auf dem früheren Betriebsgrundstück zurückzuführen ist. Die zuständige Behörde gibt dem E daraufhin durch Verfügung vom 24.03. auf,
1. im ermittelten Schadenszentrum den kontaminierten Boden unter Einhausung bis zu einem Sanierungszielwert von 10 mg CKW/kg Trockensubstanz auszukoffern,
2. in allen übrigen Bereichen, in denen bei den Vorerkundungen CKW-Gehalte über 5 mg/m^3 in der Bodenluft festgestellt wurden, eine Bodenluftabsaugung und -reinigung durchzuführen, um so eine Ausbreitung der Schadstoffe langfristig zu verhindern, und
3. zur Erfassung des kontaminierten Grundwassers drei Pegel zu bohren, aus denen das Grundwasser abgesaugt und anschließend bis zu einem Sanierungszielwert von 20 µg/l gereinigt wird.
E hat gegen die – für sofort vollziehbar erklärte – Verfügung Widerspruch erhoben, mit dem er u.a. darauf verweist, daß ihm bei Erwerb des Grundstücks zwar dessen frühere Nutzung, nicht jedoch die Kontamination bekannt gewesen sei. Die Behörde hat nach Ablauf der dem E gesetzten Frist gleichwohl ordnungsgemäß die Maßnahmen selbst durchgeführt und dem E nunmehr einen Kostenbescheid über 256.500 DM zugestellt.
E fragt nach der Rechtslage auf der Grundlage des BBodSchG.

(A) Kostenpflicht des Eigentümers E

Die Kosten für Maßnahmen nach dem BBodSchG tragen die **zur Durchführung Verpflichteten** (§ 24 Abs. 1 S. 1 BBodSchG). Eine Kostenpflicht des E besteht daher, wenn er nach § 4 Abs. 3 BBodSchG zur Sanierung des Grundstücks einschließlich der Gewässerverunreinigung verpflichtet war. Eine solche Verpflichtung könnte hier aufgrund der Verfügung vom 24.03. bestehen.

Die Durchsetzung von Anordnungen nach dem BBodSchG erfolgt auf der Grundlage des jeweiligen Verwaltungsvollstreckungsrechts des Landes (vgl. BT-Drs. 13/6701, S. 63).

(I) Fraglich ist inwieweit die **Kostenpflicht** von der **Rechtmäßigkeit** der Verfügung abhängig ist.

(1) Die Rechtmäßigkeit des GrundVA ist **nicht zu prüfen**, wenn dieser bereits **unanfechtbar** ist. Aufgrund der mit der Bestandskraft verbundenen Tatbestandswirkung des VA kommt es für die nachfolgenden Akte nicht mehr auf die Rechtmäßigkeit der vorgängigen Maßnahmen an. Auch ein rechtswidriger, bestandskräftiger VA kann zwangsweise durchgesetzt werden, es sei denn, er ist gem. § 44 VwVfG nichtig (vgl. § 18 Abs. 1 S. 3 BVwVG).

(2) Ist der GrundVA dagegen – wie im vorliegenden Fall – noch **anfechtbar**, ist zwischen der Primärebene und der Sekundärebene zu unterscheiden. Auf der Primärebene ist die Durchsetzung des VA zunächst einmal erlaubt, wenn der VA sofort vollziehbar ist (§ 80 Abs. 2 VwGO). Bei der Kostenfrage (der sog. Sekundärebene) müssen dagegen Grundverfügung und Vollzug rechtlich als Einheit beurteilt werden. Insoweit findet ein **Durchgriff** statt, so daß die zunächst (auf der Primärebene) erlaubte Vollstreckung ex nunc als rechtswidrig behandelt wird, wenn die noch anfechtbare Grundverfügung rechtswidrig ist. Ein Einwendungsausschluß wie gegenüber bestandskräftigen VAen verbietet sich wegen der Rechtsschutzgarantie des Art 19 Abs. 4 GG sowie nach den rechtsstaatlichen Grundsätzen der Verhältnismäßigkeit und der Gesetzmäßigkeit der Verwaltung. Der Adressat ist daher bei noch anfechtbarem GrundVA zum Kostenersatz nur bei – durchgehend – rechtmäßigem Handeln verpflichtet.

Vgl. Heckmann VBlBW 1993, 41, 44; Schoch JuS 1995, 504, 507. Umstritten ist, ob dann nur die Kostenforderung entfällt (so OVG Lüneburg NVwZ 1984, 223; VGH Mannheim DÖV 1984, 517, 519; Kohl JuS 1992, 949, 952; Brühl JuS 1997, 1021, 1023) oder der Vollzug selbst rechtswidrig ist (Ehlers JuS 1983, 869, 872; Steiner/Schenke Rdn 190; Engelhardt/App VwVG (3. Aufl. München 1992) § 18 Anm 2b; Würtenberger in Achterberg/Püttner II 7/1 Rdn 248); vgl. i.e. AS-Skriptum POR (1995), S. 42 mwN.

Da die Grundverfügung im Zeitpunkt der Durchsetzung noch nicht bestandskräftig war, besteht eine Kostenpflicht nach § 24 Abs. 1 S. 1 BBodSchG nur, wenn die Grundverfügung ihrerseits rechtmäßig war.

(II) **Rechtmäßigkeit der Grundverfügung**

Rechtsgrundlage für die Sanierungsverfügung war § 10 Abs. 1 S. 1 BBodSchG. Danach kann die zuständige Behörde die notwendigen Maßnahmen zur Erfüllung der sich u.a. aus § 4 BBodSchG ergebenden Pflichten treffen.

(1) **Anwendbarkeit des BBodSchG**

Das BBodSchG findet grds. auf alle **schädlichen Bodenveränderungen** und **Altlasten** Anwendung, soweit nicht Spezialvorschriften Einwirkungen auf den Boden regeln (§ 3 Abs. 1 BBodSchG).

Generell ausgenommen vom Anwendungsbereich des BBodSchG sind nach § 3 Abs. 2 BBodSchG Anlagen und Tätigkeiten etc., die vom Atom- und Strahlenschutzrecht und Kampfmittelrecht erfaßt werden.

(a) Was das **Abfallrecht** betrifft, so ist die Zulassung, der Betrieb und die Stillegung von Deponien aus dem Anwendungsbereich des BBodSchG ausgenommen (§ 3 Abs. 1 Nr. 2 BBodSchG). Die Vorschriften des KrW-/AbfG sollen sicherstellen, daß von solchen Anlagen keine Gefahren für Boden und Grundwasser ausgehen (vgl. zB §§ 10 Abs. 4, 32 Abs. 1 KrW-/AbfG, § 36 KrW-/AbfG), weshalb das BBodSchG nur subsidiäre Anwendung findet.

Bei Gefahren aufgrund schädlicher Bodeneinwirkungen, die von einer **stillgelegten Deponie** ausgehen, handelt es sich dagegen um **Altlasten** (§ 2 Abs. 5 Nr. 1 BBodSchG) oder um **altlastenverdächtige Flächen**

(§ 2 Abs. 6 BBodSchG), auf die das BBodSchG anzuwenden ist (vgl. auch § 36 Abs. 2 S. 2 KrW-/AbfG n.F.).

Handelt es sich nicht um eine Deponie, wird im übrigen die einzelne Kontamination idR ohnehin nicht unter das KrW-/AbfG fallen. Denn Abfälle sind nach § 3 Abs. 1 KrW-/AbfG nur **bewegliche Sachen**. Bei Vermischung mit dem Boden oder Versickern sind die Stoffe gem. §§ 946, 93, 94 BGB jedoch keine beweglichen Sachen mehr, sondern werden es allenfalls mit dem späteren Ausbaggern (OVG Lüneburg NVwZ 1990, 1001; VGH Mannheim NVwZ 1990, 781; Kohl JuS 1992, 864, 865; Pape NJW 1992, 2661, 2662; abweichend Seibert DVBl 1992, 664, 665).

(b) Das Verhältnis zum **Immissionsschutzrecht** richtet sich nach § 3 Abs. 1 Nr. 11, Abs. 3 BBodSchG. Das BBodSchG ist bei Anlagen iSd § 3 Abs. 5 BImSchG nur anwendbar, soweit die immissionsschutzrechtlichen Vorschriften über die Errichtung und den Betrieb von Anlagen (insb. §§ 5, 17, 22 BImSchG) Einwirkungen auf den Boden nicht regeln. Im Hinblick auf das Schutzgut Boden gelten schädliche Bodenveränderungen iSd BBodSchG, soweit sie durch Immissionen verursacht werden, als **schädliche Umwelteinwirkungen** nach § 3 Abs. 1 BImSchG, im übrigen als sonstige Gefahren, erhebliche Nachteile oder erhebliche Belästigungen nach § 5 Abs. 1 Nr. 1 BImSchG (§ 3 Abs. 3 BBodSchG).

Bei **genehmigungsbedürftigen** Anlagen wird die Abwehr von und die Vorsorge gegen schädliche Bodenveränderungen durch Immissionen und die Abwehr von sonstigen Gefahren für den Boden durch § 5 Abs. 1 Nr. 1 bzw. Nr. 2 BImSchG erfaßt, das BBodSchG ist insoweit nicht anwendbar.

Bei **nichtgenehmigungsbedürftigen** Anlagen ist die Abwehr von schädlichen Bodenveränderungen durch Immissionen stets durch das BImSchG erfaßt (§ 22 BImSchG), die Vorsorge dann, wenn sich eine RechtsVO nach § 23 BImSchG hierauf erstreckt (s.o. S. 175). Der Schutz vor **sonstigen Gefahren** und die Vorsorge hiergegen werden in den §§ 22 ff BImSchG dagegen nicht geregelt. Insoweit bleibt das BBodSchG auch bei Immissionen von Anlagen anwendbar.

(c) Im Verhältnis zum **Baurecht** stellt § 3 Abs. 1 Nr. 9 BBodSchG klar, daß sich die bauplanungs- und bauordnungsrechtliche Zulässigkeit nicht nach dem BBodSchG richtet, sondern ausschließlich nach dem BauGB und der LBauO.

Beispiele: Im Außenbereich ist ein sonstiges Vorhaben nach § 35 Abs. 2 BauGB nur zulässig, wenn öffentliche Belange nicht beeinträchtigt werden. Öffentliche Belange sind nach § 35 Abs. 3 Nr. 5 BauGB auch solche des Bodenschutzes. Diese vorrangigen Regelungen verdrängen das BBodSchG. – Auch die in § 5 BBodSchG geregelte Entsiegelungspflicht ist auf bauliche Anlagen nicht anwendbar. Insoweit gelten die baurechtlichen Spezialregelungen, zB § 179 BauGB.

(d) Viele Bodenveränderungen sind gleichzeitig grundwasserrelevant, so daß Überschneidungen mit dem **Wasserrecht** bestehen. Die Pflichten zur Gefahrenabwehr erstrecken sich nach § 4 BBodSchG auch auf die Sanierung von Gewässerverunreinigungen, soweit sie auf boden- oder altlastenspezifischen Kontaminationen beruhen. Bezüglich des „Ob" und der Rechtsgrundlage für die Sanierung verdrängen die Vorschriften des BBodSchG damit das Wasserrecht.

Vgl. BT-Drs. 13/6701, S. 18; aA Vierhaus NJW 1998, 1262, 1264. Generell anwendbar bleiben die wasserrechtlichen Vorschriften bei Gewässerverunreinigungen, die nicht auf Bodenkontaminationen beruhen.

Die bei der Sanierung von Gewässern zu erfüllenden Anforderungen im Einzelfall (also das „Wie" der Sanierung) bestimmen sich dagegen weiterhin nach dem Wasserrecht (§ 4 Abs. 4 S. 3 BBodSchG).

Vorrangige Vorschriften über die Einwirkungen auf den Boden, insb. aus dem Abfall- und Immissionsschutzrecht, sind hier nicht einschlägig. Nachsorgepflichten nach §§ 5 Abs. 3, 17 BImSchG bestehen nur für einen Zeitraum von einem Jahr (§ 17 Abs. 4 a BImSchG n.F.). Damit ist das BBodSchG anwendbar.

(2) Nach § 4 Abs. 3 BBodSchG ist u.a. der Grundstückseigentümer verpflichtet, den **Boden** und **Altlasten** sowie durch **schädliche Bodenveränderungen** oder Altlasten verursachte **Gewässerverunreinigungen** so zu sanieren, daß dauerhaft keine Gefahren, erhebliche Nachteile oder erhebliche Belästigungen für den einzelnen oder die Allgemeinheit entstehen.

(a) **Schädliche Bodenveränderungen** sind nach der Legaldefinition in § 2 Abs. 3 BBodSchG Beeinträchtigungen der Bodenfunktionen, die geeignet sind, Gefahren, erhebliche Nachteile oder erhebliche Belästigungen für den einzelnen oder die Allgemeinheit herbeizuführen.

(aa) Es muß eine **Beeinträchtigung** von **Bodenfunktionen** iSd § 2 Abs. 2 BBodSchG vorliegen.

Eine schädliche Bodenveränderung liegt zB dann vor, wenn durch Stoffeinträge die **Filterfunktion** des Bodens beeinträchtigt wird und es dadurch zu nachteiligen Veränderungen des Grundwassers kommen kann. In seiner **Nutzungsfunktion** ist der Boden zB beeinträchtigt, wenn aufgrund von Bodenbelastungen Nahrungs- oder Futtermittel nicht mehr uneingeschränkt angebaut oder Wohngebäude nicht errichtet oder nur eingeschränkt genutzt werden können.

(bb) Als zweites Element erfordert die Begriffsbestimmung, daß die beinträchtigte Bodenfunktion geeignet ist, **Gefahren, erhebliche Nachteile oder erhebliche Belästigungen** herbeizuführen. Dabei sind – vergleichbar dem Immissionsschutzrecht – alle Umstände des Einzelfalls zu bewerten.

Geschützt sind im Interesse der Allgemeinheit auch die Funktionen des Bodens im Naturhaushalt (§ 1 Abs. 2 BBodSchG). Auch bei einer Beeinträchtigung der ökologischen Bodenfunktionen kann daher eine **Gefahr** für die Allgemeinheit vorliegen. Als **Nachteil** wird die Beeinträchtigung von Interessen verstanden, mit der noch keine Rechtsverletzung verbunden ist, zB Vermögenseinbußen. **Belästigungen** sind insb. Beeinträchtigungen des körperlichen und seelischen Wohlbefindens, zB durch Geruchsemissionen.

Zur Konkretisierung der unbestimmten Rechtsbegriffe dienen sog. **Maßnahmewerte**, die nach § 8 Abs. 1 Nr. 2 BBodSchG durch RechtsVO festgelegt werden. Bei Überschreitung dieser Grenzwerte ist „in der Regel" von einer schädlichen Bodenveränderung auszugehen.

Nach § 8 Abs. 1 Nr. 1 BBodSchG können durch RechtsVO im übrigen sog. **Prüfwerte** festgelegt werden, bei deren Überschreitung eine einzelfallbezogene Prüfung durchzuführen und festzustellen ist, ob eine schädliche Bodenveränderung oder Altlast vorliegt (§ 9 Abs. 1 S. 2 BBodSchG).

Nach dem Sachverhalt handelt es sich um schädliche Bodenveränderungen, da durch die Kontamination eine Gefahr für das Grundwasser hervorgerufen wird.

(b) Anders als die schädliche Bodenveränderung erfaßt der Altlastenbegriff nach § 2 Abs. 5 BBodSchG auch die Abwehr **sonstiger Gefahren**. Dies bedeutet, daß bei einer **Altlast** auch Gefahren zu beseitigen sind, die nicht auf einer Schadstoffbelastung des Bodens beruhen, sondern andere Ursachen haben. Im Rahmen der Sanierung einer Altlast müssen **alle** von der Altlast für Mensch und Umwelt ausgehenden **Gefahren** dauerhaft beseitigt werden.

(c) Liegt eine schädliche Bodenveränderung oder Altlast vor, so besteht nach § 4 Abs. 3 BBodSchG vorrangig eine **Sanierungspflicht** des **Verursachers** und dessen **Gesamtrechtsnachfolgers** (zB durch Fusion oder Erbfolge).

Durch § 4 Abs. 3 S. 1 BBodSchG ist im Bodenrecht damit die bislang streitige Frage einer Gesamtrechtsnachfolge in die abstrakte Verhaltensverantwortlichkeit ausdrücklich entschieden (ebenso schon zur bisherigen Rechtslage OVG Lüneburg NJW 1998, 97; offengelassen von OVG NW DVBl 1997, 570, 571; aA Papier NVwZ 1986, 256, 262). Eine **Einzelrechtsnachfolge** reicht dagegen auch nach dem BBodSchG nicht aus (so schon die bislang hM Drews/Wacke, Gefahrenabwehr, S. 298, 301).

Verantwortlich sind allerdings auch der Grundstückseigentümer und der Inhaber der tatsächlichen Gewalt. Bei mehreren Verantwortlichen steht deren Auswahl nach § 10 Abs. 1 BBodSchG im pflichtgemäßen Ermessen der zuständigen Behörde (**Auswahlermessen**). Ob durch die in § 4 Abs. 3 BBodSchG festgelegte Reihenfolge der Verantwortlichen auch die **Rangfolge** der Verpflichtung bestimmt wird, ist umstritten.

Dafür BT-Drs. 13/6701, S. 35; aA Vierhaus NJW 1998, 1262, 1266.

Wie im allgemeinen Polizeirecht kann hiervon jedenfalls aus Gründen der Effektivität der Gefahrenabwehr und Verhältnismäßigkeit abgewichen werden. Da der Verursacher der Kontamination hier in Konkurs gefallen ist und eine effektive Gefahrenabwehr durch ihn nicht gesichert ist, ist die Inanspruchnahme des Grundstückseigentümers nicht ermessensfehlerhaft. Dies gilt vor allem dann, wenn die Verursachung – wie hier – lange zurückliegt und sich der zugrunde liegende Sachverhalt nicht mehr ohne weiteres klären läßt.

Zur Störerauswahl vgl. OVG NW NVwZ 1997, 804 ff; VGH Mannheim NVwZ 1993, 1014, 1016; BayVGH NVwZ 1986, 942, 944.

(d) Umstritten ist, ob die **Verantwortlichkeit des Eigentümers** einzuschränken ist, wenn er sich – wie häufig in Altlastenfällen – selbst in einer „Opfersituation“ befindet.

(aa) Teilweise wird darauf abgestellt, daß es sich von Art 14 Abs. 2 GG her nicht rechtfertigen lasse, dem Eigentümer die Zustandshaftung auch insoweit aufzubürden, als die Gefahr durch Ereignisse verursacht worden sei, die „spezifisch der Allgemeinheit zugerechnet werden" müßten. Zwar gehören die Regelungen über die Zustandshaftung zu den gesetzlichen Schrankenbestimmungen des Eigentums (Art 14 Abs. 1 S. 2 GG). Ein Gesetzgeber, der Inhalt und Schranken des Eigentums so bestimme, daß jede privatnützige Verwendung des Eigentums ausscheide, mißachte den Grundsatz der Verhältnismäßigkeit. Deshalb erstrecke sich die Zustandshaftung des Eigentümers nicht auf Gefahren, die sich zwar auf seinem Grundstück verwirklichen, deren Ursache aber in die **Risikosphäre der Allgemeinheit** falle.

Vgl. grundlegend Friauf, FS Wacke (1972), 293, 300 ff; Bielfeldt DÖV 1989, 441, 446; allgemein Papier NVwZ 1986, 256, 261; ders. Jura 1989, 505, 509; Schink VerwArch 81 (1991), 357, 378; Pape NJW 1992, 2661, 2666 mwN; weitergehend Sparwasser/Geißler DVBl 1995, 1317 ff: Der Eigentümer sei stets nur zur Duldung der Gefahrbeseitigung verpflichtet und hafte allein mit der Gefahrenquelle selbst.

(bb) Nach hM findet die die Zustandshaftung einschränkende Auffassung im Gesetz keine Stütze. Die „Risikosphäre der Allgemeinheit" sei kein Kriterium, das hinreichend verläßliche Unterscheidungen zwischen dem Eigentümer zurechenbaren und solchen Gefahren erlaube, für die er nicht einzustehen habe.

Vgl. VGH Mannheim DÖV 1986, 249, 250; BayVGH NVwZ 1986, 942, 944; Drews/Wacke, S. 320 f; Schmidt-Jortzig DÖV 1991, 753, 757; de Wall JuS 1993, 939, 941; Pesch JuS 1994, 50, 54; Bleicher JuS 1995, 432, 436 mwN.

(cc) Das BVerwG verweist darauf, daß die Verantwortlichkeit des Eigentümers oder Inhabers der tatsächlichen Gewalt für den ordnungswidrigen Zustand von Sachen Ausfluß der tatsächlichen und rechtlichen Sachherrschaft sei, welche die Nutzung der Sache mit den sich daraus ergebenden wirtschaftlichen Vorteilen ermöglicht. Wer die Vorteile hat, muß auch die Nachteile tragen, wenn sein Grundstück die Gefahrengrenze überschreitet. Zu erwägen sei allerdings, ob aus verfassungsrechtlichen Gründen eine Eingrenzung der Verantwortlichkeit in Betracht komme, wenn eine Heranziehung zur Gefahrenbeseitigung, insbesondere die Belastung mit deren Kosten, den **privatnützigen Gebrauch** der Sache **ausschalten** würde.

BVerwG NVwZ 1997, 577, 578; NVwZ 1991, 475; OVG NW NVwZ 1997, 804, 806; Schwerdtner NVwZ 1992, 141, 143; ebenso BVerwG NJW 1998, 1004, 1006 zum Abfallrecht.

Eine derartige Einschränkung scheidet jedoch von vornherein aus, wenn der Zustandsverantwortliche bei Begründung des Eigentums bzw. der Sachherrschaft vom ordnungswidrigen Zustand der

Sache wußte oder doch zumindest Tatsachen **kannte**, die auf das Vorhandensein eines solchen Zustandes schließen lassen konnten. Wer dieses Risiko eingeht, muß auch die gesetzliche Folge der ordnungsrechtlichen Verantwortlichkeit tragen.

BVerwG NVwZ 1997, 577, 578; NVwZ 1991, 475, 476; VGH Mannheim VBlBW 1995, 488, 489; i. E. auch OVG Hamburg DVBl 1992, 41, 43; Seibert DVBl 1992, 664, 672. Vgl. auch den entsprechenden Rechtsgedanken in § 4 Abs. 6 BBodSchG für die Haftung des früheren Eigentümers.

Da E über die frühere Nutzung des Grundstücks bei dessen Erwerb informiert war, besteht kein Anlaß seine Verantwortung im Hinblick auf Art 14 GG einzuschränken. Gegen eine Einschränkung der Störerhaftung spricht im übrigen die **Effektivität der Gefahrenabwehr**. Es reicht aus, eine etwaige Begrenzung aus Gründen der Verhältnismäßigkeit im Rahmen der Kostenpflicht (auf der Sekundärebene) vorzunehmen. Auch dort ist eine Einschränkung jedoch nur dann denkbar, wenn durch die Haftung praktisch die privatnützige Funktion des Eigentums entwertet würde (weil zB die Kosten der Sanierung über dem Verkehrswert des Grundstücks liegen).

Im Entwurf des BBodSchG (BT-Drs. 13/6701) war deshalb in § 25 Abs. 2 ausdrücklich vorgesehen, daß der Grundstückseigentümer, der weder Verursacher ist noch beim Eigentumserwerb bösgläubig war, insoweit nicht kostenpflichtig sein sollte, als die Kosten der angeordneten Maßnahmen die Nutzung des Grundstücks mit den sich daraus ergebenden wirtschaftlichen Vorteilen ausschließen. Die Kostenpflicht sollte damit praktisch auf den Verkehrswert beschränkt werden.

Diese Regelung ist jedoch im Vermittlungsverfahren gestrichen worden (BT-Drs. 13/9637, Nr. 20 a), da derartige Einzelfragen nach Einschätzung des Gesetzgebers besser durch die Rspr gelöst werden können.

Derartige Anhaltspunkte sind hier nicht ersichtlich, E ist damit grds. **sanierungspflichtig**.

(e) Der **Umfang** der Maßnahmen bestimmt sich vorrangig nach § 4 Abs. 3 S. 1 BBodSchG. Danach sind schädliche Bodenveränderungen oder Altlasten so **zu sanieren**, daß von einer ggf. verbleibenden Restbelastung **dauerhaft** keine Gefahren, erhebliche Nachteile oder erhebliche Belästigungen für den einzelnen oder die Allgemeinheit bestehen.

(aa) Sanierung sind gem. § 2 Abs. 7 BBodSchG Maßnahmen

- zur Beseitigung oder Verminderung der Schadstoffe (**Dekontaminationsmaßnahmen**),
- die eine Ausbreitung der Schadstoffe langfristig verhindern oder vermindern, ohne die Schadstoffe zu beseitigen (**Sicherungsmaßnahmen**),
- zur Beseitigung oder Verminderung schädlicher Veränderungen der physikalischen, chemischen oder biologischen Beschaffenheit des Bodens.

Der Unterschied zwischen Sicherungs- und Dekontaminationsmaßnahmen besteht darin, daß bei der Sicherung die Schadstoffe im Boden vor Ort verbleiben und zB durch Einkapselung die Ausbreitung im Boden oder der Austrag verhindert oder vermindert wird.

Für schädliche Bodenveränderungen oder Altlasten, die **nach dem 01.03.1999** eintreten, besteht ein **Vorrang der Dekontamination**, soweit dies im Hinblick auf die Vorbelastung des Bodens verhältnismäßig ist (§ 4 Abs. 5 S. 1 BBodSchG).

Dies gilt für denjenigen nicht, der zum Zeitpunkt der Verursachung auf Grund der Erfüllung der für ihn geltenden gesetzlichen Anforderungen darauf vertraut hat, daß solche Beeinträchtigungen nicht entstehen werden, und sein Vertrauen unter Berücksichtigung der Umstände des Einzelfalls schutzwürdig ist (§ 4 Abs. 5 S. 2 BBodSchG).

(bb) Bei der Erfülung der boden- und altlastenbezogenen Pflichten ist nach § 4 Abs. 4 BBodSchG die **planungsrechtlich zulässige Nutzung** des Grundstücks und das sich daraus ergebende Schutzbedürfnis zu beachten.

Das bedeutet, daß eine Sanierung vorrangig entsprechend der im Flächennutzungsplan oder Bebauungsplan vorgesehenen Nutzung des Grundstücks und dem sich daraus ergebenden Schutzbedürfnis durchzuführen ist.

(cc) Nach § 8 Abs. 1 Nr. 3 BBodSchG werden die Anforderungen an die Sanierung des Bodens und von Altlasten durch **RechtsVO** näher konkretisiert, insb. durch Festlegung

- des zu erreichenden **Sanierungsziels,**
- des **Umfangs** von Dekontaminations- und Sicherungsmaßnahmen sowie
- von **Schutz- und Beschränkungsmaßnahmen** (§ 2 Abs. 8 BBodSchG).

Hinsichtlich des Umfangs der geforderten Maßnahmen bestehen vorliegend keine Bedenken. Nach § 4 Abs. 3 S. 2 BBodSchG kommen neben Dekontaminationsmaßnahmen (Nr. 1 der Verfügung) auch Sicherungsmaßnahmen in Betracht, wie hier durch Reinigung der Bodenluft (Nr. 2 der Verfügung), um eine Ausbreitung der Schadstoffe zu verhindern. Die Sanierungsverpflichtung erstreckt sich nach § 4 Abs. 3 S. 1 BBodSchG ausdrücklich auch auf die Verunreinigung des Grundwassers (Nr. 3 der Verfügung).

(f) § 10 Abs. 1 S. 4 BBodSchG konkretisiert den **Verhältnismäßigkeitsgrundsatz:** Anordnungen nach § 10 Abs. 1 BBodSchG dürfen nicht getroffen werden, wenn sie auch im Hinblick auf die berechtigten Nutzungsinteressen einzelner unverhältnismäßig wären. Insoweit bestehen hier keine Bedenken.

Die Inanspruchnahme des E gem. §§ 10 Abs. 1 S. 1, 4 Abs. 3 BBodSchG war damit **rechtmäßig.** Nach § 24 Abs. 1 S. 1 BBodSchG trägt er die Kosten der zur Durchführung notwendigen Maßnahmen.

(B) **Ausgleichsansprüche des Eigentümers E**

(I) Nach § 10 Abs. 2 BBodSchG besteht bei Anordnungen nach § 4 BBodSchG unter engen Voraussetzungen ein Ausgleichsanspruch **gegen die Behörde**, wenn die Anordnung eine Beschränkung der **land- und forstwirtschaftlichen Bodennutzung** oder der Bewirtschaftung von Böden betrifft. Dies ist hier nicht der Fall.

(II) Da neben E auch der unmittelbare Verursacher M nach § 4 Abs. 3 BBodSchG für die Sanierung haftet, kommt ein **Ausgleichsanspruch** des E gegen M in Betracht.

(1) **Bislang** wurden derartige Ausgleichsansprüche überwiegend **abgelehnt**.

(a) Ansprüche aus GoA (§§ 670, 683 S. 1, 677 BGB) scheiden idR aus, weil der in Anspruch genommene Störer ein eigenes und nicht – auch nicht zugleich – ein fremdes Geschäft für etwaige Mitstörer tätigt.

BGH NJW 1981, 2457. Nimmt die Behörde dagegen von vornherein mehrere Störer in Anspruch, so läßt sich ein sog. auch-fremdes-Geschäft bejahen (BGH NJW 1987, 187, 189).

(b) Ein Gesamtschuldnerausgleich (§ 426 BGB) griff nach hM ebenfalls nicht ein, weil es bei den nicht in Anspruch genommenen Störern an dem für das Gesamtschuldverhältnis erforderlichen Pflichtenstatus fehle. Dieser werde erst durch einen konkretisierenden VA begründet. Außerdem dürfe die Behörde nicht – wie für die Gesamtschuld charakteristisch – nach Belieben den einen oder den anderen Störer zur Erfüllung seiner Pflichten in Anspruch nehmen, sondern müsse ihr Auswahlermessen fehlerfrei ausüben.

BGH NJW 1981, 457, 458; Schwachheim NVwZ 1988, 225 ff; Papier NVwZ 1986, 256, 263; Schwerdtner NVwZ 1992, 143, 145; Fasterding JA 1996, 599, 602; aA Kohler-Gehrig NVwZ 1992, 1049 ff; Kohl JuS 1992, 864, 869; Seibert DVBl 1992, 664, 673; Kloepfer/Thull DVBl 1989, 1122: gesamtschuldähnliches Verhältnis analog § 426 BGB.

(2) Wegen der damit verbundenen Unbilligkeiten hat der Gesetzgeber nunmehr in **§ 24 Abs. 2 BBodSchG** ausdrücklich einen Ausgleichsanspruch zwischen mehreren Verpflichteten vorgesehen, und zwar unabhängig von ihrer Heranziehung. Die Ausgleichspflicht hängt vom Grad der Verursachung ab, insoweit gilt § 426 Abs. 1 S. 2 BGB entsprechend. Damit kann zwar der herangezogene Grundstückseigentümer den Verursacher in Anspruch nehmen, der herangezogene Verursacher kann dagegen seine Kosten nicht auf den (unbeteiligten) Grundstückseigentümer abwälzen.

Die Ausgleichspflicht besteht nur, „soweit nichts anderes vereinbart ist". Hat zB der Anspruchsgläubiger mit dem Anspruchsschuldner im Rahmen eines Kaufvertrages einen Gewährleistungsausschluß vereinbart, so wirkt diese vertragliche Abrede auch gegen den Ausgleichsanspruch nach § 24 Abs. 2 BBodSchG (BT-Drs. 13/6701, S. 46).

Für den Ausgleichsanspruch ist der ordentliche Rechtsweg eröffnet (§ 24 Abs. 2 S. 5 BBodSchG). Durch die Neuregelung des § 24 Abs. 2 BBodSchG werden die bisherigen Regelungen in einigen Landesgesetzen ersetzt (vgl. zB § 10 Abs. 3 S. 2 BW BodenSchutzG; § 21 Abs. 1 S. 3 u. 4 HessAbfG, § 20 Abs. 1 S. 4 ThürAbfAG).

Fall 23: Abwandlung zu Fall 22

Die Behörde befürchtet, daß auch der angrenzende Grundstücksteil des N kontaminiert ist, zumal sich auch dort früher ein Lagerplatz des Metallveredelungsbetriebes befunden hat. Deshalb fordert die Behörde den N mit sofort vollziehbarer Verfügung vom 01.04. auf, auf seinem Grundstück Beobachtungspegel niederzubringen, um in bestimmten Abständen den Grad der Verschmutzung zu messen. Außerdem soll N die Proben durch einen Sachverständigen auf den Schadstoffgehalt überprüfen lassen. Die von der Behörde trotz des Widerspruchs durchgeführten Maßnahmen führen zu dem Ergebnis, daß das Grundstück des N keine relevanten Verschmutzungen aufweist. Die Behörde möchte N gleichwohl zur Kostenerstattung heranziehen. Zu Recht?

N könnte nach § 24 Abs. 1 S. 1 BBodSchG iVm § 9 Abs. 2 BBodSchG zur **Kostentragung** verpflichtet sein.

(I) Nach § 9 Abs. 2 BBodSchG kann die Behörde anordnen, daß die in § 4 Abs. 3, 5 und 6 BBodSchG genannten Personen die notwendigen **Untersuchungen** zur Gefährdungsabschätzung durchzuführen haben, wenn aufgrund konkreter Anhaltspunkte der hinreichende Verdacht einer schädlichen Bodenveränderung oder einer Altlast besteht.

(1) Bislang war der Umfang von **Gefahrerforschungsmaßnahmen** umstritten. Teilweise wurde davon ausgegangen, daß die Behörde den Sachverhalt **von Amts wegen** zu ermitteln habe (§ 24 Abs. 1 VwVfG), vom vermeintlich Verantwortlichen könne sie grds. nur **Duldung** behördlicher oder behördlich veranlaßter Untersuchungsmaßnahmen verlangen.

VGH Kassel NVwZ 1991, 498; OVG Koblenz NVwZ 1992, 499, 501; NVwZ 1987, 240, 241; OVG Lüneburg NVwZ 1991, 496, 497; Papier NVwZ 1986, 256, 257; ders. Jura 1989, 505, 507; Pape NJW 1994, 409, 410.

Nach aA sollte es dagegen möglich sein, kraft Sachzusammenhangs vom **Betroffenen selbst** die Durchführung der Maßnahmen zu verlangen, die der Erforschung vom Umfang und den Auswirkungen bereits bekannt gewordener Gefahren dienen. Maßnahmen zur Aufklärung dieser Frage könnten sowohl als Sachverhaltsermittlung als auch als erster Schritt zur Beseitigung der Gefahr angesehen werden.

OVG NW DVBl 1996, 1444, 1445; BayVGH NVwZ 1986, 942, 944; VGH Mannheim NVwZ 1991, 491, 492 u. 493, 494; VG Köln NVwZ 1994, 927, 928; Weides JuS 1988, 472, 474; Schmidt-Jortzig DÖV 1991, 753, 756; de Wall JuS 1993, 939, 941; Pesch JuS 1994, 50, 56; Weiß NVwZ 1997, 737, 739 ff mwN.

(2) Nunmehr differenziert das BBodSchG wie folgt:

(a) Grds. besteht nach § 9 Abs. 1 BBodSchG eine Pflicht der Behörde („soll") zur Ermittlung des Sachverhaltes von Amts wegen, wenn **Anhaltspunkte** für eine schädliche Bodenveränderung oder Altlast vorliegen. Dies gilt insb. wenn die nach § 8 Abs. 1 S. 2 Nr. 1 BBodSchG iVm RechtsVO festgelegten Prüfwerte überschritten werden.

(b) Besteht dagegen aufgrund konkreter Anhaltspunkte der **hinreichende Verdacht** einer schädlichen Bodenveränderung oder einer Altlast, kann die Behörde nach § 9 Abs. 2 BBodSchG anordnen, daß die in § 4 Abs. 3, 5 und 6 genannten Personen die notwendigen Untersuchungen zur Gefährdungsabschätzung selbst durchzuführen haben. Dabei kann die Behörde – wie im vorliegenden Fall – auch verlangen, daß Untersuchungen von Sachverständigen durchgeführt werden (§ 9 Abs. 2 S. 2 BBodSchG).

Sonstige Pflichten der Verantwortlichen zur Mitwirkung sowie Duldungspflichten der betroffenen Eigentümer bestimmen sich nach Landesrecht (§ 9 Abs. 2 S. 3 BBodSchG).

Vorliegend bestand ein ausreichender **Gefahrenverdacht**, daß auch das Grundstück des N kontaminiert war. Auf den angrenzenden Nachbargrundstücken wurden erhebliche Bodenveränderungen festgestellt, außerdem befand sich gerade auf dem Grundstück des N ein Lagerplatz des ehemaligen Metallveredelungsbetriebes. Damit lagen die Voraussetzungen des § 9 Abs. 2 BBodSchG vor. Die Anordnung der Behörde gegen N war daher **rechtmäßig**.

(II) Nach § 24 Abs. 1 S. 1 BBodSchG trifft auch bei Untersuchungsmaßnahmen und Gefährdungsabschätzungen die Kostenpflicht grds. den nach § 9 Abs. 2 BBodSchG zur Durchführung Verpflichteten. Etwas anderes gilt nach § 24 Abs. 1 S. 2 BBodSchG jedoch dann, wenn die Untersuchungen – wie hier – den **Verdacht nicht bestätigen** und der Adressat die den Verdacht begründenden **Umstände nicht zu vertreten** hat. N ist daher nicht zur Kostentragung verpflichtet.

So schon die bislang hM, vgl. OVG NW DVBl 1996, 1444, 1445; Pape NJW 1994, 409, 410; Losch DVBl 1994, 781, 785; Götz NVwZ 1987, 858, 862; Breuer NVwZ 1987, 751, 755 mwN. Bestätigen die Untersuchungen dagegen den Gefahrenverdacht, so ist der Adressat auch für die Gefahrerforschungsmaßnahmen – außer im Fall des § 10 Abs. 2 BBodSchG – uneingeschränkt zur Kostentragung verpflichtet (so schon zur bisherigen Rechtslage VGH Mannheim DÖV 1990, 394, 395; NVwZ 1986, 325; Schink DVBl 1986, 165, 166; Pape NJW 1994, 409, 410; aA bislang OVG Koblenz NVwZ 1987, 240, 241; Papier NVwZ 1986, 256, 257; Paßlick DVBl 1992, 674, 679 mwN).

– – –

Vz Str. und Umfang d. Haft

Disk.
Ansl

SD mit gesamtem Vermög

usw. ... Vz BVerfG 24!! Gedacht von Sozialbindung

+ Kenntnis

Anknüpfung an

u. A. d. Zustandsstörers

Einwirkungsmöglichkeit auf die Gefahrenquelle (d. h. tats. + rechtl. Möglichkeit d. Einflußnahme)

endet aber mit Beendigung d. Einflußmöglichkeit grds.

daraus ergibt sich aber auch eine Beschr. d. Haftg

Umf. Haftg mit Gesichtspunkten

Kostenpfl. bei Gefahrerforschungsmaßn

abh. wie konkret. Tats. wie

Störer – Differenz „Grad"

bloßer Gef. verdacht → Bel. {Zustandsstörer / SB

bloßer Gef. o. schon konkrete Vorl. (Bel.) Gefahrenherdes

bereits Störer konkret. Tatsachen +

Best. dieser +

Umfang

Kosten Störer